기독교란,
이런거야

김재진

기독교란 이런거야

| 김재진 저 |

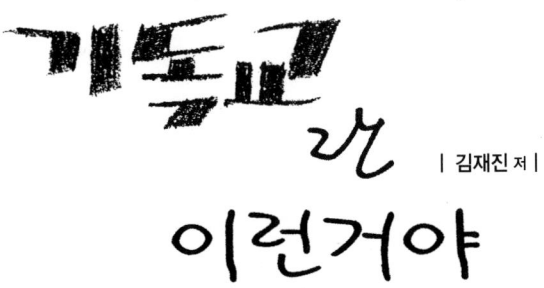

황금부엉이

Forword

이 책을
필자에게 사랑을 베풀어주신 많은 분들을 대표하여
독일 뮨스터Münster Lukas Kirche에서 시무하셨던
달쾨터Dahlkötter 목사님과 사모님께 헌정합니다.

필자는 많은 사람들로부터 분에 넘치는 풍성한 은혜와 사랑을 받을 때마다, “여호와여 사람이 무엇이기에 주께서 그를 알아주시며, 인생이 무엇이기에 그를 생각하시나이까?”(시 144:3)라는 말씀이 생각나서, ‘무엇으로 이분들에게서 받은 사랑에 감사하고 보답할 수 있을까?’ 하고 늘 생각해 왔다. 그러나 내가 받은 사랑을 갚기에는, 그 사랑의 빚이 너무나 커 평생 갚아도 되갚을 길이 보이지 않았다. 받은 은혜는 산더미 같은데, 내가 베풀 수 있는 사랑은 눈곱만큼 밖에 되지 않았다. 이 거대한 사랑의 빚 앞에서 때로는 “피차 사랑의 빚 외에는 아무에게든지 아무 빚도 지지 말라”(롬 13:8)는 말씀으로 스스로 위안을 해 보았지만, 그럴수록 거대한 사랑의 빚은 필자를 억눌러 왔다. 그러던 중 내게 사랑을 베풀어주신 분들의 이름을 하나 하나 필자의 마음 밭에 새기면서, 그들에게 하나님께서 보다 더 큰 사랑과 은혜를 베풀어주시기를 기도하였다. 지금 그들의 이름은 – 비록 자신들은 모르겠지만 – ‘지극히 작은 자에게 밥 한 그릇, 물 한 컵 대접한 자로서’ 하나님 나라의 ‘생명책’에 기록되어 있으리라고 믿는다. 그러나 비천한 종의 기도 한 마디로 받은 은혜를 다 갚았다고 할 수 없어, 그 분들에게서 받은 사랑이 무엇인지를 다른 사람들에게 전하고자 생각하였다.

역사 속에서 날개가 보이지 않는 천사로서 살아가는 저 분들의 삶을 증언하는 것은, 곧 그리스도의 본질을 전하는 것이라고 생각하였다. 왜냐하면 필자에게 베풀어주신 그 분들의 사랑은, 그리스도의 사랑을 이 세상에서 실현하는 그리스도인의 삶의 틀, 곧 그리스도의 증언자되는 삶에서 나왔기 때문이다. 그리스도처럼 아무런 조건 없이 값없이 주는 사랑, 그 사랑으로 저 분들은 필자에게 사랑을 베풀어주셨다. 그리고 하나님 나라에 들어갈 자녀들처럼, 그들은 자신들이 필자에게 사랑을 베풀어준 것조차 기억하지 못하고 있었다. 그렇지만 필자의 가슴에 새겨준 저 분들의 사랑은 지금도 필자의 마음 깊은 곳에 새겨져 있다. 비록 그들은 필자를 잊었지만, 아직도 그 분들이 남겨준 사랑의 체취는 필자의 마음에 고스란히 남아있고, 그 분들의 이름은 필자의 기억 속에 생생히 남아 있다. 저 사마리아 사람 같은 분들, "네 이웃을 네 몸과 같이 사랑하라"는 말씀을 마음 깊은 곳에 간직하고 살아가는 분들, 이 분들이 필자로 하여금 부족하나마 이 책을 쓰게 하였다.

저 분들은 우선 그리스도 안에서 한 형제가 된 교회의 자매와 형제들이다. 그 다음은 나를 낳아 주시고 길러 주신 부모님과 나와 피를 같이 나눈 사랑하는 나의 형제들이다. 부모와 형제는 혈육의 정을 나눈 관계로 의무감에서도 필자를 사랑할 수 있었다. 그러나 전혀 피를 나누지 않은 저 사람들은 그리스도의 사랑 안에서, 복음으로 맺어진 형제로서 필자의 어려운 고난과 삶에 필자와 동행하고, 함께 울고, 함께 기도해 주고, 함께 멍에를 매어 주셨다. 저 분들은 바로 그리스도의 몸되신 교회 안에서, 혹은 나의 삶의 여정 속에서, 혹은 배움을 함께 나누는 과정에서 만난 분들이다. 저 분들의 이름을 일일이 열거할 수는 없지만, 그 분들이 베풀어주신 그리스도의 따스한 사랑은 필자의 가슴에서 아직도 그 온기溫氣를 잃지 않고 있다. 만일 이 머리말을 그 분들이 읽으면, '내가 언제?' 하고, 그 분들은 자신들의 공적을 부인否認할 것이다. 그러기에 더욱 필자는 저 분들의 삶의 틀을 증언하고 싶은 것이다. 이 모든 분들은 진정한 의미에서 바로 필자의 '이웃' 이고, '형제 자매' 이다. 이러한 '이웃' 들을 기억하고 그 분들의 사랑을 증언하는 것이 바로 "마음을 다하여, 목숨을 다하여, 힘을 다하여, 뜻을 다하여나에게 사랑을 베풀어주신 나의 주 하나님을 사랑하는 것"(신 6:5)이라고, 필자는 생각한다.

그렇다 저 분들은 이 책에 기술된 내용대로 살고 계신 분들이다. 저 분들은 우선 기도하는 분들이었고, 교회의 예배에 열심히 참석하여 하나님의 은혜를 감사하고 그 분에게 영광을 돌리는 분들이었고, 성경 말씀을 자기 생명을 위한 말씀으로 받아들인 분들이고, 사도신경을 매일 매 순간 암송하면서 삶으로 신앙을 표현하려고 노력하신 분들이고, 십계명을 자기 삶의 가장 귀한 규범으로 삼아서 밤낮 그 잣대로 자신의 삶을 비추어 보는 분들이다. 이 작은 책자에 저 분들의 삶과 신앙을 종합하여 정리해 보면서, 필자는 저 분들과 그리스도 안에서 얻는 사랑과 기쁨과 감사를 함께 나누고자 한다. 왜냐하면 이렇게 하는 것이, "내 형제 중에 지극히 작은 자 하나에게 한 것이 곧 내게 한 것이니라"(마 25:40)는 말씀을 지키며 살아오신 저 분들의 기쁨이자, 저 분들에게 대한 필자의 감사이기 때문이다. 이 점을 우리 주 예수 그리스도께서도 기뻐하실 것이다. 왜냐하면 이 모든 삶과 기쁨은 근원적으로 바로 우리 주님에게서 나온 것이기 때문이다. 예수님께서는 분명 마지막 때에 재림하셔서, 저 분들에게 '네가 지극히 작은 자에게 나에게 하듯 대접하였구나' 하고 말씀하실 것이다.

이러한 이유로 인하여 필자는 이 작은 책자를 우선 저 분들에게 바치고자 한다. 왜냐하면 이것이 저 분들의 삶을 간접적으로 증언하는 것이고, 궁극적으로는 필자와 저 분들을 사랑하신 우리 주 예수 그리스도를 증언하는 길이기 때문이다. 그리고 동시에 아직도 기독교의 본질이 무엇인지를 모르고, 우리 주 예수 십자가의 죽음을 만홀히 여기면서 형식적이고 외식적으로 신앙생활을 하고 있는 소위 신학자들과 종교적 지도자들에게 감히 이 책을 전하고 싶다. 그리고 이렇게 외치련다: '기독교란 이런거야!' 필자가 이러한 책제목을 정한 것은, 필자가 기독교의 본질에 정통해서가 아니라, 필자가 저 분들을 통하여 받은 사랑의 기독교는 바로 이런 것이라는 것을 증언하고 싶어서이다.

그러나 이 책을 쓸 수 있도록 동기를 부여해 주신 한 분의 이름은 익명으로 남겨둘 수 없어, 그 분의 이름만은 거명하고자 한다. 그 분은 현재 연세대학교 교목실장이신 박정세 목사님이시다. 그 분은 필자가 신학의 첫 걸음을 내딛을 때부터 지금까지 성실히 선배로서 길을 인도해 주셨고, 연세대학교회에서 새신자들을 위한 강좌를 2002년 겨울학기 한 학기동안 마련해 주셨고, 신학관련 사전도 마련해 주셨다. 이 강좌를 계기로 필자가 그 동안 대학에서 『기독교 이해』 과목을 가르쳐 오던 강의 내용들을 새롭게 정리하게 되어 이 책이 완성되었다. 그러나 이 책을 출판하도록 결정해 주신 '황금부엉이' 의 이종춘 회장님과 출판사를 소개해 주신 서울교회 탁경준 집사님과 기도 모임 교우들의 깊은 사랑이 없었다면, 이 원고마저도

지 쌓인 채, 책장 한 구석에 묻혀있었을 것이다. 이러한 점에서 이 원고에 빛을 주신 이 회장님, 편집을 위해서 애써 주신 한혜선 실장님 그리고 탁 집사님께 진심으로 감사를 드린다. 그리고 항상 기도로 후견인이 되어주시는 분들: 계명대학교 동료 교수님들과 신학과 제자들 그리고 학문의 선-후배님들, 팔순이 넘은 노 부모님과 형제들, 그리고 필자의 사랑하는 아내 수경秀卿과 아들 성수聖洙, 영수榮洙에게 감사한다. 이 분들은 아직도 가야할 길을 남겨 두고 주저앉아 있는 필자에게 '일어나 걸으라' 고 무릎에 힘을 주신 분들이다. 하나님의 종으로 부름 받고 안수 받은 필자는, 이제 이 분들의 사랑에 감사하여 진심으로 이렇게 축복하고자 한다:

"여호와는 네게 복을 주시고 너를 지키시기를 원하며, 여호와는 그 얼굴로 네게 비취사 은혜 베푸시기를 원하며, 여호와는 그 얼굴을 네게로 향하여 드사 평강 주시기를 원하노라"(민 6:23-26) - 아 멘 -

2003년 11월 20일

참회와 기도의 날에
독일 Münster의 Lukas Kirche에서 임직하셨던
달쾨터Dahlkötter 목사님과 사모님의 사랑을 기억하면서

신학박사 Dr. theol. 김 재 진 Kim, Jae Jin 목사

1. '기독교'란 명칭과 교파의 다양성 속에 있는 통일된 교리

기독교Christentum란 말은 그리스Greek 말로 크리스티아니스모스χριστιανισμός란 말을 한자로 표기한 것이다. 이 단어는 안디옥의 이그나티우스Ignatius von Antiochen에 의하여 처음 사용되었다. 그런데 기독교는 2000여 년의 역사를 전승해 오는 동안 교리적 상이성相異性으로 인하여, 더 자세히 말하면, 예수가 누구인가에 대한 이해로부터 시작하여, 인간이 하나님의 구원에 이르는 길, 성령의 출현, 성만찬 문제 등의 차이로 인하여, 다양한 교파로 분열되었다. 그 분열 가운데 가장 커다란 분열은 바로 1054년 있었던 동방교회와 서방교회의 분열이다. 분열의 원인은, 성령이 하나님과 예수 그리스도로부터 동시에 보내심을 받아 이 땅에 오신 것인가, 아니면 하나님께서 예수 그리스도를 통하여 이 땅에 보내신 것인가, 하는 두 가지 의견의 차이로 비롯되었다. '동방교회' 혹은 '그리스 정교회'는 후자, 곧 하나님께서 예수 그리스도를 통하여 성령을 이 세상에 보내셨다는 주장을 하게 되었고, '서방교회' 혹은 '로마 카톨릭 교회'는 전자, 곧 성령은 성부 하나님과 성자 예수 그리스도로부터 동시에 왔다고 주장하게 되었다. 그래서 이러한 신학적 논쟁을 가리켜 소위 '*Filioque*아들로부터도 논쟁'이라고 부른다. '동방교회'는 지금의 러시아를 비롯한 구舊 소비에트 연방지역에 많이 분포되어 있으며, '서방교회'는 오늘의 전 세계, 특히 라틴아메리카와 유럽에 가장 많이 분포되어 있다.

그 후 16세기, 더 자세히 말하면 1517년 10월 31일 독일의 마르틴 루터 Martin Luther, 1483-1546에 의하여 로마 교회, 즉 서방 카톨릭 교회의, 면죄부 免罪符 교리에 대한 토론이 제기 됨으로써 구교舊敎로부터 신교新敎, 즉 로마 카톨릭 교회로부터 개신교, 곧 복음주의 교회Evangelische Kirche 일명 프로테스탄트 교회Protestant Church가 독립되어 나왔다. 그리고 이 개신교는 또 다시 성만찬 교리에 대한 서로 다른 견해로 인하여 종교 개혁자 루터를 추종하는 '루터교회Lutherische Kirche' 와, 칼뱅J. Calvin의 교리를 추종하는 '개혁교회 Reformierte Kirche' 소위 '장로교회Presbyterianische Kirche' 로 분리되었다. 그 후 칼뱅의 소위 '철저적 이중예정*Praedestinatio gemina*' 교리에 반대하여, 아르메니안 주의Armenienismus를 추종하는 요한 웨슬레John Wesley의 감리교회 Methodistische Kirche로 분열되었다. 그러나 종교개혁의 전통을 따르는 모든 개신교 교회는 – 믿음으로만, 성서로만 그리고 은총으로만*sola fidei, sola scriptura, sola gratia* – 을 신앙의 교리로 삼는 점에서 있어서는 동일하다. 그 후 회중교회Kongregationalismus, 침례교회Baptisten, 퀘이커교도Quaeker, 후터파 혹은 형제공동체Brudergemeinde, 구세군Heilsarmee, 오순절 교회, 성결교회 등이 형성되었다. 특히 우리나라에서는 심지어는 장로교회란 이름 아래 수많은 계파로 다시 분열되었다.

이상 앞에서 언급한 교파의 다양성에도 불구하고 여러 다양한 교파가 공통으로 고백하는 보편적 신앙고백을 가지고 있다. 이를 교회일치를 위한 신앙고백Ökumenischer Credo이라고 부른다. 교회일치를 위한 보편적 신앙고백은, 사도들이 세례를 베풀기 위해서 성도들에게 가르쳤던 "사도신경"과 예수 그리스도의 신성神性과 인성人性을 고백하는 니케아 신조신경, 그리고 성부, 성자, 성령 삼위일체 하나님에 대한 고백인 아타나시우스 신조 3가지를 가리킨다. 그래서 교회일치 차원에서 기독교 계통의 모든 교회는 이 세 가지 신앙고백을 함께 고백하도록 하였다. 그리고 교회의 역사를 통하여 볼 때, 세계교회공의회는 이 세 가지 신앙고백을 신앙의 규범으로 고백하지 않는 교회를 소위 이단으로 단정하였다. 이러한 세 가지 신앙고백에 덧붙여 기독교의 각 교파는 자기 교파의 특성을 강조하는 고유한 신앙고백서를 또 가지고 있다. 예컨대 루터교회는 아우구스부르크Augusburg 신앙고백서, 장로교회는 하이델베르크Heidelberg 신앙고백서, 웨스트민스터Westminter 신앙고백서 등과 자기 교파의 신학적 특성을 표명하는 신앙고백서를 가지고 있다. 그러므로 적어도 앞에서 언급한 세 가지 신앙고백서를 고백하는 교파를 가리켜 '기독교Christentum' 교단이라고 규정하고 있다.

따라서 본 책의 제2부에서는 세 가지 신앙고백 중에 가장 핵심이 되는 '사도신경' 과 주님께서 가르쳐 주신 '주기도문' 과 구약의 613개 율법의 기초가 된 '십계명' 을 해설함으로써 기독교의 본질적인 교리의 의미를 설명하고자 한다. 그리고 모든 종교예식의 가장 기본적 예식인 '예배' 에 관하여, 그리고 매 주일 모여서 예배를 드리는 예배공동체인 '교회' 에 관하여, 그리고 기독교의 경전인 '성경' 이 무엇인지에 대하여 간략히 설명하였다. 그리고 제1부에서는 기독교를 '종교학적', '철학적', '문화적', 그리고 '자연과학적' 입장에서 이해하고자 하는 시도의 한계점을 제시하고, 기독교의 기원이 된 '예수 그리스도 부활의 역사적 현실성' 을 증언하고자 하였다.

2. 기독교 본질의 과제와 의미

기독교의 본질을 논하는 데 있어서 전제가 있다면, 그것은 첫째로 선교적 과제를 수행하기 위한 것이며, 둘째로 타종교나 이교도들에게 기독교를 변증辨證하기 위한 것이다. 역으로 후자는 기독교 안에서 '신앙의 일치' 를 찾고자 하는 노력에 상응하고, 전자는 기독교 밖의 타종교와의 대화 속에서 기독교의 '정체성Identität' 을 주장하기 위한 시도이다. 다시 말해서 전자는 기독교인들이 자신들의 신앙의 내용을 '보편화' 하고자 하는 시도이고, 후자는 타종교에 대하여 기독교의 본질을 수호하고자 하는 노력이다. 전자는 기독교 내에서 밖으로 향하는 움직임이고, 후자는 밖에서 기독교 안으로 향하는 움직임이다. 그러나 이 두 움직임은 결국 팔레스틴의 갈릴리 지방 나사렛에 살았던 젊은이 '예수는 누구인가?' 하는 질문에서 서로 만난다. 왜냐하면 기독교는 '신은 없다' 하고 주장하는 무신론자들의 주장에 대항하여 '하나님, 곧 신이 여기 있다', "예수가 참 인간이며 신이다*vere homo et vere deus*"라고 주장하기 때문이다. 그리고 '신을 인간이 어떻게 인식할 수 있겠는가?' 라고 질문하는 회의주의자 혹은 불가지론자

不可知論者들의 질문에 대하여, 기독교는 '하나님은 참 인간 예수, 곧 나사렛 목수 요셉과 동정녀 마리아라고 하는 여자 사이에서 태어나서, 십자가에 죽고 부활한 바로 그 인간을 통하여 알 수 있다' 고 증언하기 때문이다. 더 나아가 일반 사람들이 이르기를, '예수나, 공자나, 석가나, 마호메트나 모두 동일한 성자聖者이고, 인간이 구원에 이르는 길은 모든 종교가 동일하다' 는 주장에 대하여 "내= 예수 그리스도가 곧 길이요, 진리요 생명이다"(요 14:6)라고 증언하고 있기 때문이다. 그리고 모든 종교를 상대화시키려고 하는 종교적 다원주의자들에게 기독교는, '오직 예수 그리스도로만*Solus christus*' 인간은 구원을 받을 수 있다는 '절대적이면서 동시에 배타적인' 구원의 교리를 주장하고 있기 때문이다.

따라서 기독교의 본질을 이해하고자 하는 과제와 전제는 다음의 세 가지 이유에 있다. 첫째, '오직 예수 그리스도를 통해서만 인간은 생명 구원에 이를 수 있다' 는 종교개혁적 기독교 신앙의 교리가 과연 타당한 것인가에 대한 질문에 답변하고자 하는 데 있다. 둘째, 기독교를 배척하고 다른 종교를 선택한 종교인이, 자신이 신앙하는 종교와 기독교의 차이가 무엇인가를 인식함으로써, 자기 종교에 대한 보다 깊은 이해를 갖기 위해서이다. 다른 종교에 대한 이해는 기독교 신도에게도 똑같이 적용된다. 즉 기독교인도 다른 종교에 대한 이해를 통하여 자기 종교의 정체성을 보다 더 깊이 이해할 수 있기 때문이다. 셋째, 기독교의 본질을 이해함으로써 모든 종교가 궁극적으로 추구하는 인간 생명의 존엄성과 영생을 깊이 이해하고, 자기 삶의 의미를 찾아 자기 정체성을 확립하기 위해서이다. 다시 말해서 기독교의 본질을 추구하는 목적은, '왜 꼭 기독교인이 되어야 하는가?' 혹은 '왜 나는 기독교인이 되는 것을 거부할 수밖에 없는가?' 에 대하여 자기 스스로 답변을 찾고자 하는 데 있다. 왜냐하면 자기가 신앙하는 종교에 대한 '자기 정체성' 이 정립되지 않은 신앙은 맹신이거나 아니면 단지 불안한 인간의 심리를 종교를 통하여 위로 받고자 하는 종교적 표현 이외에 다른 것이 아니기 때문이다. 그러므로 '기독교의 본질' 은 단지 기독교인들뿐만 아니라, 타 종교인들을 위해서라도 탐구되어야 하며, 종교간의 갈등을 해소하기 위한 다른 종교와의 진정한 대화를 위해서도 연구되어야 한다. 이점에 기독교의 본질을 논하는 과제와 의미가 있는 것이다.

Contents

Contents

제 1부

종교와 기독교의 기원

I
종교와 문화

1. 종교의 옷을 입은 문화

인류의 역사에서 종교는 어떠한 문화, 어떠한 정치적 상황 속에서도 중요한 역할을 감당해 왔다. 종교가 한 사회의 정신적, 심리적 더 나아가 인격적인 면에서 주도적인 역할을 한다고 해도 과언이 아닐 것이다. 뿐만 아니라 종교는 문화가 고도로 발달한 현대에서도, 문화발달이 주지 못하는 정신적 혹은 심리적 그리고 영적 결핍을 항상 충족시켜 주고 있다. 그렇기 때문에 고대로부터 종교가 사회와 그 사회의 문화를 지배해 왔다는 것은 논란의 여지가 없으며, 특히 고대 문화에서 그 증거를 분명히 찾을 수 있다. 예를 들면 희랍 사람들과 로마 사람들은 신들을 위한 신전神殿을 짓고, 성대한 종교의식으로 또는 일상적인 행사에서 그 신들을 숭배하는 예식을 거행했다. 뿐만 아니라 고대 근동지방과 이집트, 인도, 중국 그리고 우리나라의 고대 문화, 멕시코의 아즈테그족, 중부 아메리카의 마야족의 훌륭한 문화, 잉카문화 등의 고대 역사 속에서 종교는 그 사회 및 정치와 밀접한 관계를 갖고 있었다. 이러한 의미에서 고대 문화는 '종교문화'라고 특징지어 말할 수 있을 것이다.

그런데 고대로 거슬러 올라갈수록 그 당시의 문화는 종교적인 특색을 더욱 더 많이 드러내고 있다. 거대한 신전, 화려한 종교의식, 엄격한 종교적 규범 등은 단순히 미개한 문화에서 볼 수 없는 완숙한 종교 문화를 형성하고 있다. 따라서 고대의 발달된 문화에서는, 종교의 기원이 문화의 기원이며, 문화의 발달은 종교의 발달과 병행하였다고 볼 수 있다. 예를 들어 설명하면, 아직 채집생활 단계에 있던 종족들은 자연이 제공해 주는 것에 의존하여 생활을 하였다. 그들이 가지고 있는 종교적 예식은 아주 소박하고 체계화되지 않았고 확정된 예식도 없었다. 그들은 단순히 초월적인 그 어떤 힘에 자신들의 삶의 모든 것을 의존하였다. 오늘날도 아프리카의 피그미족, 인도의 베다족, 남부 아메리카의 울창한 원시림에는 수렵시대에 행하여 졌던 종교예식이 그대로 전승되고 있다. 이들의 종교예식은 곧바로 자신들의 삶과 결부되어 있다. 즉 수렵과 병病과 죽음과 결혼 등 모든 삶이 그들이 믿고 있는 신의 뜻과 관련되어 있다. 한 마디로 말해서 미개한 문화일수록 종교는 곧 그들의 문화이며, 삶이다. 뿐만 아니라 현대인들이 6일간 일하고 제 7일째 되는 날 쉬는 1주일의 주기, 그리고 성탄절, 석가탄신일을 공휴일로 삼는 것 등은, 이미 종교문화를 현대인들도 향유하며 살고 있다는 것이다. 따라서 종교의 기원은 인류문화의 기원과 상응하며, 종교의 발달은 곧 문화의 발달과 병행했음을 알 수 있다.

2. 이념화된 종교

미개한 문화에서 종교는 곧 그들의 삶 전체를 지배하는 힘이었다. 그들의 세계상은 아주 단순하였기 때문에 신에 대한 그들의 생각도 아주 단순하였다. 그들에게는 거의 고정된 단순한 기도와 제의가 있었다. 그러나 종교는 그들의 일상생활 모두를 지배하였다. 예들 들면 맨 처음에 수렵한 동물의 특정 부분은 반드시 자신이 믿는 신에게 바쳐야 했다. 만일 그것을 탈취하면, 저주를 받는다고 생각하였고, 앞으로의 수렵에서 신의 저주를 받아 생명의 위협이 있을 것이라는 신앙이 있었다. 그들은 보이는 세계보다는 보이지 않는 영적靈的 세계를 두려워하였다. 그들은 인간의 세계 이면에는 보이지 않는 또 다른 영적 세계가 있다는 것을 아무 의심 없이 받아들였다. 그래서 그들은 이 보이는 세계뿐만 아니라, 보이지 않는 세계 속에 있는 강력한 영적 힘이 이 세상을 지배하고 있다고 생각하였다.

더 나아가 이들은 만물 속에 영적인 것이 들어 있다고 생각하였다. 자신의 몸 속에 생각 곧 정신이 있듯이, 동물 속에도 영적인 것이 있고, 심지어는 식물, 돌에도 그것을 움직이는 그 어떤 보이지 않는 힘이 있다고 생각하였다. 미개한 문화의 이러한 종교사상을 일반적으로 정령숭배精靈崇拜라고 말한다. 정령이란 라틴어로 '*Anima*아니마' 라고 한다. '아니마' 란, 영 혹은 생명이란 뜻을 가지고 있는 것으로서, 희랍어로는 'psyche프쉬케' 에 해당하는 말이다. 즉 이 세상의 모든 사물은 그 속에 호흡, 생명, 영을 갖고 있다는 것이다. 이렇듯 고대 원시문화 속에 살고 있던 사람들은, 모든 사물은 바로 이 '아니마' 에 의해서 지배를 받는다고 생각하였다. 그런데 어떤 '아니마' 는 자신들과 인연이 있거나 자기 민족을 보호하거나, 혹은 자기 민족과 영적 관계를 갖고 있다고 생각하였다. 여기서 토템Totem

사상이 생기게 되었다. 토템이란 북미 토인들의 속어로서 '기호' 라는 뜻을 갖고 있다.[1] 토템은 어느 특정한 식물, 동물, 그리고 자연물 속에는 자신들의 씨족 혹은 민족과 영적인 관계를 갖고 있는 '아니마' 가 있다고 생각하는 것이다. 예컨대 악어를 토템으로 생각하는 씨족은 악어를 성스러운 동물로 보기 때문에 접촉하거나, 죽이지 않는다.

이렇듯 원시문화 속에서 사람들의 일상생활은 종교와 밀접한 관계를 갖고 있었기 때문에 일상생활 안에서 일어난 나쁜 경험을 종교적으로 규정하여 놓았다. 그것이 바로 타부Taboo 즉 금기禁忌이다.[2] 예를 들면 아이를 낳은 집에 어느 낯선 사람이 찾아온 후 아이가 죽게 된 경험이 있었기 때문에, 아이 낳은 집은 금줄을 쳐서 타인의 출입을 금하는 타부가 생기게 되었다. 그리고 사냥하러 갈 때에 화살촉이 부러지면 사냥하는 사람이 오히려 동물에 잡혀 죽게 되는 일이 일어났기에, 화살촉이 부러지면 사냥을 하러 가지 않는 금기들이 생기게 되었다. 이러한 금기는 일상생활 속에서 점점 더 많아지게 되었고, 나중에는 하나의 종교적 금기사상으로 규정되었다.

물론 문화 수준이 낮고 이미 멸망해 버린 민족들의 종교를 알려 주는 직접적인 증거를 갖고 있지는 않으나, 오늘도 미개한 민족들의 생활상을 분석해 볼 때에, 원시 인류문화가 종교문화였다는 것은 의심할 여지가 없다. 그들은 인간의 생사화복, 생로병사生老病死, 일상생활이 모두 초월적인 존재에 의해서 지배를 받고 있다는 사상을 갖고 있었던 것은 부인할 수

---

1) 토템에는 개인적인 토템, 씨족의 토템, 민족의 토템이 있다.

2) Taboo(禁忌)는 태평양 동반부의 폴리네시아(Polynesia)에서 온 종교 용어로서, 초자연적 힘을 지닌 신성물(神聖物) 또는 부정한 위험을 담고 있는 것을 뜻한다.

없다. 뿐만 아니라 그들은 인간이 죽은 후에도 이 초월적 존재에 의해서 지배를 받는다고 생각하였다. 여기서 자연스럽게 내세來世사상이 싹 트게 된 것이다. 고대의 무덤에서 일상생활 물품이 발견되는 것은 두 가지 측면에서 해석할 수 있다. 하나는 환생사상이요, 다른 하나는 내세사상이다. 이 세상이 아닌 다른 세상에서도 이 세상에서와 같은 삶을 영위하기 위하여 자신이 쓰던 물품을 가지고 가야 한다는 것은 내세사상에 기초한다. 그리고 죽은 사람이 환생을 할 때에 자기 물건을 보고 다시 자기의 몸으로 돌아오게 하기 위해서, 평소 죽은 자가 쓰던 일상용품을 함께 무덤에 묻는 것은 환생사상에 근거한다. 어쨌든 고대 인간들은 그들의 삶 속에서 종교적 사고를 도외시 할 수 없었다.

고대문화가 '종교문화' 였다고 하는 것은 고대 동굴벽화를 통하여서도 알 수 있다. 고대인이 수렵을 떠나기 전에 행하는 의식은 바로 종교의식이다. 그리고 지금도 집을 지을 때나, 새로운 일을 하기 전에는 언제든지 종교적 행사를 한다. 이것은 거사의 성공을 기원하는 종교적 행사든지, 아니면 그 거사에 생길 수도 있는 사고에서 인간의 안녕을 위한 기원이든지, 종교적 삶이 바로 그들 문화의 기초를 형성하고 있었다는 것을 단적으로 보여 주고 있다. 즉 그들은 인간의 안녕은 초월적 힘에 의해서 지배를 받는다는 사고를 갖고 있었다. 그래서 만일의 경우 그들에게 닥칠지도 모르는 흉사를 사전에 방지하기 위하여 초월자에게 예물을 바치는 제의가 거행되었던 것이다. 특히 이 제의의 제물로서 동물이나, 동물의 피가 드려졌던 것은, 인간의 '피' , 곧 '생명' 을 대신하는 동물의 희생을 통하여 자신의 생명을 보호하고자 하는 대속 의식이 담겨져 있었다고 볼 수 있다. 동시에 이러한 제의 속에는, 생명은 바로 초월자에 의해서 주관된다는 사고도 담겨져 있었다. 그래서 그 생명은 인간이 함부로 할 수 있는 것이 아니라, 오직 초월자만이 마음대로 행할 수 있는 천명天命 사상이 깃들어 있는 것이다. 고대 인간들이 어려운 일을 할 때에든지, 자신들에게 위험이 닥쳤을 때, 혹은 위험이 닥칠지도 모르는 상황 속에서 종교적 제의를 행하였다고 하는 것은, 인간이 자기 생명을 스스로 지탱할 수 있는 존재가 아님을 인식하고 있었다는 것을 단적으로 증명해 주는 것이다.

3. 인간의 내면에 잠재하고 있는 종교심

고대 사회의 문화가 종교문화란 옷을 입게 된 것은 단순히 일상생활에서 그들에게 닥친 생명의 위험을 피하거나, 자기의 생명을 보호하기 위해서 만은 아니었다. 그들은 자신들 삶의 모든 것이 바로 초월자에게 달려 있다고 생각하였기 때문만이 아니라, 자신의 안녕과 축복된 삶, 즉 다산과 풍요를 위해서도 초월자의 도움을 청하는 제의를 하게 되었다. 왜냐하면 그들은 인간의 생사화복도 초월자에 의해서 주관된다고 생각하였기 때문이다. 그러나 고대 사회 사람들이 가지고 있는 초월자에 대한 사고는 지금 현대인에게도 동일하게 발견된다. 따라서 종교의 기원을 단순히 고대 사회나 문화에 국한시키는 것은 정확한 해석이라고 볼 수 없다. 고대 사회에서는 일상생활이 현대보다 종교에 더욱더 긴밀하게 연관되어 있었다는 것뿐이다. 그렇지만 인간의 종교적 사고는 오늘날 현대인에게도 동일하게 발견된다. 그러므로 종교의 기원을 우리는 고대에 국한할 수 없다. 종교의 기원은 바로 종교 심리를 가진 인간의 의식이다. 즉 인간이 자기의 삶 속에서 일어나는 것을 신의 행위 혹은 섭리攝理로 생각하는 사고, 혹은 그 어떤 초월자에게 의존하고 싶은 인간의 의존의 감정이 바로 종교의 기원이라고 볼 수 있다. 우리는 이것을 '종교심' 이라고 특징지어 말할 수 있다. 이러한 면에서 보면, 모든 인간은 '종교심' 을 가지고 있다고 할 수 있다. 문제는 그 제의의 대상, 혹은 신앙의 대상을 무엇, 혹은 누구로 삼느냐에 달려 있다. 그러므로 인간이 향유하고 살아가는 모든 문화가 인간의 '종교심' 을 표현하고 있다면, 우리들의 일상생활은 바로 종교문화에 그 근거를 두고 있다고 볼 수 있다. 단지 문화와 종교의 관계성 혹은 종교와 사회의 관계성에 따라서 종교와 문화의 차이가 있을 뿐이다. 예를 들면 문화가 발달할수록 종교가 논리적으로 체계화됨으로써 고등 종교로 발달하고, 즉 사회가 발전함에 따라서 종교적 심성이 다소 줄어들어 옛날에는 종교적으로 설명되던 것이 사회학적으로 혹은 과학적으로 설명되는 것의 차이가 있을 뿐이다. 그렇다면 여기서 문제가 제기된다: **초월적 존재는 과연 있는 것인가?** 아니면 인간이 자신의 생명을 보호받고자 하는 기대, 즉 생명의 위협에 대한 공포에서 초월자의 보호를 기대하는 인간의 심성을 관념화시킨 것인가?[3)]

4. 종교와 초월자에 대한 종교체험

'초월적 존재는 과연 있는 것인가?' 라는 질문에 대하여 많은 종교인들은 초월자에 대한 자신의 경험으로 답변하고자 한다. 그리고 '종교는 인

---

3) 루드비히 포이에르바하는 종교는 인간의 절대적 사유를 투사한 것이라고 주장한다. 이점에 관하여: *L. Feuerbach*, Das Wesen des Christentums, 이에 관한 연구: *김재진*, 루드비히 포이에르바하(L. Feuerbach)의 종교비판과 폴 틸리히(P. Tillich)의 종교철학: Anti-Theologie und Kontra-Theologie, 『현대와 신학』, 2002, 296-317.

간의 생명을 보호받고자 하는 기대, 즉 생명의 위협에 대한 공포에서 초월자의 보호를 기대하는 인간의 심성을 관념화시킨 것이 아닌가?' 에 대한 답변으로서 무신론Atheismus을 주장하는 사람들이 있다. 전자의 질문, 즉 '초월적 존재는 과연 있는 것인가?' 라는 질문에 대하여 "예"로 답변한다면, 신에 대한 '종교체험'[4]에 대하여 언급해야하고, 후자에 대하여 "예"라고 답변한다면, 우리는 '종교적 이데올로기' 에 대하여 언급해야 한다. 왜냐하면 '종교' 는 초월자에 대한 인간의 사유를 논리적으로 체계화시킨 것에 불과하기 때문이다.[5]

'이데올로기' 가 사회적 기능을 갖기 위해서는 두 가지 요소가 필수적이다. 첫째, 그 이념을 신봉하는 사람들이 있어야 한다. 그런데 그 이념이 사람들의 신봉을 받으려면, 우선 그 이념이 인간들의 사유를 개념화한 것이 되어야 하고, 그 이념은 인간들이 기대하는 최상의 것이 되어야 한다. 둘째, 그 이념을 신봉하는 사람들이 구체적인 장치나 권력수단을 가지고 있어야 한다. 그런데 그 '이념' 이 단순히 현실사회에 국한되지 않고, 내세에까지 효력을 가진다고 신봉하면, 그 때 그 이념은 '이데올로기' 의 차원을 벗어나 '종교' 가 된다. 그리고 그렇게 생각하는 사람들이 결집되면 이데올로기적 '종교 단체' 가 된다. 여기서는 초월자의 존재 여부에 상관없이, 인간이 생각하기에 가장 바람직하고, 가장 최선의 사회적, 심리적 이념이 종교의 교리가 된다. 이것을 가리켜 '종교적 이데올로기' 라고 특징지어 말할 수 있다.

---

4) *金在鎭*, 종교경험: 기독론적 사건에 대한 사변적 자의식 - A. N. Whitehead의 사변적 종교경험에 관하여, 신학논단(28집, 2000), 123-148.

5) *G. Mensching*, Art. Religion, RGG 3.Aufl. Sp.961: "Eine religonswissenschaftliche Erörterung der Erscheinung- und Ideenwelt, der Typologie und der Entwicklung der Religion setzt voraus, daß man sich über das klarist, was unter Religion zu verstehen ist."

그러나 '종교체험' 은 인간의 종교적 이념에 상관없이 객관적으로 실재하는 그 어떤 초월적 존재가 한 개인에게 자신의 존재를 계시하는 것이다. 그러나 이 경우 초월자에 대한 한 개인의 경험을 모든 인간을 위한 객관적이고 보편적인 것으로 수용하기가 그리 쉽지 않다. 왜냐하면 한 개인의 종교경험이 객관적이고 보편적이라는 것을 논증할 방법이 없기 때문이다. 그래서 혹자는 개인의 종교체험을 초월자에 대한 인간의 종교적 심성에서 유래한 것으로 본다. 이 경우 비록 종교체험을 아무리 강조한다 할지라도, 그 종교체험이 한 인간의 초월자에 대한 의존의 감정이나 종교적 심성에서 유래한 것이라면, 그 종교체험도 결국은 종교적 이데올로기가 '환상' 이라는 양식을 입은 것으로 이해할 수밖에 없다. 따라서 객관적으로 실재하는 초월자에 대한 개인의 종교체험이 객관적이고 보편적인 것이 되기 위해서는, 그와 유사한 경험을 통하여 그 경험의 진실성이 밝혀져야 할 것이다. 다시 말해서 종교체험의 내용이 역사적 연속성을 가질 때, 그 종교체험은 객관적이고 보편적인 것으로 인정받게 되며, 한 걸음 더 나아가 체험을 통하여 인식된 초월자의 실재도 인정되는 것이다. 왜냐하면 비록 한 개인의 종교체험이 객관적 실체에 대한 경험이라 할지라도, 그 체험이 단지 일회적 우발성에 의한 것이라면, 그 경험의 객관적 내용을 분석할 수 없기 때문이다.

Ⅱ 종교의 기원과 무신론적 종교 이데올로기

1. 초현실적 경험의 주체로서의 신

그리스 전통에서 신 경험, 곧 종교 경험은 헤시오도스Hesiod, B.C. 7세기에 의해서 기초되었다. 헤시오도스는, 자신이 신들의 세계에 종속되어 있다고 생각하였다.[1] 그러나 헤시오도스를 비롯하여 초기 그리스의 신 경험은 오늘날 사용하고 있는 범신론汎神論의 의미를 가지고 있지는 않다. 왜냐하면 '존재자인 세계가 '신적θεῖον' 이라는 빈사賓辭'를 지니고 있기 때문이다. 신이 빈사개념, 곧 술어개념으로 사용되었다는 것은 유신론적 의미의

1) *K. Kerenyi*, Antike Religion, München/Wien 1971, 124이하(*Gotthold Hasenhuettl*, Einführung in die Gotteslehre, *심상태* 옮김, 『하느님. 과학시대를 위한 신론 입문』, 서울: 바오로딸, 108에서 재인용).

신 존재를 인정하지 않았다는 것이다. 따라서 "창조 행위란 원시 그리스 사상 안에서는 존재하지 않는다."[2] **그렇다면 빈사개념을 가진 신은 어떠한 신인가?**

고전 그리스 문법에서 신은 호격呼格으로 불리지 않았다. 즉 신이 하나의 객체로서 간주되지 않았다는 것이다. 신을 호격으로 부르게 된 것은 후기 그리스어에서 유대 기독교 저술가들에 의해서 이루어졌다. 왜냐하면 '신은 항상 하나의 발생이라고 진술되고 있어서, 이 발생과의 친교가 이루어지는 속에서 신이 진술'[3] 되었기 때문이다. 다시 말해서 초현실적 경험을 한 사람이, 그 경험의 주체를 신이라고 불렀다. 이러한 사실을 우리는 그리스의 여러 작품들 속에서 발견할 수 있다.

에우리피데의 작품 「헬레나」에 의하면, 헬레나는 기쁨과 경이에 사로잡혀서 그의 낭군들을 "오! 신들이여!"[4] 라고 불렀다. 즉 헬레나는 자기에게 사랑을 심어준 사람을 신이라고 불렀다. 이러한 뜻에서 그리스 신화에서 여러 신들에게 붙여진 호칭들은 유신론적인 의미가 아니라, 사랑의 경험을 통하여 발생된 신이다. 플리니우스의 메난드로스Menander의 「잠언」 속에서도 "어느 한 인간이 다른 인간으로부터 도움을 받았을 때, 자기에게 도움을 준 사람을 신이라고 불렀다."[5]

여기서 신이 제3인칭He으로 호칭되었다.[6] 신이 '그He' 라는 3인칭으로

---

2) *Gotthold Hasenhuettl*, Einfuehrung in die Gotteslehre, Darmstadt 1980, *심상태* 역, 『하느님. 과학시대를 위한 신론 입문』, 서울: 바오로딸 1983, 111(이하 하느님으로 약칭).

3) 하느님, 117.

4) *K. Kerenyi*, 같은책, 211(하느님, 118에서 재인용).

5) 하느님, 118에서 재인용. 여기서 우리는 멜리데 섬 사람들이 사도 바울이 뱀에 물리었으나, 죽지 아니하고 오히려 그 뱀을 불에 넣었을 때에, "말하되, 신이라"(행 28:6)고 외친 것을 기억할 수 있을 것이다. 그리고 바울이 앉은뱅이 루스드라를 고쳤을 때, 무리들이 "신들이 사람의 형상으로 우리 가운데 내려오셨다"(행 14:11)고 외친 사실을 기억할 수 있다.

호칭될 수 있다는 것은, 초현실적 사건의 주체로서의 신을 의미한다. 즉 언어 안에서 "~한 사람존재은 신이다"라는 빈사, 곧 술어로 사용되는 '신Θεος' 은 경험 속에서 형성된 신이다. 다시 말해서 '돕는 일' 혹은 '사랑하는 일', 그 자체가 신이 아니라, '돕는 일 속에서', '사랑 속에서' 도움과 사랑을 베푼 사람이 신이다. 이처럼 그리스 철학 전통에서 '신' 이라고 외치는 것은 우리의 경험세계로 그 어떤 초월적인 힘이 개입해 들어오는 사건의 주체를 의미한다. 한 마디로 말하면, "신은 오직 사태 속에서만 생겨날 수 있으며, 생겨나는 것과 함께 발생될 수 있다."[7] 바꾸어 말하면 인간이 위기 상황, 혹은 예상하지 않았던 사건을 경험하게 되었을 때, 자기에게 도움을 준 사람존재을 신이라고 불렀다는 것이다. 이러한 의미에서 초기 그리스 사상에서의 신은 인간의 초현실적 경험 속에서 생성된 것이다.

하젠휘틀은 계속해서 그리스 철학에서의 신과 세계의 이중성에 대하여 말한다:

> "(1) 신은 단지 세계 안에서 생겨나는 것을 뜻하는 것이지, 세계의 '바깥에서는' 아무 것도 아니다. 하나의 구체적인 발생 안에서만 신이 생긴다. (2) 이 발생과의 교제 속에서만 그가 신으로 인식될 수 있으며, 그가 '신' 이다."[8]

이와 같은 그리스 철학 전통에 의하면, 신은 인간과의 교제 속에서 생성한다. 즉 신은 인간의 초현실적인 경험 혹은 초자연적 사건이 일어나는

---

6) 야웨 하나님이 "그(הוא)"로 불리워졌던 단계에 관하여: *김재진*, 계시형태의 변형 속에 있는 삼위일체의 흔적, 계명신학 제8집(1993), 133.

7) 하느님, 119.

8) 하느님, 119.

과정 속에서 인식된다는 뜻이다. 다시 말해서 초현실적 사건이나 경험 없이 신은 형언될 수 없다. 그래서 그리스인들은 초자연적인 사건 속에서 '신'이라고 호칭되는 실재를 만날 수 있다고 생각하였다. 그래서 신에 관한 진술, 혹은 신적인 것에 관한 진술은 실재Realität와의 교제 혹은 만남 안에서만 진술될 수 있다고 생각하였다.

그런데 그리스 철학에서 사용하고 있는 '발생'이란 단어는 화이트헤드A. N. Whitehead의 사변철학에서 말하는 '발생generation' 내지 '사건event'에 상응한다. 왜냐하면 화이트헤드도 세계의 궁극적 요소, 혹은 '직접적 경험'의 내용을 '사건' 또는 '사건적 계기occasion'라고 보았기 때문이다. 그도 "신은 모든 다른 창조적 행위와 생성의 일치union of becoming 가운데 있는 개념적 작용의 전제된 현실태"[9]라고 규정하고 있다. 즉 화이트헤드도 우주를 구성하고 있는 최종적 사물을 '현실적 존재' 또는 '현실적 계기'라고 보고, "신은 자신의 현실세계를 모든 새로운 창조와 공유하고 있다"[10]. 따라서 그는 만물의 생성과 더불어 시작된 사건과 더불어, 신도 존재한다고 보았다. 즉 "신은, 모든 창조적 행위가 발생하는 현실적 근거에 자기 자신이 참여한다."[11] 이러한 의미에서 "신을 떠나서 현실 세계는 결코 존재할 수 없고, 현실 세계와 그의 창조성을 떠나서는 신을 구성하는 이상적 통찰에 대한 그 어떠한 합리적 설명도 있을 수 없다."[12] 이상 살펴본 바와 같이 그리스 철학에서 신이 빈사개념이었듯이, 화이트헤드에게도 신에 대한 교리는 "종교적 경험 속에 드러난 진리들을 분명한 용어들로 기술하고

9) *A. N. Whitehead*, Process and Reality. An essay in cosmology, *오영환* 역, 「과정과 실재」 民音社, 593(이하 「과정과 실재」로 약칭).

10) 「과정과 실재」, 593.

11) *A. N. Whitehead*, Religion in the Making, 149.

자하는 시도"[13]일 뿐이다.

화이트헤드는 기독교도 종교경험에서 출발한 종교라고 규정한다. 왜냐하면 기독교는 형이상학적 교리에서 비롯된 것이 아니라, "특정한 사람들의 지고한 말씀과 행동들에 대하여 우리가 경험하고 이해한 데서 비롯되었다"[14]고 보기 때문이다. 즉 기독교의 기원도 구체적인 한 인간이 그 어떤 신적 존재와의 만남이라는 사건에서 시작되었다는 것이다. 그래서 화이트헤드는 성경의 증언을 그리스도와 만난 사람들의 "직접적인 통찰의 기록이며, 그리스도에 관한 말씀은 추상적인 개념의 용어로 분석되어진 것이 아니라, 직접적인 영상으로 보고자의 마음 속에 있었다"[15]고 강조한다. 이러한 진술은 예수 그리스도를 보고서 "보라! 이 사람이로다Ecce homo"(요 19:5)라고 외친 빌라도의 말에 상응한다. 빌라도의 말과 십자가에 달린 백부장의 말: "이는 진실로 하나님의 아들이었도다"(마 27:54)를 종합하면, 그리스인들이 "오, 신이여!"라고 부른 외침과 동일하다는 것이다. 이러한 점에서 화이트헤드에게 있어서 '신'은 초현실적 종교경험에 기초한 것이며, 그리스 철학의 '신' 개념에 역사적 배경을 가지고 있다고 본다. 그렇다면 화이트헤드에게 있어서 **어떻게 신의 발생적 창조 사건이 인간의 경험으로 의식화될 수 있을까?**

---

12) 같은책, 151f. 그러나 이러한 해석은, 결과적으로 방향만 다를 뿐, 이미 스피노자(B. Spinoza, 1632-1677)가 "신은 곧 자연이다(Deus sive natura)"라고 신(神)과 자연(自然)을 유물론적으로 합일 내지 일치시킨 방법에 상응한다. 더 자세히 말하면 "참다운 관념은 자신의 대상과(*cum suo ideato*) 일치하지 않으면 안된다"(*Benedictus de Spinoza*, Die Ethik, *강영계* 옮김, 서광사 1990, 15)라는 스피노자의 신(神)에 관한 공리에 상응한다.

13) 같은책, 57.

14) 같은책, 50.

15) 같은책, 56.

2. 감각과 지각을 추상화한 신 개념

소크라테스는 '신 개념을 그의 원천적 체험에로' 귀속시키고 있다. 이와 상응하게 희랍 철학자들, 교회의 교부들 그리고 수도원의 원장들도 사물에 대한 인식은 '눈으로 봄으로써' 인식된다고 생각하였다.[16] 다시 말해서 그들은 감각 혹은 시각이 대상물에 대한 인식의 원천이라고 생각하였다. 왜냐하면 이들은, 우리가 무엇을 관찰하고 있을 때, 관찰자도 관찰하고 있는 대상의 한 부분이 된다고 생각하였기 때문이다. 사물에 대한 직관을 통하여 대상물에 대한 인식이 가능한 것은, 관찰자가 대상에 대한 이해를 통해서 그의 대상이나 상대자에게 참여하며, 이입된다고 생각하였기 때문이다. 그런데 대상물에 대한 이해는 관찰자의 관심도 혹은 욕구에 따라서 이해의 깊이가 더해질 수 있다. 바꾸어 말하면 아우구스티누스Augustinus가 말한 바와 같이 "사랑하는 만큼 인식한다tantum cognoscitur, quantum diligitur"라는 것이다. 그래서 그들은 본 것, 곧 직관한 것의 결과를 순수 이론θεωρία이라고 규정하였다. 바꾸어 말하면 그리스 철학자나 교부들에게 있어서는, 보는 것이 곧 이론화theorein하는 것이다.

화이트헤드도 "실제로 감지각은 시지각視知覺visual perception에 종속되어"[17]있다고 보았다. 그러나 그는, 우리가 신의 원초적 본성을 '직관intuition 한다'고 말할 때, 물리적 파악으로 인하여 불순해진 정신성을 암시하기 때문에 '본다'라는 말을 사용하기를 꺼려한다. 그래서 그는, '마음에 그린다'는 말이, '본다vision'는 말보다 더 유용하다'고 말한다. 그러나 그는

16) 이점에 관하여: *J. Moltmann*, Gotteserfahrung. Hoffnung, Angst, Mystik, Kreuz Verlag 1979, *전경연* 역, 『하나님 體驗』 [복음주의 신학총서 26], 59이하.

'본다' 라는 말이 갖는 하나의 장점은, 그것이 신에 관한 학설을 철학의 전통과 더욱 긴밀히 연결시켜 주는 데 있다고 말한다. 그래서 그는 아리스토텔레스에서 흄Hume에 이르는 주체와 객체의 -주어와 술어, 보편자와 개별자- 이분법적 분리, 즉 '실체란 다른 주체에 내재하지 않는다' 는 이론을 거부하고, '하나의 현실적 존재는 다른 현실적 존재에 내재할 수 있다' 고 주장한다. 그의 말을 빌리면: "모든 현실적 존재는 다른 모든 현실적 존재에 내재할 수 있다고 본다. 유기체 철학은 '다른 존재에 내재한다' 는 관념을 명확하게 밝히려는 작업에 주력하고 있다."[18] 그런데 이렇게 '하나의 현실적 존재가 다른 현실적 존재에 내재하는 것' 이 가능한 것은, 다름 아닌 정신적 '이입' 이 가능하기 때문이라고 한다.

이상 살펴본 바와 같이 화이트헤드가 말하는 신은 어떤 자기 충족적인 실체가 아니고, 신도 스스로 존립하기 위해서는 다른 여러 '현실적 존재' 와 서로 '파악이해' 을 주고 받아야 한다. 다시 말해서 신도 상호 파악이라는 과정을 통하여 인식된다는 것이다. 더 자세히 말하면 "신은 또한 '자기 초월적 본성' 을 가지며, 그것은 신이 자신을 다른 '현실적 존재' 의 자기 창조적인 '파악' 과정에 대하여 '파악' 되어야 할 '여건' 으로 제공한다"[19]는 것이다. 이러한 의미에서 화이트헤드에게 있어서 '신은 불변적 주체이다' 라는 명제는 사라진다. 오히려 현실적 존재는 신을 경험하고 있는 주체이며, 동시에 그 경험 속에서 초월자는 자기를 드러낸다. 따라서 화이트헤드에게 있어서 신은, 우리의 감각 세계를 초월해 있는 것이 아니라, 오히려 '직관' 혹은 '본다' 혹은 '파악', 곧 지각과 감각을 통하여 경

---

17) 『과정과 실재』, 105.

18) 『과정과 실재』, 130.

19) 『과정과 실재』, 676.

험될 수 있는 존재이다. 결론적으로 말해서 그리스 철학 전통과 이 전통을 계승한 화이트헤드의 과정철학에서 말하는 신 개념을 비롯하여 모든 종교적 교리는 인간의 감각과 지각의 경험을 추상화한 것에 불과하다는 것이다. 바로 이러한 맥락에서 종교를 하나의 정신적 이데올로기로 본 사람이 바로 독일의 철학자 루드비히 포이에르바하L. Feuerbach이다.

3. 인간이념의 투사와 종교체험의 상징화

포이에르바하는 헤겔Hegel을 비판하여 말하기를, "신의 자의식은 인간의 자의식이며, 신에 관한 인식은 인간의 자기인식이다"[20]라고 말한다. 이 말은 앞 절에서 언급한 바와 같이 초월자인 신과 유한한 인간을 아무런 조건 없이 상호 종속시킨 화이트헤드의 방법론에 상응한다. 바꾸어 말하면 '동일성의 원리*coincedentia oppositorum*' 에 의해서 무한자無限者와 유한자有限者를 아무런 중간매체 없이 직접적으로 결합하여 도치시킨 것이다. 그래서 그에게 있어서 무한자Das Unbedingte=신 혹은 절대자에 대한 의식은 인간의식을 무한한 것으로 고양시킨 것 이외에 다른 것이 아니다. 그렇다면 **어떻게 이러한 일이 가능할까?**

포이에르바하에 의하면, "무한자에 대한 의식에서 의식하는 주체인 인간이 자기 본성에 이미 무한성을 대상으로 갖고 있기"[21]때문이다. 다시 말해서 인간의 본성이 이미 무한에 대한 인식을 가지고 있기 때문에, 그 인

---

20) *L. Feuerbach*, Das Wesen des Christentums, 51(이하 DWC 로 약칭).

21) DWC, 17f.

식을 외부로 투영하였다는 것이다. 그리고 인간의 무한에 대한 인식을 투영하는 과정을 통하여 신 개념이 발생한다는 것이다. 결국 포이에르바하에 있어서 신에 대한 일체의 모든 개념들은 인간의 무한에 대한 의식을 외부로 투영하여 이를 신 개념이라고 규정한 것에 불과하다는 것이다. 이러한 점에서 신 개념은 인간의 의식에서 형성된 것이다. 한 마디로 말해서 신 개념은 인간이 만들어낸 것이다. 그래서 그는 신학을 인간학으로 전락시켰다는 비판을 받고 있다.

이제 포이에르바하의 신 개념을 보다 더 자세히 살펴보면, 우선 기독교에서 말하는 인격적 하나님 곧 유신론적 하나님 개념은, 사실은 인간에 관한 특정한 개념, 즉 인간의 독립된 실존, 인간의 인격화된 본성을 투사시켜 말하는 개념이라는 것이다. 다시 말해서 신이란, 인간이 자기 본성을 관상하는 가운데 깨달은 바를 마치 외부에 무엇이 있는 것처럼 생각하여 밖으로 투사한 '소외된 자아entäußertes Selbst'[22]라는 것이다. 그리고 신의 속성들은 인간의 속성을 대상화시킨 것이라고 한다. 예를 들면 신이 지적 존재요, 영이라는 것은, 인간이 자기 자신을 이해한 것을 투사한 것이며, 신이 도덕적으로 완전무결한 존재라고 생각하는 것도, 인간의 윤리를 인격화하여, 인간의 윤리적 본성을 절대화한 것이라고 주장한다. 그래서 도덕적 신 개념은 인간 자신의 양심을 투사한 것이라고 한다. 신은 사랑이라고 하는 주장도, 인간의 사랑하는 마음의 투사로서, 인간 사랑의 보편적 본성을 객체화한 것이라고 본다.[23] 한 마디로 말해서 포이에르바하의 신 개념은, 인간이 가지고 있는 본래의 의식을 최고 혹은 절대 이념으로 투사한 이념 혹은 관념이다. 다시 말해서 그에게 있어서 신에 대한 일체

22) DWC, 76f.

의 모든 개념은, 인간이 가지고 있는 의식을 밖으로 투사하여 절대화한 것이다. 결국 인간의 이념이 신이 된 것이다. 그래서 그에게 있어서 "절대적 본질, 곧 인간의 하나님은 인간 자신의 본질이다. 따라서 인간 위에 있는 대상의 힘은, 인간 자신의 본질이 가지고 있는 힘이다."[24]

포이에르바하의 신학의 인간학적 방법에 상응하게 폴 틸리히P. Tillich도 무한정자Das Unbedingte, 곧 신은 독자적으로 존재하는 대상적 객체가 아니라, 무한에 대한 종교경험을 상징화한 것이다. 그의 말을 빌리면: "무한정자는 대상적 객체가 아니다. 무한정자는 단지 객체들을 통하여 상징될 수 있을 뿐, 파악될 수 있는 것이 아니다. 그러므로 신앙의 대상은 필연적으로 상징적인 특성을 가지고 있다. 그런데 그 대상은 언제든지 그 상징이 표현할 수 있는 것 그 이상을 뜻하게 마련이다."[25]

이러한 증언에서 우리는 "상징될 수 있을 뿐 파악될 수 있는 것이 아니다"라는 것에 주목해야 한다. 한 마디로 말해서 무한자는 자존적自存的 존재가 아니다. 무한자는 오직 인간에게, 곧 유한자 안에서 경험될 때만 존재하는 것이다. 그리고 무한자는 인간의 이성으로 인식되거나 파악될 수 있는 존재가 아니다. 따라서 그의 신 개념은 인격적인 신 개념이라고 볼 수 없다.

이상 살펴본 포이에르바하의 종교비판 방법과 틸리히의 종교철학 방법을 고려해 볼 때 다음과 같은 결론이 나온다. 우선 포이에르바하에게 있

23) 여기서 우리는 예수 그리스도를 통한 하나님 인식이나 하나님 개념을 이야기하지 않을 때 결국 어떠한 결과가 올 것인가를 포이에르바하의 해석에서 예견할 수 있을 것이다.

24) DWC, 41.

25) *P. Tillich*, Religionsphilosophie, in: Lehrbuch der Philosophie, hg. von M. Edssoir, Bd.2, Berlin 1925, *김재진* 편역, 『종교철학이란 무엇인가?』, 계명대학교출판부 1998, 74f.

어서 신 개념은, 인간이 자신의 본성 속에 가지고 있는 것을 자기 밖에 설정하고, 그것이 마치 자기 밖에, 자기로부터 분리되어 존재하는 신이라고 생각하였다. 이렇듯 신은 인간이념의 투사에 불과하다. 즉 신은, 인간 자신이 가지고 있는 가장 이상적이고 가장 온전한 것에 대한 이념을 절대자, 곧 신에게 투사한 것이다.

틸리히도 '모든 본질은 아프리오리Apriori하다' 라는 전제에서 출발하여, "소우주 속에 대우주의 원리가 주어졌다는, 모든 신비주의의 기본명제는 정신을 통하여 존재의 의미가 완성된다"[26]고 강조한다. 다시 말해서 이미 신적 본질이 인간의 본질에 선험적으로 내재되어 있다는 것이다. 바로 이 선험적으로 내재되어 있는 신적 본질을 경험한 것을 상징화한 것이 신이라는 것이다. 이러한 점에서 틸리히의 신 개념 형성도 역시 포이에르바하의 신 개념 형성과 마찬가지로 인간의 경험, 인식, 직관 혹은 파악에서 비롯된 것이라 볼 수 있다. 왜냐하면 틸리히의 신 개념은 종교경험을 통한 의식의 총체, 곧 '정신 그 자체' 이기 때문이다. 이렇듯 양자는 신의 존재를 실재하는 인격적인 신으로 보는 것이 아니라, 인간의 이념과 인간의 종교경험 속에 내재해 있는 분으로 생각하고 있다.[27] 다시 말해서 두 사람은 신을 독자적으로 존재하는 신으로 이해하지 않는다. 두 사람의 신 개념의 출발점은 -투사Projection한 것이건, 상징한 것이건- 인간의 정신 혹은 의식의 본성에서 나온 것이다. 비록 틸리히가 무한자에 대하여 언급은 하고 있으나, 그에게 있어서 무한자는 결코 인간의 종교경험 혹은 인식과

26) 위의 책, 42.

27) 참고. 『종교철학이란 무엇인가?』, 74: "메타논리적 종교철학에 있어서 하나님에 관한 언급은, 하나님이 종교적 행위 속에서 활동하시길 원하시는 분이라는 인식 속에서만 오로지 가능하다."

별개로 존재하는 인격적인 자존적 신Aseitätsgott이 아니다. 그에게 있어서 신, 곧 무한자는 오히려 종교경험을 통하여 의미 부여되고 구체적인 형식으로 상징화된 신일 뿐이다.

4. 종교체험의 주체가 누구인가?

앞에서 우리는 종교의 기원은 종교체험이라는 사실을 알았다. 그래서 고대 원시사회로부터 현대사회에 이르기까지 인간이 초월적 존재의 권능을 기대하거나, 그 권능의 보호를 기대하게 된 것은 바로 인간의 삶 속에서 일어난 종교체험에서 비롯된 것임을 알았다. 이러한 점에서 종교는, 인간들이 일상생활 속에서 경험한 초현실적 사건에서 생긴 것이라고 특징지어 말할 수 있다. 그러므로 고대로부터 현대에 이르기까지 초월자, 곧 신에 대한 생각도 초현실적 종교체험 속에서 나온 것이고 볼 수 있다. 그렇다면 여기서 문제가 제기된다: **인간으로 하여금 초현실적 종교체험을 하게 만든 주체가 누구인가?** 인간 자신인가, 아니면 실재로 시-공간을 초월해 있는 그 어떤 존재인가?

초현실적 종교체험 속에서 경험한 초월적인 힘이 단순히 자연의 물리적인 힘 혹은 인간의 심리적 혹은 정신적 변화가 아니라, 실재하는 초월적 존재라고 인정한다면, 그때에 우리는 신의 존재를 인정하게 되는 것이다. 그러나 만일 그 초월적 힘이 자연이나, 물질이라고 생각한다면, 그때에 우리는 신의 존재를 인정하는 것이 아니라, 자연의 힘을 신격화한 것이다. 전자를 우리는 유신론이라고 말하고, 후자를 무신론이라고 말한다. 그러므로 자연의 초능력을 신격화하여 믿는 것은 자연종교, 곧 무신론적 종교 이데올로기에 불과하다. 이러한 의미에서 고대 원시종교는 자연종교 혹은 종교 이데올로기에 속한다. 그러나 전자의 경우에라도, '그 초월적 존재가 누구이다' 라고 초월적 존재에 대한 구체적인 인식과 고백이 없다면, 그것 역시 인간의 심리적 현상인 종교 이데올로기에 불과한 것이다. 이러한 이유에서 참된 유신론은, 자신이 경험한 종교체험의 주체가 '~ 한 분이다' 라고 구체적으로 고백할 수 있어야 한다. 그리고 참된 초월적 절대자는 인간의 종교체험 속에서 자신을 스스로 밝힌다.[28)]

그러므로 참된 종교의 기원은 인간의 신 경험 그 자체에 있는 것도 아니고, 초월적 물리적 자연의 힘에 있는 것도 아니고, 실재하는 초월자의 능력에 있다고 할 수 있다. 즉 신은 신 인식의 주체라는 것이다. 이 말은, 신에 대한 사고는 결코 인간의 원시적 사고나, 추상적인 사고나, 종교적 체험 그 자체에서 유래한 것이 아니라는 것이다. 신에 대한 사고는 신의 초월적 능력 그 자체에서 유래한 것이요, 초월적인 하나님의 주체적이고 주도적 행위 그 자체에 있는 것이다. 그러므로 종교의 기원은 단지 인간의 체험이나, 종교적 경험에 있다는 것이 아니라, 그 체험 뒷면에 있는 초월적 존재 자체에 있다고 볼 수 있다. 다시 말하면, 초월적 존재가 인간에게 자기의 존재를 초현실적으로 인식시켜 줌으로써, 인간은 초월적 능력을 경험하게 되고, 그로 인하여 초월적 존재에 대한 인식에 이르게 된다는 것이다.

그런데 초월적 힘이 단지 자연적 – 물리적 힘이 아니라, 인격적 존재의 능력이라고 할 때, 그 존재는 종교체험을 한 사람들에게 윤리적 삶을 요

---

28) 이스라엘의 여호와 하나님은 "너는 이스라엘 자손에게 이같이 이르기를, 너희 조상의 하나님 여호와, 곧 아브라함의 하나님, 이삭의 하나님, 야곱의 하나님께서 나를 너희에게 보내셨다 하라. 이는 나의 영원한 이름이요, 대대로 기억할 나의 칭호니라"(출 3:15)고 자기를 소개한다.

구한다. 즉 참된 종교체험은 단지 초월적 힘에 의존하여 살아가는 것으로 끝나지 않고, 인격적 삶을 통하여 초월적 절대자에게 응답한다는 것이다. 즉 참된 종교체험은 단지 개인적이고 사적 경험으로 끝나지 않고, 객관적이고 윤리적 삶으로 그 경험이 표출된다는 것이다. 여기서 신과 인간 사이에 인격적 관계가 형성된다. 즉 모든 것을 결정하는 것은 인간이 아니라, 신이라는 것이다. 인간은 오히려 그 신에게 순종해야 한다는 것을 인식하게 된다. 그러나 이것은 논리적으로 증명되어질 것이 아니라, 인식되어지고 믿어지며 동시에 체험되어지는 것이다. 그러나 초월적 권능이나 힘에 대한 경험이 자연의 힘이라고 할 때, 그러한 종교체험에서는 인격적이고 윤리적인 삶이 표출되지 않는다. 따라서 그러한 종교체험은 단지 인간의 심리적 변화에 불과한 것이다. 참된 초월자에 대한 종교체험은 결과적으로 초월적 존재에 대한 인간의 윤리적 삶으로 열매 맺어진다.

Ⅲ
기독교의 뿌리와 기원

1. 기독교의 뿌리인 이스라엘 조상들의 종교체험

우리는 기독교의 기원에 대하여 이야기하기 전에 앞서 기독교의 뿌리가 되는 이스라엘의 태동과 역사, 곧 이스라엘유대인 조상들의 종교체험에 대하여 먼저 알아볼 필요가 있다. 왜냐하면 예수가 바로 유대인이었기 때문이다. 즉 예수와 기독교를 보다 더 잘 이해하기 위해서 예수가 태어나서 자란, 곧 예수의 신앙적 배경인 이스라엘의 역사를 이해하는 것이 중요하다. 왜냐하면 기독교의 역사적 뿌리는 이스라엘의 역사, 곧 구약성경이기 때문이다. 그런데 이스라엘 사람들의 종교체험, 즉 야웨 하나님에 대한 경험은 인간의 환상적 심리변화에 있지 않았다. 이스라엘의 신앙전승에 의하면 야웨יהוה 하나님은 인간의 역사 속으로 직접 침투해 오시는 인격적이며, 초월적인 하나님이시다. 즉 하나님은 인간이 경험한 종교체험의 능동적이고 주도적인 주체였다는 것이다. 이러한 예를 우리는 구약성경 여러 곳에서 발견할 수 있다. 어느 날 야웨 하느님은 이스라엘의 조상 아브람을 찾아와 고향을 떠날 것을 명하신다:

"여호와께서 아브람에게 이르시되, 너는 너의 고향과 친척과 아버지의 집을 떠나 내가 네게 보여 줄 땅으로 가라. 내가 너로 큰 민족을 이루고 네게 복을 주어 네 이름을 창대하게 하리니, 너는 복이 될지라, 너를 축복하는 자에게는 내가 복을 내리고, 너를 저주하는 자에게는 내가 저주하리니, 땅의 모든 족속이 너로 말미암아 복을 얻을 것이라 하신지라. 이에 아브람이 여호와의 말씀을 따라갔고, 롯도 그와 함께 갔으며, 아브람이 하란을 떠날 때에 칠십오세였더라"(창 12:1-4).

이렇듯 이스라엘 민족의 조상 아브람에게 야웨 하나님이 먼저 찾아와 그를 부르시고, 그에게 고향을 떠나라는 말씀을 듣는 종교체험으로부터 이스라엘 역사는 시작되었다.

이렇게 이스라엘 백성이 신앙하는 야웨 하나님이 먼저 구체적인 한 사람을 찾아와 만나는 사건은, 모세라는 사람의 종교체험에서도 동일하게 일어난다. 미디안 광야에서 양떼를 먹이던 모세는 어느 날 양떼를 몰고 광야 서쪽 호렙산에 이르게 된다. 그때에 그가 보니, 떨기나무에 불이 붙었으나, 그 떨기나무가 사라지지 아니하고 있었다. 그러자 모세는 그 광경을 더 가까이 가서 보려고, 그 떨기나무에 가까이 접근하였다. 그때에 홀연히 불붙은 떨기나무 속에서 다음과 같은 소리를 듣는다:

"하나님이 떨기나무 가운데서 그를 불러 이르시되, '모세야' '모세야' 하시매 그가 이르되, '내가 여기 있나이다.' 하나님이 이르시되, '이리로 가까이 오지 말라. 네가 선 곳은 거룩한 땅이니, 네 발에서 신을 벗으라' "(출 3:4-5).

그리고 계속해서 모세는 다음과 같은 소리를 불붙은 떨기나무 속에서 듣는다:

"여호와께서 이르시되, 내가 애굽에 있는 내 백성의 고통을 분명히 보고, 그들이 그들의 감독자로 말미암아 부르짖음을 듣고, 그 근심을 알고, 내가 내려가서 그들을 애굽인의 손에서 건져내고, 그들을 그 땅에서 인도하여 아름답고, 광대한 땅, 젖과 꿀이 흐르는 땅, 곧 가나안 족속, 헷 족속, 아모리 족속, 브리스 족속, 히위 족속, 여부스 족속의 지방에 데려가려 하노라"(출 3:7-8).

이렇듯 야웨 하나님의 직접적인 부름을 경험한 사람들이 바로 이스라엘의 예언자들이었다. 그들은 여러 가지 모양으로 야웨 하나님의 부름을 받는다. 어느 날 사무엘이라는 선지자는 누구의 음성인지 분명하지 않지만, 자신을 부르는 소리를 듣고 자기 스승 엘리에게 달려간다. 그러나 그의 스승은 그를 부르지 않았다는 것을 알고, 그 소리를 야웨 하나님의 음성으로 이해한다:

"엘리의 눈이 점점 어두워 가서 잘 보지 못하는 그때에 그가 자기 처소에 누웠고, 하나님의 등불이 아직 꺼지지 아니하였으며, 사무엘은 하나님의 궤있는 여호와의 전 안에 누웠더니, 여호와께서 사무엘을 부르시는지라, 그가 대답하되, '내가 여기 있나이다' 하고 엘리자기 스승에게 달려가서 '당신이 나를

> 부르셨기로, 내가 여기 있나이다' 하니, 그가 이르되, '나는 부르지 아니 하였으니, 다시 누우라' 하는지라, 그가 가서 누웠더니, 여호와께서 다시 사무엘을 부르시는지라. 사무엘이 일어나 엘리에게로 가서 이르되, '당신이 나를 부르셨기로 내가 여기 있나이다' 하니, 그가 대답하되, '내 아들아 내가 부르지 아니하였으니, 다시 누우라' 하니라. …… 여호와께서 세 번째 사무엘을 부르시는지라, 그가 일어나 엘리에게로 가서 이르되, '당신이 나를 부르셨기로 내가 여기 있나이다' 하니, 엘리가 여호와께서 이 아이를 부르신 줄을 깨닫고, 엘리가 사무엘에게 이르되 '가서 누웠다가 그가 너를 부르시거든, 네가 말하기를 여호와여 말씀하옵소서 주의 종이 듣겠나이다 하라' 하니, 이에 사무엘이 가서 자기 처소에 누우니라. 여호와께서 임하셔서 전과 같이 '사무엘아! 사무엘아!' 부르시는지라 사무엘이 이르되, '말씀하옵소서 주의 종이 듣겠나이다' 하니, 여호와께서 사무엘에게 이르시되, '보라! 내가 이스라엘 중에 한 일을 행하리니, 그것을 듣는 자마다 두 귀가 울리리라"(삼상 3:2-11).

이러한 기사가 증언하고 있듯이, 이스라엘의 하나님 여호와가 직접 그리고 먼저 인간에게 나타나 구체적인 사람을 부르시는 종교체험의 사건을 통하여, 이스라엘 사람들은 신의 실재를 경험하게 되었고, 그 경험을 통하여 자기에게 먼저 말을 걸어오시고, 명령하신 신, 더 자세히 말하면 여호와 하나님을 신앙하게 되었던 것이다.

신神: 하나님이 인간에게 먼저 나타나서 구체적인 한 사람을 부르시는 사건은 십자가에 죽었다가 부활한 예수 그리스도가 사울이라는 젊은 청년을 부르는 사건에서도 동일하게 일어난다. 본래 사울이라는 청년은, 그 당시 '예수가 죽었다 살아났다' 는 것을 믿는 사람들을 잡으러 다니는 사람이었다. 왜냐하면 그는 죽은 자의 부활을 믿지 않았기 때문에, '예수가 죽었다가 부활하였다' 는 소식은 아무 근거 없는 유언비어라고 생각하였다. 그러나 그러던 어느 날 그는, 예수의 부활을 믿는 사람들이 다메섹에 많다는 소식을 듣고, 그들을 잡으러 떠났다. 다메섹으로 가던 도중에 그는 부활하신 예수 그리스도의 음성을 직접 듣는다:

> "사울이 길 가다가, 다메섹에 가까이 이르더니, 홀연히 하늘로부터 빛이 그를 둘러 비추는지라. 땅에 엎드러져 들으매, 소리가 있어 이르시되, '사울아! 사울아! 네가 어찌하여 나를 박해하느냐' 하시거늘, 대답하되, '주여 누구시니이까?' 이르되, '나는 네가 박해하는 예수라. 너는 일어나 시내로 들어가라, 네가 행할 것을 네게 이를 자가 있느니라' 하시니 같이 가던 사람들은 소리만 듣고 아무도 보지 못하여 말을 못하고 서 있더라. 사울이 땅에서 일어나, 눈은 떴으나, 아무 것도 보지 못하고 사람의 손에 끌려 다메섹으로 들어가서 사흘 동안 보지 못하고, 먹지도 못하고 마시지도 아니하니라"(행 9:3-9).

이러한 기사를 통해서도 분명히 알 수 있듯이, 이스라엘의 여호와 하나님은 이스라엘의 조상 아브람이나, 민족의 지도자 모세 그리고 선지가 사무엘에게 그리고 사울에게 직접 먼저 나타나 그들을 부르시고 그들에게 말을 건네시고, 명령하시는 하나님이시다. 그리고 이러한 사건들을 체험한 사람들은 자기에게 나타난 신, 곧 여호와 하나님을 자기들의 하나님으로 믿고, 다른 사람들에게도 전파하였다.

그렇다면 여기서 다음과 같은 질문이 제기될 수 있을 것이다: **이스라엘 사람의 조상들과 선지자들이 경험한 종교체험과 소위 다른 종교의 종교체험과 무엇이 다른가?** 한 걸음 더 나아가 여러 종교는 각자 나름대로 종교체험을 통하여, 더 자세히 말하면 신의 존재에 대한 초현실적 체험을 통하여 형성된 것이라면, **이스라엘 조상들이 체험한 여호와 하나님과 다른 종교의 신들과는 어떠한 차이가 있는가?** 이에 대한 답변은 이스라엘 조상들이 체험한 여호와 하나님의 고유한 성품을 살펴봄으로써 답변될 수 있을 것이다.

2. 역사 속에 살아 계신 인격적인 여호와 하나님

앞 절에서도 간단히 언급한 바와 같이, 이스라엘의 종교, 곧 유대교는 여호와 하나님과의 인격적인 만남, 곧 하나님이 먼저 찾아와 부르시고, 그에게 말씀하시고, 명령하시는 종교체험을 통하여 시작되었다. 이러한 의미에서 이스라엘 사람들의 종교체험은 인간의 환상적인 심리적 변화가 아니라, 역사적이고 객관적 사건이라는 특성을 갖는다. 즉 이스라엘의 조상들이 체험한 하나님은, 인간의 역사 속으로 직접 침투에 오시는 인격적이며, 초월적인 하나님이라는 것이다. 이러한 사실을 우리는 우선, 이스라엘 조상들이 경험한 종교체험의 역사적 연속성에서 발견할 수 있다. 다시 말하면 이스라엘의 여러 조상들이 수 차례 계속해서 만난 하나님은 동일한 한 분 여호와 하나님이라는 것이다. 이러한 점에서, 비록 이스라엘 조상의 여러 사람들이 각기 다른 시대에 다른 상황에서 하나님을 만났지만, 그 하나님은 동일한 한 분 하나님이라는 것이다. 이렇게 한 분 하나님이 연속적으로 여러 사람들과 반복해서 만나시는 사건을 통하여 볼 때, 이스라엘의 여호와 하나님은 역사적인 하나님이라는 특성을 갖는다. 이러한 사실을 우리는 여호와 하나님과 만난 사람들의 대화 속에서 발견할 수 있다.

우선 모세에게 나타난 여호와 하나님은 바로 그들의 조상 아브람과 이삭과 야곱에게 나타나신 하나님이다. 다시 말해서 모세가 자기에게 나타난 하나님에게 '당신이 누구시냐' 고 물었을 때, "하나님이 또 모세에게 이르시되, '너는 이스라엘 자손에게 이 같이 이르기를 너희 조상의 하나님 여호와, 곧 아브라함의 하나님, 이삭의 하나님, 야곱의 하나님께서 나를 너희에게 보내셨다 하라' "(출 3:15)고 말씀하신다. 여기서 우리는 모세에게 나타난 하나님은, 곧 하란에서 이스라엘 조상 아브람에게 나타나신 바로 그 하나님이심을 알 수 있다. 이러한 사실은 이스라엘 조상 아브람에게 나타나신 하나님이, 아브람에게 가나안 땅을 약속해 준 것과 같이, 모세에게도 나타나 역시 이스라엘 백성을 애굽에서 해방시켜서 동일한 가나안 땅으로 인도해 가라고 명령한 사실에서 명백히 드러난다:

> "내가 말하였거니와 내가 너희를 애굽의 고난 중에서 인도하여 내어 젖과 꿀이 흐르는 땅 곧 가나안 족속과 헷 족속, 아모리 족속, 브리스 족속, 히위 족속, 여부스 족속의 땅으로 올라가게 하리라"(출 3:17).

즉 이와 동일한 약속을 여호와 하나님은 이미 모세의 조상 아브람에게 해주신다: "내=여호와 하나님가 너와 및 네 후손에게 네가 거류하는 이 땅, 곧 가나안 온 땅을 주어 영원한 기업이 되게 하고, 나는 그들의 하나님이 되리라"(창 17:8).[1)]

한 걸음 더 나아가 모세를 통하여 이스라엘 백성을 애굽에서 이끌어 내

1) 가나안 족속과 헷 족속, 아모리 족속, 브리스 족속, 히위 족속, 여부스 족속의 땅을 가나안 땅이라고 통칭한다.

신 하나님은, 곧 이스라엘의 선지자들에게 나타나신 하나님이다. 왜냐하면 이스라엘 선지자들에게 나타나신 하나님은, 그들에게 자신을 소개할 때, 혹은 예언자들을 통하여 하나님의 말씀을 대언代言하게 하실 때, 언제든지 여호와 하나님은, "대저 나는 여호와 네 하나님이요, 이스라엘의 거룩한 이요, 네 구원자임이라. 내가 애굽을 너의 속량물로, 구스와 스바를 너를 대신하여 주었노라"(사 43:3)고 소개하기 때문이다. 이스라엘 백성을 애굽으로부터 구원해 낸 여호와 하나님이 이스라엘의 선지자들에게 나타나셨다는 이 사실은, 여호와 하나님은 역사 속에 살아 계시면서 계속해서 이스라엘 자손과 관계를 맺고 계신다는 것을 증언해 주는 것이다. 그래서 이스라엘 백성들은, 자신들의 조상에게 나타나셔서, 그들에게 가나안 땅을 주시겠다고 약속해 주시고, 그들의 후손을 애굽의 종살이에서 해방시켜 주시고, 결국 가나안 땅에 이르게 하신 여호와 하나님을 다음과 같이 고백하고 있다:

> "너는 또 네 하나님 여호와 앞에 아뢰기를 내 조상은 방랑하는 아람 사람으로서 애굽에 내려가 거기에서 소수로 거류하였더니, 거기에서 크고 강하고 번성한 민족이 되었는데, 애굽 사람이 우리를 학대하며, 우리를 괴롭히며, 우리에게 중노동을 시키므로 우리가 우리 조상의 하나님 여호와께 부르짖었더니 여호와께서 우리 음성을 들으시고 우리의 고통과 신고와 압제를 보시고, 여호와께서 강한 손과 편 팔과 큰 위엄과 이적과 기사로 우리를 애굽에서 인도하사 이 땅 곧 젖과 꿀이 흐르는 땅을 주셨나이다"(신 26:5-9).[2]

---

2) 이 신앙고백은 여호수아 24장 2-14절, 역사적 서사시로 표현된 시편 105, 시편 78편, 유다서(외경) 5장 6절이하와 더불어 가나안 정복까지, 곧 남-북 분열 이전까지의 이스라엘 역사에 대한 회고라는 점에서 유사성을 갖는다.

이 신앙고백 속에는 이스라엘 민족의 기원사, 민족 이동사, 애굽에서의 수난사, 애굽에서의 해방사 그리고 가나안 땅의 정복사, 곧 4-500여년 간 BC. 1200-700의 역사가 기술되어 있다. 이스라엘 백성들의 최초의 신앙고백인 이 고백은 여호와 하나님을 이스라엘 조상 때부터 자기들이 어렵고 고난 받을 때, 구원해 주시고 -특히 애굽의 종살이에서 구원해 주신- 지키시며, 인도해 주시는 분을 역사의 하나님으로 고백하고 있다, 즉:

> "애굽 사람들이 우리를 학대하며, 우리를 괴롭히며, 우리에게 중노동을 시키므로 우리가 우리 조상의 하나님 여호와께 부르짖었더니, 여호와께서 우리 음성을 들으시고 우리의 고통과 신고와 압제를 보시고, …… 우리를 애굽에서 인도하여 내시고 ……."

이러한 점에서 이스라엘의 하나님은 어려움과 고통 속에서 구원해 주시는 구원자 하나님이시다. 일찍이 이스라엘 조상들에게 나타나셔서, 그들을 먼저 부르시고, 가나안 땅을 유업으로 주겠다고 약속해 주시고, 그들이 이방 민족에게 고통과 억압을 당하고 있을 때, 그들을 포로생활에서 구원해 주시고, 항상 그들과 함께 동행해 주신 하나님, 이러한 하나님이 이스라엘 사람들이 신앙한 여호와 하나님의 성품이다. 한 마디로 말해서 이스라엘의 하나님은 역사적이고, 인격적인 구원자 하나님이시다. 이점이 기독교의 뿌리가 되는 이스라엘 백성들의 하나님이시다.

3. 기독교의 기원으로서의 예수의 부활현현

기독교의 기원은, 십자가에 못박혀 죽은 나사렛 예수라는 청년의 무덤이 비어 있었다는 여인들의 보고로부터 출발한다:

> "안식 후 첫날 매우 일찍이 해 돋을 때에 그 무덤으로 가며, 서로 말하되 누가 우리를 위하여 무덤 문에서 돌을 굴려 주리요 하더니, 눈을 들어본즉 벌써 돌이 굴려져 있는데, 그 돌이 심히 크더라. 무덤에 들어가서 흰옷을 입은 한 청년=천사이 우편에 앉은 것을 보고 놀라매, 청년이 이르되 놀라지 말라, 너희가 십자가에 못 박히신 나사렛 예수를 찾는구나, 그가 살아 나셨고 여기 계시지 아니하니라 보라! 그를 두었던 곳이니라"(막 16:2-6).

여기서 질문이 제기된다: 한 두 여인이 이른 아침 **예수의 무덤이 비어 있는 것을 보았다는 것이, 어떻게 예수의 부활을 증거할 수 있는가?** 예수의 무덤이 비어 있는 것을 목격하고 돌아온 여인들의 보고와 '예수가 살아나셨다' 는 기독교 신앙의 진실성은 단지 빈 무덤을 목격하고 돌아온 여인들의 체험뿐만 아니라, 다른 사람들도 예수의 부활을 경험한 종교체험을 통하여 그 사실성이 증명된다. 더 자세히 말하면, 예수가 참으로 부활했다는 것은, 첫째 다른 제자들도 부활하신 예수님을 만난 사건, 둘째, 예수의 부활을 부인하던 사도 바울의 다메섹 도상에서의 체험, 셋째, 집사 스데반이 순교하면서 부활 승천하여 하나님의 우편에 계신 예수를 목격한 사건, 넷째, 예수의 부활을 믿는 부활신앙 공동체가 형성된 사건과 그들의 순교적 삶을 통하여 입증될 수 있을 것이다.

첫째로, 여인들이 이른 아침 예수의 무덤을 방문하였다가, 예수의 무덤이 비어 있었고, 그가 부활하였다는 소식을 들은 것이 역사적 사실이라는 것은, 다른 제자들도 부활하신 예수님을 만났다는 사건으로 증명된다. 즉 어느 날 엠마오로 가던 제자들은 죽었다 부활하신 예수를 만난다:

"그 날에 그들 중 둘이 예루살렘에서 이십오리 되는 엠마오라 하는 마을로 가면서 이 모든 된 일을 서로 이야기하더라. 그들이 서로 이야기하며 문의할 때에 예수께서 가까이 이르러 그들과 동행하시나, 그들의 눈이 가리어져서 그인 줄 알아보지 못하거늘"(눅 24:13-16); "그들과 함께 음식 잡수실 때에 떡을 가지사 축사하시고 떼어 그들에게 주시니, 그들의 눈이 밝아져 그=예수인 줄 알아보더니, 예수는 그들에게 보이지 아니하시는지라"(눅 24:30-31); "곧 그 때로 일어나 예루살렘에 돌아가 보니, 열한 제자 및 그들과 함께 한 자들이 모여 있어 말하기를 주=예수께서 과연 살아나시고, 시몬에게 보이셨다 하는지라. 두 사람도 길에서 된 일과 예수께서 떡을 떼심으로 자기들에게 알려지신 것을 말하더라"(눅 24:33-35).

이러한 성경의 보고에 의하면, 이른 아침 예수의 무덤을 처음 찾아가서, 무덤이 비어 있는 것을 직접 목격하고, "그가 살아 나셨고 여기 계시지 아니하니라"는 천사가 전하여 준 이야기를 들은 여인들의 체험은 단순히 환상이 아니라, 역사적 사실임을 명백히 증명해 준다.

둘째로, 예수의 빈 무덤을 보고, "그가 살아나셨다"는 소식을 들은 여인들의 종교체험이 사실이라는 것은, 예수의 부활을 부인하던 바울이 다메섹 도상에서 부활하신 예수의 음성을 직접 듣고, 눈이 머는 경험을 통해서 입증된다(행 9:3-9). 그래서 그는 다음과 같이 증언한다:

"그리스도께서 우리 죄를 위하여 죽으시고, 장사 지낸 바 되셨다가 성경대로 사흘만에 다시 살아나사, 게바에게 보이시고 후에 열두 제자에게와 그 후에 오백여 형제에게 일시에 보이셨나니 그 중에 지금까지 대다수는 살아 있고, 어떤 사람은 잠들었으며, 그 후에 야고보에게 보이셨으며 그 후에 모든 사도에게와 맨 나중 만삭되지 못하여 난 자 같은 내게도 보이셨느니라"(고전 15:3-8).

셋째로, 죽은 예수의 무덤이 비어 있는 것을 보았고, "그가 살아 나셨다"는 천사의 말을 들었다는 여인들의 보고가 역사적 사실이라는 것은, 이제 집사 스데반이 순교하면서 부활 승천하여 하나님의 우편에 계신 예수를 목격한 사건으로 더 확증된다:

"스데반이 성령 충만하여 하늘을 우러러 주목하여 하나님의 영광과 및 예수께서 하나님 우편에 서신 것을 보고 말하되, 하늘이 열리고 인자가 하나님의 우편에 서신 것을 보노라"(행 7:55-56).

이렇게 예수가 부활하여 여러 사람들에게 나타나시고, 또 직접 예수의 부활을 경험한 사람들은 하나 둘 서로 모이기 시작하였다. 그들은 모여서, 예수가 죽기 전날 밤에 제자들에게 분부하신 성만찬을 서로 나누며, 예수의 재림을 고대하는 예수 부활 공동체를 형성한다(참고. 살전 1:10).[3)]

그러므로 넷째로, 여인들의 종교체험이 역사적 사실이라는 것은, 예수의 부활을 믿는 부활신앙 공동체가 형성된 사건과 그들이 죽음을 두려워하지 않고 신앙을 지키기 위해서 순교하였다는 것에서 입증된다. 예수의

---

3) 살전 1:10: "또 죽은 자 가운데서 다시 살리신 그의 아들이 하늘로부터 강림하심을 기다린다 말하니"

부활현현을 경험한 사람들은, 예수가 잡히시기 전에 제자들과 마지막 만찬을 나누면서, “너희가 다 이를 행하여 나를 기념하라”는 말씀에 따라서 함께 모여서 죽음을 무릅쓰고 성찬만을 나누었다. 그리고 ‘부활신앙 성만찬 공동체’는 한 걸음 더 나아가 ‘삶의 공동체’로 발전하였다. 그래서 기독교 교우들은 성만찬에 함께 참여하는 것뿐만 아니라, “믿는 사람이 다 함께 있어 모든 물건을 서로 통용하고, 또 재산과 소유를 팔아 각 사람의 필요를 따라 나눠주고, 날마다 마음을 같이 하여 성전에 모이기를 힘쓰고, 집에서 떡을 떼며, 기쁨과 순전한 마음으로 음식을 먹고, 하나님을 찬미”(행 2:44-47a) 하였다.

이상 앞에서 살펴 본 바와 같이, 기독교는, 이스라엘 민족이 살아 계신 하나님을 역사 속에서 체험한 것과 같이, 부활한 그리스도를 만나는 사건에서 태동되어진 것이다. 특히 최초의 기독교인들은 예수의 부활현현을 체험한 후, 예수가 생전에 하신 말씀으로 되돌아가서 자발적으로 예수의 종이 되어 모든 경건한 삶과 순교의 길을 갔다. 왜냐하면 초대교회 교우들은 부활한 예수와 직접 만나는 종교체험을 통하여 그들의 조상들이 경험한 인격적이고 역사적인 그리고 구원자 되시는 여호와 하나님이 직접 나사렛 예수라는 인간의 모습으로 이 세상에 오셨다가, 사람들에 의해서 십자가에 못박혀 죽고, 부활하여 하늘로 다시 올라갔다고 믿었기 때문이다. 그러므로 기독교인들은 예수의 죽음과 부활을 역사적 사실이며 진리로 믿는 것이다. 그리고 기독교인들은, 이스라엘을 억압과 고통 속에서 구원해 주신 인격적이고 역사적인 여호와 하나님이 예수 그리스도의 모습으로 이 세상에 오셔서 온 인류를 죄의 고통과 사망, 병마 그리고 가난으로부터 구원해 주셨다고 믿는다.

IV
성령에 의해서 급성장된 부활신앙 공동체

1. 성령강림을 체험한 부활신앙 공동체

제 III 장에서 살펴본 바와 같이, 기독교의 기원은 한 마디로 말해서 십자가에 못박혀 죽은 예수 그리스도의 부활에 있다. 즉 원시 기독교 공동체는 이스라엘 백성들의 역사 속에 살아 계시던 여호와 하나님이 이 땅에 나사렛 예수의 모습으로 오셔서 십자가에 죽은 후 다시 부활하신 사건으로 인하여 형성된 것이다. 그래서 예수의 부활현현을 체험한 사람들은, 예수가 지상에 살아 계실 때 하신 말씀으로 되돌아가, 그 말씀을 실천하려고 노력하였다. 그들은 자발적으로 예수의 종이 되어서 경건한 생활을 실천할 뿐만 아니라, '예수가 부활하였다'는 것을 전파하다 순교를 당하기도하였다. 그런데 여기서 질문이 제기된다: **십자가에 죽은 예수가 부활**

하였다는 소식이 어떻게 많은 사람들로 하여금 죽음을 무릅쓰고 예수의 부활을 전하고, 그를 위해서 자기의 전 재산을 내어놓고 공동체 생활을 하며, 순교의 길을 가게 하였는가? 이에 대한 답변은 아주 간단하다. 그것이 바로 성령의 역사이다.

원시 기독교 공동체, 곧 예수가 부활하여 나타난 것을 체험한 사람들이 순교를 불사하고 예수의 부활을 전도할 수 있었던 것은, 하나님의 성령이 저희들에게 임하였기 때문이다. 저희들은 오순절 날 그들에게 갑자기 임한 하나님의 성령을 체험하면서부터 -더 자세히 말하면, 외래어로 말하는 것을 자국의 언어로 듣게 되는 사건과 마음의 평안함과 기쁨을 경험하면서부터- 예수의 부활을 더욱더 확신하게 되었다. 왜냐하면 예수가 지상에 살아 계실 때, 성령을 보내 주겠다고 약속하였기 때문이다. 그래서 저희들은 성령에 감동되어 스스로 부활하신 예수와 개인적인 관계를 맺고 있다고 믿었다.[1)]

그러나 이들은 단지 종교적 '엑스타시'에 빠졌던 것이 결코 아니었다. 그들은 이성을 잃지 않으면서, 초월적인 하나님의 영을 실제적으로 경험하였던 것이다. 그 구체적인 실례가 바로 집사 스데반의 순교와 그의 설교이다. 그는 성령에 충만하여 이스라엘 백성들에게 이스라엘 역사를 근거로 차근차근 이스라엘 백성들의 죄를 고발하고 회개를 촉구하는 설교를 한다.

스데반은 성령에 감동되어 하나님의 말씀으로 돌아가 지난 날 이스라엘의 모든 행위가 모두 죄된 행위였음을 고발한다. 이를 위해서 그는 구

1) 바이엘은 사도시대에 있어서 『영과 제영(諸靈)의 작용』이란 책을 썼다. 바이엘은 어떠한 형식으로 '영'이 초대 기독교의 생활에 영향을 끼쳤는지 어떻게 그것에 속한 여러 현상을 판단했는가 하는 지금까지 경시된 문제를 취급한다. 바이엘에 의하면 초대교회 교우들은 '성령을 받고, '성령에 의해서 작동하였다고 한다.'

약시대 이스라엘 백성이 저지른 죄악을 개괄적으로 기술한다. 이스라엘 백성들 죄악의 요지는, 이스라엘 백성들이 야웨 하나님을 버리고 하나님의 말씀을 떠난 것이었다(행 7:53). 그 요지는 다음과 같다: 목이 곧고 마음과 귀에 할례를 받지 못한 사람들아, 너희도 조상과 같이 항상 성령을 거역하였다. 너희 이스라엘 백성들은 천사들이 전하여 준 율법을 받고도 지키지 아니하였도다. 그리고 하나님에게로 돌아오라는 예언자들을 모두 돌로 쳐죽였다. 그리고 끝내는 하나님의 사랑으로 주어진 예수님까지도 십자가에 못박음으로써 하나님을 거절하였다. 그러나 그 예수님은 부활하셔서 지금 우리 가운데 살아 계시다가 승천하였다고 증언한다. 이러한 스데반 집사의 증언과 그의 마지막 증언 모습을 사도행전은 다음과 같이 보고한다:

> "저희가 이 말을 듣고 마음에 찔려 저를 향하여 이를 갈거늘 스데반이 성령이 충만하여 하늘을 우러러 주목하여 하나님의 영광과 및 예수께서 하나님의 우편에 서신 것을 보고 말하되 보라! 하늘이 열리고 인자가 하나님의 우편에 서신 것을 보노라"(행 7:54-56).

이렇듯 집사 스데반이 성령에 감동되어 하나님의 말씀으로 되돌아가, 구약의 말씀, 즉 율법에 순종할 것을 인식하고 하나님의 말씀을 떠난 이스라엘 백성을 책망하며, 그 성령의 감동으로 부활 승천하신 주님을 보고 순교하는 것이, 원시 기독교 부활신앙 공동체 교우들의 전형적인 신앙경험이다. 다시 말해서 부활하여 살아 계신 예수님을 성령의 감동으로 인식하고 깨달아, 말씀으로 되돌아가 말씀에 순종하는 삶을 사는 것이 원시 기독교 부활신앙 공동체 교우들의 삶이었다. 이와 같은 성령의 체험, 곧 부활하신 예수의 영을 경험함으로써, 예수의 제자 공동체는 점점 더 확장된다.

본래 예수가 살아 있을 당시 예수를 좇아다니던 열두 제자들 -복음서에서는 이들을 예수가 직접 선택하여 부른 것으로 기술하고 있다- 을 중심으로 하나의 작은 공동체가 예수를 중심으로 형성되어 있었다. 이것을 우리는 최초의 사도들의 공동체[교회]라고 부를 수 있을 것이다. 이것이 예수님의 승천 이후에는 사도회의로 -일종의 공의회의 전신- 발전한다. 그러나 예수 자신은 하나의 조직된 예배 단체나 공동체를 형성하고자 하지는 않았던 것 같다. 다만 예수는 열두 제자들의 스승이었다. 그리고 꼭 예수님이 12명만을 부른 것인지도 정확하지 않다.[2]

아마도 12명 사도회의는 사도행전 즉 초기 사도전승이 아닌가 한다. 어쨌든 예수님은 그 어떤 종교적 예배 단체를 만들려 하지 않았으며, 다만 예수는 그들 공동체의 스승이었고, 원시 기독교 공동체는 예수님을 중심으로 형성된 사도들의 공동체였다. 물론 이 공동체 형성을 위해 제자들을 불러모은 사람은 예수 자신이다. 그런데 성령강림으로 인하여 예수의 부활을 믿는 사람들이 제자들을 중심으로 모여들게 되었다. 이것이 예수의 부활을 믿는 원시 기독교 부활신앙 공동체이다. 그리고 이 공동체는 성령의 강림으로 예수의 부활을 확신하게 되자 급속히 사방으로 확장되었다.

이와 같이 예수의 부활이 단지 목격자들뿐만 아니라, 보다 많은 사람들에게 확산되어 믿게 된 것은 성령의 강림때문이다. 왜냐하면 예수의 제자들은, '예수가 살아나셔서 자신들에게 나타나셨다' 는 목격자들의 이야기

---

2) 사도행전에 의하면 마치 예수님이 12명으로 당신의 제자를 제한한 것 같으나, 70인의 파견이라든지 엠마오로 가는 두 제자의 이름이 제자의 명단에서 누락된 것을 고려해 볼 때에 단지 12명으로 사도들을 제한할 수 없을 것 같다(참고. 눅 10:1이하; 24:13-35).

를 믿지 않았기 때문이다. 그러나 그들이 오순절 날 성령이 자신들에게 직접 임하는 것을 체험하고서야 비로소 예수의 부활을 더욱 확신하게 되고, 예수의 부활을 전파할 용기를 얻게 된 것이다. 이와 같이 인간들은 자기의 이성의 힘으로는 예수님을 하나님의 그리스도로 믿을 수 없다. 더 나아가 성령은 많은 사람을 부르시고, 일깨우시고, 거룩하게 하고, 예수 그리스도에 대한 바른 신앙을 보존해 주시는 분이시다.[3]

이러한 점에서 성령은 부활하신 예수의 영 이외에 다른 영이 아니다. 따라서 성령강림은 열광주의적 자기 몰입이나, '엑스타시'가 아니라, 부활한 예수님을 만나는 복음의 사건이고, 예수님을 만나는 종교체험의 사건이다. 왜냐하면 예수님의 영은 죽음을 이기시고 승리한 자유의 영, 곧 육신에 매어 있지 않는 자유의 영이기 때문이다. 즉 성령은 하나님의 자유 안에서 부활하신 예수의 화해의 영이시고, 해방된 인간에게 자유를 주는 구세주의 영이다. 이제 이 부활의 영, 곧 부활하신 예수님의 영, 곧 성자 하나님의 영을 하나님께서 그리스도인들에게 주었다(마 3:16; 롬 8:14-17). 따라서 오순절 이후 그리스도의 부활을 믿는 신앙 공동체 안에서 활동하고 계시는 그리스도의 영은 예수 그리스도에 대한 신앙이 생기게 하는 창조의 영으로 활동하고 있는 것이다. 부활하신 예수의 영, 곧 성령에 의해서 오늘날도 예수의 부활을 믿는 그리스도인들이 생기게 되는 것이다.

이제 우리는 여기에서 다시 신약성경이 증언하는 빈 무덤에 대한 보고로 돌아가 보자. 신약성서는 예수 그리스도의 부활의 역사적 객관성을 빈 무덤을 통하여 간접적으로 얘기해 주고 있다.[4] 그러나 앞에서 이미 살펴

---

3) *M. Luther*, Kleiner Katechismus : Erklärung zum dritten Artikel des Glaubensbekenntnisses.

본 바와 같이, 왜 예수의 무덤이 비어 있게 되었는지를 분석해 본 결과, 빈 무덤은 예수의 부활을 긍정적이고, 적극적으로 논증해 주는 것임을 인식하게 되었다. 왜냐하면 예수의 죽음으로 흩어졌던 제자들이 다시 모여서 주님의 부활을 증언하게 된 것은, 우선 예수의 부활현현 때문이었다. 즉 예수가 제자들에게 나타나게 됨으로써, 제자들은 예수 부활의 증인이 된 것이다. 이런 점에서 빈 무덤에 대한 여인들의 보고는 예수의 부활을 증언해 주는 직접적인 자료라고 볼 수 있다. 이러한 과정을 우리는 누가복음 24장에 나타난 엠마오로 가는 두 제자들의 이야기 속에서 분명히 발견할 수 있다. 누가복음의 보고에 의하면 '빈 무덤' 에 대한 소식은, 이미 당시의 모든 예루살렘의 민초들에게 널리 전파되었고, 입에서 입으로 소문이 되어 확산되었음을 알 수 있다.[5)]

그런데 이 말이 암시하는 바는, 예수께서 부활하여 나타나기까지 제자들은 여인들의 '빈 무덤의 보고' 만을 듣고서는 예수의 부활을 믿지 않았다는 것이다. 그리고 그 소문이 이미 예루살렘 전역에 퍼져 있었다는 것도 알고 있었다. 따라서 제자들을 부활의 증인이 되게 한 결정적인 사건은 빈 무덤에 대한 보고가 아니라, 부활하신 예수님이 그들에게 나타나셨기 때문이다(눅 24:31). 자세히 말하면, 예수님께서 선지자들말씀 –더 자세히 말하면 구약성경의 증언을 근거로 하여– "모세와 및 모든 선지자의 글

---

4) 물론 어떤 비평가는 빈 무덤 설화를 통하여 예수의 부활을 암시하게 한 것은 초기 예수를 추종하는 자들의 작업이었다고 얘기하는 사람도 –실제로 부활한 것은 아니지만– 있다. 빈 무덤 설화에 관하여: *안병무*, "예수사건의 전승모체", 『신학사상』, No. 47, (1984 겨울), 736이하. – *E. Schillebeeckx*, Jesus, 1975, 292–306.

5) "또 우리 중에 어떤 여자들이 우리로 놀라게 하였으니 이는 저희가 새벽에 무덤에 갔다가 그의 시체는 보지 못하고 와서 그가 사셨다 하는 천사들의 나타나심을 보았다 함이라. 또 우리와 함께 한 자 중에 두어 사람이 무덤에 가 과연 여자들의 말한 바와 같음을 보았으나 예수는 보지 못하였노라 하거늘"(눅 24:22–24).

로 시작하여 모든 성경에 쓴바 자기=예수 그리스도에게 관한 것을 자세히 설명하시고"(눅 24:27), 예수님이 '떡을 가지사 축사하시고 떼어 저희에게 주실 때', 저희 눈이 밝아져 예수를 알아보게 된 것이다. 이와 같이 부활하신 예수의 나타남을 경험하고서야 비로소 제자들은, 부활하신 주님의 무덤이 비어 있게 된 이유와 여인들이 전하여 준 '빈 무덤의 보고'를 믿게 된 것이다. 따라서 '빈 무덤'에 대한 보고는 '예수님이 부활하여 직접 눈으로 볼 수 있도록 나타나심'으로 인하여 역사적인 객관적 사실로 인정받게 된 것이다. 즉 예수가 부활하여 나타나심으로 인하여, 여인들의 '빈 무덤의 보고'가 참되다는 것이 인정된 것이다. 그래서 성경은 예수의 부활을 빈 무덤에 대한 보고로 시작하고 있는 것이며, 그리고 성경의 기술은 예수의 생애에 따라서 차례대로 연대기적Chronologisch으로 기록한 것이다.[6] 그리고 '빈무덤 보고'는 오순절 성령의 강림으로 이방인들에게까지 역사적 사건으로 확증된 것이다. 그래서 제자들 뿐만 아니라, 이방인들까지 예수부활의 증인이 되어 서로 모여 떡을 떼면서 재산을 공유하며 부활신앙 공동체를 형성하게 된 것이다. 이것이 성령에 의한 원시 기독교 부활신앙 공동체이다.

2. 부활신앙 공동체의 신앙고백: 예수는 그리스도이시다

성령에 감동되어 예수의 부활을 확신하게 된 사람들은 자신들의 신앙

---

6) 빈 무덤과 부활현현 사이의 관계에 대하여: 불트만(R. Bultmann)은 빈 무덤 설화를 부활현현의 설화와는 달리 극히 부정적인 의미로만 이해하였다. 그는 부활현현의 설화가 제자들 사이에 생긴 것이라면, 빈 무덤 설화는 예수를 따르는 여인들에게서 생겨난 것이라고 한다. 안병무 교수는 빈 무덤의 설화가 예수부활전승의 모체로서 민중의 유언비어로서 부활현현의 설화보다도 더 근원적인 것이라고 한다.

을 체계화하기 시작하였다. 그것은 다음과 같이 세 가지로 특징지어 질 수 있다: 부활신앙 공동체는 ① 예수를 살아 계신 주主, 즉 부활의 주님으로 믿고, 고백하고, 전하였다. ② 예수의 부활을 경험한 사람들의 모임이다. ③ 그리스도의 재림을 기다리는 자들이다.[7]

우선 원시 기독교 부활신앙 공동체가, '예수는 주님이시다' 라고 고백하게 된 근본적인 이유는, 그들이 예수의 부활을 경험하였기 때문이다. '예수는 주님이시다' 라는 고백은 예수를 구원자, 즉 메시아로 고백하는 것보다 더 큰 의미를 갖는다. 왜냐하면 '예수는 주님이시다' 라는 것은, 단지 윤리 선생, 상전, 가르침을 주는 선생의 의미로서의 주님, 그 이상의 것을 뜻하기 때문이다. 왜냐하면 원시 기독교 공동체에서의 '주님' 이라는 고백은, 그들이 예수의 부활을 경험하고 난 후 고백된 것이기 때문이다. 따라서 그들이 예수를 '주Herr' 라고 부른 것은, 예수가 그들을 위하여 십자가에 못박혀 죽으셨다가 살아났다는 의미에서 '주' 라고 부른 것이다. 예수를 '주' 로 부른 것은, 예수는 단순한 스승이 아니라, 하나님의 아들이라는 뜻이다(막 1:1). 즉 그는 하나님과 동등한 분이시다(요 1:14). 그는 나사렛 목수의 아들이 아니라, 하나님의 아들이다. 예수는 성령으로 잉태되었다. 예수는 마지막 때에 오실 인자人子이다. 그리고 예수는 이스라엘의 왕이시다. 예수의 죄패, 곧 '나사렛 예수 이스라엘의 왕*Iesus Nazarenus Rex Iudaeorum*' 은, 예수가 하나님의 우편에 앉아 계신 영원한 하나님의 아들이라는 것을 암시해 준다. 왜냐하면 이스라엘의 전승에 의하면, 이스라엘 사람들은 여호와 하나님을 '주adonai' 라고 불렀기 때문이다.[8]

---

7) *A. von Harnack*, Das Wesen des Christentums, *윤성범* 역, 기독교의 본질, 삼성문화문고 67, 1975, 158.

8) 아마도 눅 1:4처럼 당시 최고로 고양된 예수 그리스도에 대한 인식을 종합적으로 평가한 것이 아닌가 한다.

이렇게 예수 그리스도에 대한 확장된 이해에도 불구하고 그 밑바닥에 남아 있었던 것은 여전히 앞에서 기술한 요소들, 즉 고난받고 십자가에 죽으시고, 삼일만에 죽은 자 가운데서 부활하시고 다시 오실 것이라는 것에 대한 인식이었다. 그래서 그들은 여러 가지 어려운 박해를 무릅쓰고 예수가 재림하겠다고 약속한 것을 기다리며 예수의 부활을 전파하였던 것이다. 그리고 이러한 종말론적 신앙 속에서도 여전히 그들에게 남아 있었던 것은, '예수는 우리의 죄 때문에, 우리를 위해서 십자가에 죽으셨다' 는 예수의 죽음과 부활의 의미였다. 그들은, '예수가 우리를 위한 희생제물로서 죽으셨다. 그러나 지금은 부활하여 살아 계시다. 그리고 언젠가는, 아니 곧 다시금 나타나실 것이라' 고 믿었다. 이점이 당시의 일반적인 종교적이고 통속적인 메시아 사상, 곧 단지 자신들을 어려운 가운데서 구출해 주는 초인의 개념과 다른 점이라고 할 수 있다. 그런데 여기서 질문이 제기된다: **어떻게 단순한 한 나사렛 예수의 죽음이 그 엄청난 의미를 내포하고 있단 말인가?** 앞에서 제시한 해석들은 인간들, 특히 예수를 추종하는 자들에 의해서 덧붙여진 해석은 아닌가? **이러한 해석의 근거가 어디에 있는가?** 만일 그것이 사실상 정확한 해석이었다면 그 의미는 과연 무엇인가?

이상의 질문에 대한 답변에 있어서 기존의 신학자들 사이에 의견이 구구하다. 그러나 분명한 것은, 원시 기독교 부활신앙 공동체는 예수 그리스도의 고난 – 죽음 – 십자가 – 부활의 신앙 속에 살고 있었다는 것이다. 이점에 대하여는 그 어느 신학자도 반론을 제기하지 않는다. 그리고 그것이 바로 '우리들을 위한*pro nobis* 것' 이라는 점도 부인하지 않는다.[9] 그래서

9) Strauss, F. Ch. Baur도 이를 인정한다.

교리사가 하르낙A. v. Harnack은 '예수는 우리들을 위한 주님이시다' 라는 신앙고백과 주님에 대한 전적인 복종과 성령에 의한 자유함이 원시 기독교 신앙 공동체의 특징 가운데 가장 중요한 것이라고 강조한다. 그렇다면 **어떠한 의미에서 예수의 고난, 죽음, 십자가, 그리고 부활이 우리를 -더 자세히 말하면 온 인류를- 위한 것이 되는가? 즉 '예수의 십자가상**十字架上**의 죽음은 우리를 위한 죽음이다' 는 것이 무엇을 뜻하는가?**

이에 대한 답변으로 우선 먼저 '희생의 죽음' 이란 것에 대하여 문제를 제기해 볼 수 있다. 왜 천지를 창조하신 하나님은 당신 아들의 '희생' 을 치르시면서까지 인간의 죄를 용서하셔야 했는가? **무엇 때문에 하나님은 예수의 희생과 죽음을 요구하셨는가?** 예수 그리스도가 참된 신이라면, 하나님의 희생이라는 것이 성립될 수 있는 것인가? 이에 대한 답변을 하기 전에 우리는 모든 종교가 피의 희생이라는 제의를 해왔는데, 예수 그리스도의 희생이 그러한 종교적 제의의 피의 희생인가를 생각해야 한다. 이 질문과 연관해서 혹자는 예수 그리스도의 희생을 모든 희생제의를 종지부 찍는 마지막 제의였다고 해석하는 사람도 있다. 그러나 구약종교 속에서 어린양의 희생제의속죄제가 있었으나, 포로후기BC 538년부터 그러한 희생제의는 이스라엘 종교에서 별로 큰 의미를 갖지 못하게 되었다. 왜냐하면 성전이 BC 587년에 붕괴되었기 때문이다. 그리고 BC 515년 예루살렘 성전이 재건된 후에도 희생제의 보다는 오히려 율법으로 되돌아가는 운동이 에스라, 느헤미야에 의해서 강조되었다. 그렇다면 **예수 그리스도의 '희생의 죽음' 은 왜 일어났는가?**

단 한 가지 종교사적으로 분명한 사실은, 위에서 언급한 바와 같이, "예수 그리스도의 죽음은 모든 피의 희생제의를 종지부 찍었다는 것이다."(히 9:11-12, 26-28); "그는 모든 것을 위하여 단 한 번ein für allemal(히 7:27)

희생됨으로써 영원히 죄를 용서하셨다." 이러한 의미에서 예수의 죽음은 '희생의 의미', 즉 모든 희생의 피를, 희생의 제의를 종결짓는 우리를 위한 희생의 죽음인 것이다. 이것이 바로 예수의 죽음이 갖는 첫 번째 의미이다. 이로써 모든 물질적 희생의 일반적인 효과는 예수의 죽음으로 종결되고 더 이상의 효과를 상실하게 되었다.

그런데 예수의 죽음의 의미는 타자를 위한 대속적 죽음이며, 대리자의 죽음이다. 즉 '우리를 위하여', '우리 대신에', '우리 때문에' 등으로 번역되는 모든 증언들은 예수의 죽음을 대리자로서의 고난, 즉 대신 지신 십자가의 의미를 설명해 준다. 이것은 인류의 일반 역사에서도 마찬가지다. 정의, 용사, 정결한 자의 고난은 타인을 구원하는 요소가 되었다. 즉 역사상의 일대 진보의 전환을 가져온 것은, 타인을 위한 소수 의인의 대리적 고난과 죽음이었다. 이러한 자기희생의 사건이 없이는 역사도 새로운 전환이 일어나지 않았다. 이와 같이 예수의 희생의 죽음도 모든 인간을 위하여, 모든 인간의 죄 때문에, 모든 인간의 죄를 용서하기 위해서 이루어 질 수밖에 없는 대속적인 죽음이요, 대리적 희생의 죽음이다(마 27:15-26). 그래서 이사야 예언서 53장은 고난의 종이 당하여야 할 죽음을 다음과 같이 기술하고 있다: "그는 실로 우리의 질고를 지고 우리의 슬픔을 당하였다(4)." 이것이 바로 하나님이 인간을 사랑하는 사랑의 행위이다(요 3:16). 즉 우리가 친구를 위하여 자기 목숨을 바치는 것이 친구를 위한 최고의 사랑이듯이, 인간을 위하여 아들을 희생의 제물로 허락하는 것이 바로 인간을 사랑하시는 하나님의 사랑이다. 즉 예수의 희생의 죽음은 우리들의 죄를 대신 짊어진 한 인간 예수의 대리적 죽음이요, 그 죽음 속에는 인간을 사랑하시는 하나님의 사랑이 숨겨져 있다(롬 5:8). 그래서 예수 그리스도의 죽음은 바로 하나님께서 인간을 사랑하시는 사랑의 표현인 것이다. 예수의 십자가상의 죽음으로 인하여, 인류에게 값없이 주시는 하나님의 사랑의 힘을 인간은 경험하게 된 것이다.

둘째로 예수의 십자가 죽음의 의미는 인간의 죄에 대한 징벌의 의미이다. 예수 그리스도의 죽음이 단지 죄인을 용서하는 죽음이라면 참으로 죄지은 자에 대한 심판, 하나님의 말씀을 따라 사는 자에 대한 상급은 어디 있는가? 죄인을 값없이 용서하는 것이 죄인에 대한 심판을 동반하지 않을 때, 예수의 희생의 죽음은 단지 죄인의 무리 밖에 되지 않는다. 따라서 예수의 죽음은 참으로 심판받을 인간의 죽음을 뜻하는 것이다. 죄는 심판을 받아야 한다. 예수의 대속적 죽음의 사건이 우리에게 은혜가 되는 것은 우리의 죄를 하나님께서 예수를 통하여 단지 눈감아 주시고 용서하셨다는 것에 있지 않다. 예수의 대속적인 죽음은, 내가 죄인으로서 받아야 할 심판을 예수가 대신 받아주셨다는 데서, 예수의 죽음이 나를 위한 은혜의 사건이 되는 것이다. 따라서 예수의 죽음은 바로 내가 죽어야 할 심판의 죽음이며, 예수의 십자가상의 처참한 처형은, 내가 받아야 할 처참한 형벌이라는 데서, 십자가의 사건이 죄인인 나에게 은혜의 사건이 되는 것이다. 이러한 인간의 죄에 대한 심판의 의미를 예수의 죽음이 갖고 있지 않을 때, 예수의 죽음은 은혜의 사건이 아니라, 오히려 반대로 죄인들의 죄를 동조해 주는 죄된 행위가 된다. 그 때에는 죄인의 죄를 눈감아 주는 하나님이 되신다. 그러므로 우리는 예수의 죽음 속에서 하나님의 은혜를 보면서, 동시에 하나님의 공의를 함께 보아야 한다. 이것이 예수의 죽음이 가지고 있는 두 번째 의미인 것이다.

셋째로 예수의 죽음은 버림받은 인간의 죽음이다. 왜냐하면 나무에 달린 자는 버림받은 자이기 때문이다(신 21:23). 곧 예수의 죽음은 징벌 받을 나의 죽음이다. 내가 저 십자가에 매달려 있어야 한다. 내가 저 채찍을 맞아야 한다. 내가 저 긴 시간 십자가에 못박혀 있었어야 한다. 그러나 이러한 의식이 없을 때, 예수의 십자가상의 죽음은 나를 위한 죽음이 되지 않는다. 그 때에는 예수의 대속의 죽음은 더이상 나에게 은혜의 사건이 아니다. 예수의 죽음과 나의 죄가 서로 의식적으로 일치할 때에 예수의 희생의 죽음이 나에게 복음으로 들려올 것이다. 내가 달려야 할 십자가, 그 십자가에 저 나사렛 예수가 달려 있다는 의식이 나에게 들 때에, 우리는 작으나 크나, 나의 십자가, 곧 남을 위한 나의 십자가를 지고 예수의 뒤를 따라갈 수 있을 것이다. 이것이 예수의 십자가의 죽음이 주는 세 번째 의미이다. 우리는 이러한 의미를 구레네 사람 시몬의 모습에서 예언자적으로 발견할 수 있다. 예수가 인간을 위해서 지고 가는 십자가는 예수를 좇아가는 구레네 사람 시몬이 지었다. 그 십자가는 사실상 구레네 사람 시몬이 지어야 할 십자가였다. 그러나 시몬의 십자가를 예수가 지시고 결국 십자가에 달려 죽으신다. 그러나 시몬이 잠시 짊어졌던 십자가를 예수가 짊어졌기 때문에, 시몬이 짊어져야 할 십자가는 아직도 남아 있는 것이다. 이와 같이 예수의 대속의 죽음으로 인하여 구원받은 우리는 이웃을 위해서 이웃의 십자가를 대신 짊어져야 한다. 그래서 예수님은 누구든지 나를 따라오려거든, 자기의 십자가를 지고 나를 따르라고 말씀하셨던 것이다(마 10:38; 16:24; 막 8:34; 눅 9:23; 14:27).

지금까지 우리는 원시 기독교 부활신앙 공동체들이 고백하였던 '예수는 주님이시다' 라는 고백이 생기게 된 근본적인 이유에 대하여 살펴보았다. 그렇다. 모든 인간의 죄를 대속하는 예수의 죽음과 부활, 그 때문에 원시 기독교 부활신앙 공동체는 예수를 주님으로 고백하였던 것이다.

V
예수 부활 증언의 역사적 진실성

1. 부활경험에서 촉발된 신앙고백

그리스도의 죽음의 의미와 그 부활의 의미를 강조한 것은 사도 바울에게서 비롯된다. 그러나 바울이 그토록 부활의 의미를 강조하게 되는 데는 원시 기독교 부활신앙 공동체의 예수 부활의 목격자, 즉 부활경험 공동체에 의해서 전파된 부활 증언보고에 근거한 것이다. 즉 예수님의 부활에 대한 역사적 사실에 근거한 것이다(참고. 고전 15:1-11). 바울은 고린도인들에게 쓰기를 "나는 너희에게 내가전승에 의해서 받은 것, 즉 그리스도는 우리의 죄를 위하여 죽으셨고 그리고 사흘만에 부활하셨다는 것을 전했다" (1) 고 말한다. 그리고 자신도 이 부활소식을 다시 고린도 교회에 전한다고 말한다. 여기서 알 수 있는 것은, 바울은 그리스도의 죽음과 부활을 특별한 사고의 주제로 삼았으며, 기독교 복음 전체를 예수의 죽음과 부활의 사건에서 용해시키고자 하였다. 그러나 이러한 사도 바울의 작업은 결코 독자적인 것이 아니다. 예수 부활의 최초 목격자들은 사도 바울의 신앙 내용과 동일한 내용의 신앙을 이미 갖고 있었다. 즉 예수 부활의 최초 목격자나 예수를 중심으로 한 초기 사도적 공동체는 이미 예수 부활을 역사적 기정 사실로 믿고 있었다. 따라서 사도 바울은 이미 전하여진 것을 전하는 것뿐이라고 말한다. 이 말이 암시하는 바는 최초 목격자들이 전하여 준 보고와 자신의 전도 내용은 다를 바가 없다는 것을 강조하는 것이다. 결론적으로 말해서 예수 부활 목격자 공동체, 곧 사도 공동체의 신앙은 다름 아닌 예수의 죽음과 부활 그리고 재림에 대한 신앙이었다.[1]

앞에서도 논의한 바와 같이 사도 바울의 체험은 예수 부활의 현현이 아니라 부활하신 예수님의 음성이었다. 그리고 집사 스데반은 승천하신 예수님이 하나님의 우편에 앉으신 것을 보았다. 따라서 초대교회의 신앙은 바로 이 역사적 사실에 근거하고 있으며, 이 신앙 속에서 그들은 지속적으로 모여 재림을 기다리는 종말론적 공동체로 성장하여 예배와 신앙의 교제를 갖고 있었다고 해도 과언은 아닐 것이다. 즉 이들의 신앙은 한마디로 '예수는 그리스도이다' 라는 간단한 명제로 요약될 수 있다. 그러므로 이제 우리는 여기서 주저 없이 다음과 같이 말할 수 있다: '기독교 신학의 출발점은 예수 그리스도의 사건, 곧 그의 죽음과 부활 그리고 재림에 대한 약속' 이라고 말할 수 있다. 그리고 이것은 바로 기독론의 출발점이기도

1) 니케아 신조: "그는 고난받으시고 장사함을 받으셨으나, 제 삼일 째 되는 날, 성서에 기록된 말씀에 따라 다시 살아 나셨고 하늘에 올라 가시사 성부의 오른편에 앉으셨으며, 장차 산 자와 죽은 자를 심판하러 영광 가운데 다시 오실 것인데, 그의 나라는 영원무궁합니다."

하다. 다시 말하면 기독론은 모든 신학의 출발점이자 종착점이고, 예수 그리스도의 죽음과 부활과 재림에 대한 약속이라고 할 수 있다.[2)]

초대 기독교 신앙 공동체는 예수를 '부활하여 살아 계신 분으로', '하나님의 우편에 올리우신 자로', '죽음을 극복한 자로', '생명의 지배자로', '새로운 존재로서', '생명이요, 길이요, 진리로' 인식하였다. 즉 예수는 약속된 메시아로서 이스라엘의 역사 속에 나타나신 하나님의 아들로 고백되어졌다. 더 나아가 초기의 예수 부활신앙 공동체는 자신 속에 그리스도의 영이 함께 하심으로 자신들이 살아가고 있다고 믿었다. 그래서 그들은 '이제 내가 사는 것은 내가 아니요, 내 안에 그리스도가 계신다' 고 고백하였다. 이러한 부활경험의 공동체에 의해서 예수는 다시금 계속해서 신적 존재로 인식되기 시작하였다. 즉 초기의 단순한 부활경험으로 시작하여 차츰차츰 예수에 대한 칭호가 변했음을 알 수 있는데, 이것은 바로 부활경험에서 예수를 신적 존재로 인식하게 됨을 암시하는 것이다.

복음서는 '예수는 그리스도이시다' 라는 신앙을 증언하고 있다. 복음서는 예수의 어록Logion: 복음서 기록의 원전〈Quelle〉이 됨과 행위, 즉 예수의 역사적 삶을 전해 주고 있다. 그런데 이 보도들은 부활하신 예수 그리스도의 빛 아래에서 진술되고 기술된 것이다. 그러나 복음서 기자들은, 그들이 보도하고 전하는 분이 '누구였는가?' 라는 과거사실을 기술하려 하기보다는, '지금 예수가 오늘날 우리를 위하여 누구인가?' 를 기술하려고 하였다.[3)] 왜냐하면 부활하신 주님은 과거의 주님이 아니라, 이미 부활하시어 지금

---

2) *K. Barth*, KD Ⅱ/2, S.95, "Die ganze Dogmatik hat nichts Höheres nach Tieferes, sie hat nichts wesentlich Anderes zu sagen als dies : 'daß' Gott war in Christus und versöhnte die Welt nicht sich selber"(2 Kor. 5:19): *Kim, Jae Jin*, Die Universalität des Versöhnung im Gottesbund. Hamburg/Münster, 1992).

3) 참고. *G. Bornkamm*, Jesus Nazareth, 1956, S.15ff.

오늘 우리 가운데 역사하시는 영, 곧 주님이라고 믿었기 때문이다. 그래서 그들은 지나간 역사적 사실보다는, 그 과거 사실이 오늘 우리에게 주는 의미를 전하려고 주력하였던 것이다(요 20:31).[4]

2. 현재적 사역에서 형성된 존재

복음서의 기술과 그리고 최초의 목격자들이 전달하고자 했던 것은 예수의 전기傳記가 아니라, 십자가상에서 죽었다가, 죽은 자 가운데서 부활하신 예수 그리스도였다. 성서의 증언자나 최초 예수 부활의 목격자들은 예수의 전기에 관하여는 관심이 없었다. 따라서 예수의 메시아성은 전기적으로, 즉 역사적으로 밝혀질 수 있는 것이 아니라, 그가 부활하여 오늘날 지금 현현하시는 그의 현존 속에서 밝혀지는 것이다. 복음서들은 예수의 전기적 혹은 역사적 사실에 대하여는 단편적으로 알고 있었을 뿐이다(즉, 요단에서의 세례 – 갈릴리에 등장 – 예루살렘 입성 – 재판과 십자가 처형). 그러나 이러한 전기적 기술도 복음서 자체에서조차 일치하지 않는다.[5] 그런데 **왜 예수에 대한 기술, 보도들이 예수를 메시아Messia로, 즉 예**

---

4) 역사, 전승의 이러한 해석에 관한 문제들에 관하여 *E. Käsemann*, Exegetische Versuche und Besinnungen I (^{4}1954), 192ff. 케제만은 다음과 같이 강조한다: "사실(Historie)은 경직된 역사이며 그 역사적 의미는 대조와 전승만으로 밝혀질 수 없다. 반대로 그 역사의 단순한 사실만을 전달하는 것은 그 역사에 대한 진정한 이해에 장애가 된다. 신앙이나 불신앙의 결단에서 예수의 역사적 사실(Faktum)의 경직된 역사가 새롭게 산 역사로 될 수 있다. 이것은 우리가 교회 공동체의 자리, 그것을 통해서만 역사적 사실에 대하여 알고 있다는 것을 인정해 준다"(194ff).

5) 역사적 예수와 케리그마의 그리스도에 관한 논문들을 종합한 다음의 논문집을 참고하라: *Helmut Ristow* u. *Karl Matthiae*(hg.), Der historische Jesus und der kerygmatische Christus. Beiträge zum Christusverständnis in Forschung und Verkündigung, Evangelische Verlaganstalt Berlin ^{3}1964. 이 책은 지금까지 역사적 예수와 케리그마의 그리스도에 관한 주제에 관하여 연구된 대표적인 학자들의 논문을 모아 놓은 것이다(이하 DhJkC 로 약칭함).

수를 그리스도로 고백하고 있는가? 이것은 부활하신 주님이 살아서 현재적으로 역사하셨기 때문이다. 다시 말해서 부활한 예수의 현현은 최초 그리스도인들의 공동체를 형성하였고, 그에 대한 신앙고백을 창출해 내었다. 그래서 최초 그리스도 공동체는 예수를 '주님으로' 고백하고 증언하였던 것이다. 다시 말하면 초기 교회공동체는 '예수 사역의 역사적 사실성', 즉 예수가 그 말을 직접 했느냐 안 했느냐?에 관심이 없었다. 그들의 주된 관심은 십자가에 못박혀 죽은 예수의 살아나심을 경험하고 그것을 증언하며, 그 분과 다시 만날 것을 고대하는 것이 그들의 주된 관심이었다. 그래서 사도들은, 성령이 말하게 하심을 따라서 예수의 죽음과 부활을 선포하는 데 관심이 있었다. 그리고 그들은 그것을 전도하고 증거하며 살다가 순교했다.

우리는 여기서 사도적 카리스마와 예언자적 카리스마가 가지고 있는 '부활증언'에 대한 역할에 대하여 주목해야 할 것이다.[6] 왜냐하면 예수의 부활을 부인하는 제 신학자들이 있기 때문이다. 그러나 그들이 제기하는 소위 '케리그마의 그리스도'라는 반론에 대한 문제점을 제시해 볼 수 있을 것이다. 과연 불트만이 말하듯이, 역사적 예수에 대하여 그 어느 복음서도 참되게 진술하고 있지 않는가?, 또 그 역사적 예수를 발견할 수 없다고 해서 '육적인 예수', 즉 역사적 예수는 우리와 아무 관계가 없고, 역사적 그리스도는 알 수도 없고 알려고 노력해서도 안 되는 것인가?[7] 그렇다고 해서 판넨베르크W. Pannenberg처럼 '예수의 역사'의 계시적 성격에 대

6) 살아 있고 높여진 그리스도의 일인칭 화법(Ich-Rede)이 그의 공동체 안에서 사도적이고 예언자적인 카리스마를 통하여 말해진다: 눅 10:16; 살전 4:8; 눅 19:10. 이러한 부활절 이후의 일인칭 화법 가운데 많은 부분이 복음서 전통 속에 들어왔다.

7) *R. Bultmann*, Zur Frage der Christologie, in: Glauben und Verstehen I, Tübingen [5]1966, S.85ff.

한 사실적 규명을 제공하고, 예수에게서 시작하는 것이 그리스도론의 첫 과제인가?[8] 아니면 몰트만J. Moltmann처럼 사실적 방법과 종말론적 방법을 상호 관련시킴으로써 주어진 문제를 풀어야 할 것인가?[9] 이러한 문제점을 극복하기 위해서 우리는 한 가지 분명한 명제를 제시하고자 한다. 그것은, 예수 그리스도에 대한 신약성서들의 선포들은 −비록 그리스도적 전승傳承과 그 전승을 전하고자 하는 기자들의 의도는 일치하지 않는다 하더라도− 예수의 역사들을(그의 오시고, 죽고, 부활하신 사건) 하나님의 행위로, 곧 하나님 자신의 행위로 기술하고 있으며, 동시에 그 예수 그리스도를 통하여 인간을 죄로부터 해방하시는 하나님의 사역을 고백하고 있다는 것이다. 즉 예수의 십자가의 죽음과 부활을, 이스라엘 조상으로 더 소급하여 하나님께서 노아에게 행하신 약속 내지 계약을 실현시키고 성취시키신 사건으로 고백하고 있다.[10] 왜냐하면 복음서들은 예수의 역사자서전를 기록하려 했던 것이 아니고, 하나님에 의해서 그리스도 안에 일어난 인간 구원의 역사를 선포하고자 하는 데 그 주된 관심이 있었기 때문이다(참고. 요 20:31). 따라서 복음서 기자들은 예수 그리스도의 부활에 관한 증언을 단지 예수 그리스도의 전기적 내지는 역사적 사실성에 근거하여 보고한 것이 아니라, 오히려 구약성서로 소급해서 하나님의 계시사건으로 보고하고 있는 것이다. 다시 말하면 예수 부활의 역사적 현실성을 역사 안에서 일하고 계시는 살아 계신 하나님의 사역이라는 차원에서 복음서들은 논증하고 있다. 그리고 동시에 복음서의 증언들은 그 하나님의

---

8) 참고. *W. Pannenberg*, Grundzüge der Christologie, Gütersloh 1964, S.85ff.: "Historischer Jesus als die historische Offenbarung Gottes".

9) *J. Moltmann*, Der gekreuzigte Gott, München 1972. S.106ff.

10) *C. Westermann*, Alttestamentliche Elemente in LK 2:1-20, in: Tradition und Glaube, K.G. Kuhn 기념논문집, 1971, S.217ff.

사역이 -더 자세히 말하면 성령의 사역으로 인식된- 창출한 최초 그리스도 공동체의 신앙고백에서부터 시작된 것이다. 그리고 그 증언들은 오늘날 살아 계신 하나님을 경험한 사람들의 신앙고백으로 다시 재현되고 있다. 한 마디로 말해서 예수 그리스도의 부활에 대한 논증은 성부 하나님의 사역과 성령 하나님의 사역 안에서 현재적으로 논증되고 있는 것이다.

이상 앞에서 기술한 원시 기독교 부활신앙 공동체의 신앙고백에 근거해 볼 때, 우리는 여기서 예수를 철저히 유대교의 혈통 속에서 이해하고자 하는 마태복음의 기술과 '족보도 없는'(히 7:3)이라는 히브리서 사이의 상반된 진술의 종합을 발견할 수 있을 것이다. 다시 말해서 예수 그리스도에 관한 복음서의 진술은 단지 역사적 예수historischer Jesus에 관한 진술도 아니며, 그렇다고 예수를 '족보도 없는' 종교적이고 추상적 존재로 고양시키는 것도 아니다. 우리는 예수 그리스도에 관한 진술을 예수의 혈통이 갖는 인간성, 곧 다윗의 자손이라는 인간성[11], 그렇지만 결코 인간의 족보에 제한을 받지 않는 "족보 없는 자"라는 사실에서, 다시 말해서 그의 부활 속에 있는 역사적 현실성에서 이해해야 할 것이다. 즉 고린도전서 2장 9절에서 얘기하듯이, '모든 인간적인 이해와 파악을 훨씬 넘어서는' 차원에서, 그에 대한 신앙고백을 오늘의 역사적 현실 속에서 재인식하는 데서 예수 그리스도에 관한 진술의 단초를 삼아야 할 것이다. 이러한 재인식은 "어떤 인간적인 가능성, 욕구, 소원 또는 논리적 필연성에 근거를 둔 것이 아니라, 부활하여 역사 속에 현존해 계시는 예수 그리스도 자신 안에서 그 근거를 갖는 것이다."[12] 왜냐하면 인간을 죄로부터

---

11) 참고. *Otto Michel*, Jesus der Jude, in: DhJkC, S.310-316.

12) 참고. *H.J. Iwand*, Predigt-Meditationen (1963) S.562. - E. Jüngel, Thesen zur Grundlegung der Christologie, in: Untersuchung zur Sache (1972) S.274ff.

해방시키는 하나님은 예수 그리스도 안에서 자신을 계시하시기 때문이다. 즉 칼 바르트K. Barth가 얘기하듯이, 예수는 하나님의 자기 계시이기 때문이다.[13)]

3. 부활체의 육체성에 제한된 부활 논쟁

예수 그리스도의 부활뿐만 아니라, 그리스도인인 우리들의 부활에 관하여 논할 때 항상 걸림돌이 되는 것은 썩어 없어지는 인간의 육체이다. 그래서 예수의 부활에 관한 논쟁에 있어서 가장 논쟁점이 되는 것 중의 하나가 부활한 몸의 육체성에 관한 것이다. 부활한 몸이 어떠한 존재냐는 질문에 대하여 현대 신학자들의 대략 세 가지 종류의 답변이 있다. 첫째, 현대 신학자들은, 성경이 육肉과 혼魂 혹은 영靈으로 형성된 인간의 '몸의 부활'을 언급하고 있음을 주목함으로써 육체의 부활을 전적으로 거부한다. 이들은 마가복음 12장 25절과 고린도전서 15장 45, 50절 등을 근거로 육체의 부활을 거부한다.[14)] 부활의 육체성을 거부하는 학자들은 죽음 이후 완전한 '육의 영화'를 주장한다. 이들의 주장에 의하면, 부활한 몸

---

13) 여기서 그리스도론의 학문적인 한계와 초월성이 한데 맞물려 있는 것이다. 즉 신학과 타학문과의 한계성 내지는 넘어갈 수 없는 경계선이 있다.

14) 막 12:25: "사람이 죽은 자 가운데서 살아날 때에는 ... 하늘에 있는 천사들과 같으니라"; 고전 15:45: "신령한 몸으로 다시 사나니 ... "; 고전 15:50: "혈과 육은 하나님의 나라를 유업으로 받을 수 없고 ..."

15) 이러한 견해를 주장하는 학자들: *R. Bultmann*, Theologie des Neuen Testaments I (UTB 630), Tubingen [7]1977, S.198-199 - *E. Brunner*, Das Ewige als Zukunft und Gegenwart, Zürich 1953, S.164ff - *Ders.*, Wahre und falsche Begründung des Osterglaubens, in: DhJkC, S.181-187 - *A. J. Ebbutt*, The Life, the Question and the Answer, p.125 - *E. Theichmann*, Die Paulinischen Vorstellungen von Auferstehung und Gericht, S.65ff. 이밖에 자세한 것은 *J. Jeremias*, NTS Feb. 1956, S.158ff. 을 참고하라.

은 전적으로 비물질적 곧 '영적 존재' 라는 것이다.[15] 그래서 로빈슨J.A.T. Robinson, 케제만E. Käsemann 스테이시W.D. Stacey 같은 학자들은 '육체의 부활' 을 부인하다.[16] 둘째, 현대 신학자들 가운데는 부활체가 현재의 육적인 몸은 아니지만, 어떤 다른 종류의 물질로 이루어진 '실체Substanz' 인 것만은 확실하다고 주장한다.[17] 그래서 바빙크Bavinck와 딕Dijk 같은 근본주의 신학자들은 육체의 부활에 근본적으로 동의하고 있다. 이들은 '육 혹은 육체σαρξ' 라는 단어가 부활체에 대한 적합한 표현은 아니지만, 부활체도 역시 가시적인 물질로 구성될 것이며, 본질적으로는 현재의 육적인 몸과 같을 것이라고 확고히 믿고 있다. 끝으로 소수 학자들만이 –그렇지만 한국의 전통적인 보수주의자들은 대부분– 성서의 문자 그대로 부활체는 육체로 된 어떤 몸일 것이라는 것이다. 즉 신자들의 부활체는 영광스러운 육체일 것이라는 것이다. 놀랍게도 현대 가장 위대한 조직신학자였던 칼 바르트는 "육체의 부활"이라는 말을 여러 차례 사용하였다. 그는 전통적

16) *J. A. T. Robinson*, The Body. A Study in Pauline Theology (SBT 5), London 1966 – *E. Käsemann*, Leib und Leib Christi, 1933 – *W.D. Stacey*, The Pauline View of Man, 1956. 케제만은 '육체' 에 대한 쿨만의 정의를 거부하고, 로빈슨은 '몸' 에 대한 도드(C.H. Dodd)와 불트만(R. Bultmann)의 견해와 일치하지 않는다. 그리고 스테이시는 '몸' 과 '육체' 의 구별에 관한 프라이더러(O. Pfleiderer)의 견해에 이의(異意)를 제기한다. 이밖에 *K.-A. Bauer*, Leiblichkeit, das Ende aller Werke Gottes. Die Bedeutung der Leiblichkeit des Menschen bei Paulus (StNT 4), Gütersloh 1971, 특히 S.89–105 – *E. Schweizer*, σῶμα : ThWNT VII (1965), S.1025–1091, 특히 1045f.

17) 이러한 점을 주장하는 학자들은: *P. Althaus*, Die Auferstehung der Toten, in: *Ders.*, Theologische Aufsatz I, 1919, S.119–139 – *Ders.*, Die letzten Dinge. Entwurf einer christlichen Eschatologie, Gütersloh [4]1964, S.124ff. – *Ders.*, Die Wahrheit des kirchlichen Osterglaubens. Einspruch gegen Emanuel Hirsch, [2]1941, S.22ff – *H. Bavinck*, Gereformende Dogmatik IV, 1918, S.755 – *W. Bieder*, Auferstehung des Fleisches oder des Leibes, ThZ. Aug. 1945, S.105ff. – *O. Cullmann*, Christ and Time, 1951, S. 240 – *Ders.*, Immortality of the Soul or Res urrection of the Dead?, S.50 – *C.H. Dodd*, The Meaning of Paul for Today, 1957, p.58 – *Ders.*, The Epistle to the Romans, 1959, p.110 – *K. Dijk*, De Leer der Laatste Dingen, in: *Ders.*, Het Dogma der Kerk 1949.

인 성서의 언어를 인용하여 부활하신 그리스도의 육체에 관하여 말한다. 그리고 예수의 부활을 현세의 인간 육체의 '새로운 시작' 혹은 '새 창조' 라고 말한다. 그래서 우리의 육체는 이미 '그리스도 안에서' 하늘에 있다고 주장한다. 그렇지만 그는 그의 교회 교의학Kirchliche Dogmatik에서 "육체의 부활"[18]이란 표현을 우리가 지금까지 사용해온 전통적인 의미의 '육체의 부활', 곧 지상적 혹은 현실적 '객관적 실체'가 아닌 것으로 사용하고 있다.[19] 왜냐하면 인간은 창조 이전에 하나님과 함께 있었던 것과 동일한 방식으로 하나님 앞에서 영원히 살 것이라는 의미에서만 창조 이전의 인간과 종말 이후의 인간이 연속성을 갖는다고 말하기 때문이다. 그런데 이러한 바르트의 부활의 육체성에 대한 해석은, 그가 단순히 부활한 자의 육체성에 제한되어서 부활을 해석하지 않고, 오히려 '하나님과 함께' 함이라는 인간 구원 내지 영생의 차원에서 부활을 해석하고 있음을 암시해준다.

이상 앞에서 언급한 부활체의 육체성에 관한 논쟁은 주로 부활한 예수 그리스도 내지는 인간의 몸이 어떠한 것인가, 다시 말해서 부활한 존재의 몸이 어떠한 것인가, 부활한 자의 본질은 어떠한 것인가? 하는 등의 부활한 자의 '육체'에 집중되었다. 그러나 예수 그리스도의 부활에 관한 진술은 단지 부활체의 본질이 무엇이며, 즉 부활한 자를 구성하고 있는 물질이 무엇이냐는 데 있는 것만은 아니다. 부활 논쟁의 가장 핵심적인 문제는 무엇보다도 예수 그리스도의 부활보고의 진위성에 있다. 다시 말해서 소위 현대 신학자들이 심혈을 기울여 연구해 온 소위 '역사적 예수와 케

18) *K. Barth*, Die Auferstehung der Toten. Eine akademische Vorlesung über 1 Kor. 15, München 1924.

19) 특별히 *K. Barth*, Kirchliche Dogmatik, III/2, S.698ff.; III/3, S.99ff., 257ff.을 참조.

리그마의 그리스도'의 연관성에 부활 논쟁의 핵심이 있는 것이다. 다시 말해서 '예수 그리스도의 부활의 객관적 사실성'이 논쟁의 핵심이다. 그리고 둘째는 '부활' 개념에 대한 연구이다. 여기서는 '부활'과 '환생'과 '영생'의 개념이 비교 연구되어야 할 것이다. 셋째는 예수 그리스도의 부활과 우리 그리스도인의 부활이다. 넷째는 '부활의 의미'이다. 즉 '부활'과 '인간 구원', 곧 '죄 용서'와의 관계이다. 그리고 마지막으로 더 추가되어야 할 주제는 '부활의 시간'이다. 왜냐하면 '부활'은, 성서의 증언에 의하면, 분명 종말론적 사건이기 때문이다.[20]

따라서 우리는 예수 그리스도의 부활을 논구하는데 있어서 단지 부활체의 육체성에 국한되어서는 안 된다. 예수 그리스도의 부활 내지 더 나아가 그리스도인의 부활을 논하는데 있어서 제일 먼저 출발해야할 주제는 '부활'에 대한 개념 정의이다. 왜냐하면 지금까지의 부활 논쟁이 부활체의 육체성에 머물러 있었던 것은 '부활'을 이 지상적 시-공간 안에 살고 있는 현세적 몸으로 환생하는 것으로 이해하였기 때문이다. 이러한 개념의 차이는 부활의 역사적 현실성을 논증하는데 있어서 한계점에 부딪치게 만들었다. 그러므로 부활 논구에 있어서 제일 먼저 분명히 해 두어야 할 것은 바로 '부활'의 개념 내지 의미이다. 왜냐하면 히브리 구약성서 속에서 부활에 관한 유일한 본문인 다니엘 12장 2절이하는 단지 부활을 육체의 재생만을 의미하지 않기 때문이다. 즉 다니엘 12장 2절이하[21]에 나타난 부활의 목적은 바로 종말론적 심판을 통한 영생이기 때문이다: "땅의 티끌

20) 본 서에서는 이상의 다섯가지 주제를 지면상 모두 다루지 못하고, 단지 '부활의 개념' 내지 '의미' 그리고 그 개념의 성서적 전거에 국한하고자 한다.

21) 다니엘서의 기록연대를 대략 그리스도 탄생 이전 168-164년 경으로 본다. 기록 연대에 관하여: *Martin-Achard*, Resurrection (A. T., Judisme): DBSX (1985), S.452f.

가운데서 자는 중에 많이 깨어 영생을 얻는 자도 있겠고 ... ."[22]

다니엘 12장 2절이하를 부활을 통한 인간의 종말론적 구원으로 해석할 수 있는 근거는 12장 13절에서 분명히 드러난다: "너는 가서 마지막을 기다리라. 이는 네가 평안히 쉬다가 끝날에는 네 업을 누릴 것임이니라." 이러한 증언은, 죽음 이후 마지막 날에 성취될 부활은 고난 가운데 있는 사람들에게 약속된 구원을 암시하고 있다. 이렇듯 의인의 부활이 소상히 예언되고 있는 것과 같이, 12장 서두에서는 거대한 환난의 시작이 예고되고 있다. 그렇지만 본문이 지시하고 있는 죽은 자의 부활은 모든 인간의 보편적 부활을 언급하고 있는 것이 아니라, 선택된 백성 내지는 의로운 자의 구원을 언급하고 있다. 왜냐하면 2절에서 "영생을 얻을 자"와 "수욕을 당하여 무궁히 부끄러움을 입을 자"로 구별하기 때문이다.[23] 이러한 해석은 다니엘 12장 2절이하와 병행하고 있는 이사야 26장 19절, 그리고 더 나아가 이사야 53장 10-12이하의 본문에서 찾을 수 있다.[24] 왜냐하면 혹자는 다니엘 12장 2절을 이사야 묵시의 고대 자료로 보기 때문이다.[25]

---

22) 루터는 이 본문을 다음과 같이 번역하였다: "Und viele, die unter der Erde schlafen liegen, werden aufwachen, die einen zum ewigen Leben, die andern zu ewiger Schmach und Schande. Und die da lehren, werden leuchten wie des Himmels Glanz, und die viele zur Gerechtigkeit werden, wie die Sterne immer und ewiglich". 이러한 번역에 근거하여 루터는 부활의 목적을 영생으로 본다. 이에 관하여: Lutherbibel erklärt. Die Heilige Schrift in der übersetzung Martin Luthers mit Erläuterungen für die bibellesende Gemeinde, hg. v. Deutsche Bibelgesellschaft Stuttgart 1982.

23) 이 본문에서 다시 깨어날 자를 마카비 전쟁 때 죽은 이스라엘의 의로운 자로 해석하는 학자도 있으나 중요한 것은 깨어날 자가 누구인가 보다는, 영생의 부활로 다시 깨어날 것이라는 사실을 구약성서가 예고하고 있다는 것이다.

24) 이점에 대하여: *Gisbert Greshake/Jacob Kremer*, Resurrectio Mortuorum. Zum theologischen Verständnis der leiblichen Auferstehung, 2. unveränderte Aufl. 1992, S.78: "Die Zusage von Dan 12,2f. ist nämlich verwandt mit Jes 53,10-12, wonach Jahwe den 'zerschlagenen' Kne- cht 'rettet', dieser 'Nachkommen sehen und lange leben wird.'"; "Unverkennbar ist auch die Verwandschaft von Dan 12,2f. mit Jes 26,19 ... ."

그래서 스템베르거Stemberger는 이 세 가지 본문이 처음부터 진술하고자 한 것은 이스라엘의 죽은 자 곧 인간의 구원에 대한 하나님의 확언이라고 한다. 특히 이사야 26장 19절에서 주목해야 하는 것은, 죽은 자들이 하나님께서 보내신 이슬에 의해서 부활한다는 것이다.[26] 스템베르거는 이사야 26장 19절은 이 지상에서의 새로운 삶으로서의 구체적인 부활을 증언하고 있다고 본다.[27]

이상 앞에서 살펴 본 바와 같이, 히브리 구약성서가 부활에 관하여 최초로 언급하고 있는 다니엘 12장 2절이하는 부활체의 육체성에 관하여 그렇게 큰 비중을 두지 않고 있다는 것이다. 의인의 부활이건 이스라엘의 선택된 자의 부활이건 부활에 대한 구약성서의 증언은 죽은 자의 부활을 인간의 구원, 곧 영생, 하나님에 의한 깨어남, 그리고 하나님 나라를 유업으로 받는 부활한 자의 분깃과 결부시켜 복합적으로 증언하고 있다는 것이다. 따라서 지금까지 예수 그리스도의 부활을 논하는데 있어서 국한되었던 부활체의 육체성에서 벗어나 예수의 부활 더 나아가 그리스도인의 부활을 삼위일체론적으로 그리고 기독론, 인간학, 종말론과 연관하여 통전적으로 분석되어야 한다. 예수 그리스도의 부활에 관한 통전적 해석을 위해서 제일 먼저 다루어야 할 것은 바로 '부활의 개념 내지 의미' 이다. 왜냐하면 부활은 앞에서 간단히 언급하였듯이 단순히 '육체의 다시 태어남 혹은 살아남' 만을 의미하지 않기 때문이다.

---

25) 이점에 관한 논쟁에 관하여: *Martin-Achard*, Resurrection (A. T., Judisme): DBSX (1985), S.448 - *H. Wildberger*, Jesaja II. Jesaja 13-17 (BK. AT 10/2), Neukirchen 1978, S.994-998 - *P. Welten*, Die Vernichtung des Todes und die Königsherrschaft Gottes. Eine traditionsgeschichte Studie zu Jes 25,6-8; 24,21-23 und Ex 24,9-11: ThZ 38 (1983), S.129-146 (Gisbert Greshake/Jacob Kremer, Resurrectio Mortuorum, S.79에서 재인용).

26) 이점에 관하여: *G. Stemberger*, Art. Auferstehung I/3, TRE 4, S.444.

27) 같은 곳.

4. 부활은 환상이 아니라, 다시 나타남이다

예수 그리스도의 부활은 기독교 신앙의 출발점이자, 기독교 교리의 핵심이다. 그러나 예수 그리스도의 부활이 현대 그리스도인 뿐만 아니라, 비기독교인들에게 쉽게 믿어지지 않는 것은, 우선 '부활' 개념에 대한 오해에서 비롯된다. 왜냐하면 대부분의 기독교 신앙인들이나 비기독교인들은, 예수 그리스도의 부활을 단지 육체의 부활 내지 육체의 단순한 재생, 소위 말해서 십자가에 달린 예수가 시-공간 속에 생활하던 자기 몸으로 다시 되돌아오는 '환생' 으로 이해하고 있기 때문이다.[28] 부활에 대한 이러한 오해를 극복해 보고자 판넨베르크는 예수의 부활에 종말론적 의미를 부여하고자 한다: "예수의 부활은 분명 이 지상의 삶으로 다시 되돌아오는 것이 아니었다. 예수의 부활은 오히려 새로운 종말론적 삶으로 넘어가는 것이었다: 즉 예수는 '잠자는 자들의 첫 열매' (고전 15:20)이고, '많은 형제들 중에 맏아들' (롬 8:29)이고, '죽은 자들 가운데서 먼저 난 자' (골 1:18; 계 1:5)이고, '생명의 주' (행 3:15)이다."[29]

그러나 판넨베르크가 예수의 부활을 환생으로 오해하는 것을 극복하고자 시도한 이러한 부활의 종말론적 의미부여도 그 나름대로 문제점을 가지고 있다. 왜냐하면 부활의 역사성이 증명되지 않는다면, 부활에 대한 어떠한 종말론적 의미부여도 종교적 환상에 불과하기 때문이다. 다시 말해서 부활의 객관적 사실성 없이는 부활에 대한 확고한 신앙이 성립될 수 없기 때문이다. 분명히 성서의 최초 증언은 예수 부활의 종말론적 의미부

---

28) 여기에 덧붙여 *Dietrich Ritschl*, Zur Logik der Theologie. Kürze Darstellung der Zusammenhänge theologischer Grundgedanken, München ^{2}1988, S.231ff.

29) *Wolfhart Pannenberg*, Systematische Theologie, Bd.II Göttingen 1991, S.390.

여도, 부활한 나사렛 예수의 육체성을 논증하기 위한 것도 아니었다. 기독교 기원의 시발점이 된 예수 그리스도의 부활에 관한 성서의 보고는 십자가에 죽은 나사렛 예수가 다시금 제자들에게 나타나셨다는 예수의 현현다시 나타남 보고에 주목하고 있다. 다시 말해서 성서의 증언자들은, 부활한 예수가 역사 속에 우리와 함께 현존하고 있다는 명백성을 강조하는데 그 보고의 초점을 맞추고 있다: "내가 받은 것을 먼저 너희에게 전하였노니, 이는 성경대로 그리스도께서 우리 죄를 위하여 죽으시고 장사 지낸바 되었다가 성경대로 사흘만에 다시 살아나사 게바에게 보이시고 후에 열두 제자에게와 그 후에 오백여 형제에게 일시에 보이셨나니 그 중에 지금까지 태반이나 살아 있고 어떤 이는 잠들었으며 그 후에 야고보에게 보이셨으며 그 후에 모든 사도에게와 맨 나중에 만삭되지 못하여 난 자 같은 내게도 보이셨느니라"(고전 15:3-8).[30] 이와 같은 바울의 증언은 죽었던 예수의 다시 나타남Wiedererscheinung을 주목할 만한 방식으로 강조하고 있다. 이러한 보고들을 통해서 우리는, 성서가 증언하고 있는 예수 그리스도의 부활 보고가 일차적으로는 예수의 육체성의 부활에 대한 논증보다는, 부활한 예수의 다시 나타남에 부활현현 보고의 초점이 맞추어져 있었음을 명백히 알 수 있다.

그런데 우리가 부활한 예수의 다시 나타남을 강조할 경우, '부활한 예수의 다시 나타남은 목격자들의 감각적 내지 종교적 환상이 아니었는가'[31]라는 질문을 받게 된다. 이러한 질문에 대하여 부활한 예수의 다시 나타남은 '감각적 종교적 환상이 아니다' 라고 답변하면, 어쩔 수 없이 또 다

30) 이밖에 눅 24:34; 행 9:17; 13:31; 딤전 3:16; 비교. 히 9:28. 이 성구들은 예수의 자연적인 곧 역사적 현현(sichtbar werden, erscheinen)을 기술하고 있다. 고전 15:3-8의 ὤφθη는 ὁράω의 aor. pass. 형으로서 예수의 부활현현을 기술할 때에 사용함.

시 우리는 부활한 예수의 육체성에 대하여 논증해야 할 과제에 직면하게 된다. 그래서 마태복음 28장 9절은 다음과 같이 부활한 예수의 육체성에 관하여 증언하고 있다: "예수께서 저희를 만나 가라사대 평안하뇨, 하시거늘 여자들이 나아가 그 발을 붙잡고 경배하니 ...". 누가복음 24장 30절은 이점을 아주 확고히 증언하고 있다: "저희와 함께 음식 잡수실 때에 떡을 가지사 축사하시고, 떼어 저희에게 주시매 ..." 그리고 누가복음 24장 39절과 요한복음 20장 27절은, 예수의 제자들 혹은 도마가 예수와 그의 상처 당한 곳을 만지고자 하였을 때에, 이에 대한 예수의 권고를 보고하고 있다: "내 손과 발을 보고 나인 줄 알라, 또 나를 만져보라 영은 살과 뼈가 없으되 너희 보는 바와 같이 나는 있느니라"(눅 24:39). 심지어 누가복음 24장 41절 이하는 예수의 부활을 다음과 같이 보고하고 있다: "그러나 그들이 너무나 기뻐서 이를 믿지 못하고 오히려 스스로 놀래 있을 때에, 예수께서 그들에게 말씀하셨다: '여기에 먹을 것이 좀 있느냐?' 그래서 그들이 예수에게 구운 물고기 한 토막을 드리니, 예수께서 그를 받아 그들 앞에서 잡으셨다." 이러한 성서의 증언들이 부활한 예수를 만났던 그 당시 사람들에게는 더 없이 참된 역사적이고 객관적인 경험에 기초한 것이지만, 오늘날 우리들에게는 설득력이 없다. 왜냐하면 예수의 부활이 그의 육체성에 제한될 때, 부활의 역사성은 그 당시 예수의 부활을 경험한 사람들에게만 제한되기 때문이다. 그렇게 될 경우 부활한 예수에 대

---

31) 소위 "주관적 환상가설"과의 토론을 위해: *Ulrich Wilckens*, Die Überlieferungsgeschichte der Auferstehung Jesu, in: Die Bedeutung der Auferstehungsbotschaft für den Glauben und Jesus Christus, hg. v. Fritz Viering, Gütersloh 1966, 51. 추측컨데 그것은 객관적인 즉 상호주체(intersubjektiv)로 유래된 환상 혹은 "영혼의 사슬행동(seelische Kettenreaktion)"을 뜻하는 것일 것이다. – *Hans Grass*, Ostergeschehen und Osterberichten, Göttingen 2.Aufl. 1962, – *Bertold Klappert*, Diskussion um Kreuz und Auferstehung, Wuppertal [5]1981, 12.

한 신앙은 목격자 내지 예수의 부활을 경험한 사람들의 증언에 대한 신앙 이외에 다른 것이 못된다. 이 때에 예수의 부활은 지나간 과거 사실로 사장되어버리고, 동시에 부활의 역사적 현실성도 상실되게 된다. 이러한 부활 개념의 문제점을 극복하기 위해서 우리는 성서가 증언하고 있는 부활 개념을 정확히 밝혀낼 필요성을 느낀다. 왜냐하면 현대인에게, 심지어는 기독교 신자들에게 조차 부활한 예수에 대한 목격자들의 체험을, 그들이 부활한 예수의 육체를 대면하였다는 식으로 이해하도록 촉구하는 것은 더 이상 설득력이 없기 때문이다. **그렇다면 성서가 증언하는 예수의 부활은 어떠한 것인가? 예수의 부활이, 십자가에서 죽은 예수가 우리의 실존 속으로 다시 살아나 나타난 역사적 사건이었는가?** 예수의 부활은 감각적으로 경험한 저 성서의 증언자 내지 경험자들의 주관적인 표상 속에서만 현존해 있었는가, 아니면 오늘날 우리가 살고 있는 역사적 현실 속에서도 현존해 있는가?

우선 많은 고대 신학자들은, 우리는 십자가에 달리시고 부활하신 그리스도 안에서 일어난 하나님의 계시를 붙들고 있어야 한다고 주장했다.[32)]이 말은 예수의 부활을 부활한 예수의 육체성이나, 부활한 예수를 대면한 목격자들의 증언에만 국한해서 생각할 것이 아니라, 하나님의 계시 사건과 관련해서 생각해야 한다는 것을 암시한다. 다시 말해서 예수의 부활은 목격자들의 체험을 통한 증언 내지 표상에 대한 자세한 해명이나, 육체로 부활한 자의 역사적 사실성을 자연과학적으로 혹은 신학적으로 설득력있게 논증함으로써 증언되는 것이 아니라, 오히려 보다 폭넓게 심지어는 구약성서의 증언까지 힘입어 하나님의 계시 사건과 연관해서 논증되어야

---

32) 예를 들면, *J. Moltmann*, Theologie der Hoffnung. Untersuchung zur Begründung und zuden Konsequenzen einer christlichen Eschatologie, München 1985[12], bes. 74ff und 125ff를 보시오.

한다는 것이다. 왜냐하면 예수 그리스도의 부활은 요한복음 1장 1절, 14절이 증언하고 있는 그의 화육[33], 더 자세히 말하면 하나님의 인간되심, 혹은 하나님의 스스로 낮아지심(빌 2:5이하)을 전제하기 때문이다. 따라서 예수 그리스도의 부활은 하나님의 자기 계시인 예수 그리스도에 대한 이해 없이는 설명될 수 없는 것이다. 예수의 태어나심이 하나님의 자기계시 내지는 하나님의 인간되심이라면, 예수의 부활은 또 다른 차원에서 하나님의 자기 계시 내지는 예수의 나타남과 관계되는 것이다. 만일 예수의 부활이 하나님의 자기 현현이나 계시와 관계되지 않는다면, 예수 부활의 사실성은 오늘날 우리들이 하나님의 살아계심에 대하여 경험하고 있는 실재와 아무런 관계가 없게 된다. 과연 하나님의 자기 현현은 예수 그리스도의 부활과 승천으로 완전히 끝났는가? **예수의 부활현현은 성령의 역사와 아무런 관계가 없는 것인가?** 여기서 우리는 예수의 부활에 관한 성서의 증언들이 과연 무엇을 보고하고 있는지 주목해 볼 필요가 있다.

앞에서도 간단히 언급하였지만, 부활하신 예수 그리스도에 관한 성서의 보고들은 주로 예수의 다시 나타남에 관한 보고들이다. 비록 성서의 이러한 보고들이 부활하신 분의 나타나심에 관하여 아주 단편적으로 증언하고 있기는 하지만, 그럼에도 불구하고 이 보고들은 부활하신 분과의 역사적 만남을 분명히 강조하고 있다. 다시 말해서 목격자들이 증언하는 내용들은, 예를 들면 보였다가 사라지고, -"저희 눈이 밝아져 그인 줄 알아 보더니 예수는 저희에게 보이지 아니하시는지라"(눅 24:31)- 거의 믿을 수 없는 것이고, 아주 불확실하지만, 그러나 부활한 예수를 만나고 난

33) 참고. *Bo Reicke*, Der Fleischgewordene. Zur Diskussion über den "historischen" Jesus und den kerygmatischen Christus, in: DhJkC, S.208-218.

이후에 취한 목격자들의 행동전환은 그들의 목격 사실을 입증해 준다고 볼 수 있다. 따라서 목격자들이 부활하신 분의 의미심장한 현존을 강조하는 것은 - 손으로 만지고, 빵을 자르시고, 잡수시는 사건 등 - 부활하신 분의 현현을 부인할 수 없는 역사적 사실로 증언하고 있는 것이다. 그런데 그 '현현'은 '환생'이 아니다. 왜냐하면 부활하신 예수 그리스도에 관한 성서의 보고들은, 부활하신 분이 자기의 제자들과 혹은 다른 사람들과 실제로 다시 그리고 계속해서 함께 살았다는 인상을 성서 어느 한 구절에서도 보고하지 않기 때문이다. 곧 십자가에 죽은 예수의 다시 나타남은 부활 이전 그의 제자들과 함께 살았던 그러한 삶을 계속해서 살았다는 뜻이 아니다. 왜냐하면 그 어떠한 성경 구절도, 부활하신 분이, 십자가에 못 박하시기 전 나사렛 예수가 살았던 바로 그러한 방식으로 그 주위의 많은 사람들과 더불어 살았다는 것을 결코 제시하지 않기 때문이다. 그렇다면 **'다시 나타남'으로서의 부활은 어떠한 것인가?**

5. 영원과 시간 속에서 '다시 나타남'

십자가에 죽은 예수의 '다시 나타남', 즉 그의 부활현현은 목격자들의 시각적 감지능력을 넘어서는 차원에서 일어났다. 예를 들면 우리가 볼 수 있는 빛의 파장을 포함하여 적외선과 자외선의 파장 속에서 볼 수 있는 차원에서 현현하였다는 것이다. 이러한 현상을 누가복음 24장 16절은, 예수가 만나 그들과 함께 걸어갔던 엠마오로 가는 두 제자에 관한 보고에서 잘 묘사하고 있다: "그러나 그들의 눈이 가리워져, 그들이 그예수를 알아보지 못하였다." 그 다음 - 가장 드라마적으로 부활하신 분의 인식과 동시에 살아짐이 분명하게 진술되고 있다 - 누가복음 24장 31절은, 예수가 빵을 떼신 이후 제자들의 눈이 '밝아졌고', 그리고 그들은 부활하신 예수를 인식하게 된 것을 보고하고 있다. 그 다음 엠마오로 가는 제자들이 다른 제자들에게 자신들이 체험한 것에 관하여 얘기할 때, 또 다시 부활한 예수의 현현 사건이 발생한다. 누가복음 24장 36절 이하는 이를 다음과 같이 보고한다: "이 말을 할 때에 예수께서 친히 그 가운데 서서 가라사대, '너희에게 평화가 있을지어다!' 하니 저희가 무서워하여 생각하기를, 저희들이 영을 보았다 생각하더라." 이러한 진술에서 우리가 주목해야하는 것은, 목격자들은 자신들이 목격한 대상의 실재에 대하여는 회의하지만, 예수의 부활현현 그 자체를 회의하지는 않았는다는 것이다. 이 점은 부활한 예수의 현현 그 자체는 역사적 사실로 판명되었다는 것이다. 문제는 그 대상이 구체적인 몸을 지닌 존재냐, 아니면 환영이냐 하는 것 뿐이다.

그러나 부활한 예수의 '다시 나타남'이 역사적 사건이라는 것을 유비적으로 실증해 주는 한 사건이 이미 예수의 지상 생애 가운데 일어났고, 예수의 제자들도 이미 그 사건을 역사적 사건으로 목격하였다. 그 사건은 바로 예수의 변모 사건이다. 변화산에서 예수는 이미 죽은 모세와 엘리야와 만나 대화를 나눈다. 이 사건을 제 삼자인 예수의 제자들이 목격한다: "엿새 후에 예수께서 베드로와 야고보와 그 형제 요한을 데리시고 따로 높은 산에 올라가셨더니, 저희 앞에서 변화되사 그 얼굴이 해 같이 빛나며, 옷이 빛과 같이 희어졌더라. 때에 모세와 엘리야가 예수로 더불어 말씀하는 것이 저희에게 보이거늘"(마 17:1-3, 병행. 막 9:2-9, 참고. 벧후 1:17-18). 이 사건이 기술하고 있는 바와 같이, 이미 이 세상을 떠난 모세와 엘리아와 예수는 동일한 시-공간 속에 있었다. 그리고 동시에 예수는 그의 제자들과도 동일한 시-공간 안에 있었다. 여기서 우리는 예수가 두 개의 차원에 동시에 존재하고 있었음을 알 수 있다. 즉 변모한 예수는 그 당시 초월의 세계와 이 지상의 세계에 동시에 속해 있었다. 다시 말하면 변모한 예수는 영원과 시간, 피안彼岸과 차안此岸의 만남 속에 있었다. 따라서 이러한 사건이 암시하는 바는, 예수의 지상 생애 가운데 이미 예수의 부활현현이 - 곧 예수가 부활하여 육체적으로 다시 나타남을 - 앞당겨 계시되었다는 것이다. 다시 말하면 부활한 예수의 현현은 변화산에서 변모한 예수의 육체의 현현과 다를 것이 없다는 것이다. 그리고 부활한 예수가 나타난 시-공간은 바로 변화산에서 일어난 그 사건의 시-공간과 동일한 것이다. 그리고 그 변화한 예수의 모습을 그의 제자들이 직접 목격한 것은 예수가 부활하여 나타난 그들 앞에 나타난 것을 목격한 것과 다를 바 없다는 것이다. 여기서 분명해지는 것은, 예수의 부활체, 곧 몸은 변화산에서 변모한 바로 그러한 몸이며, 부활한 예수를 목격한 최초 목격자들의 시각적 감지는 곧 변화산에서 목격한 모세와 엘리야와 대화하시는 예수의 모습 바로 그것이다. 그리고 그 현현의 시-공간도 바로 변모사건이 일어난 바로 그 시-공간이다.

이제 우리는 '다시 나타남'으로서의 예수 부활의 의미가 부활보고에 있어서 주목할 만한 전환을 하고 있음(막 16:12)을 발견하게 된다: "그는 자신을 계시하셨다" 그리고 "그는 다른 모양으로 계시하셨다." 마가복음 16장 14절은 탁자에 앉아있는 열한 제자들에게 나타나신 것에 관하여 보고하고 있다. 이 때에 이러한 사건의 경이로움과 직접성이 강조되고 있다. 마가복음 16장 11절과 16장 13절에서 분명하게 반복되듯이, 부활하신 분의 현존에 관한 첫번째 증언들이 그 어떠한 신뢰도 받지 못했다는 바로 이 점이, 예수의 부활은 인간 이성의 범주 안에서 이해하려고 시도해서는 안된다는 것을 반증해 준다. 따라서 예수 부활의 사건은 일종의 계시사건이라는 것이다. 그래서 마태복음 28장 17절은, 호렙산에서 하나님의 나타나심 앞에서 신을 벗은 모세처럼, 부활하신 분을 목격한 제자들은 부활하신 예수께 경배하였다고, 분명하게 증언한다. 그렇지만 "그러나 몇몇 사람은 의심하였다"[34]고 증언한다. 그런데 '경배한 후에 의심이 뒤따랐다' 는 것은, 그 현현이 인간 이성의 차원이 아니라, 전적으로 하나님의 계시 사건이라는 것을 오히려 반증해 준다.[35]

예수의 부활, 곧 '다시 나타남' 의 특징은 공관복음서 보다 요한복음에 의해서 더 강하게 강조된다. 요한복음 20장 17절에 의하면 부활하신 분은, 막달라 마리아가 자신을 알아보았을 때, 그녀에게 몇 마디 말씀을 건네신다: "나를 만지지 말라, 왜냐하면 나는 아직 아버지에게로 들리우지 않았다." 요한복음 20장 19절과 26절은 강조하기를, "문이 닫혔을 때", 예수가 오셨고, 제자들 가운데 나타나셨다고 한다. 이러한 보고들은 예수의 부활이 옛 육신으로 다시 되돌아갔다는 '환생' 을 의미하지 않는다. 이러한 보고들은 예수가 옛 육신과는 '전혀 다른 모습' – 더 자세히 말하면

---

34) *Klaus Berger*, Die Auferstehung des Propheten und die Erhöhung des Menschensohnes. Traditionsgeschichtliche Untersuchungen zur Deutung des Geschickes Jesu in frühchristlichen Texten, Göttingen 1976, 162f.: "주목할 만한 것은, 경배한 후에 의심이 뒤따랐다는 것이다(눅 24:37,52은 약간 반대로 증언한다). 그렇지만 이러한 상황은 지금까지 주목되지 않았다. 이러한 상황에 대한 설명은 다음과 같은 것에서 찾을 수 있을 것이다. 즉 현현때 행한 경배는 하나의 특별한 사정(Bewandtnis)을 갖고 있다: 분명한 전통에 의하면 ... 경배를 포기한 것이라든지, 그들의 경배를 받는 것을 거절한 것은 하나님의 사자(使者)가 나타났다는 징표이다. 반면에 사탄은, 그들에게 경배가 합당하지 않음에도(마 4:9), 경배받기를 원한다. 따라서 의심을 하면서도 곧 연이어서 나타나신 분에 대한 경배를 부인하지 않고 수용하고 있다는 것은 그 현현이 경배받으실 분의 참된 현현이라는 것이다. 의혹의 내용인즉 그것은 ... '하나님의 사자' 냐, 아니면 '악한 영이냐' 에 대한 선택이다. 전통에 합당한 성경 구절들은, 경배 받은 자가 '주여(Dominus)' 내지는 '주(Kyrios)' 라는 것을 정당하게 주장할 수 있거나, 이러한 칭호를 거부하지 않을 때, 그 때의 경배는 거절되어서는 안된다는 것을 인식시켜 준다. 따라서 예수는, 그가 경배를 받았다면, 주님이든지 아니면 사탄이다."

35) 이점에 관하여: *M. Welker*, Die Auferstehung, in: Glaube und Lernen 9 (1994), S.39–49.

"하늘에 속한 자의 형상"(고전 15:49) – 으로 부활하였다는 것을 증언해 준다. 그러나 동시에 이러한 보고는, 예수의 부활은 우리들의 시-공간 안에서 일어난 역사적 사건이라는 것을 논증해 준다. 다시 말하면 옛 모습은 아니지만, 우리들의 시-공간 안에 '다시 나타난' 사건이라는 것이다. 이러한 사건은 초월적인 하나님이 우리들의 시-공간 안에 나타나시는 하나님의 '현현'에 상응하고, 하나님의 인간 되심에 상응하고, 더 나아가 시-공간 안에서 하늘나라의 존재로 변모한 변화산에서의 예수의 모습에 상응한다. 그래서 이 본문들 속에서는 다음의 사실이 아주 중요하게 강조되고 있다: 즉 부활하신 분의 현존은 특별한 성질을 갖고 있고, 참으로 예수는 육신으로 부활하셨다는 것이다. 그래서 제자들은 거부할 수 없을 정도로 예수 부활의 사실을 확고히 하고 있는 것이며, 그 확신은 신앙고백으로 발전한 것이다. 다시 말해서 최초의 목격자들은 부활하신 분과 만남을 분명히 가졌고, 그의 부활은 현현, 곧 '다시 나타남'이라는 양태를 가지고 일어났다. 그래서 최초 그리스도 공동체의 신앙고백은 예수의 부활 현현이라는 확실한 경험에 의해서 형성된 것이다. 왜냐하면 예수의 현현과 그들의 목격은 단지 표상이나, 형상화 그리고 환상으로 교체될 수 없었기 때문이다.

따라서 예수가 죽었다가 '다시 나타남'에 대한 증언은 일종의 사건기술로 이루어지고 있다. 즉 자연적인 것, 명백한 것 그리고 경험한 사실에 관한 특징으로 이루어지고 있다. 즉 부활하신 분은 여러 가지 다양한 현현나타남 속에서 인간들을 만나고, 여러 제자들 가운데 직접적으로 나타나시고, 심지어는 마치 천사처럼 닫혀진 문을 넘어서까지 나타나신다. 그렇지만 그의 화육이 그러했듯이 그 분은 우리와 똑같이 자연적이며, 지상적 육신을 입은 실존적 존재의 모습 속에 계셨다.[36] 따라서 예수의 부활은 하나의 현현, 곧 우리의 현실 속에 있는 그러한 나타남이다. 그래서 부활하신 예수의 삶은 다른 인간들을 위로하는 데서, 그들을 바로 세우는데서, 그들을 보내는 삶으로 수행되고 있다. 따라서 예수의 부활은 역사적 현실적 현현나타남이다. 왜냐하면 예수의 부활현현 그 자체는 사람들을 견고케 하는 일, 사람들을 모으는 일, 그들에게 의무를 부여하는 일, 그들을 소명하고 보내는 일로서 - 곧 성령의 사역 속에서 - 계속되고 있기 때문이다. 그러므로 부활하신 예수의 다시 나타남이 지상적이고, 역사적이고 현실성을 가지고 있다는 것은, 바꾸어 말하면 예수의 부활에 대한 최초 목격자에 의한 경험과 그들의 고백이 단지 성서적 증언과 일치시키기 위한 것이 아니라, 오히려 그 부활의 사실 때문에, 부활하신 분은 오늘도 지상에 현현나타남하고 계신다는 것이 인식되고 있는 것이다. 이러한 뜻에서 예수의 부활은 무소부재하시는 하나님의 현현과 하나님의 아들인 예수의 자기현존에 상응하는 역사 내적인 실제적인 현존이다.

6. 부활체에 대한 육과 영의 인간학적 전거
- 하나님의 영과 인간의 몸

썩어 흙이 되어버린 죽은 자의 부활에 대한 구약성서적 전거는 에스겔 37장 1-14절에서 발견된다.[37] 이 구절은 부활이 어떻게 일어났는지, 부활

---

36) 미하엘 벨커(M. Welker)는, 천사는 하나님의 영광의 충만함을 차단하지 않으면서 시-공간 속에 나타나야 한다는 것과, 천사는 자연적인 피조물이기보다는 오히려 문화적 피조물이라고 제시한다. 이에 관하여: *M. Welker*, Über Gottes Engel. Systematisch-theologische Überlegungen im Anschluß an Claus Westermann und Hartmut Gese, Jahrbuch für Biblische Theologie, Bd.2, Neukirchen 1987, 194ff. (*김재진* 역편, 성서에 기초한 최근 신학의 핵심적 주제, 크리스찬 다이제스트 1998, 35이하).

의 창조적 과정을 제시해 준다. 우선 만물이 하나님의 말씀으로 창조되었듯이,[38] 죽은 자의 부활도 하나님의 말씀에 의해서 일어난다: "이에 내가 명을 좇아 대언하니, 대언할 때에 소리가 나고 움직이더니 이 뼈 저 뼈가 들어 맞아서 뼈들이 서로 연락하더라"(겔 37:7). 그 다음 하나님의 말씀에 의해서 마른 뼈에 생기가 들어가는 구체적인 부활체 형성 과정이 이루어진다:

> "인자야 너는 생기를 향하여 대언하라. 생기에 대언하여 이르기를 주 여호와의 말씀에 생기야 사방에서부터 와서 이 사망을 당한 자에게 불어서 살게 하라 하셨다 하라. 이에 내가 그 명대로 대언하였더니 생기가 그들에게 들어가매 곧 살아 일어나서 서는데 ... "(겔 37:9-10).

이와 같이 물질에 - 더 자세히 말하면 마른 뼈에 혹은 "사망을 당한 자"에 - 생기를 불어넣어 생명체를 만드는 부활의 과정은 최초 인간 창조의 과정에 상응한다: "여호와 하나님이 흙으로 사람을 지으시고 생기를 그 코에 불어 넣으시니 사람이 생령生靈이 된지라"(창 2:7). 이와 같이 최초의 인간 창조나 죽은 자의 부활은 물질에 -더 자세히 말하면 흙에- 하나님의 생기가 들어감으로써 살아 있는 생명체가 된다. 이러한 증언은 육과 혼, 혹은 영이 인간의 존재론적 요소라는 것을 암시해 준다. 동시에 이러한 증

37) 주석서: *E. Haag*, Ez 37 und der Glaube an die Auferstehung der Toten, TThZ 82 (1973), S.78-92 - *C. Barth*, Ezechiel 37 als Einheit, hg. v. H. Donner/R. Hanhart/R. Smend, Beiträge zur alttestamentlichen Theologie (FS W. Zimmerli), Göttingen 1977, 39-52 - Dura-Europos 는 후에 이 본문은 미래에 있을 한 개인의 부활에 대한 하나님의 약속으로 해석되었다. 특히 *W. Zimmerli*, Ezechiel (BKAT XIII, 2), Neukirchen [2]1979, S.898-900.

38) 창 1:3: "하나님이 가라사대, 빛이 있으라 하시매 빛이 있었고", 참고. 요 1:1: "태초에 말씀이 계시니라. 이 말씀이 하나님과 함께 계셨으니, 이 말씀은 곧 하나님이시니라."

언은, 부활은 새 창조의 의미를 가지고 있다는 것을 입증해 주고 있다.

이제 우리는 신약성서에서 이와 비슷한 사실을 발견할 수 있을 것이다. 예수 그리스도는 어느 날 유대인의 관원 니고데모가 찾아왔을 때 다음과 같이 말씀하신다: "사람이 거듭나지 아니하면 하나님의 나라를 볼 수 없느니라. ... 사람이 물과 성령으로 나지 아니하면 하나님 나라에 들어갈 수 없느니라"(요 3:3-6).[39] 이 말씀 가운데 성령을 예수는 '바람'[40] 으로 표현하고 있다. 동시에 이 '바람'은 에스겔 37장 9절에서는 '생기'로 표현되어 있다. 왜냐하면 에스겔 37장 9절에 의하면 생기가 '사방으로부터 불어왔다'고 표현하고 있기 때문이다. 예수 그리스도가 "성령으로 거듭남 *avωΘεv*"(요 3:3, 7)[41] 혹은 '다시 태어남'을 니고데모에게 이야기하고 있는 것과 같이, 에스겔 선지자도 생기로 인하여 '다시 살아남' 곧 '부활'을 이야기하고 있다: "그들이 곧 살아나서 서는데 ... "(겔 37:10). 이러한 유비적인 비교는 - 그 타당성의 진위는 논외로 하더라도 - 부활의 가능성이 신-구약성서에 이미 예증적으로 제시되고 있다는 사실을 제시하는데 충분하다. 그리고 이러한 본문들은, 부활이 어떻게 가능할 수 있겠느냐는

---

39) 이 말씀 중 "하나님의 나라"는 "영생" 혹은 "생명"을 의미한다. 이에 관하여: *R. Bultmann*, Das Evangelium des Johannes, 10. Auflage Göttingen 1968, 허혁 역, 『요한 福音書 硏究』, 성광문화사 1979, 139, 각주 24: "'신의 나라'는 공관복음서에서 주도적인 종말론적인 구원의 표지인데, 요한에게서는 단지 3:3, 5에만 나온다(18:36은 다르다). '보다(ἰδεῖν)'는 구원에 참여한다는 것을 표현하기 위해서 흔하게 사용되는 용어(요 3:36; 눅 2:26; 행 2:27; 벧전 3:10)로서 ראה = '경험하다', '체험하다'의 용어와 그 뜻이 일치한다. 그래서 이 단어는 그리이스 화법에도 낯설지 않다. ... 5절에서 이를 대신하는 단어로 '들어가다(εἰσελθεῖν, 막 9:47; 10:15 등)'도 같은 것이다."

40) 개역성경에는 "바람"으로 번역하였으나, 헬라어 성서 Nestle-Aland 26판에 의하면 예수님은 "πνεύμα" (영, 혹은 성령)으로 말씀하고 계시다. 그리고 루터는 히브리어나 헬라어에서는 "성령" 혹은 "영"을 "바람", "숨"으로 비유하여 표현하였다고 주석하고 있다. 이에 관하여: Lutherbibel erklärt Joh 3:1-21에 대한 관주 참조.

41) "*avωΘεv*"은 "위로부터", 혹은 "새로이" 혹은 "앞으로부터" 혹은 "처음부터"라는 뜻도 가지고 있다. 이에 관하여: *O. Cullmann*, *avωΘεv*, in: ThZ 4 (1948), S.360-372.

물음에 대하여 역사적 현실성을 제시해 주는 본문들이다. 이렇듯 예수 부활의 역사적 현실성이 예수 부활 이전에, 즉 구약과 예수 자신의 증언 중에 이미 언급되고 있다면, 예수의 부활은 결코 초대 기독교 공동체의 산물이 아님이 현실적으로 명백하다.[42] 이와 같은 점을 강조하는 바는 몇몇 현대 신학자들이 예수 그리스도의 부활을 온전히 초대 기독교 공동체의 창작물로 간주하기 때문이다.

이제 예수의 부활이 환생이 아니라는 것을 니고데모의 오해가 역설적으로 반증해 준다. 니고데모는 "거듭남"(요 3:3)을 "두 번째 모태에 들어갔다가 (다시) 나는 것"(요 3:4)으로 해석하였다. 이 말은 니고데모가 "거듭남"을 다시 이 시-공간 안으로 태어나는 것으로 이해하고 있었다는 것이다. 다시 말해서 니고데모는 "거듭남"을 환생의 차원에서 생각하였다. 그래서 그는 어머니 뱃속으로 들어갔다가 육체로 다시 태어날 수 있겠느냐고 반문한다. 이 때에 예수는 "거듭남"을 성령에 의해서 태어나는 것으로 설명하고 있다(요 3:5-6). 그리고 이어서 그 "거듭남"은 인간 스스로의 힘에 의해서 할 수 있는 것이 아니라, "성령으로", 곧 "위로부터" 가능한 것이라고 설명하신다. 여기서 예수는 '육'이라는 차안적인 것과 '영'이라는 피안적인 것의 만남을 강조하고 있다. 즉 예수는 인간의 지상적 존재 양식인 '육'과 신적 존재 양식인 '영'의 결합을 이야기 하고 있다. 왜냐하면 불트만R. Bultmann에 의하면 "'육'은 차안적이며 인간적인 존재 양식을, '영'은 피안적이며 신적인 존재 양식"[43]을 뜻하기 때문이다. 다시 말해서 성령으로 거듭난 사람은 두 영역에 동시에 존재한다는 것을 뜻한

42) 요한복음에 있어서 부활은 더 이상 최후심판의 날에 있을 것이 아니다. 부활은 이미 지금 예수의 말씀을 믿음으로써 받아들임으로써 일어나는 것이다: "나는 부활이요, 생명이니, 나를 믿는 사람은 죽더라도 살겠고, 또 살아서 믿는 사람은 영원히 죽지 않을 것이다"(요 11:25-26).

다.[44] 따라서 세례받을 때, 하나님의 영이 임한 예수 그리스도는 이미 이 두 영역에 살고 계셨다고 볼 수 있다. 결과적으로 예수 부활체의 존재는 영과 육이 결합된 존재 양식을 가지고 있었다. 그리고 예수가 부활하여 존재한 영역은 차안과 피안이 만난 영역이다. 결론적으로 말하면 성령으로 거듭난 사람이나 죽은 자 가운데서 부활한 자는 존재론적으로는 '영'과 '육'의 결합체로 존재하고, 그가 존재하는 영역은 '차안'과 '피안'의 만남 속에 있다.

7. 부활하신 분의 시-공간은 천사의 시-공간과 같다

앞 절에서 논증한 것에 근거할 때 부활하신 분은 지상에서 필연적으로 '나타남' 내지 '현현'이라는 양식으로 감지된다. 왜냐하면 부활한 예수님은 현실 속에 계시면서, 자연적-지상적 현실보다도 더 풍부하고 복잡한 영적 세계에 존재하기 때문이다. 그러한 영적 세계에 비하여 부활한 자의 지상적 삶은 축소된 것으로 성서에서 진술되고 있다. 부활하신 분 자신이 현현으로 현존하고, 혹은 역사 속에 현존하시기 때문에, 그 분은 단지 시-공간 속에 있는 한 장소에 그리고 지상적-자연적 실존의 조건에 매이지 않으신다. 그래서 마가복음은 부활한 예수가 자기 자신을 여러 가지 다양한 형태로 계시하고 있음을 기술하고 있다. 부활한 예수는, 문이 닫

---

43) *R. Bultmann*, 『상계서』, 145.

44) 참고. *R. Bultmann*, 『상계서』, 146: "'육'과 '영'에 관한 ... 담론들에는, 인간이 본래 피안적인 존재에 속해 있으나, 역시 실제적으로는 차안적인 존재에 속해 있다는 것을 뜻하며, ... 또 이른바 존재의 이 두 가능성 사이에 처해 있다는 것을 뜻한다."

혀있건 닫혀있지 않건 간에, 제자들 가운데 자유롭게 나타나신다. 동시에 부활하신 그 분은 상처 입은 흔적과 못 박힌 흔적으로 현존하시기 때문에 제자들에게 현실적 존재로 인식된다. 그리고 부활한 예수는 십자가의 고난과 죽음이라는 역사적 배경 속에서 그리고 자신의 부활 고지들Ankündi-gungen의 성취 속에서 제자들에게 분명하게 인식되어진다. 따라서 예수 부활을 목격한 제자들의 증언은 결코 만용적 왜곡과 환상이 아니다. 오히려 예수는 자신의 부활을 통하여 수난과 죽음과 부활이라는 자기 삶의 정체성을 제자들에게 명백히 계시한 것이다. 죽었던 예수가 부활하여 다시 나타나심으로써, 그 분의 지상적 삶이 보다 참되고 생동적인 방법으로 인식되어지고, 유효하게 되어진 것이다. 특히 부활한 예수가 우리들의 시-공간 안에 다시 나타남으로써 이 지상적 시-공간은 부활한 예수 그리스도를 영원히 기억할 수 있는 역사적 기억공간이 되고, 그가 다시 사라짐으로써 영적 초월적 세계는 우리들이 미래에 기다리는 기대공간이 되는 것이다. 한 마디로 말해서 부활한 예수가 나타난 시-공간은 천사가 나타났다가 사라지는 바로 그러한 시-공간이다.[45]

따라서 부활하신 분의 '높여지심Erhöhung' 이라는 표현은, '지상적 나타남' 이라는 약간은 부정적으로 표현한 것에 대하여 긍정적으로 상대화하여 표현한 것이다. 다시 말해서 '하늘로 높여짐' 이라는 자연적인 표상은 '영적인' 혹은 '위로' 라는 질적 표상을 바꾸어 표현한 것이다. 이러한 의미에서 '높여지심' 을 단순히 자연적 혹은 공간적 차원에서 저 높은 하늘로 '올가갔다' 는 의미로 오해해서는 안될 것이다.[46]

---

45) 천사의 사역과 존재영역에 관하여: *M. Welker*, über Gottes Engel. Systematisch-theologische Überlegungen in Anschluß an Claus Westermann (*김재진* 편역, 성서에 기초한 최근 신학의 핵심적 주제, 35-62) - *김재진*, 역사 속에 있는 하나님의 대리자로서의 천사, in: 『組織神學論叢』 第2輯, 한국조직신학회 편, 1996, 33-55.

예수가 부활하여 하늘로 들리움을 받았다고 하는 것은 자연적이고 사회적인 능력과 힘이 모아진, 그리고 동시에 현재도 그 힘이 있는 하나의 영역으로 들어가신 것을 뜻한다. 왜냐하면 하늘은 우리들의 모든 경험 세계들과, 세상에 대한 우리들의 크고 작은 폭넓은 표상들을, 그리고 현실에 대한 우리들의 개념들을 모두 포괄하기 때문이다. 그럼에도 불구하고 하늘은 분명 하나의 현실 영역이다. 그 영역은 우리들에게는 상대적으로 교통될 수 없는 영역이다. 그 영역을 우리는 거의 조정할 수 없다. 그러나 그 영역은 분명히 이 지상 위에서 아주 결정적으로 우리의 삶을 규정한다. 성서 전승의 증언에 의하면, 하늘에는 자연의 힘과 능력이, 사회적 영역의 힘과 능력이, 그리고 역사, 곧 과거와 미래의 힘과 능력이 군집되어 있다. 예수가 부활 승천하였다는 것은, 부활하신 예수가 바로 이러한 영역현실으로 들려 올리우심을 당하였다는 것이다. 이러한 의미에서 십자가에서 부활하신 예수 그리스도는 더 이상 이 구체적이고 상대적인 세계, 구체적인 시간, 구체적인 문화의 한계와 제한을 받지 않으면서 동시에 이 구체적인 세계 속에서 사멸되지 않고 살아계신다. 다시 말해서 부활한 예수는 이 시-공간 속에서 사역하시면서 동시에 시-공간을 초월하여 영원의 세계에 계신다. 한 마디로 말해서 부활한 예수 그리스도는 우리들의 역사 속에 현존해 계신다. 이러한 의미에서 예수의 부활은 부활한 예수 자신의 역사적 현실에 의해서 증명되고 인식되는 것이다.

---

46) 하늘에 대한 단편적이고 자연적인 이해에 대하여: *M. Welker*, Art. Himmel, in: EKL, Bd.2, [3]1988, Sp. 519ff. – *Ders.*, Gottes Geist. Theologie des Heiligen Geistes, Neukirchen [2]1993, 132ff.

VI
현대 자연과학과 기독교

1. 기독교 교리와 자연과학 이론의 학문적 대화

1930년경 현대 물리학자들은 약속이나 한 듯이 시간과 공간, 그리고 마음과 물질에 관하여 일제히 언급하기 시작하였다. 이들의 연구 결과로 인하여 인간의 사고에 중요한 변혁을 가져왔다. 그럼에도 불구하고 대부분의 사람들은 지난 두 세대 동안 현대 물리학자들의 공헌이 무엇인지 깊이 인식하지 못하였다. 그로부터 수십 년이 지난 최근에 와서야 비로소 많은 사람들은 그 당시 현대 물리학자들의 생각을 이해하기에 이르렀다. 자연과학에 대한 우리들의 선-이해와는 달리, 현대 물리학자들의 생각은 자연과학적 지식에 대한 지나친 신뢰에 새로운 도전을 가져다 주었다. 뿐만 아니라 그들의 생각은 전통적인 기독교 교리에 대하여 새로운 관심을 갖도록 유도하였다. 그래서 현대 물리학자들의 우주에 대한 관심은 현대 일반 대중에게까지 알려지게 되었다. 따라서 오늘의 시대를 가리켜 사람들은 '물리학이 성년에 이른 시대' 라고 특징지어 말한다.

현대 물리학계는 기념비적인 두 개의 이론을 발표하였다. 그것은 아인슈타인A. Einstein, 1879-1955의 '상대성원리相對性原理' 와 베르너 칼 하이젠베르크Werner Carl Heisenberg, 1901-1976의 '양자이론量子理論' 이다. 이 두 개의 이론은 20세기 물리학의 기초가 되었다. 즉 현대 물리학자들은 이 두 이론의 태동으로 우주 만물을 새로운 시각에서 관찰하게 되었다. 그 결과 현대 물리학은 아주 단순한 물질세계의 모형을 만들어 내었다. 그것은 현대 물리학자들이 물질주의보다는 오히려 신비주의에 더 가까이 접근하게 된 점이다. 다시 말해서 현대 물리학자들이 우주의 원리를 발견하게 됨으로써, 우주의 신비에 더욱 깊이 감동하게 되었다는 것이다. 그래서 현대 물리학자들이 이룩한 물질의 존재에 관한 이론은 철학적 내지 신학적 해답을 요청하게 되었다. 즉 인간의 삶 배후에 있는 보다 깊은 물질 세계의 신비를 발견함으로써 사람들은 자연과학적 답변보다는, 오히려 삶의 의미와 가치에 대한 철학적 신학적 질문을 제기하게 되었다. 그래서 현대 물리학자들은 자연과학적 지식은 단순히 자연법칙에 대한 인식에서 끝날 것이 아니라, 더 나아가 심리학적, 사회학적, 철학적 그리고 신학적 의미를 포괄적으로 함유해야 한다고 생각하였다. 그들은 자신들이 취급하는 주제들에 대하여 분석적 접근뿐만 아니라, 통합적 내지 통전적으로 접근해야 한다고 주장하기에 이르렀다. 따라서 현대 물리학자들의 관심은 종교적, 철학적 관심으로 바뀌게 되었다. 예를 들면 우주는 어떻게 시작되었고, 어떻게 종말을 맞이할 것인가?, 생명 또는 영원이란 무엇인가?, 인간의 의식이란 무엇인가? 등을 질문하기 시작하였다.

이렇듯 간학문적interdisziplinär 관심이 상호 접근하게 된 현대의 학문적 상황에서 자연과학과 기독교의 진리는 결코 상호 무관한 별개의 것이 아니다. 오히려 자연과학과 종교, 특히 전통적 기독교의 교리는 서로 보완되어야 할 것이라고 생각하였다. 즉 자연과학을 통하여 기독교가 주장하는 제 교리들이 논증되어질 수 있기를 희망하며, 또한 역으로 자연과학에서 답변할 수 없는 자연의 신비를 종교적으로 그 의미를 설명할 수 있어야 한다. 예를 들면 '우주의 기원과 발생' 에 관하여 일찍이 '하나님에 의한 창조' 를 주장하고 있는 기독교의 가르침과 현대 물리학이 주장하는 '우주 대 폭발Big Bang' 이 갖고 있는 알 수 없는 신비는 결코 극과 극의 대립이 아니라는 것이다. 왜냐하면 '우주 대 폭발' 의 신비는 곧 창조의 신비도 될 수 있기 때문이다. 그래서 현대 물리학자들은 다음과 같이 자문한다: 과연 '우주창조' 라고 하는 그 엄청난 일이 그 어떤 초-자연적인 힘의 개입 없이 가능했을까? '스스로 존재한다' (출 3:14)고 말씀하신 기독교의 하나님과 '스스로 창조된 우주', 즉 특정한 고高 에너지 과정에서 이따금씩 그 어느 곳도 아닌 곳에서 갑자기 튀어나오는 소립자素粒子처럼 '스스로 존재의 영역에 뛰어들게 된 우주' 사이에는 과연 어떠한 관계가 있는 것인가, 아니면 전혀 무관한 것인가? 과연 현대 물리학은 창조주 하나님을 전혀 모른다고 말할 수 있을까?

그러므로 지금까지 종교적으로 많은 논란이 되어온 자연과학적 사실들에 대하여 현대 물리학이 어떤 시각을 갖고 있으며, 어떠한 발견을 했는지를 고찰하는 것은 중요하다. 뿐만 아니라 현대 물리학이 제시하는 제 이론에 대하여 성서는 어떠한 대답을 갖고 있는지를 찾는 것도 중요하다. 기독교의 진리는 결코 자연과학과 위배되는 미신적인 가르침이 아니다.

2. 삶의 두 가지 요소로서의 종교와 과학

J.B.S. 할데인은 "지혜로운 자는 종교와 과학의 두 이론에 따라 행동한다"라고 하였다. 이 말은 종교와 과학이 결코 별개의 것이 아님을 시사해주는 말이다. 그렇다고 해서 이 말이 뜻하는 바가, 종교적 진리와 자연과학적 진리가 서로 통일되거나, 일치될 수 있다는 것을 가리키는 것은 결코 아니다. 자연과학적 진리는 그것 자체로서, 그리고 종교적 진리는 그것 자체로서 자명한 것이다. 다만 서로가 상충되거나 명백한 진리로 판명될 수 없을 때에, 이들 사이의 괴리는 극복되어야 하고 제 이론은 상호 보완해야 한다는 뜻이다. 왜냐하면 비록 갈릴레오 갈릴레이가 종교 재판에 의해서 지동설을 취소하고 천동설을 계속해서 지지하라는 명령을 받았다 할지라도, 우리가 주지하고 있는 바와 같이 지구는 그래도 여전히 태양을 돌고 있기 때문이다. 이렇듯 종교와 자연과학은 인간의 삶을 이루고 있는 경험의 두 가지 요소이지, 결코 상충되는 두 개의 극이 아니다. 종교가 우리들의 삶과 행동 양식을 다스리는 힘이라고 한다면, 자연과학은 우리들의 삶을 둘러싸고 있는 여러 환경, 즉 우주, 기계, 현실 등에 대한 원리이기 때문이다. 따라서 과학은 지성적인 차원이 아니라, 물질적인 차원이다. 역으로 종교는 자연과학적인 것이 아니라 의식적인 것이다. 우리들의 몸이 물질, 정신 그리고 영으로 이루어져 있듯이, 자연과학과 종교는 인간 존재와 삶을 위한 기본요소에 관한 것이다.

자연과학적 지식이 종교적 교리보다 더 논리적이고, 합리적이라고 하더라도, 일반대중의 일상생활에 미치는 영향은 종교적 교리가 자연과학적 지식보다 더 크다. 다시 말해서 과학의 영향력이 가장 쉽게 눈에 띄게 나타나는 오늘날의 산업사회에서도 개인의 삶 속으로 들어가 보면, 많은 사람들이 아직도 종교적이고, 초월적 창조주에 대한 깊은 믿음을 간직하고 있다. 그래서 과학자들도 다음과 같은 사실에 동의하고 있다: '그 동안 종교가 인간의 의식 세계에서 차지하고 있던 자리를 과학에 내어주었다고 해서, 인간의식의 자리에 합리적이고 과학적인 사고가 종교의식을 대신하여 그 자리를 차지하고 있다고는 반드시 이야기 할 수 없다.' 왜냐하면 자연과학이 현실 차원에서 우리의 온갖 생활에 엄청난 영향을 주고 있지만, 아직도 과학적 지식은 일부 특정한 사람들 사이에만 통용될 수 있는 지식이기 때문이다. 과학이 우리 생활과 언어에 깊숙이 침투되어 있지만, 아직도 일반대중이 공유할 수 있는 지식은 결코 아니다. 그래서 대다수의 사람들은 과학의 원리를 깊이 이해하고 있지 못할 뿐만 아니라, 흥미를 갖고 있지도 않다. 그래서 개인적인 차원에서는 종교적 교리가 과학적 지식보다 대부분의 사람들에게 더 설득력이 있다.

이렇듯이 인류는 근본적으로 종교적인 차원에서 살고 있다. 회교가 사회를 지배하고 있는 이란, 이라크, 사우디 아라비아 같은 나라뿐만 아니라, 종교가 여러 갈래로 나누어져 있는 동아시아 나라에서부터 산업화된 서구사회에 이르기까지 인생에 대한 의미를 찾고자 하는 인간의 노력은 과학문명 속에서도 여전히 계속되고 있다. 그러나 종교뿐만 아니라, 과학도 인생, 생명, 우주 그리고 영원에 대한 관심을 갖고 있다. 즉 현대 물리학자도 우주의 존재 의미를 찾고 있다. 즉 우주가 맞물려 돌아가는 형태와 그것이 상호 작용하는 방식, 그리고 생명과 의식의 본질을 발견하려고 노력한다. 이러한 관심을 통하여 과학자들도 종교적 믿음이 형성되는데 필요한 기본 요소를 제공하려고 한다. 이러한 의미에서 종교나 과학은 양자 모두 사회적인 측면과 지성적인 측면을 갖고 있다. 사실상 인간 역사상 상당한 부분을 사람들은 도덕적인 안내자로서 뿐만 아니라, 존재의 근본적인 의문에 대한 해답을 찾기 위해서 종교에 관심을 가져왔다. 우주는 어떻게 창조되었으며, 어떻게 종말을 맞이할 것인가? 생명과 인류의 기원은 무엇인가? 그런데 이러한 질문은 종교적 차원에서만 제기된 것이 아니라, 과학도 동일한 질문을 끊임없이 제기해 왔다. 과학은 다만 겨우 지난 2, 3 세기서부터 이러한 주제에 관심을 갖기 시작하였다. 그리고 그들 나름대로 이에 대한 답변을 시도해 왔다. 초창기 갈릴레오와 코페르니쿠스, 뉴턴, 그리고 다윈, 아인슈타인을 거쳐 현대 컴퓨터공학과 고도의 과학기술 시대에 이르기까지 이러한 질문에 대하여 과학적 답변을 찾아보려고 노력하였다. 그 결과 종교적 답변에 대한 반론을 제기하기에 이른 것이다. 그러나 우리가 간과해서 안될 것은 동일한 질문에 대하여 종교와 과학이 서로 다른 답변을 제시한다 하더라도, 어느 답변은 옳고 어느 답변은 틀렸다고 단언할 수 없다는 것이다. 왜냐하면 아직까지 이 우주 속에는 인간이 정확히 답변할 수 없는 문제가 확고히 답변할 수 있는 것보다 훨씬 많기 때문이다. 그러나 종교와 자연과학이 동일한 문제에 대하여 관심을 갖고 있다는 사실만은 명백하다. 따라서 동일한 주제에 대한 답변이 자연과학과 종교가 서로 다르다고 해서 마치 자연과학과 종교가 본질적으로 서로 상반되는 것으로 인식하는 것은 우주의 근본문제에 대한 충분한 인식이 부족하기 때문이다. 어쨌든 분명한 것은, 종교나 과학이 서로 전혀 다른 주제를 다루고 있지 않다는 것이다. 종교나 자연과학은 근본적으로 인간의 삶의 본질과 존재의 의미를 찾고자 하는 학문이다. 단지 자연과학자와 신학자는 전적으로 다른 출발점에서 존재의 깊은 의문에 대하여 접근할 뿐이다. 자연과학은 서로 다른 경험들을 연결할 수 있는 하나의 이론이 성립될 수 있는 정밀한 관찰과 실험에 그 기초를 두고 있다. 즉 자연과학은 물질이나 힘의 운동을 지배하는 불변의 법칙을 찾아내고자 한다. 반면에 신학은 신의 계시나, 자신이 경험한 종교체험과 이에 근거한 종교적 지혜에 그 기초를 두고 있다. 즉 불변의 진리라고 믿는 종교적 교리를 시대의 변화에 상관없이 항상 어느 시대 어떤 상황에서도 고수하고 정착시키고자 한다. 따라서 종교적 진리는 집단적인 실험이라는 여과과정을 거치기보다는 오히려 신자信者 자신이 경험한 삶의 경험에 더 기초하고 있다. 그러나 이 두 분야는 결코 분리될 수 없다. 왜냐하면 종교인들이 경험한 종교체험은 자연의 법칙에 벗어나는 것이 아니기 때문이다. 다만 아직까지는 자연과학이 종교체험을 이렇다 할 원리나 법칙으로 설명할 수 없을 뿐이다. 따라서 종교와 자연과학의 상관성을 병리학자이며, 작가이고, TV 연출가인 키트 페들러Kit Pedler는 다음과 같이 말한다:

> "나는 아인슈타인Einstein과 닐스 보아Niels Bohr, 폴 디랙Paul Dirac 등 전설적인 이름을 가진 사람들의 작업에 대하여 공부하기 시작하였다. 이들은 현실적이고 초연한 사람들이 아니라, 미지의 광대 불변한 현상들을 ... '초현상'적인 것으로 생각하는 시적이고, 종교적인 사람들이었다."[1)]

이 말은 종교와 과학이 심지어는 문학과 예술이 동일한 한 가지 주제로 수렴하고 있음을 아주 간략하게 표현해 준 것이라고 볼 수 있다. 과학과 종교는 우리의 삶을 둘러싸고 있는 두 가지 요소로서 모두 사회적인 측면과 지성적인 측면을 함께 지니고 있다. 우리 인간은 우주 속에서 소우주의 몸으로 살고 있다. 따라서 인간이라는 소우주 속에서 이루어지는 영적, 정신적 활동은 자연 속에서 일어나는 자연법칙과 우주 속에 잠재된

---

1) *Kit Pedler*, Mind over Matter, Thames Methuen Press 1981, p.11.

신비적 능력과 결코 무관한 것이 아니다. 인간은 이 우주 속에서 사고하면서 이 신비한 세계를 경험하고 살아가는 영적 존재이다. 인간은 우주 속에 있는 영적 존재이다. 따라서 종교와 자연과학은 언제고 종국에 가서는 서로 같은 주제를 갖고 논하게 될 수밖에 없다.

3. 우주 발생과 창조

알버트 아인슈타인은 "나는 신이 어떻게 이 세상을 창조했는지 알고 싶다"고 말한 적이 있다. 이 말은, 이 세상이 어떻게 생성되었는지는, 이 세상에 살고 있는 어느 한 사람도 알 수 없는 신비라는 사실을 단적으로 암시해 준 것이다. 즉 자연과학에 의하건, 혹은 신학에 의하건 우주발생에 관한 어떠한 주장도 우주 창조에 대한 의문을 분명히 밝혀줄 수 있는 진리는 아니라는 것이다. 다시 말해서 우주발생 내지 창조는 인간이 알 수 없는 영원한 신비라는 것이다. 따라서 우리가 우주의 발생에 관하여 논한다는 것은 어디까지나 가설이다. 그러나 그 가설이 때론 성경이 증언하고 있는 하나님에 의한 창조기사와 많은 점에서 상응하기도 한다. 이를 우리는 최근 주장되는 우주발생에 대한 천체 과학자들의 의견을 통하여 알아보고자 한다.

1940년대 천문학자 프리드만G. Friedmann과 가모프G. Gamov에 의해서 현재 과학계에서 통용되고 있는 우주발생에 대한 표준 모형인 '우주 대 폭발big bang' 이론이 제시되었을 때에, 일반 대중잡지는 '천문학자들이 드디어 하나님을 발견하다' 라는 표제를 달았다. 이 표제는 상징적인 의미를 갖고 있다고 볼 수 있다. 왜냐하면 성경은 다음과 같이 기록하고 있기 때

문이다: "태초에 하나님께서 천지를 창조하시니라. 땅이 혼돈하고 공허하며, 어둠이 깊음 위에 있고, 하나님의 영은 물 위에 움직이고 계셨다. 하나님이 말씀하시기를 '빛이 생겨라' 하시니 빛이 생겼다"(창 1:1–2). 이러한 성경의 기록에 근거하여 기독교 교리는 "무無로부터의 창조*creatio ex nihilo*", 곧 하나님께서 세상을 아무것도 없는 공허한 상태에서 창조하셨다고 주장하고 있기 때문이다. 그런데 이러한 기독교의 주장은 소위 '우주 대 폭발' 이론이 주장하는 우주 폭발 이전의 최초의 상태 곧 '블랙홀' 상태와 다르게 해석될 수 없기 때문이다.

'블랙홀'[2]이란, 최근 천체물리학이 주장하는 이론으로서, 모든 별은 그 진화의 과정에서 중력붕괴를 겪었다는 것이다. 즉 별 내부의 원자핵 연료를 모두 소비하여 에너지 생산이 중단되면, 바깥 층의 무게를 지탱하던 압력이 줄어들어 균형이 무너져서 중력에 의해서 쭈그러들고 압축되는 현상을 말한다. 중력붕괴란, 밀도가 1 입방 센티미터당 수십 톤의 단위가 될 정도로 압축되어 물질이 더 이상 중력을 견딜 수 없는 상황을 말한다. 물질이 그 정도로 압축되면, 중력이 몹시 커져서 결과적으로는 주변의 시간과 공간은 점점 더 휘어지게 된다. 이렇게 되면 이 빠른 붕괴 과정에서 생기는 빛마저도 그 중력 때문에 바깥으로 나오지 못한다. 이러한 상태를 '블랙홀'이라고 부른다. 왜냐하면 빛이 방출되어 나와서 이 붕괴 사건의 이야기를 전해주어야 하는데, 빛마저도 다른 물질들과 같은 운명이 되어 중력에서 벗어나지 못하므로, 바깥에서 보면 검게 보이고, 한 번 들어가면 절대로 빠져나올 수 없는 구멍이 생기기 때문이다. 이 블랙홀의 존재

---

2) 이하 "블랙홀"에 관한 설명은 류시화씨의 역주를 참고한 것임. 이에 관하여: *Paul Davies*, God and the New Physics, *류시화* 역, 『현대물리학이 발견한 창조주』, 서울: 정신세계사 1993, 32.

는 일찍이 아인슈타인의 상대성이론을 바탕으로 1916년에 예언된 바 있었다.

그런데 여기서 우리가 미리 알아두어야 할 것은, 우주란 태양계나 우리의 은하계만을 가리킬 때에 사용하기도 하지만, 더 넓은 의미에서의 우주란, '우주 공간에 존재하는 모든 물체'를 의미한다는 것이다. 따라서 '우주'라는 말 속에는 모든 은하계 사이에 널려 있는 모든 물질, 모든 형태의 에너지, 그리고 심지어 '블랙홀'과 중력파같은 비물질적인 것들, 또한 그것들뿐만 아니라 무한대로 펼쳐있는 모든 우주 공간을 다 포함한다. 그렇다면 우주의 진화과정 속에서 별이 '블랙홀' 상태로 있었다는 것을 우리는 이를 '무無의 상태'라고 볼 수 있지 않는가? 그런데 천체 과학자들 가운데는 우주 역사상 첫 번째 일어난 사건을 바로 이 '무의 상태' 속에 있던 것이 최초로 폭발한 '우주 대 폭발'의 사건으로 보는 사람이 많다. 다시 말해서 우주 발생의 최초 상태인 '우주 대 폭발'은 바로 '블랙홀' 상태에서의 '폭발'을 의미할 수도 있다는 것이다. 왜냐하면 '우주 대 폭발'이란, 우주의 시원始原이 있기 전, 우주의 모든 물질은 엄청난 밀도를 지닌 시-공간을 포함하고 있는 일종의 '우주 알cosmic egg'이 폭발한 것이기 때문이다. 그런데 이 우주 알은 점차로 압축되어 급기야는 폭발할 지경에 이르렀다. '빅뱅big bang'이라고 부르는 이 폭발은 동심원에서 사방으로 일정하게 진행되었다. 즉 고도로 압축된 '우주 알'은 모든 방향으로 팽창하기 시작하였다. 이 대 폭발로 인하여 모든 물질은 마치 영원히 팽창하는 풍선처럼 사방으로 팽창하여 분포되었다는 것이다. 이 풍선의 표면처럼 팽창한 '우주의 알'은 계속해서 팽창하고 있기 때문에 우리는 은하계라고 부르는 모든 물질의 알갱이들은 유사有史 이래로 계속해서 서로서로 멀어지고 있다는 것이다.

'블랙홀' 상태로 압축된 우주의 중력 상태 그리고 극도로 압축된 '우주알' 이라는 우주의 물질 상태가 갑자기 '대 폭발' 을 통하여 확장 내지 팽창된 것이 우주라는 우주 발생설을 한 마디로 요약하면 바로 '무無 – 혹은 블랙홀 – 상태로부터의 창조' 와 다른 의미가 아닐 것이다. 왜냐하면 창세기는 하나님께서 천지를 창조하시기 전의 상태를 "공허와 혼돈과 어둠"상태로 표현하고 있기 때문이다: "땅이 혼돈하고, 공허하며 어둠이 깊음 위에 있고"(창 1:2). 따라서 "하나님께서 천지를 창조하셨다"(창 1:1)라는 성경의 진술 속에는 여러 가지 의미가 함축되어 있다. 맨 먼저 우주는 혼돈 속에 아무런 구조를 갖고 있지 않은 원시상태의 물질들이 어떤 힘에 의해서 – 신적인 힘에 의해서 – 오늘날과 같은 복잡한 질서와 규칙적인 활동을 갖추게 되는 것을 의미할 수도 있다. 또는 전에는 아무런 형태로 갖추고 있지 않는 것 같이 보이는 빈 허공이었던 곳에서 실제로 물질이 창조되는 것을 뜻할 수도 있다. 아니면 허공이고 뭐고 간에 전혀 아무것도 없던 곳에서 시–공간을 포함한 물질계 전체가 갑작스럽게 출현하는 것을 의미할 수도 있다. 이러한 의미는 천체 과학자들이 '우주창조' 라는 말을 정의할 때도 동일하게 사용한다. '우주창조' 내지 '하나님에 의한 천지 창조' 가 이렇게 다양하게 해석될 수 있다면, "하나님께서 천지를 창조하셨다" 라는 성경의 진술은 결코 자연과학적 우주 발생론과 결코 전혀 거리가 먼 것만은 아니다. 왜냐하면 '어둠이 깊음 위' 에 있는 상태에서 하나님이 "빛이 생겨라" 말씀하시니, '빛이 생겼다' 는 것은, '블랙홀' 상태에서 '우주 대 폭발' 을 통하여 '폭발의 빛' 이 생긴 것과 다른 뜻이 아닐 것이다. 어쨌든 현대 천체 과학에 의한 우주론에서 볼 때에, '우주창조' 는 혼돈과 무질서를 전제하고, 혼돈과 무질서는 새로운 창조의 전제가 된다.

그런데 물리학자들은 우주의 무질서를 양量으로 나타내기 위해서 "엔트로피Entropy"[3]라는 수학적인 수치를 만들어냈다. 이는 어떤 독립된 물리적 체계는 무질서를 증대시키는 방향으로 진행하는데, 이 진화 방향을 정확한 수학적 형태로 표현한 것이다. 물리학자들에 의하면 '엔트로피'는 절대로 감소하지 않는다는 것이다. 그러다가 '엔트로피'가 최대치에 달하면, 이 때에 그 체계는 '열역학적 평형열평형'이라는 상태에 도달한다는 것이다. 우주의 무질서가 증가하여 '엔트로피'가 계속 높아져 "열평형" 상태에 이르면, 우주는 끝이 난다. 예를 들어 태양이 계속해서 타서 어느 한 순간 우주의 '열평형' 상태에 이르면, 태양은 더 이상 빛을 발하지 않는다. 이 때에 우주는 종말에 이른다. 그런데 성경은 '엔트로피'의 수치가 극치에 달아 '열평형' 상태에 이른 우주의 종말에 관하여 이미 다음과 같은 말로 표현하고 있다: "해는 어두워지고, 달은 빛을 내지 않고, 별들은 하늘에서 떨어지고, 하늘의 세력들은 흔들릴 것이다"(마 24:29). 이러한 성경의 증언은 '엔트로피' 극치에 의한 자연과학-우주론적 종말론과 거리가 멀지 않다. 우주 속에서는 아직도 이러한 일이 일어나고 있다. 따라서 "하나님이 천지를 창조하셨다"라는 성경의 진술은 우주의 무질서 속에서 일어난 '우주창조'를 뜻한다. 그리고 이 세상의 종말에 관한 성경의 진술은 이 우주의 종말을 뜻하는 것이라고 해석해 볼 수도 있다. 이러한 의미에서 우리는 새로운 자연과학-우주적 관점 속에서 창조기사를 다시 읽어야 할 것이다.

---

3) 루돌프 크라우시우스(Rudolf Clausisus)가 도입한 이론으로서 엔트로피(Entropy)란 '에너지(energy)'와 희랍어로 '변형' 또는 '진화'라는 뜻을 가진 '트로포스(tropos)'의 합성어이다. 이 말은 물질계의 열(熱) 상태를 나타내는 물리량으로서, 온도의 높낮이의 차이를 표시한다. '엔트로피' 개념은 니콜라스 게올게스큐-뢰겐(Nicholas Georgescu-Roegen)에 의해서 경제이론에도 사용되었다. 즉 마찰과 기타 형태의 에너지 손실에 의해서 엔진이 열역학적 효율이 적어지는 것과 마찬가지로, 산업사회에서의 생산 과정 역시 필연적으로 마찰을 유발하고 경제 에너지와 자원의 일부를 비생산적인 행동으로 손실시킨다는 것이다.

4. 현대 천체 과학적 우주 창조이론

캠브리지Cambridge의 천체 과학자 스티븐 호킹Stephen Hawking은 자신의 책: 『시간의 짧은 역사. 우주의 원초적인 힘에 관한 추구』[4]에서 종교 비판적 창조신학을 전개하였다. 칼 세이건Carl Sagan은 이 책의 서문에서 다음과 같이 기술하고 있다[5]: '시간의 짧은 역사' 란 책은 하나님에 관한 책일 것이다 ... 혹은 아마도 하나님의 비실존에 관한 책일지도 모른다. 어쨌든 '하나님' 이란 말은 여러 면에서 전반적으로 현존한다. 왜냐하면 호킹은 아인슈타인의 유명한 질문, 즉 '하나님은 우주를 창조하시기 위해서 그 어떤 선택을 하셨는가, 아니면 그 어떠한 선택도 하지 않으셨는가' 라는 질문을 제기하기 때문이다. 이렇듯 호킹은, ... '하나님의 계획' 을 ... 이해하고자 시도한다. 보다 놀라운 것은 이러한 시도의 ... 결과가, 그 어떠한 한계도 갖고 있지 않는 우주 공간은 시간의 처음도 끝도 아니며, 그리고 창조주에 대하여 해야할 일이 아무것도 남지 않은 그러한 우주 공간이라는 것이다(같은책, 12). 이러한 진술을 통하여 볼 때, 호킹의 『시간의 짧은 역사』란 책에서는 적어도 하나님을 우주의 창조주로 보는 사변적인 관점들이 두루 발견됨을 알 수 있다. 비록 호킹의 책이, "하나의 우주, 그 우주에는 창조주가 해야할 일이 남아 있는 것이 아무것도 없는 우주이다"라고 끝맺고 있음에도 불구하고, 세이건은 호킹의 책을 "하나님에 관한 책 ... 혹은 아마도 하나의 비-실존Nichtexistenz에 관한 것으로" 특징짓고 있

4) *S. Hawking*, A Brief History of Time. Form the Big Bang to Black Holes, Bantam Books: New York 1988(본문의 페이지 숫자는 Rowohlt, Reinbek 1988의 페이지를 가리킴).

5) 세이건의 입장에 관하여는: *Carl Sagan*, The Dragons of Eden: Speculation on the Evolution of Human Intelligence, New York: Random Hause 1977.

다. 그렇다면 **어떠한 근거에서 세이건은 호킹의 이론을 우주발생과 창조의 불확실한 종합이라고 특징짓고 있는가?**

호킹의 비판적 숙고를 넓은 의미에서 '창조신학적' 이라고 특징지어 말할 수 있는 첫 번째 근거는, 그의 이론이 1929년 미국의 천문학자 에드윈 허블스Edwin Hubbles의 '우주 팽창이론' 과 연결되어 있다는 점이다. 허블스에 의하면, 우주 공간에는 헤아릴 수 없을 정도의 수많은 은하계와 같은 별의 집단island universe, 섬우주이 있다는 것이다. 그런데 이 별의 집단, 혹은 은하들은 계속해서 서로 멀리 떨어져 간다는 것이다. 허블스의 이러한 발견으로 인하여 "우주는 어느 한 시점에서 원폭발Urknall을 위해서 끊임없이 작아졌으며 그리고 끊임없이 두꺼워졌다"(22)는 이론을 주장하게 되었다. 호킹은 허블스의 발견에 힘입어 "폭발 확장되는 우주의 모델은 창조주를 배제하지 않지만, 폭발 시점은 제한된다. 왜냐하면 창조주는 자신의 일을 수행할 수 있었기 때문이다"(23)라고 말한다. 이러한 숙고는, 기독교의 창조신앙이 현대 자연과학적 우주론과 전혀 무관한 것이 아니라는 것을 암시해 준다. 왜냐하면 놀랍게도 호킹은 한편에서는 우주의 첫 순간에 개입되었을지도 모르는 그 어떤 힘, 곧 하나님의 창조를 인정하면서도, 또 다른 한편에서는 "뜨거운 원-폭발"[6]을 통하여 다른 방향으로 움직이고 있는 운석이 있다는 '우주 팽창이론' 에 머물러 있기 때문이다. 이와 상응하게 바티칸의 로마 교황은 80년대 초에 있었던 회합에서 그 곳에 참석한 사람들에게 말하기를: "... 우리가 '우주 대 폭발' 이론을 거부한다는 것은, 원-폭발 이후의 우주의 발전에 관하여 연구하는 것까지 우리가 반대한다는 것은 결코 아닙니다. 그러나 우리는 원-폭발 자체에 대

---

6) 참고. 148ff. 우주의 원천과 운명(Ursprung und Schicksal des Universums).

한 연구를 시도할 것까지는 없다고 생각합니다. 왜냐하면 '우주 대 폭발'은 창조의 순간일 것이고, 그것은 하나님의 사역일 것이기 때문입니다" (148). 호킹은 이러한 교황의 말에 대하여 첨부하여 말하기를: "제가 방금 행한 강연회의 내용들이 로마 교황에게 잘 알려지지 않은 점이 참으로 다행한 일입니다. 왜냐하면 공간의 시간이 영원하며 한계를 갖고 있지 않다는 것은 아마도 창조의 어떠한 시작과, 어떠한 창조의 순간도 – 필자가 생각하기에 이는 '원-폭발'을 뜻하지 않는다 – 없다는 것을 뜻하는 것이 아닐 것입니다. 저는 갈릴레오의 운명을 함께 나눌 생각은 없습니다." (148).[7] 이렇듯 하나님의 창조사역과 "우주 대 폭발"에 대한 모호한 견해를 표명한 호킹의 주장은 소극적으로나마 "우주 대 폭발"과 하나님의 창조 사역이 절대적 대립이 아님을 암시해 주었다고 볼 수 있다.

호킹의 이론이 '창조신학적' 이론이라고 평가되는 두 번째 근거는, 그의 이론을 창조신학적으로 평가하고자 하는 논문에 관하여 답변한 호킹 자신의 입장 표명 속에서 발견된다. 여기서 호킹은 기존의 "뜨거운 우주 대 폭발"의 개념을 해명하고자 시도하며, 동시에 우주의 첫 번째 순간의 문제를 그래도 남겨 놓고자 하였다. 호킹의 두 번째 입장은 바로 양자역학과 일반 상대성 이론을 결합하여 하나의 통일된 이론을 만들고자 하는 것이었다. 이러한 이론은, 단일성과 한계 없이 – 예를 들면 '뜨거운 우주 대 폭발'과 같은 것 – 끊임없는 4차원적 공간을 온전히 그 자체 안에 폐

---

7) *W. Stoeger*, Theology and the Contemporary Challenge of the Natural Science, CTSA Proceeding 46, 1991, 21ff. 21과 22 쪽은 다음과 같은 것을 주목하게 한다. 즉 분명 피우스(Pius) 12세는 1951년 교황청 과학원에 대한 저 유명한 그리고 무엇인가 논쟁의 여지가 있는 교황의 훈시(allocation)에서 우주 대 폭발(Big Bang)을 '창조의 동기'와 동일시 하였다. 그러나 교황 바울 2세는 적어도 80년말에 와서 '우주 대 폭발'과 '창조'를 지나치게 서둘러 동일시하기 전에 논증해 볼 필요가 있는 것으로 언급하였다.

쇄시킬 수 있는 것이 있다면 무엇인지 찾아내고자 하는데 주력하였다(216 그리고 다른 곳). 그의 이론에 의하면, 우주는 구체적인 시작 없이 그러나 끊임없이 수축과정과 팽창과정 속에 실존한다는 것이다. 그런데 우주의 수축과 팽창과정 이론의 수용은, 호킹의 이론이 참으로 창조신학적으로 이해될 수 있는지 다시금 문제를 제기하도록 하였다. 왜냐하면 이 우주 수축과 팽창 이론은 호킹의 이론을 이해하는데 정-반 양면적ambivalent 성격을 제공해 주기 때문이다. 즉 그는 첫 번째 순간의 사건은 하나님의 창조 능력에 의한 '창조 사건' 일 것이라는 개연성을 두고 있지만, 또 다른 한편에서 그는 여전히 "그렇다면 아직도 창조주를 위한 공간이 있을 수 있겠는가?"(179)라고 반문함으로써 하나님의 창조 사역을 부인하기 때문이다. 그러나 그는 여전히 아래와 같은 희망과 확신을 하나로 묶고 있다: 그것은 "인간 이성의 영원한 승리가 될 것이다 – 왜냐하면 우리는 하나님의 계획을 알게 될 것이기 때문이다"(218), 다시 말해서 "우리는 하나님의 마음을 알게 될 것이다."[8] 따라서 호킹이 애써 노력한 이러한 두 번째 이론은 종교 비판적 내지는 종교적으로 평가되고 있다. 그러나 그의 두 번째 이론에서 주목될 만한 것은, 한편에서 하나님은 여전히 첫 번째 창조의 순간으로 받아들여져야 하는 분으로 나타난다는 것이다. 다시 말해서 우주의 절대적인 시작이 이미 착수되었다는 의미에서는 하나님의 창조 사역은 이미 사라졌다는 것이다. 그러나 다른 한편에서 볼 때, "우리는 하나님의 계획을 알고 싶다"; "우리는 하나님의 마음을 알기 원한다"는 것이다. 결론적으로 호킹은 "우주 대 폭발"이론을 주장하자니 최

8) 이러한 생각을 폴 데이비스는 자신의 책: The Mind of God. The Scientific Basis for a Rational World, Simon & Schuyler: New York 1992의 중심된 사상(Leitgedanken)으로 만들고자 시도하였다.

초 폭발의 원인에 대하여 분명히 증언할 수 없고, 하나님에 의한 우주 창조를 이해하자니 "우주 수축이론"과 "우주 팽창이론"을 포기할 수 없는 양면성을 갖고 있다고 볼 수 있다. 따라서 아직도 미완성의 상태로 남아 있는 질문은, 그러한 호킹의 이론이 발전될 수 있다면, 어떠한 종교적 결과들이 주어질 수 있을까 하는 것이다. 여기서 우리는 가상적인 질문을 제기해 볼 수 있을 것이다. 첫 번째 순간에 고정되어 있는 우주 대 폭발 사상이 실제로 쓸데없는 것이라면, 우리는 우주론적 인식과 종교성을 혼합해야 할 것이다. 왜냐하면 "우리는 하나님의 계획을 알고 싶다"는 희망은 "필연성에 대한 통찰"이라는 헤겔식 종교성에로 전향하기 때문이다.

따라서 호킹 자신이 근본적으로 제시한 바는, 하나님의 계획을 통찰하고자 했던 인식론적 시도는 아주 쉽게 무너져 버릴 수도 있다는 것이다. 왜냐하면 이러한 통찰 자체는 여전히 최고의 결손일 수도 있기 때문이다. 즉 "단지 하나의 통일적인 이론이 가능하다면, 그것은 단지 법칙과 방정식의 구조 안에서 일 뿐이다. 그러나 누가 방정식에 숨을 불어넣었는가 그리고 방정식들이 기술할 수 있는 우주를 누가 만들어 주었는가?"(217)라고 질문하면, 역시 창조주를 언급하지 않을 수 없다는 것이다. 이러한 의미에서 호킹의 종교 비판적 내지는 종교적 찬반 양립의 우주론적 사고의 두 번째 방식은 몇 가지 점에서 의문점이 제기된다. 왜냐하면 그는 다음과 같이 기술하고 있기 때문이다: "학문 그 자체를 위해서 하나의 수학적 모델을 형성하고 있는 그러한 여분의 방법들에 대하여 다음과 같은 질문이 제기될 수 있다: 왜 수학적 모델이 우주의 삼라만상을 제시해야 하는가? 무엇이 그 모델을 대답하지 않고, 표현하고 있는가? 왜 우주의 삼라만상 모든 것은 실존하는 것들의 재난에 종속되어야 하는가? 통일된 이론이 그만큼 강요적이기에, 이러한 실존을 억지로 인용하고 있는 것은 혹시 아닌가? 혹은 창조주가 아직도 그 어떤 다른 방식으로든 우주에서 실제로 역사하고 계시다면, 그리고 실제로 그렇다면 우주는 창조주를 필요로 하지 않는가? ... "(217). 이렇듯 이론과 현실화Realisierung의 충분한 합의는 거부될 수 없다는 점에서 호킹은 수학적 이론정립과 현실 파악의 한계가 있을 수 있다는 것을 제안한다. 그래서 그는 자신의 논문이 출발하고 있는 세 번째 형태로 접근한다.

그러나 이러한 세 번째 발단 자체는 처음부터 다음과 같은 문제를 제기하고 있다: 어떻게 하나의 통일된 이론정립이 가능한가?, 우주론적, 생물학적, 정신-문화적 그리고 다른 '삶의 과정'을 이러 저러한 생生의 과정의 고유성과 고유한 논리 아래서 파악할 수 있는 것인가? 이러한 질문에 대하여 호킹은 다음과 같은 문제 제기로 접근하고 있다: 어떻게 우리가 세계에 관한 이론들을 발전시킬 수 있겠는가? 어떻게 우리가 종합명제를 이끌어 내고, 상호적으로 그 차이를 분명하게 드러내는, 그러한 현실에 관하여 그때 그때의 전문 이론으로 파악을 유도하는 세계이론을 과연 어떻게 발전시킬 수 있겠는가? 그러나 이러한 문제제기에 대하여 진실로 그 답변을 찾아보고자 하였다면, 이러한 세 번째 발단은 아래와 같은 통찰을 위해서 필요할 것이다: "무엇이 창조인가?"라는 질문은 호킹에게서 아직도 그 대답을 발견하지 못했다. 왜냐하면 구체적인 우주론적 모델 -예를 들면 우주 대 폭발Big Bang- 에 대한 고착뿐만 아니라, 또한 하나의 이론 형태 -예를 들면 양자역학과 일반 상대성 이론의 결합 - 에 대한 고착은 최종적으로 언급된 사실적이며 종교적인 호킹의 인식의 주장 보다 먼저 문제되어야 하기 때문이다. 이를 통하여 오히려 우리는 성경이 제시하고 있는 창조를 감식할 수 있는 수준에 다다를 수 있을 것이다. 왜냐하면 성경은 최초의 우주상태를 제 이론들이 설명하고 있는 우주수축과 팽창, 블랙홀에 상응하게 이미 '어둠'과 '혼돈'과 '무질서'로 표현하고 있기 때문이다. 그리고 동시에 이 우주상태에 "하나님의 영"이라는 비물질적 요소가 이미 관여하고 있음을 증언하고 있기 때문이다.[9] 따라서 우리는 다음 장에서 물질계와 정신계의 관계에 관하여 숙고해 보고자 한다.

5. 정신계와 물질계의 상호 관계 속에 있는 사유활동

데카르트Rene Descartes, 1596-1650는 "나는 생각한다. 그러므로 존재한다 *cogito ergo sum*"이라고 말하였다. 이 말은, 인간이 생각하기 때문에 존재한다고 말할 수 있다는 것이다. 여기서 인간은 사유하는 존재로 특징지어진다. 그러나 칼 구스타프 융C. G. Jung, 1875-은 "나는, 인간의 자아 또는 영혼은 시-공간의 법칙에 지배되지 않는다고 믿는다"고 하였다. 이 말은 인간의 영혼은 시-공간을 초월한다는 뜻이다. 여기서 우리는 인간의 사유능력과 그 사유하는 주체인 인간의 의식과, 인간의 의식을 초월하면서 인간을 구성하고 있는 영혼에 대한 분명한 규명이 필요하다. 그런데 인간 의식에 관한 학문이 인문과학, 특히 인간의 영혼에 관한 것은 신학 내지 종교학이다. 그런데 이러한 인간의 의식은 결코 자연과학, 즉 인간의 두뇌를 구성하고 있는 여러 물질의 작용과 전혀 무관하지 않다는 것이 최근의 연구결과이다. 특히 최근 두뇌연구를 통한 컴퓨터와 소위 '인공지능'이라는 분야는 인간의 의식과 물질계 사이의 연관성에 관하여 아주

9) 이 점에 관하여 : *Itzhak Bentov*, Stalking the wild Pendulum, *류시화 · 이상무* 옮김, 『宇宙心과 정신물리학』, 정신세계사 1987.

새로운 시각을 열어주었다. 그러면 **정신계와 물질계가 어떠한 연관성이 있으며, 물질과 인간의 의식, 더 나아가 인간의 영혼과 어떠한 상관관계가 있는가?**

비물질적 사유주체로서의 영Geist 혹은 정신Vernunft

기독교는 하나님을 전지전능하신 분으로 이해한다. 즉 하나님은 모든 것을 다 아는 존재로 고백한다. 동시에 하나님은 무한히 자유로우신 분, 즉 당신이 원하시면, 무엇이든지 하실 수 있는 분으로 고백한다. 이러한 의미에서 기독교의 하나님은 하나의 인격체이다. 하나님이 인격적인 분이라고 하는 것은, 하나님이 생각하고, 말하고, 의식하실 수 있는 정신과 혼과 영을 갖고 계시다는 뜻이다. 다만 인간의 의식과 혹은 정신에 비하여 그 질이나, 깊이에 있어서 오류가 없기에 최고의 절대적 존재로 고백하고 있다. 어쨌든 기독교의 하나님은 생각하시는 분이시다. 그러한 의미에서 기독교의 하나님은 살아 계신 하나님이시다. 그렇다면 그 살아 계신 하나님은 인간의 육체와 같은 물질을 입고 계시는 것인가? 아니면 물질계와 분리된 의식체, 곧 육체에서 분리된 의식, 혹은 영 그 자체로서 존재하는 분이신가? 더 나아가 물질과 상관없는 보이지 않은 의식, 영 혹은 영혼 그 자체가 인격체로서 존재할 수 있는 것인가?

일찍이 물질을 입지 않은 순수 의식체를 하나의 인격적 존재로 생각한 사람은 철학자 아리스토텔레스Aristoteles, BC. 384-322이다. 아리스토텔레스는 자신의 『형이상학Metaphysik』이란 책에서 사유의 주체를 하나의 인격적 존재로 기술하고 있다. 그리고 현대 관념론적 형이상학을 발전시킨 헤겔G.W.F. Hegel, 1770-1831도 자신의 『정신현상학Die Phänomenologie des Geistes』에서 아리스토텔레스의 형이상학을 그대로 수용하여 하나님을 "절대적 정신

Der absolute Geist"으로 규정하였다. 이와 상응하게 기독교도 살아 계신 하나님을 영靈으로 고백하였다. 그래서 요한복음은 "하나님은 영이시다"(요 4:24) 라고 증언하고 있다. 그런데 이렇게 물질을 입지 않은 순수 의식체를 인격적인 존재자로 본 것은 의식의 주체가 있다는 것을 전제할 뿐 아니라, 보이지 않는 혹은 비물질적 존재가 현존한다는 것을 전제한다. 그렇다면 **어떻게 비물질적 존재가 순수 사유 주체로서 존재할 수 있을까?** 이에 대한 답변을 위해서 여기서 우리는 아리스토텔레스가 자신의 『형이상학』에서 제시하고 있는 사유 혹은 의식에 관하여 더 자세히 알아볼 필요가 있다.

아리스토텔레스가 전지전능하신 인격적 존재로서의 하나님을 하나의 영으로 혹은 사유주체로 파악하는 데는 그의 인격개념에 근거해 있다. 그는 인격을 영의 "자기관계성"으로 해석하고 있다. 영의 "자기관계성"으로서의 인격은 세계 밖에 있음에도 불구하고 세계와 관계하고, 모든 것을 포착하며, 그리고 모든 것을 통제하면서 동시에 자기 자신과 하나로 만드는 그러한 사유이다.[10] 아리스토텔레스는 이를 다음과 같이 기술하고 있다: "사유는 자기 자신으로부터 나와서 자기 자신 안에 있는 지고의 선을 넘어간다. 그래서 보다 깊이 숙고된 사유일수록, 그만큼 더 선한 것이다. 그러나 영은 사유된 것에 참여함으로써 자기 자신을 사유한다. 그래서 영은, 사유된 것을 파악하고 생각하기 때문에, 사유된 것 그 자체가 된다.

---

10) 이러한 인격개념을 아리스토텔레스는 자신의 형이상학 제 XII, 7 에서 전개하고 있다. 이에 관하여: *Aristoteles*, Metaphysik XII (Klostermann Texte: Philosophie), hg. H.-G. Gadamer, Klostermann: Frankfurt/M. [4]1984. 그리고 이하 아리스토텔레스의 『형이상학』에 대한 해석은 M. Welker 의 해석에 따른다(*Ders.*, Gottes Geist, Theologie des Heiligen Geistes, Neukirchener 1992).

11) *Aristoteles*, Metaphysik XII, 7, 1072b, 18-31.

이러한 의미에서 사유하는 영과 사유된 것은 동일하다."[11] 사유에 대한 아리스토텔레스의 이러한 진술은 다음과 같이 도식화될 수 있을 것이다: '사유의 주체인 나는 나의 사유 안에서 객체인 나이다.' 아리스토텔레스의 이러한 사유개념에 의하면, 영은 사유하는 자신이 사유된 것에 참여하고, 또 참여되는 한에서 자기 자체를 사유하는 능력이다. 즉 영은 사유의 활동성이다. 그런데 사유의 활동성은 곧 영의 자기경험이다. 그리고 영의 자기경험이 지고에 이른 것이 바로 신적인 것이다.

따라서 아리스토텔레스에게 있어서 "사유의 활동성"은 신성으로 이해된다. 즉 영이 사유된 것에 참여하고 그리고 그것을 자기 자신에게 귀속시키는 자기연관성의 과정 속에서 자기를 대상화하고, 자기 자신이 스스로 대상이 되는 영이 바로 신적인 것이라고 한다. 다시 말해서 "자기소외Selbstentäußerung" 내지 영적 "자기현실화Selbstverwirklichung" 그 자체가 신적인 것이며, 그것이 바로 영원한 생명이다. 그래서 아리스토텔레스는 다음과 같이 말한다: "생명은 또한 자연히 신성에 귀속된다. 왜냐하면 영의 활동성은 생명이기 때문이다. 그래서 저 신성이란 곧 활동성이다. 자기 자신으로부터 나온 이러한 활동성이 바로 신성이 갖는 지선至善의 그리고 영원한 생명이다"(같은곳). 이것이 바로 아리스토텔레스에게 있어서 신적인 영이며, 영적인 것으로서의 신성이다. 그래서 그는 "하나님은 영이시다"라는 말을 아래와 같이 설명하고 있다: "그러므로 우리는, 하나님은 살아 계신 본질이며, 영원하고 완전하다고 주장한다. 따라서 생명, 지속적이고 영원한 현존재Dasein는 하나님께 속한 것이다. 왜냐하면 이러한 것은 신성의 본질이기 때문이다"(같은곳). 이러한 아리스토텔레스의 진술에서 다음과 같은 결론이 나온다. 생명은 영의 활동성 내지 사유의 활동성이다. 그리고 그 영의 활동성이 영원히 지속되는 것 그것이 바로 신적인 것이다.

이제 아리스토텔레스의 형이상학은 헤겔의 관념론적 형이상학 곧 『정신현상학』에서 재현된다. 왜냐하면 헤겔 역시 영의 신적인 자기관계성을 주장하기 때문이다. 헤겔도 사유 안에 있는 주체와 객체의 하나됨을 주장하고 있다. 다시 말해서 아리스토텔레스에 있어서, 사유하는 영이 사유된 영에 관계되는 것과 같이, 헤겔에게 있어서는 우리가 "나는 나이다ich bin ich"라는 관계 안에서 우리 자신과 하나됨 가운데 있는 것과 같다. 이렇듯 자신과 하나됨 가운데 있는 '나'를 주장하는 헤겔의 '정신Geist'은 곧 아리스토텔레스의 '영' 이해와 다른 것이 아니다. 이렇듯 헤겔의 "정신현상학"은 자기 자신에 대한 타자적 관계를 가능케 하는 영의 활동, 곧 사유 자체를 의식주체로 보고 있다. 한 마디로 말해서 헤겔 철학은 아리스토텔레스의 형이상학을 신학적으로 그리고 사변적으로 전개한 것이다. 왜냐하면 헤겔은 『정신철학을 위한 단편Fragment zur Philosophie des Geistes』에서 다음과 같이 진술하고 있기 때문이다: "정신의 본성과 활동성에 관한 사변적 관찰과 인식은 ... 새로운 시대에 이르기까지 그러한 관찰에 대한 예감 위에서 ... 쇠퇴하였다. ... 그래도 줄곧 아리스토텔레스의 저작(형이상학)은 영의 존재와 활동성에 대한 참된 사변적 전개를 내포하고 있는 것으로 머물러있다."[12)]

이상 살펴본 바와 같이 아리스토텔레스의 형이상학은 헤겔의 관념론적 형이상학, 곧 정신현상학에서 조금도 손색없이 재현된다.[13)] 단지 헤겔이 아리스토텔레스의 형이상학에서 더 한 발자국 앞으로 나아간 것이 있다

12) *G.W.F. Hegel*, Fragment zur Philosophie des Geistes, in: *Ders.*, Berliner Schriften(1818-1831), Theorie-Werkausgabe, Werke 11, hg. E. Modenhauser/K. M. Michel, Suhrkamp: Frankfurt/M. 1970, 523f.

13) 이러한 해석에 관하여: *M. Welker*, Gottes Geist, Theologie des Heiligen Geistes, Neukirchener 1922, S.263 (신준호 역, 『하나님의 영』, 대한기독교서회 1995).

면, 그것은 그가 '정신' 곧 '영'의 사유활동을 신학적으로 신적인 것과 직접적으로 동일시하고, '정신' 곧 '영'의 활동성을 역사로 전개한 것뿐이다. 왜냐하면 헤겔은 자신의 『철학사 강의』에서 다음과 같이 말하기 때문이다: "영은 세계사 안에 ... 자신의 구체적인 현실 안에 있다. 그러므로 세계사는 곧 ... 영의 서술일 것이다. 그와 같이 영 자신은, 바로 자기 자신이 무엇을 하는 존재인지를 알아가는 것이다."[14] 이와 같은 헤겔의 정신의 역사철학적 특성은, 영이 자기 자신에 대한 앎 안에서 자신을 주관적이며 동시에 객관적으로 그리고 인지적이고 실천적으로 계시하기 때문에 세계사는 단지 영의 서술일 뿐만 아니라, 동시에 영의 실제적 되어감으로 나타난다. 이러한 점에서 영의 활동성은 끊임없는 자기 변증법적 과정 속에 있다.

지금까지 살펴본 바와 같이, 비물질로서의 '영' 혹은 '정신'은 무자아성으로서의 사유 주체이다. 이러한 아리스토텔레스적 혹은 헤겔적 무자아성 사유주체는 현대사상의 사유 특성이다. 그래서 현대 심리학도 역사와 사회 속에 있는 인간의 현실적, 실존적 의식보다는 "무의식"[15]의 세계 속에 있는 인간을 강조하였다. 그러나 분명한 것은, 무자아성 사유주체는 기독교의 인격적이고 실제적인 계약의 하나님, 곧 약속의 하나님과는 거리가 멀다. 그리고 기독교의 하나님은 인간의 사유를 신학화 한 틸리히P. Tillich, 1886-1965의 '상징'과 불트만R. Bultmann, 1884-1976의 '신화' 속에 계신 하나님도 아니다. 기독교의 하나님은 우리들의 일상적인 삶 속에서 그리고 동시에 하나님의 초월적 사역 속에서 인식되고 경험될 수 있는 하나님

---

14) *G.W.F. Hegel*, Vorlesung üder die Philosophie der Geschichte, Werke 12, 29.31.

15) 프로이드(S. Freud)와 융(Carl Gustav Jung)이 현대주의의 심리학적 기초을 놓게 된 사실을 우리는 주목해야 할 것이다.

이다. 따라서 기독교의 하나님은, 헤겔이 이해하고 있는 바와 같이 '영' 혹은 '정신의 활동' 속에 계신 비물질적, 비인격적 하나님이 아니다. 기독교의 하나님이 전지전능하시고, 초월적인 하나님이라고 해서 이분법적 사고에 기초한 무자아성 사유주체로서의 하나님이 결코 아니다. 기독교의 하나님은 오히려 예수 그리스도라는 물질을 입으신, 즉 화육化肉된 살아 계신 예수 그리스도로서의 하나님이시다. 그래서 예수는 "나를 본 자는 곧 하나님을 보았다"(요 14:9)라고 단호하게 이야기 할 수 있었던 것이다. 여기서 정신계, 혹은 영혼계는 물질계와 전적으로 분리된 것이 아님을 이해할 필요가 있다. 다시 말해서 기독교에서 말하는 '영' 곧 성령의 역사는 물질계에서 일어나는 하나님의 영의 활동이라고 이해할 수 있을 것이다.

물리적, 화학적 작용에 영향을 받는 인간의식

인간의 의식이 물질과 상호 관계를 갖고 있다는 것을 논하기 전에 우리는 우선 먼저 물질계가 무엇인지를 이해해야 한다. 물질계에는 공간을 차지하고, 넓이와 질량, 전기와 같은 성질을 가진 물체들이 존재한다. 그런데 이 물체들은 활동력이 없는 것이 아니라, 끝없이 자연 법칙에 따라서 움직이고, 변화하고 진화한다. 한 마디로 말해서, 물질계란 관찰에 의해서 누구나 접근할 수 있는 '드러난 세계'를 뜻한다. 그런데 이러한 물질계가 정신계에, 즉 인간의 의식과 영혼에 지대한 영향을 미친다. 예를 들면 다음과 같은 현상이다. 책을 읽고 있는데 밖에서 "퍽"하는 소리가 들리면, 갑자기 우리의 의식계는 작용하기 시작한다. 그래서 여러 가지를 생각하게 된다. '지붕에서 기왓장이 떨어졌나?' 혹은 '자동차가 무엇과 부딪쳤나?' 혹은 '누가 문을 부수나?' 등 "퍽" 소리와 관련하여 일어날 수 있는 여러 가지 일들을 상상한다. 이와 같이 물질계에서 일어나는 사건들은 인간의 의식작용을 자극한다. 따라서 자연 속에 있는 물리적 사건은 정신활동의 원천이라고 볼 수 있다. 즉 물리적 사건은 인간의식을 재구성하도록 하는 힘을 가지고 있다.

역으로 정신활동 내지 의식활동은 물질계에 영향을 준다. 정신은 의지라는 것을 통하여 물질계에 영향을 미친다. "퍽"하는 소리를 듣고 소리가 생긴 사건의 정체를 알아보고자 마음을 먹는 순간, 사람은 순간적으로 몸을 움직여 문을 열고 밖으로 나가 본다. 이것은 인간의 의식에 떠오르는 생각이 육체를 매개체로 하여 물리적 행동을 취하게 한다는 것이다. 이러한 현상 속에서 우리는, 의지 내지 의식이 곧바로 물리적 행동으로 변형되는 것을 발견하게 된다. 따라서 우리가 자연계에서 경험하고 행하는 모든 물리적 행동은 정신활동의 결과라고 볼 수 있다. 운동신경에 의한 것은 물론, 심지어 자율신경에 의한 모든 물리적 작용은 인간 의식의 표출이다. 그렇다면 여기서 질문이 제기된다: **물질이 인간 의식에 작용하는 메카니즘은 무엇인가? 역으로 인간 의식이 물질에 작용하는 메카니즘은 무엇인가?**

먼저 "퍽"하는 소리가 인간 의식을 형성하는 과정을 보자. 물질이 운동하면서 생기는 "퍽" 소리는 파장을 형성하여 귀의 고막을 때려서 떨게 한다. 그 떨림은 세 개의 섬세한 뼈를 거쳐 귓속 깊은 곳으로 전달된다. 전기회로와 같은 신경은 귀 안에 있는 유동체로 전달된다. 이 유동체는 다시 몇 개의 민감한 신경섬유를 건드려 전기적인 자극을 일으킨다. 이 자극은 청각신경의 골목을 따라 두뇌까지 전달된다. 여기서 전기적인 신호가 복잡한 전기 화학적 그물망 조직을 만나는 순간 우리는 바깥에서 들리는 소리를 알게 된다. 이렇게 물체가 움직이면서 생기는 "퍽"하는 소리는 파장이라는 "물리작용"과 신경세포에 의한 "전기작용" 그리고 두뇌의 "화학작용" 등의 제반 자연법칙을 통하여 두뇌에까지 전달된다. 일단 두뇌에 전달된 자극은 다시 우리가 알 수 없는 수없는 두뇌 속에서 여러 가지 전기화학작용을 통하여 '정보화' 되고 그 정보는 정신활동을 자극하고, 그 정신활동은 '인식' 이라는 구체적인 결정체로 형성된다. 물리적 운동이 '퍽' 하는 파장으로 변하여 전기화학작용에 의한 여러 전달과정을 통하여 '인식' 이라는 결정체에 이르면, 이 의식은 또 다시 역으로 반작용하지만, 그 반작용하는 과정에서 항상 일정한 반응으로 나타나지 않을 수도 있다는 것이다. 여기서 우리는 인간의 또 다른 '의지의 개입' 을 주목하게 된다. 이와 같은 과정을 통하여 우리가 알 수 있는 것은, 어쨌거나 의식이나, 그 의식에 따른 물리적 반작용은 전자와 원자들, 뇌 세포와 신경계의 물리적인 세계에서 일어나는 작용이라는 것이다. 따라서 인간의 의식, 혹은 정신활동은 비물질적 순수 형이상학적 작용이 아니라는 것이다. 그리고 또한 역으로 물질세계에서 일어나는 여러 가지 전기, 화학적 작용도 의식, 혹은 정신 없이 일어나는 순수 물리적 작용만은 아니라는 것이다. 여기서 우리는 성서가 증언하고 있는 '기적' 이 결코 초자연적 신비적 사건이 아니라, 물질적 세계와 비물질적 세계의 융합을 통하여 얼마든지 일어날 수 있는 극히 자연적인 사건임을 인식하게 될 것이다.

6. 기 적

데이비드 흄D. Hume, 1711-1776은 "역사를 통하여 볼 때, ... 건전한 상식과 학식을 갖춘 사람들에 의해서 입증된 기적은 단 한 건도 발견된 예가 없다"고 말하였다. 이 말은 기적이 없다는 것이 아니라, 이제껏 기적을 이해한 사람은 단 한 사람도 없다는 것으로 이해해야 할 것이다. 왜냐하면 '기적' 은 그 자체가 이해될 수 없는 것이기 때문이다. 어떠한 사건이 이해 될 수 있는 사건이라면, 그것은 이미 기적이 아니다. 그것은 철저히 자연의 법칙에 일어난 사건이기 때문이다. 따라서 기적이 이해될 수 없는 것은 당연한 것이다. 즉 두뇌 속에서 일어나고 있는 전기 화학적 신경작용이 어떻게 일어나는지 알 수 없는 것과 같이 그 과정을 아직은 어느 누구도 이해할 수 없다.

그러나 '기적' 이 결코 초자연적, 혹은 비물질적 사건이 아니라는 것만은 확실하다. '기적' 이 초자연적인 것으로 이해되는 것은 그 사건의 경과 과정을 우리가 아직은 분명히 알지 못하기 때문이다. 우리가 정상적으로 일어나고 있는 자연의 법칙이 때에 따라서는 우연치 않게 예상하지 않은 방향으로서 일어날 수 있다는 사실을 인정한다면, '기적' 이라는 것이 결코 불가능한 것만은 아니라는 것을 이해할 수 있을 것이다. 즉 정상적인 물리법칙 속에서도 얼마든지 우리가 예측할 수 없었던 우연한 일이 얼마든지 일어날 수 있다. 그렇다고 해서 '기적' 이 곧 '우연' 은 아니다. 왜냐하면 정상적인 물리법칙이 예상하지 않았던 방향으로 일어나기 위해서는, 그 어떤 다른 자극이 있어야 하기 때문이다. 만일 그렇지 않으면, 자연법칙은 일정한 법칙으로 존재할 수 없기 때문이다. 따라서 예상하지 않았던 방향으로 물리적 법칙이 방향을 바꾸어 일어났다는 것은 기존의 법칙이 제 3의 힘 혹은 자극이 가해졌다는 것이다. 자극에 대하여 솔직하고 정직하게 원리적으로 반응하는 자연법칙은 그 자극을 도외시하지 않는다. 그래서 그 자극에 따라서 다른 방향으로 물리적 작용을 일으킨 것이다. 이것이 우리로서는 정상적인 물리작용에서 벗어난 것이기에 기적으로 보는 것이다. 기독교인은 이렇듯 제 3의 자극을 하나님의 개입으로 본다. 예를 들면 요단강은 여전히 높은 곳에서 낮은 곳으로 흐르고 있었다. 이러한 현상은 지극히 당연한 것으로서 자연법칙에 어긋나지 않는다. 왜냐하면 우리는 물이 높은 곳에서 낮은 곳으로 흐르는 것을 자연의 법칙으로 이해하고 있기 때문이다. - 그런데 사실 왜 그러한 일이 일어나는지에 대하여 우리는 보다 확신할 수 있는 설명이 아직은 구구하다. 다만 우리는 그 이유를 만유인력 법칙에, 더 자세히 말하면 위치 에너지에 의해서 물이 위에서 아래로 흐르고 있다고 설명하고 있을 뿐이다. - 그런데 그 요단강 물이 멈추었다. 그것은 정상적인 물리적 작용이 아니다. 그렇다면 정상적인 물리작용을 변형시킨 것은 무엇인가? 그것을 우리는 설명할 길이 없다. 왜냐하면 물이 갖고 있는 특성과 우주 속에 있는 인력, 그리고 높은 곳이 갖고 있는 위치 에너지 이외에 다른 설명의 원칙이 없기 때문이다. 그래서 우리는 이를 하나님이 자연법칙에 관여 내지 작용한 것으로 밖에는 달리 설명할 길이 없다. 결론적으로 기적은 자연 속에서 일어나는 물리적 작용 속에서 얼마든지 일어날 수 있는 사건이다. 그래서 유대인은, 기적은 일어날 수 있는 일이 일어난 것이지, 일어날 수 없는 일이 일어난 것이 아니라고 생각한다(탈무드). 그런데 기독교는 자연의 법칙에 자극을 주어 자연법칙의 방향을 바꿀 수 있는 분을 바로 하나님으로 믿는다. 왜냐하면 예수 그리스도가 자연의 법칙에 다른 물리적 자극을 행하였을 때에, 그러한 현상이 일어났기 때문이다: "예수께서 깨어나셔서 바람을 꾸짖으시고, 바다더러 '고요하고 잠잠해져라' 하고 말씀하시니, 바람이 그치고, 아주 고요해졌다"(막 4:39). 이와 유사하게 하나님께서도 천지를 창조하셨다: "땅이 혼돈하고, 공허하며, 어둠이 깊음 위에 있고, 하나님의 영은 물 위에 움직이고 계셨다. 하나님이 말씀하시기를 '빛이 있으라' 하시니 빛이 생겼다"(창 1:2-3). 이러한 말씀에 근거하여 자연법칙에 자극을 주시어 기존의 법칙이 다르게 반응하도록 하신 분이 바로 하나님이라고 기독교는 믿고 있다.

그런데 기독교의 기적은 단순히 자연법칙의 변형만은 아니다. 없는 자연의 법칙이 새롭게 만들어졌을 때, 우리는 이를 또한 기적이라고 믿는다. 예를 들면 예수님께서 물고기 두 마리와 보리떡 다섯 개로 오천 명을 먹이신 사건은 새로운 자연법칙의 생성이라고 볼 수도 있다. 즉 물질 자체가 증가하는 법칙을 만드신 것이다. 이를 가리켜 우리는 '기적'이라는 말보다는 '새 창조'라는 말로 바꾸어 쓰는 것이 더 적당할 것이다. 다시 말해서 '새 창조'를 행하실 수 있는 분, 즉 새로운 자연법칙을 행하실 수 있는 분은 자연의 법칙을 얼마든지 변형할 수 있고, 자극을 주실 수 있는 분이다. 그 자극이 어떻게 주어지는지는 아무도 모른다. 그러나 성서의 증언을 통하여 볼 때, 때로는 의식적으로 그리고 때로는 물리적으로 주어지기도 한다. 말씀으로 자극이 주어질 때, 우리의 의식 속에 새로운 전기화학적 반응이 일어난다. 그리고 역시 역으로 물리적으로 주어질 때는 의식의 변화가 일어난다. 정신계와 물질계가 분리되어 작용하는 것이 아니라, 의식은 물리적 작용을 통하여 형성되고, 물리적 행동은 의식에 의해서 일어나듯이, 기적도 의식과 물리적 자극을 통하여 일어난다고 보아야 할 것이다.

결론적으로 말해서 인간의 의식 형성은 물질계에서 일어나는 모든 물리적 작용에 의해서 이루어지고, 물리적 작용은 의식의 형상화를 통하여 일어나는 것이라고 볼 수 있다. 이와 상응하게 기적은 정신계와 물질계의 상호 작용 속에서 일어나고 있는 것이다. 즉 자연법칙에 또 다른 의식적, 혹은 물리적 자극이 가해짐으로써 새로운 현상이 일어나는 것을 기적이라고 볼 수 있다. 그런데 그 자극은 때로는 우리가 아직은 발견하지 못한 또 다른 자연법칙에 의해서 주어지는 것인지, 아니면 하나님에 의해서 주어지는 것인지 불명확하다. 그러나 기독교는 그러한 자극이 하나님 자신에 의해서 주어질 수 있다고 믿고 있다. 이러한 의미에서 토마스 아퀴나스Thomas Aquinas, 1225?-1274가 기적을 "일반적으로 사물 속에서 진행되고 있는 질서에 의해서가 아니라, 신성한 힘에 의해서 생겨난 어떤 것"이라고 정의한 것은, 정신계와 물질계에 작용하는 그 어떤 작용인이 있음을 인정한 것이라고 볼 수 있다.

그러므로 무신론자들과 유신론자들 사이에 일어나고 있는 '기적'에 관한 논쟁은 아무런 의미가 없다고 볼 수 있다. 양자의 차이는 단지 견해 차이일 뿐이다. 즉 무신론자들은 자연 속에서 일어난 모든 '기적적'인 사건은 초자연적인 사건이 아니라, 자연적인 사건의 '돌연변이'로 해석하기 때문이다. 다시 말해서 '기적'을 자연 속에서 일어난 물리적 사건의 변형으로 본다. 이러한 무신론자들의 '기적'에 대한 이해는 초자연적인 사건을 부인하는 것이 아니라, 말을 바꾸어 쓰는 것에 불과하다. 다시 말해서 유신론자들은 자연의 돌연변이를 하나님에 의한 초자연적인 사건으로 보고, 무신론자들은 그 어떤 외부의 힘에 의해서 일어난 사건을 자연적 사건의 '돌연변이'로 보는 것뿐이다. 따라서 '기적'을 이해하는 데 있어서, 해결의 열쇠가 되는 것은 '초자연적인 사건'이건, 아니면 자연적인 사건의 '돌연변이'이건 이러한 사건이 발생되는 원인에 있다. 그러나 그 원인이 무엇인지는 유신론자이건, 무신론자이건 아무도 명백히 증명할 수 없다. 다만 유신론자는 앞에서 언급한 것처럼 하나님에 의해서 외적 작용인 *Causa efficiens*이 주어질 수 있기 때문에 '기적'을 하나님에 의한 초자연적 사건으로 믿는 것이다.

7. 나는 누구인가?

나는 무엇하는 존재인가? 이러한 질문은 우리 각자가 의식 속에서 '나' 라고 하는 개인 의식을 갖고 있다는 것이다. '나' 라는 '자아' 에 대한 질문은 나이를 먹고 성장하면서 생각과 취향이 변하고, 세계관이 바뀌면서 더욱 심각하게 제기되는 질문이다. 그러나 문제는 아무리 시간이 흐르고, 나이를 먹어도 '나' 는 여전히 '나' 일 수밖에 없다는 것이다. 왜냐하면 오랜 시간의 변화 속에서 '나' 라는 자신을 인식하는 주체가 '나' 이지, 삶 속에서 경험된 '나' 가 '자아' 가 아니라는 것이다. 그렇다면 과연 자아란 무엇인가? 스코틀랜드의 철학자 토마스 레이드Thomas Reid는 '자아' 를 다음과 같이 정의한다:

> "자아라는 것이 무엇이든, 그것을 생각하고, 심사숙고하고, 해결하고, 행동하고, 고통받는 그 무엇이다. 생각 자체가 '나' 인 것은 아니며, 행동 자체가 '나' 인 것도 아니다. 그렇다고 느낌 자체가 '나' 인 것도 아니다. 나는 생각하고, 행동하고, 고통을 느끼는 그 어떤 것이다."[16]

레이드의 이러한 정의에 의하면, '자아' 는 행동과 사고의 주체이다. 이러한 주체를 가리켜 우리들은 '인격' 이라고 불러왔다. 즉 어떠한 사람이 사회생활을 하는데 있어서 사고하고 행동하는 양식을 바로 그 사람의 '인격' 이라고 부른다. 그래서 스코틀랜드의 철학자 데이비드 흄David Hume, 1711-1776은 '자아' 를 경험의 집합체에 불과하다고 생각하였다. 그는 다음

---

16) *Thomas Reid*, Essays on the Intellectual Powers of Man, MIT Press 1785, 1969 (hrsg. A. D. Woozley) 3/4.

과 같이 '자아'를 규정한다:

> "내가 '내 자신'이라고 부르는 것 속으로 가장 깊숙이 들어갈 때, 나는 언제든지 어떤 특수한 지각 작용을 만나게 된다. 이를테면 뜨거움과 차가움, 밝음과 어두움, 사랑과 미움, 고통과 즐거움 등과 같은 지각작용이다. 어느 때이건 '내 자신'을 생각할 때면 하나의 지각 작용과 만나게 되며, 그리고 그 지각작용 이외에는 어떤 것도 관찰되지 않는다."[17]

그러나 이러한 흄의 '자아'에 대한 정의는 '자아'를 너무 객관적 경험에 예속시켰다. 아무리 개관적 경험이 실존한다 하더라도, 그 경험을 지각하는 자는 바로 '나' 자신이다. 따라서 흄의 '자아'에 대한 정의는 주체를 상실한 객체에 제한되고 말았다. 자아를 형성하는데 있어서 인간의 경험이 큰 역할을 하는 것은 사실이지만, 경험의 집합체 자체가 '자아'는 결코 아니다. 따라서 흄의 '자아개념'에는 레이드의 사유주체로서의 자아 개념이 보충되어야 할 것이다. 어쨌든 분명한 것은 우리가 '자아'라는 말을 많이 사용하지만, '자아'에 대한 정확한 규명은 그렇게 쉽지 않다는 것이다. 그래서 신학자들은 '자아'를 설명할 때에, 파악하기 힘든 정신적인 실체 또는 영혼이라고 규정하였다. 영혼이 공간 속에 위치하지도 않고, 쪼개거나 확산시킬 수도 없듯이, 자아의 본질도 불확실하고, 쪼개거나 나눌 수 없으며, 또한 남들과 분리된 별개의 것이라는 것이다. 신학자들은 이러한 특성을 가진 것이 바로 자아의 본질이라고 본다. '나'는 '하나'의 개별적인 자아이며, 동시에 '너'와는 구별되는 '나'만이 갖고 있는

17) *D. Hume*, A Treatise of Human Nature, ed. P. H. Nidditch, Oxford University Press 1978, I,4,6.

그 무엇이라고 말한다. 그렇다면 이러한 '자아' 가 어떻게 형성되는가? 우리는 대학을 자주 '자아형성의 장' 이라고 불러왔다. 그리고 참된 교육을 '자아형성' 을 돕는 것이라고도 말해 왔다. 과연 교육을 통하여 '자아형성' 이 가능한가? 자연과학과 자아형성은 무관한 것인가?

혈액의 화학 성분과 같은 물리적인 자극에 의해서 감정이 강한 영향을 받는다는 것은 주지의 사실이다. 예를 들면 호르몬 분비의 균형이 깨지면 많은 정서장애가 일어난다. 그리고 약이나 알코올은 다양한 정신상태나 감정상태를 일으킬 수 있다. 그리고 심한 뇌수술은 인격체에 커다란 변화를 가져올 수 있다. 이러한 사실을 주시해 볼 때, '자아' 라는 인격 형성이 단지 윤리적 도덕적 실천을 통하여 일어나는 것이 아님을 알 수 있다. 왜냐하면 우리는 과거에 대한 기억을 바탕으로 해서 자기 자신을 생각하기 때문이다. 그런데 기억작용은 윤리적인 문제가 아니라, 두뇌의 전기 화학적 작용에 의해서 일어나는 것이다. 이와 같이 우리 인간이 '나' 라는 개인적 주체의식을 가질 수 있고, 시간이 경과함에 따라서 자신을 '같은' 사람으로 인식할 수 있는 것은 두뇌 속에서 일어난 전기화학 작용에 의해서 일어나는 것이다.

그러나 여기서 우리가 분명히 해 두어야 할 것은, 하나의 세포를 세포의 구성 성분인 원자 차원에서 이해할 수 없듯이, 의식을 뇌 세포에만 기준해서 이해할 수 없다. 그래서 많은 철학자들은 '자아' 란 자기인식에 기초한다고 말한다. 그래서 1690년 존 로크John Locke, 1632-1704는 "자신이 인식하고 있다는 사실을 '인식' 하지 못하고서는 어떤 것을 인식한다는 것이 불가능하다"[18]고 강조한다. 그리고 루카스J.R. Lucas는 다음과 같이 인간

---

18) *J. Locke*, Essay Concerning Human Understanding, 1690, ed. A.D.Woozley, Dent Press 1976, Chap.27.

의 의식을 정의한다:

> "의식을 가진 존재가 어떤 것을 안다고 하는 것은, 그가 그것을 안다는 것뿐만 아니라, 그것을 안다는 사실을 알고 있다는 것을 뜻하며, 또한 자신이 그것을 알고 있다는 것을 안다는 사실을 알고 있으며, 또한 그 사실을 또 알고 있는 ... 의식을 가진 존재는 외부의 물건을 자각할 뿐만 아니라, 자기 자신을 자각할 수 있으며, 그러면서도 그 존재를 여러 부분으로 나눌 수 없다는 의미에서 패러독스paradox가 생긴다." [19]

이러한 증언을 통하여 분명히 알 수 있는 것은, '자기인식'을 이해하는 것이 의식의 신비를 이해하는 열쇠이고, 의식의 신비를 이해함으로써 '자아'를 바로 이해할 수 있다고 하겠다. 생명이 통합적 개념이듯이, '자기의식' 역시 통합적인 속성을 갖는다. 따라서 '자아' 역시 통합적 개념이다. '자아'는 단순히 두뇌의 특수한 전기 화학적인 메카니즘으로 추적해 낼 것이 아니라, 통전적으로 해석되어야 한다. 즉 자기 인식에 대한 철학적, 종교적, 예술적 심지어는 논리와 수학적 차원에 이르기까지 다원적으로 이해되어야 한다. 즉 어느 한 사람을 편협하게, 단편적으로 평할 것이 아니라, 그 사람의 '자아'가 그리고 '나' 자신이 다면적 차원 속에서 통전적으로 형성되어 간다는 사실을 인지해야 할 것이다. 이러한 차원에서 현대의 기독교 교리는 그리스도를 통한 '전인全人'적인 거듭남에 대하여 말하고 있다. 즉 두뇌에서 일어나는 전기 화학적 작용과 '... 하고자 하는 의지'를 요소로 갖고 있는 의식의 통합적 존재로서 인간을 얘기한다.

---

19) *J.R. Lucas*, Minds and Machines, ed. A.R.Anderson, Prentice-Hall, p.57: "Minds, Machines and Godel".

따라서 오늘날 의학에서도 '전인치료' 에 관하여 논하고, 교육에서도 '전인교육' 에 관하여 활발히 논의되고 있는 것이다. 이러한 의미에서 종교, 더 구체적으로 말하면, 기독교에 대한 이해는 자기자신을 이해하는데 필연적인 것이다. 왜냐하면 인간은 물질로만 구성되어 있는 것이 아니라, '물질' 과 '이성理性' 과 '영Geist' 으로 구성되어 있는 복합체이기 때문이다.

그러므로 '영' 에 대한 이해없이 물질과 이성만으로는 인간을 전인적으로 이해했다고 볼 수 없다. 아니 오히려 기독교는 '영' 에 대한 이해를 그 사람에 대한 이성에 앞서 더 중요시 한다. 왜냐하면 기독교는 그리스도의 '영' 이 없는 자는 살아 있어도 죽은 자로 간주하기 때문이다: "그리스도 안에 있으면 새로운 피조물이라"(고후 5:17) ; "그그리스도의 영으로 말미암아 너희 죽을 몸도 살리시리라"(롬 8:11).

제 2부

기독교 복음의 핵심

I

성경은 어떠한 책인가?

1. 성경은 어떠한 책인가?

성경은 성부, 성자, 성령 삼위일체 하나님이 어떠한 분이신가? 를 계시해 주는 하나님의 말씀이다.

성경聖經이 어떠한 책인가?라는 질문은, 성경이 무엇을 우리에게 주는가? 하는 질문에 상응한다. 성경은 그 말씀을 읽는 자에게 '하나님, 더 구체적으로 말하면 성부 하나님, 성자 예수 그리스도, 성령으로 역사하고 계시는 하나님이 어떠한 분인지' 를 계시해 준다. 성경은 오로지 우리에게 하나님에 관한 인식을 제공해 준다. '성경이 삼위일체 하나님을 계시해 주는 책' 이라는 말은, 성경이 증언하는 바에 근거하지 않고는 아무도 하나님에 대한 참된 인식을 얻을 수 없다는 것을 뜻한다. 그래서 일찍이 종교 개혁자 루터M. Luther, 1483-1546는, "성경은 하나님 자신에 대한 증언"[1]이라고 하였다. 이러한 점에서 신-구약 성경은 우리에게 세상의 철학적 지혜나 지식을 가르쳐 주지 않는다. 그렇다고 해서 성경이 개별적인 과학적, 사회학적 지식을 가르쳐 주는 것도 아니다. 그리고 성경이 우리들이 세상에서 살아갈 때 행해야 하는 율법을 모아 놓은 것은 더욱 아니다. 여기서 문제가 제기된다: 그렇다면 **어떠한 근거에서 성경이 하나님을 계시해 주는 책인가?**

성경이 하나님을 우리에게 계시해 준다는 것은, 성경이 쓰여지는 과정이나 그 절차에 근거한 것은 아니다. 성경이 '하나님을 계시해 준다' 는 것은, 성경이 쓰여질 때에, 하나님이 작용인*causa efficiens*으로서 활동하였기 때문에, '성경이 하나님을 계시해 주는 책' 이라는 뜻이 아니다.[2] 다시 말해서 하나님은 주요인*causa principalis*으로, 그리고 인간은 단순히 하나님의 말씀을 기록하는 도구*causa instrumentales* 역할을 하였기 때문에 성경이 '하나님의 계시 책' 이라는 뜻은 아니다. 이러한 이해는 디모데후서 3장 16절[3]을 성경의 축자 영감론verbal inspiration으로 잘못 이해하는 데서 비롯되었다. 성경은 분명 인간의 손에 의해서 쓰여졌음을 성경 자체가 증언하고 있다: "우리 중

---

1) 루터선집 6, 448.

2) 개신교 정통주의 신학자들은 대부분 이러한 견해를 취한다. 특히 루터교 정통주의 신학자 쿠엔스테트(Quenstedt)와 홀라츠(Hollaz)에 의하면, 성경 영감은 단지 인격적 영감이나, 사실적 영감 뿐만 아니라, 축자적 영감을 뜻한다. 이들은 하나님은 성경을 기록한 사람들에게 인격적으로 충격(impulsus)을 주고, 기록할 내용(res)을 주었을 뿐만 아니라, 말씀(verba)을 주었다고 한다. 특히 쿠엔스테트는 성경은 성령이 불러주는 것을 받아 쓴 것(diktat)이라고 성경영감을 설명한다(*Quenstedt*, Theologie didacticopolemica(1685), 3.Aufl., 1696, I, S.55, 57; *D. Hollaz*, Examen theologicum acroamaticum (1707), Proleg. III Q 11, 15, 16. 〈*Horst G. Pöhlmann*, Abriss der Dogmatik, *이신건* 역, 『교의학』, 한국신학연구소 1989, 72에서 재인용〉).

3) 딤후 3:16-17: "모든 성경은 하나님의 감동으로 된 것으로 교훈과 책망과 바르게 함과 의로 교육하기에 유익하니 이는 하나님의 사람으로 온전케 하며 모든 선한 일을 행하기에 온전케 하려 함이니라."

에 이루어진 사실에 대하여 처음부터 말씀의 목격자 되고 일꾼된 자들의 전하여준 그대로 내력을 저술하려고 붓을 든 사람들이 많은지라 그 모든 일을 근원부터 자세히 미루어 살핀 나도 데오빌로 각하에게 차례대로 써 보내는 것이 좋은 줄 알았노니 ····" (눅 1:1-3; 계 1:19). 따라서 성경이 '하나님의 계시 책' 이라는 것은, 성경을 누가 기록하였느냐? 또는 성경의 기자가 어떠한 신앙적 혹은 심리적 상태 속에서 기록하였느냐?는 것과는 아무런 관계가 없다. '성경이 하나님을 계시해 준다' 는 것은, 오히려 성경이 무엇을 증언하고 있느냐에 의해서 결정되는 것이다. 다시 말해서 '성경이 무엇을 그 내용으로 담고 있느냐' 에 따라서 성경의 특성이 결정된다는 것이다. 성경을 기록한 인간이 단지 도구적 역할만 했다면, 인간에 의해서 기록된 흔적을 어떻게 설명할 것인가? 만일 성경의 주된 저자著者가 하나님이고, 인간은 단지 하나님의 손안에 있는 꼭두각시에 불과하였다면, 인간이 어떻게 성경을 읽고 하나님의 말씀을 이해할 수 있겠는가? 한 걸음 양보하여 비록 성령에 의해서 영감 받은 사람이 '무의식 속에서 강제로*inscii ac inviti*' 성경을 기록한 것이 아니라, '의식 속에서*volentes scientesque*' 기록하였다 하더라도, 성경에서 하나님에 대한 인간의 신앙고백이 배제된다면, 하나님에 대한 인간들의 증언은 무슨 유익이 있겠는가? 예를 들면 베드로가 "주는 그리스도시며 살아 계신 하나님의 아들이십니다"(마 16:16)라고 고백한 것이 자의自意에 의한 것이 아니라, 하늘 아버지 곧 성령의 인도함에 의한 것이라고 할지라도, 그러한 진술은 어디까지나 베드로의 고백이며, 오늘날 우리가 고백해야 할 신앙고백인 것이다. 어쨌든 이 말은, 성경이 의식있는 이성적 인간에 의해서 기록되었다는 것을 인정해야 한다는 것이다.[4] 따라서 '성경이 하나님의 계시책' 이라는 것은, 성경이 단지 필기 도구 역할을 한 인간들이 하나님의 영감에 의해서 기록하였다는 개신교 정통주의의 성경이해에 근거한 것이 아니라, 성경이 증언하고 있는 내용을 고려에 볼 때에, '하나님의 계시책'이라는 것이다.

더 나아가 '성경이 하나님의 계시책'이라는 것은 또한 성경 자체가 야웨Yaweh 하나님의 말씀을 담고 있기 때문이다. 구약성경 속에, 특히 예언서 속에 나타난 "**כה אמר יהוה** 코 아마르 야웨"(사 1:18 그리고 다른 여러 곳) 형식은 성경에 기록된 말씀이 '하나님의 말씀'임을 증언해 주고 있다. 다시 말해서 예언서들은 구체적인 하나님의 말씀을 기록하고, 그 뒤에 "**כה אמר יהוה** 코 아마르 야웨"(이렇게 하나님이 말씀하셨다)를 첨부한다. 이러한 양식樣式이 지시하는 바는, 성경에 기록된 내용이 하나님의 말씀임을 나타내 주는 것이다. 심지어 성경은 십계명 자체가 하나님 자신에 의해서 기록된 것으로 보고하고 있다: "여호와께서 모세에게 이르시되 너는 산에 올라 내게로 와서 거기 있으라. 너로 그들을 가르치려고 내가 율법과 계명을 친히 기록한 돌판을 네게 주리라"(출 24:12). 이와 같이 성경이 하나님의 말씀을 기록하고 있다는 의미에서, 성경은 '하나님의 말씀'이라고 할 수 있다. 그렇다면 **신약 성경은 어떠한 의미에서 하나님의 말씀인가?**

우선 요한복음은 "말씀이 육신이 된 예수 그리스도"(요 1:14)에 대하여 증언하고 있다. 그런데 이 말씀은 태초에 계신 창조의 말씀이다: "태초에 말씀이 계시니라. 이 말씀이 하나님과 함께 계셨으니, 이 말씀은 곧 하나님이시니라. 그가 태초에 하나님과 함께 계셨고, 만물이 그로 말미암아 지은바 되었으니 지은 것이 하나도 그가 없이는 된 것이 없느니라"(요

---

4) "우리 중에 이루어진 사실에 대하여 처음부터 말씀의 목격자 되고 일꾼된 자들의 전하여 준 그대로 내력을 저술하려고 붓을 든 사람이 많은지라. 그 모든 일을 근원부터 자세히 미루어 살핀 나도 데오빌로 각하에게 차례대로 써 보내는 것이 좋은 줄 알았노니"(눅 1:1-3). 이러한 증언에 의하면 성경은 분명 인간에 의해서 기록되었다.

1:1-3). 태초에 있던 창조의 말씀이 육신을 입고 이 땅에 오신 것이 역사적 예수, 곧 나사렛 예수라면, 그 나사렛 예수 그리스도를 증언하고 있는 신약성경은 '하나님의 말씀' 이외에 다른 것이 아니다. 그리고 실제로 신약성경은 많은 부분에 있어서 예수 그리스도 자신의 말Logion을 기록하고 있다. "예수께서 가라사대" 혹은 "예수께서 대답하시기를 … "의 기술 양식樣式을 빌어서 증언되고 있는 예수 그리스도의 많은 말씀들은 태초에 계시된 창조의 말씀과 분리되는 것이 아니다. 그런데 화육된 말씀은 곧 구약이 증언하고 있는 야웨의 말씀이고, 창조주 하나님의 말씀이다: "율법이 시온에서부터 나올 것이요, 여호와의 말씀이 예루살렘에서 나올 것임이니라"(사 2:3). 이상 앞에서 살펴본 것에 근거할 때 정통주의 신학이 주장하는 바는, "성경은 하나님의 말씀이다*scriptura sacra est verbum dei*"[5]라고 고백한다. 그렇다면 **예수 그리스도에 대한 신앙과 성경은 어떠한 관계를 가지고 있는가?**

2. 예수 그리스도에 대한 증언으로서의 신-구약 성경

신-구약 성경은 예수에 관한 기록이며, 예수가 선포한 하나님 나라에 대한 증언이다.

구체적인 한 인간 나사렛 예수의 생애를 우리는 성경에서 발견할 수 있다. 이 말은, 성경을 떠나서는 그 어떤 곳에서도 우리는 기독교 신앙의 대

5) 이에 관하여: *Hutter*, Compend. I,1; *J. Gerhard*, Loci I, S.539.

상이신 예수 그리스도를 발견할 수 없다는 뜻이다. 따라서 성경의 증언에 근거하지 않은 하나님 인식이나 개념은, 기독교에서 이야기하는 하나님의 개념이 될 수 없다. 왜냐하면 복음서를 기록한 사람들이 성경을 기록하고자 했던 근본적인 기대이자 목적은 바로 예수 그리스도가 하나님의 아들이심을 증언하는 데 있었기 때문이다:

"하나님의 아들 예수 그리스도 복음의 시작이라"(막 1:1).

그리고 예수 그리스도는 직접 구약 성경이 바로 자신에 대한 기록임을 증언하고 있다:

"너희가 성경구약, 필자 주에서 영생을 얻는 줄 생각하고 성경을 상고하거니와 이 성경이 곧 내게 대하여 증거하는 것이로다. 그러나 너희가 영생을 얻기 위하여 내게 오기를 원하지 아니하는도다"(요 5:39–40).

이와 상응하게 예수님 자신은 부활하신 후 엠마오로 가는 제자들에게도 구약 성경이 자기에 관한 기록임을 자세히 설명해 주신다:

"이에 모세와 및 모든 선지자의 글로 시작하여 모든 성경에 쓴 바 자기에 관한 것을 자세히 설명하시니라"(눅 24:27);
"저희가 서로 말하되, 길에서 우리에게 말씀하시고, 성경을 풀어주실 때에 우리 속에서 마음이 뜨겁지 아니하더냐"(눅 24:32).

이러한 근거에서 헤어미시온Herrmission도 예수 그리스도를 구약 성경의 외적 중심으로 본다.[6] 그리고 게하르트Gerhard도, 예수 그리스도가 "성경의 중심*centrum scripturae*"이며, 성경의 "궁극적인 목표*ultimus scopus*"라고 말하고 있다.

더 나아가 성경 기자의 복음서 기록 목적은, 우리가 예수가 하나님의 아들이심을 믿어 영생을 얻게 하려는 데 있었다:

> "오직 이것을 기록함은 너희로 예수께서 하나님의 아들 그리스도이심을 믿게 하려 함이요, 또 너희로 믿고 그 이름을 힘입어 생명을 얻게 하려 함이니라"(요 20:31).

이러한 증언들이 암시하는 바는, 오직 성경 속에서만 우리는 기독교 신앙의 대상인 예수 그리스도를 만나고, 오직 성경을 통하여서만 우리는 생명을 얻을 수 있다는 것이다. 성경을 떠난 그 어떤 하나님 인식도 바른 하나님 인식이 될 수 없으며, 성경이 증언하는 예수 그리스도를 떠나 그 어떤 방법으로도 우리는 참 생명을 얻을 수 없다는 것을 알 수 있다. 더 자세히 말하면, 나사렛 예수 안에서 인간이 되신 하나님에 대한 인식은, 성경을 떠나서는 인식될 수 없으며, 그 예수 그리스도를 통하지 않고는 우리는 아무도 참 생명을 얻을 수 없다는 것이다. 이러한 의미에서 예수 그리스도에 대한 인식은 바로 성경에 대한 바른 인식이나 다름이 없다. 바꾸어

---

6) 참고. *Hans-Jürgen Hermisson*, Jesus Christus als externe Mitte des Alten Testaments. Eine unzeitgemäßes Votum zur Theologie des Alten Testaments. in: Jesus Christus als die Mitte der Schrift, hrsg. v. Chr. Landmesser, Hans-Joachim Eckstein u. H. Lichtenberger, Berlin/New York, 1997, 199-233.

말해서 성경이 증언하는 예수 그리스도가 바로 기독교인의 하나님이시며, 그의 생애가 바로 기독교 신앙의 내용이라는 것이다. 이러한 의미에서 하나님 말씀의 선포설교 혹은 그 설교 말씀을 듣고 감사하는 예배와 신앙의 연관성은 기독교 신앙의 일차적인 전제라고 할 수 있다. 왜냐하면 사도 바울은 "믿음은 들음에서 나며, 들음은 그리스도의 말씀으로 말미암음이니라"(롬 10:17)고 말씀하고 있기 때문이다.

그런데 여기서 다음과 같은 질문들이 제기 될 수 있다: **어떻게 성경이 예수 그리스도에 대한 증언이 될 수 있으며, 또한 기록된 말씀에 대한 인식이 살아 있는 한 인격이신 예수 그리스도에 대한 신앙과 동일시될 수 있겠는가?** 더 나아가 과연 인간이 전능하신 하나님에 대한 바른 증언을 할 수 있을까? 하는 질문이 생긴다. 더욱이 복음서뿐만 아니라, 많은 구약성경의 기록이 서로 다른 관점에서 쓰여졌다는데, 어떻게 단순하게 성경이 예수 그리스도에 대한 증언이라고 할 수 있겠는가? 이러한 질문에 대한 답변은 '하나님의 말씀이 갖는 인격성'과 '말씀하시는 삼위일체 하나님' 아래서 답변될 수 있을 것이다.

3. 하나님 말씀의 인격성

기독교에서 말하는 하나님의 말씀은 하나의 인격성人格性을 가지고 있다. 말씀의 인격성이란, 하나님께서 친히 말씀하시는 분이라는 것이다. 그리고 하나님은 말씀 속에서 현존한다는 뜻이다. 이러한 말씀의 인격성은 창세기의 창조 기사 속에서 발견된다. 창세기는 태초에 세상을 창조하신 창조주 하나님을 '말씀하고 계시는 분'으로 표현하고 있다: "하나님이 가라사대 빛이 있으라 하시매, 빛이 있었고 ⋯⋯"(창 1:3). 그래서 요한복음은 하나님의 말씀을 하나의 인격人格으로 표현하고 있다. "태초에 말씀이 계시니라. 이 말씀이 하나님과 함께 계셨으니, 이 말씀은 곧 하나님이시니라"(요 1:1). 계속해서 요한복음은, 이 말씀이 구체적인 한 인격, 즉 보고, 만질 수 있는 한 인간 나사렛 예수 속에서 화육된 것으로 기술하고 있다. "말씀이 육신이 되어 우리 가운데 거하시매 우리가 그 영광을 보니 아버지의 독생자의 영광이요…"(요 1:14). 그리고 오순절 사건의 보고에 의하면, 성령은 곧 말씀하게 하시는 분이시다: "성령이 말하게 하심을 따라 다른 방언으로 말하기를 시작하니라"(행 2:4; 인용 요엘 2:28-32). 그리고 사도 바울에 의하면, 성령은 곧 말씀하시는 영이다: "성령이 말할 수 없는 탄식으로 우리를 위하여 친히 간구하시느니라"(롬 8:26). 이러한 의미에서 기독교에서 뜻하는 '하나님의 말씀'은 언어학에서 말하는 '단순한 개념을 가지고 있는 소리나 기표記票로서의 말씀' 이상의 뜻을 가지고 있다. 기독교에서 말하는 하나님의 말씀은 단순히 기표나 소리Stimme가 아니라, 하나의 인격을 가진 실체實體이다. 따라서 기독교의 하나님에 대한 신앙은, 말씀 즉 성부 하나님의 말씀, 성자 예수 그리스도의 말씀 그리고 성령 하나님의 말씀에 대한 인식과 밀접한 관계를 가지고 있다. 바꾸어 말하면 말씀에 대한 이해와 인식은 성부, 성자, 성령 하나님에 대한 인식의 전제라고 해도 과언이 아니다. 이러한 근거에서 하나님의 말씀은 그 말씀에 대한 기록인 성경을 떠나서는 결코 바로 이해될 수 없는 것이다. 다시 말해서 인격으로서의 말씀은 "기록된 말씀성경"과 "예배 때 선포되고 있는 말씀설교"을 통하지 않고는 바로 인식될 수 없다. 이러한 하나님 말씀의 인격성은 말씀의 삼위일체적三位一體的 통일성 속에서 더욱 분명해 진다.

4. 하나님 말씀의 삼위일체적 통일성

예수 그리스도 자신은 하나님 말씀의 삼위일체적 통일성을 다음과 같이 천명하고 계신다:

> "너희의 듣는 말은 내 말이 아니요, 나를 보내신 아버지의 말씀이니라. 내가 아직 너희와 함께 있어서 이 말을 너희에게 하였거니와 보혜사 성령 곧 아버지께서 내 이름으로 보내실 성령 그가 너희에게 모든 것을 가르치시고, 내가 너희에게 말한 모든 것을 생각나게 하시리라"(요 14:24-26).

이러한 증언에서 우리는 성부, 성자, 성령의 삼위일체되시는 하나님의 말씀은 동일한 하나의 말씀이라는 것을 알 수 있다. 이것을 구체적으로 분석을 해 보면 다음과 같다. 첫째, 예수 그리스도의 말씀은 아들 성자聖子의 말씀이자, 곧 성부聖父의 말씀이다: "내 말이그리스도께서 하신 말씀 아니요, 나를 보내신 아버지의 말씀"이다. 그리고 그 말씀은 곧 우리가 듣는 말씀이다. 둘째, 성령의 말씀은 성령 자신의 말씀이자, 동시에 예수 그리스도께서 하신 말씀이다: "성령 그가 너희에게 ‥‥ 내가 한 말을 너희에게 생각나게 하리라"; "진리의 성령이 오시면 그가 너희를 모든 진리 가운데로 인도하시리니 그가 자의自意로 말하지 않고 오직 듣는 것을 말하시며 … 그가… 내 것을 가지고 너희에게 알리겠음이니라"(요 16:13-15). 이렇듯 예수님께서는, 성령의 말이 곧 자신의 말言語 임을 주지主旨시킨다. 즉 우리가 우리의 마음으로 듣는 성령의 말씀은, 곧 예수 그리스도 자신의 말씀이라는 것이다. 셋째, 사도 바울의 증언에 의하면, 성령은 바로 말씀하시는 하나님의 영靈 자신이다: "성령도 우리의 연약함을 도우시나니 우리가 마땅히 빌 바를 알지 못하나 오직 성령이 말할 수 없는 탄식으로 우리를 위하여 친히 간구하시느니라"(롬 8:26).

이제 여기서 다음과 같은 결론이 나온다. 성부聖父 아버지의 말씀은 곧 아들 성자聖子 예수 그리스도의 말씀이고, 성자聖子 예수 그리스도의 말씀은 성령聖靈의 말씀이다. 그리고 성부 하나님의 말씀은 곧 성령 하나님의 말씀이다. 바꾸어 말하면 하나님의 말씀은 삼위일체론적 통일성을 가지고 있다. 그러므로 삼위일체 하나님의 말씀은 일치성과 연관성을 가지고 있다. 그렇다면 **예수가 한 말씀 가운데 가장 핵심적인 주제는 무엇인가? 다시 말해서 예수 그리스도는 무엇을 선포하였는가?**

5. '하나님 나라'를 선포한 예수

예수 그리스도의 메시지는 오로지 '하나님 나라'의 도래에 관한 것이다. '하나님의 나라βασιλεία τοῦ Θεοῦ' 혹은 '하늘 나라βασιλεία τῶν οὐρανῶν' 라는 용어는 예수 자신에 의해서 사용된 용어이다.[7] 따라서 '하나님의 나라'는 예수의 공개적인 선포의 가장 중심이 되는 주제라고 할 수 있다. '하나님의 나라' 혹은 '하늘 나라'라는 용어는 마가복음에서 13번,[8] 마태복

7) 두 용어 중 어느 것이 먼저인지는 정확하게 말할 수 없다. 복음서에서는 '하나님의 나라(βασιλεία τοῦ Θεοῦ)'와 '하늘 나라(βασιλεία τῶν οὐρανῶν)'가 교대로 나타난다. 따라서 두 표현은 같은 의미를 가지고 있다고 볼 수 있다. 따라서 '하늘(οἱ οὐρανοί)'이라는 표현은 예수가 선포한 '하나님'의 우회적인 표현이라고 볼 수 있다.

8) 막 1:15; 4:11, 26, 30; 9:1, 47; 10:14-15, 23-25; 12:34; 14:25. 마태-누가 로기온에서 9번, 마 5:3(평행 눅 6:20); 6:10(평행 눅 11:2). 33(평행 눅 12:31); 8:11(평행 눅 13:29); 10:7(평행 눅 10:9); 11:11(평행 눅 7:28); 12(평행 눅 16:16); 12:28(평행 눅 11:2); 13:33(평행 눅 13:20).

음에서 27번,[9] 누가복음에서 12번,[10] 요한복음에서 2번[11] 나타난다. 이렇듯 '하나님의 나라'는 예수 자신의 최초 선포의 내용이자, 예수 자신의 의해서 고유하게 사용된 예수 선포의 가장 중심적인 주제이다. 왜냐하면 달만Dalman에 의하면 "'하나님의 나라'라는 용어는 구약의 외경과 위경들 그리고 타르굼과 필로에서는 아주 드물게 나타날 뿐이며, 기독교 이전 시대에는 카디쉬Qaddisch와 그리고 이와 유사한 몇몇 기도들에서만"[12] 나타나기 때문이다. 따라서 예수가 선포한 '하나님의 나라'는 고대 유대교 문헌에 나타나는 '하나님 나라'의 상像과 아주 다르다고 예레미아스는 말한다.[13]

요세푸스는 하나님과 연관해서 단 한 번 '나라'를 언급하고 있지만, '하나님 나라'라는 용어 자체는 사용하고 있지 않고 있다.[14] 예레미아스에 의하면, 랍비 문헌에서 '하나님 나라'란 표현이 다소 증가하나, 주로 "하늘 나라를 받아들이다"와 같은 틀에 박힌 어구에 제한되어 나타난다. 뿐만 아니라 유대교 종말 단체에 의해서도 '하나님의 나라'라는 표현은 거의 사용되고 있지 않다. 예레미아스에 의하면, 사해에서 발견된 사해사본에서 '하나님의 나라'라는 표현은 단지 3번 발견될 뿐이다. 이처럼 유

---

9) 마 5:10.19a.b.20; 7:21; 8:12; 13:19.24.38.43.44.45.47.52; 16:19; 18:1.3.4.23; 19:12; 20:1; 21:31.43; 22:2; 23:13; 24:14; 25:1

10) 눅 4:43; 9:60.62; 10:11; 12:32; 13:28; 17:20a.b.21; 18:29; 21:31; 22:16.18.

11) 요 3:3, 5

12) *Dalman*, Worte Jesu mit Berücksichtigung des nachkanonischen jüdischen Schrifttums und der aramäischen Sprache erörtern I, Leipzig 1898, 82-3.89.311.361-2(*Joachim Jeremias*, Die Verkündigung Jesu. Neutestamentliche Theologie, Erster Teil 3.Aufl., Gütersloh 1979, *김경희* 역, 『예수의 선포』, 분도출판사 1999. 56에서 재인용).

13) 같은곳

14) Ant. 6.60: "그들은 하늘의 주권을 거부한다"(*J. Jeremias*, *김경희* 역, 『예수의 선포』 56에서 재인용).

대교 문헌들 속에서 '하나님의 나라' 혹은 '하늘 나라'에 대한 표현이 빈약하게 나타나는 반면에, 공관복음서에서는 '하나님의 나라' 혹은 '하늘 나라'란 표현이 매우 자주 나타난다.

그런데 더욱 두드러진 사실은, '하나님의 나라'가 숫자상으로 유대교 문헌들 속에서 적게 발견되는 것에 비하여, 공관복음서에서는 '하나님의 나라"에 대한 표현이 예수 자신의 입을 통하여 아주 상당히 많은 어구들에서 빈번히 언급된다. 예를 들면 "하늘나라를 강탈하다"(마 11:12); "하늘 나라가 공격당한다"(같은 곳); "하나님의 나라가 가까이 왔다"(막 1:15 평행 마 10:7 평행 눅 10:11. 참조 21:31: "하나님의 나라가 가깝다"); "하나님의 나라에 들어가다"(막 9:47; 10:15 평행 10:23 평행 10:25; 마 5:20; 7:21; 18:3; 23:13; 요 3:5); "하늘나라에서 가장 작은 자"(마 5:19); "하나님 나라가 너희 가운데 있다"(눅 17:21); "하나님 나라가 오다"(막 9:1; 마 6:10 평행 눅 11:2; 17:20; 22:18). 이러한 사실들을 고려해 볼 때 분명한 것은, 원시 기독교 공동체는 예수의 선포 메시지를 '하나님 나라'라는 표현에 추가하여 다른 새로운 언어 표현을 창출해 내지 않았다는 것이다. 단지 원시 기독교 공동체는 '하나님 나라'의 어구들을 다른 차원에서, 곧 '종말론적 차원'에서 사용하고 있다는 것이다. 반면에 '하나님 나라'에 대한 용어는 바울 문헌들 속에서는 한참 후퇴한다. 요한복음에서는 단지 두 번 발견될 뿐이다(요 3:3,5).

이상의 사실을 고려해 볼 때 '하나님의 나라'라는 표현은, 예수 그리스도 자신의 창조적 언어였다. 즉 예수는 '하나님의 나라' 혹은 '하늘 나라'와 관련된 수많은 표현들을 창출해낸 당사자이다. 이 사실은 예수의 지상 사역의 궁극적인 목표가 어디에 있었는지를 단적으로 이야기해 주는 것이다. 즉 예수의 지상 사역은 바로 하나님 나라에 대한 선포 사역 그 자체

였다고 할 수 있다: "이르시되 우리가 다른 가까운 마을들로 가자 거기서도 전도하리니, 내가 이를 위해서 왔노라"(막 1:38).

이제 우리는 더 말할 것도 없이 '하나님의 나라' 혹은 '하늘 나라'는, 예수가 선포한 복음의 중심 주제였음을 알 수 있다. 아무튼 공관복음서의 저자들은 예수가 선포한 메시지의 중심 주제를 '하나님의 나라'로 종합하였다. 그래서 마가복음은 서론Proslogion에서 "때가 찼고 하나님의 나라가 가까이 왔으니 회개하고 복음을 믿으라"(막 1:15)로 시작하고 있으며, 마태와 누가복음은 예수의 활동을 "하나님 나라의 복음을 선포하다"(마 4:23; 9:35); "하나님 나라의 복음을 전하다"(눅 4:43; 8:1; 참조 9:2.60)로 기술하고 있다. 이렇듯 공관복음서 저자들은 예수 선포의 중심 주제를 '하나님의 나라'로 보고 있다. 이러한 현상은 동시대의 유대교 및 공관복음서 이외의 신약성서에서 그 전거典據가 상대적으로 희소한 점에서 그 증거를 발견할 수 있다.

이와 상응하게 예수의 주위 세계의 문헌들, 즉 예수의 사역을 증언하는 표현들 속에서는 '하나님의 나라'가 대거 등장한다고 예레미아스는 말한다.[15] 예레미아스는 다음과 같이 그 전거들을 제시하고 있다:

> "수많은 비유들과 묵시문학적 말씀들(막 9:47; 눅 17:20-21)이 하나님의 나라를 주제로 삼고 있으며, 특히 하나님 나라로 들어감에 관한 말씀(눅 13:24 등) 및 구원의 때의 식사에 관한 말씀들(막 14:25 평행; 마 8:11-12 평행), 하나님 나라의 가까움에 관한 말씀들(막 1:15 평행 9:1 평행; 마 11:12 평행 눅 10:11), 하나님 나라의 도래를 비는 간구(눅 11:2 평행), 하나님 나라에 속하

15) 참고. *J. Jeremias*, *김경희* 역, 『예수의 선포』, 142f.

는 사람들에 대한 역설적인 말씀들(무엇보다도 마 5:3 평행 또한 막 10:14-15 평행 23-25 평행; 마 5:10.19; 11:11 평행; 21:31; 눅 12:32), 권면의 말씀들(마 6:33 평행; 19:12; 눅 9:62), 파견의 말씀들(마 10:7 평행 눅 10:9; 9:2.60), 하나님 나라의 비밀에 관한 말씀(막 4:11; 참조 눅 11:20 평행 마 12:28)을 들 수 있다."[16]

여기서 질문이 제기된다: **왜 예수는 '하나님의 나라'를 선포하였는가?** 이에 대한 답변은 구약 성경에서 야웨 하나님이 이스라엘 백성뿐만 아니라, 온 인류에게 무엇을 약속했는지 알아보면 명백해진다.

6. '하나님 나라' 건설에 대한 하나님의 언약으로서의 성경

야웨 하나님은 이스라엘 조상 아브라함에게 다음과 같이 약속하신다:

"내가 내 언약을 나와 너와 네 대대 후손의 사이에 세워서 영원한 언약을 삼고, 너와 네 후손의 하나님이 되리라. 내가 너와 네 후손에게 너의 우거하는 이 땅, 곧 가나안 일경으로 주어 영원한 기업이 되게 하고, 나는 그들의 하나님이 되리라"(창 17:7-8).

이러한 언약에 의하면, 야웨 하나님은 구체적인 장소, 곧 가나안 땅에서 이스라엘의 하나님주, 곧 통치자이 되시겠다는 뜻이다(참고. 삼상 8:4-7). 이것은 바꾸어 말하면 야웨께서 통치하시는 "하나님야웨 나라"에 대한 언약

16) *J. Jeremias*, *김경희* 역, 『예수의 선포』, 143.

이다.[17]

이렇게 이스라엘 조상 아브라함에게 야웨 하나님께서 친히 약속하신 바가 있어, 하나님은 모세를 통하여 이스라엘 백성들은 애굽의 종살이에서 해방시키시고, 약속한 가나안 땅으로 인도하신다:

> "나는 네 조상의 하나님이니, 아브라함의 하나님, 이삭의 하나님, 야곱의 하나님이니라. ···· 여호와께서 가라사대, 내가 애굽에 있는 내 백성의 고통을 정녕히 보고, 그들이 그 간역자看役者로 인하여 부르짖음을 듣고 그 우고憂苦를 알고, 내가 내려와서 그들을 애굽인의 손에서 건져내고, 그들을 그 땅에서 인도하여 아름답고 광대한 땅, 젖과 꿀이 흐르는 땅, 곧 가나안 족속 ···· 지방에 이르려 하노라"(출 3:6-8).

아브라함 자손 대대의 "하나님이 되어주시겠다"는 야웨 하나님의 영원한 약속은 예언자 예레미야를 통하여 아주 구체적으로 그리고 아주 명백하게 '하나님 나라'의 건설을 위한 새로운 언약계약, New Testament으로 다음과 같이 명문화된다:

> "나 여호와가 말하노라, 그러나 그 날 후에 내가 이스라엘 집에 세울 언약은 이러하니, 곧 내가야웨 하나님 나의 法계약의 말씀을 그들의 속에 두며, 그 마음에 기록하여, 나는 그들의 하나님이 되고 그들은 내 백성이 될 것이라"(렘 31:33).

---

17) 이스라엘 백성이 왕을 세우기 전에는 "하나님의 왕권(Yaweh-Königtum)" 사상이 지배적이었다. 그러다가 사울을 이스라엘의 왕으로 세움으로써 세속적인 왕이 등장한다. 삼상 8:7: "여호와께서 사무엘에게 이르시되, "백성이 네게 한 말을 다 들으라. 이는 그들이 너를 버림이 아니요, 나를 버려 자기들의 왕이 되지 못하게 함이니라."

이러한 새로운 언약계약에 대한 약속은 예수 그리스도를 통하여 성만찬 제정으로 실현된다:

"또 잔을 가지사 축사하시고, 저희에게 주시며 가라사대, 너희가 다 이것을 마시라. 이것은 죄 사함을 얻게 하려고 많은 사람을 위하여 흘리는바 나의 피 곧 언약言約의 피니라. 그러나 너희에게 이르노니, 내가 포도나무에서 난 것을 이제부터 내 아버지 나라에서 새 것으로 너희와 함께 마시는 날까지 마시지 아니하리라"(마 26:27–29).[18]

예수 그리스도를 통하여 새롭게 제정된 하나님과 많은 사람 사이의 언약에 따라서, 야웨 하나님은 우리로 하여금 하나님과의 언약을 충실히 준행하도록 하기 위하여 돕는 보혜사 성령을 보내 주실 것을 예언자를 통하여 이미 약속하였다:

"또 새 영靈을 너희 속에 두고, 새 마음을 너희에게 주되, 너희 육신에서 굳은 마음을 제하고 부드러운 마음을 줄 것이며, 또 내 신神, 靈을 너희 속에 두어 너희로 내 율례말를 행하게 하리니 …"(겔 36:26–27).

이렇게 성령의 도움으로 우리가 그리스도 안에서 새로운 피조물이 되는 것이, 바로 우리가 하나님의 백성이 되는 것이다. 다시 말해서 우리는

---

18) 구약성경의 계약전승에 의하면, 계약을 맺을 때 계약파트너에게 피를 뿌리는 예식이 있었다: "모세가 피를 취하여 반(半)은 여러 양푼에 담고, 반은 제단에 뿌리고, 언약서를 가져 백성에게 낭독하여 들리매, 그들이 가로되 여호와의 모든 말씀을 우리가 준행하리이다. 모세가 그 피를 취하여 백성에게 뿌려 가로되, 이는 여호와께서 이 모든 말씀에 대하여 너희와 세우신 언약의 피니라"(출 24:6–8).

하나님의 백성이 되고, 하나님은 우리들의 하나님이 되시는 곳, 그곳이 바로 새 하늘과 새 땅인 '하나님의 나라' 이다. 그곳에서는 예수 그리스도의 피 값으로 우리의 모든 죄가 용서받게 되었으므로 하나님의 백성인 그리스도인은 모든 고통에서 해방된다. 이러한 하나님의 영원한 계약의 성취 상태를 요한계시록은 다음과 같이 기술하고 있다:

> "또 내가 새 하늘과 새 땅을 보니, 처음 하늘과 처음 땅이 없어졌고, 바다도 다시 있지 않더라. … 큰 음성이 나서 가로되, 보라 하나님의 장막이 사람들과 함께 있으매, 하나님이 저희와 함께 거하시리니, 저희는 하나님의 백성이 되고, 하나님은 친히 저희와 함께 계셔서 모든 눈물을 그 눈에서 씻기시매, 다시 사망이 없고, 애통하는 것이나, 곡哭하는 것이나, 아픈 것이 다시 있지 아니하리니, 처음 것들이 다 지나갔음이러라. 보좌에 앉으신 이가 가라사대 … 이 말은 신실하고 참되니 기록하라 하시고, 또 내게 말씀하시되 이루었도다. 나는 알파와 오메가요, 처음과 나중이라. 내가 생명수 샘물로 목마른 자에게 값없이 주리니, 이기는 자는 이것을 유업으로 얻으리라. 나는 저의 하나님이 되고, 그는 내 아들이 되리라"(계 21:1-7).

이러한 종말론적 비전Vision에 상응하게 예수님께서는 자신의 공생애 동안 '하나님 나라' 를 선포하시고, 병든 자와 고난받는 자를 위로하시고, 그들의 눈물을 닦아 주셨다.

7. '우리와 함께 하시는 하나님'에 관한 증언으로서의 성경

예수님께서 선포한 최초의 메시지는 "때가 찼고 '하나님의 나라'가 가까웠으니, 회개하고 복음을 믿으라"(막 1:15)는 것이다. 그런데 '하나님의 나라'는 위에서 살펴본 바와 같이, "하나님이 우리의 하나님이 되시고, 우리가 그의 백성이 될 것이라"는 야웨 하나님의 영원한 언약이 성취되는 나라이다. 그런데 그 나라는 바로 처음과 나중 되시는 예수 그리스도를 통하여 성취되는 나라이다. 왜냐하면 예수는 바로 "우리와 함께 계신 하나님Immanuel"이시기 때문이다.[19] 예수는 존재론적으로 하나님이 우리와 함께 계신 분이다: "나를 보내신 이가 나와 함께 하시도다"(요 8:29); "내가 혼자 있는 것이 아니요, 나를 보내신 이가 나와 함께 계심이라"(요 8:16). 그래서 예수는 하나님을 보여 달라고 청하는 사람에게 "나를 본 자는 곧 아버지를 보았다"고 단호하게 말씀하신다. 그래서 예수님은 유대인들에게 "하나님을 자기 친親 아버지라 하여 하나님과 동등으로 삼았다"(요 5:18)하여 비난을 받았다. 이와 상응하게 사도 바울은 "그 아들 안에서 우리가 구속, 곧 죄罪 사함을 얻었도다. 그는 보이지 아니하시는 하나님의 형상"(골 1:15)이라고 하였다.

이상 앞의 증언들을 고려해 볼 때, '하나님 나라'는 예수 그리스도를 통하여 이루어지는 곳이고, 예수와 함께 하는 곳이 곧 '하나님 나라'이다. 그래서 예수는 십자가에 달린 강도에게 "오늘 네가 나와 함께 낙원에

19) 마 1:23 : "보라 처녀가 잉태하여 아들을 낳을 것이요, 그의 이름은 임마누엘이라 하리라 하였으니 이를 번역한 즉 하나님이 우리와 함께 계시다 함이라"(참고. 사 7:14; 8:10).

있으리라"(눅 23:43)로 약속해 주신 것이다. 성경은 경제적으로 혹은 사회적으로 풍족하게 먹고 평안하게 사는 지상의 나라를 선포하고 있는 것이 아니라, 하나님과 함께 하는 나라, 곧 예수와 함께 하는 나라를 선포하고 있는 것이다. 이러한 의미에서 기독교 신앙은 항상 종말론적인 의미를 가지고 있다. 그래서 성경은 그리스도를 믿는 사람들은 누구에게나 "하나님 나라의 자녀"가 되는 권세를 주셨다고 증언하고 있다: "자녀이면 또한 후사, 곧 하나님의 후사요, 그리스도와 함께 한 후사니 …"(롬 8:17).

이러한 의미에서 그리스도인에게 '하나님의 나라', 곧 부활의 세계가 없다면, 기독교의 모든 복음은 도덕적이고, 종교적 교훈의 차원에서 벗어나지 못한다. 그러나 기독교의 궁극적인 가치 기준은 이 세상에 있는 것이 아니라, '하나님 나라'에 있는 것이다. 이 세상에서 가장 부유하고 평안하게 살아도 그 삶은 이생뿐이지만, 그리스도인의 삶은 이 세상뿐만 아니라, 하나님의 나라에까지 계속되는 것이다. 하나님의 나라는 단순히 상상 혹은 공상적인 세상이 아니라, 실재實在하는 나라이다. 그러므로 예수님은 '하나님의 나라'를 지혜로운 처녀처럼 예비하라고 가르쳐 주시고 있다. '하나님 나라'를 예비하는 삶, 곧 '하나님 나라'를 삶의 목표로 삼아 살아가는 생활이 그리스도인의 삶이다. 왜냐하면 하나님 나라에 대한 증언, 이것이 바로 예수가 처음부터 선포한 것이자, 성경 속에 면면히 흐르고 있는 맥脈이기 때문이다.

II

교회란 무엇인가?

1. '교회': '하나님으로부터 부름 받은 자들의 공동체'

초대 '교회'[1] 공동체 교우들은 자신들을 '에클레시아ἐκκλησία: 밖으로 불러냄을 받은 자들'[2]로 표현하기는 하였지만, 그들 자신들이 이스라엘 역사의 연속성 속에서 그리고 이스라엘과의 연대 의식 속에서 살았기 때문에 자신들을 헬라적 의미의 '에클레시아'로는 인식하지 않았다. 왜냐하면 '에클레

---

1) '교회'란 단어는 오랜 역사를 통하여 민족과 언어에 따라 여러 의미를 가지게 되었는데, '교회(敎會)'라는 우리말은 기독교 종교를 가진 사람들의 모임 또는 회중을 뜻한다. 게르만어 계통에 속한 영어의 'church', 독일어의 'Kirche', 스웨덴어의 'kyrka'는 비잔틴의 민속언어 'kyriake'에서 유래하며 '주님께 속한'이란 의미를 가지고 있다. 그러나 라틴어 계열에 속한 단어들 곧 라틴어 'ecclesia', 스페인어 'iglesia', 불어 'église', 이태리어 'chiesa'는 신약성서의 희랍어 'ἐκκλησία'에서 유래한다.

2) 'ἐκκλησία'란 단어는 'ἐκ(밖으로)'와 'κλητος(부르다)'의 합성어로서 누구를 무리 중에서 혹은 집 밖으로 불러내는 것을 뜻한다.

시아' 의 헬라적 의미는 투표권을 가진 시민이 국가적으로 중요한 일을 논의하거나 결정하고자 할 때에, '아고라agora' 에 모이는 자유시민들의 '회중' 및 '집회' 를 뜻하기 때문이다. '에클레시아' 란 단어가 신약성서 안에서 헬라적으로 사용되고 있는 곳은 사도행전 19장 32절, 39절이하이다: "극장 안에서는, 더러는 이렇게 외치고, 더러는 저렇게 외치는 바람에, 모임ἐκκλησία은 혼란에 빠지고, 무엇 때문에 자기들이 모여들었는지 조차 알지 못하는 사람이 많았다"(행 19:32); "여러분이 이 이상으로 해결하고자 하는 어떤 문제가 있으면, 그것은 정식 집회에서 처리되어야 할 것입니다. ... 이렇게 말하고서, 그는 모임을 해산시켰다"(행 19:39이하). 이러한 헬라적 의미가 초대 교회 공동체의 성격을 오해 할 여지가 있었으므로 초대 교회 공동체는 자신들의 모임의 성격을 구약 성서적 언어의 의미로 규정하였다. 즉 그들은 자신들을 하나님의 백성인 이스라엘로 이해하면서, 그리고 그와 동일한 차원에서 헬라어 번역 '에클레시아ἐκκλησία'[3]로 사용하였던 것이다. 비록 '에클레시아' 의 능동형은 '수나고게συναγωγή' 도 있었지만, 초대 교회 공동체는 자신들을 '수나고게' 로 표현하지 않고, '에클레시아' 로 표현하였다.[4]

그러나 '교회란 무엇인가?' 라는 질문에 대한 답변은 '에클레시아가 무엇인가' 라는 개념적인 설명으로 온전해지지 않는다. 오히려 원시 기독교

---

3) 구약성서의 희랍어 번역인 70인(LXX)역(譯)에서 '에클레시아' 는 히브리어 kahal(קהל)을 번역한 것인데, קהל은 종교적 의미를 지니지 않았고 세속적 의미의 '모임', '모인 사람들의 무리' 를 뜻했으나, 구약성서에는 하나님이 선택하여 그들과 계약을 맺은 '하나님의 백성' 을 'kahal jahwe' 라 부름으로써 'קהל' 은 하나님의 공동체를 뜻하게 되었다.

4) 원시 기독교 공동체에 관하여: *W. G. Kümmel*, Kirchenbegriff und Geschichtsbewußtsein in der Urgemeinde und bei Jesus, 1943, 1968 2.Aufl. – *K. Stendahl*, Kirche im Urchristentum, RGG 3.Aufl. III, 1297–1304 – *E. Schweizer*, Gemeinde und Gemeindeordnung im NT, 1959, 1962 2.Aufl. – *W. Schrage*, Ekklesia und Synagoge, Zum Ursprung des urchristlichen Kirchenbegriffs, ZThK 60(1963), 178–202.

공동체가 자신들의 모임을 어떻게 해석하고 이해하였는가? 에 대한 답변이 '교회란 무엇인가?' 란 질문에 대한 올바른 답변이 될 것이다. 다시 말해서 원시 기독교 공동체는 자신들의 모임을 어떻게 이해했는지를 분석하는 것이 '교회란 무엇인가?' 라는 질문에 대한 올바른 답변이라는 것이다. 그리고 이 질문은, 교회가 문제를 가지고 있을 때에, 교회 본연의 모습을 찾기 위해서 언제고 되돌아가야 할 교회론Ekklesiologie의 근원적인 질문이다.

초대 교회 공동체가 자신들을 '수나고게' 로 표현하지 않고, '에클레시아' [5]로 표현하였다는 사실, 그렇지만 그 단어의 의미를 헬라적 의미가 아니라, 구약 성서적 의미와 동일한 차원에서 이해하였다는 사실에서 다음과 같은 결론이 나온다: 원시 기독교 공동체는 자기 자신들을 야웨 '하나님의 백성' 이스라엘Israel, 곧 종말의 시대를 살고 있는 거룩한 하나님의 백성으로 이해하였다는 것이다. 그들은 자신들을 구약성경이 예언하였고, 하나님의 의지가 관철된 구원의 시대에 살고 있는 하나님의 백성으로 이해하였다는 것이다. 더 자세히 말하면, 이스라엘 역사의 마지막 시대를 살고 있는 거룩한 하나님의 백성으로 이해하였다. 따라서 그들은 유대인들에게 뿐만 아니라, 자신들에게도 구약성서에서 증언된 야웨 하나님의 약속이 여전히 유효하다고 생각하였다. 뿐만 아니라 그들은 자신들에게 하나님의 의지가 예수 그리스도의 말씀으로 계시되었다고 생각하였다. 그들은 하나님께서 자신들에게 하나님에 대한 예배와, 공동체적인 삶을 위하여 자신들을 선택하시고, 성령을 부어 주셨다고 확신하였다. 따라서

---

5) 'ἐκκλησία' 라는 말은 사도 바울에 격분하여 그를 고발하는 에베소 사람들의 무리를 가리키는 세속적 의미로도 사용되었다.

그들은 자신들을 단지 하나의 '신앙 공동체' 혹은 '사귐 공동체'로 이해하지 않고, 마지막 시대에 하나님에 의해서 선택된 '하나님의 거룩한 백성'으로 이해하였다. 즉 그들은 자신들을 '부름 받은 자'(롬 1:6; 고전 1:24, 그 밖의 다른 곳) 혹은 '거룩한 자'(고전 6:2; 16:1 그 밖의 다른 곳) 혹은 '성도 가운데 가난한 자'(롬 15:26)라고 불렀다. '이스라엘의 거룩한 하나님의 백성'이라는 원시 기독교 공동체 교우들의 자의식은 자신들의 공동체를 - 그들의 공동체가 비록 갈릴리에 형성되어 있지만 - 예루살렘 공동체와 분리하지 않았으며(행 2:43-46 또한 마 5:23f.)[6], 더 나아가 자신들은 세상으로부터 선택되고, 구별되어 있는 사람들이라는 의식을 가지고 있었다. 즉 그들은 단순히 현존재로서 삶을 영위하며 살아가고 있는 존재들이 아니라, 이스라엘의 계약 백성으로, 그리고 선택받은 거룩한 백성으로, 부름을 받은 사람들로, 자신들의 존재를 인식하였다. 그래서 그들은 하나님께 예배를 드리는 일이나, 절기를 지키는 일이나, 하나님의 말씀Torah을 읽는 일을 이스라엘 사람들이 하던 습관 그대로 답습하였다. 그리고 그들은 하나님께서 자신들을 선택하여 성령을 부어주셨다는 확신 속에서 야웨 하나님에 대한 신앙과 섬김의 삶을 유대인보다 더욱 열심히 하였다.

그러므로 '교회'란 사람들이 모인 곳이나 사람들의 단체가 아니라, 하나님에 의하여 부름을 받은 사람들의 모임, 하나님에 의하여 모여진 공동체라고 규정할 수 있을 것이다. 이런 의미에서 신약성경은 교회를 '하나님의 에클레시아'라고 불렀다. 물론 개인의 결단과 믿음 없이 교회가 성

---

6) 행 2:44-46: "믿는 사람들은 함께 지내면서, 모든 것을 공동으로 소유하고, 재산과 소유를 팔아서, 모든 사람에게 필요한 대로 나누어 가졌다. 그리고 날마다 한 마음으로 성전에 열심히 모이고, 집마다 빵을 떼면서 순수한 마음으로 기쁘게 음식을 먹고, 하나님을 찬양하였다."

립될 수 없지만, 하나님의 결단과 하나님의 부르심이 개인의 결단과 믿음보다 앞서는 것이다: "너희가 나를 택한 것이 아니요, 내가 먼저 너희를 택하여 세웠나니"(요 15:16). 그렇다, '교회'는 단순한 제도적 기관이 아니라, 하나님에 의해서 부름 받아서(롬 8:16, 30)[7] 예수 그리스도를 주님으로 고백하는 '성도들의 신앙 공동체'이다. 그리고 초대 기독교 공동체는 이미 세상에 오신 예수 그리스도와 그가 선포한 하나님의 나라를 회상하고 미래에 오실 그리스도와 하나님 나라를 기다리는 가운데 활동하며 선교하는 공동체였다는 점에서, 교회는 '하나님의 마지막 시대를 고대하는 종말론적 공동체'이다.

2. 제도화된 교회

원시 기독교인들의 삶과 모임은, 스데반의 설교(행 7장)와 순교로 인하여 구체적으로 예수의 부활을 믿는 부활신앙 공동체로 변신하게 되었다. 왜냐하면 스데반은 자신의 설교에서 유대인의 관헌들을, 예수를 십자가에 못박도록 내어준 장본인으로 간주하였기 때문이다: "목이 곧고 마음과 귀에 할례를 받지 못한 사람들이여, 당신들은 언제나 성령을 거역하고 있습니다. 당신네 조상들이 한 그대로 당신들도 하고 있습니다. 당신들의 조상들이 박해하지 않은 예언자가 한 사람이나 있었습니까? 그들은 의인이 올 것을 예언한 사람들을 죽였고, 이제 당신들은 그 의인을 배반하고

---

7) 롬 8:30: "하나님께서 미리 정하신 자를 부르시고, 또한 부르신 사람들을 의롭게 하시고, 의롭게 하신 사람들을 또한 영화롭게 하셨습니다."

죽였습니다. 당신들은 천사들이 전해 준 율법을 받기만 하고, 지키지 않았습니다"(행 7:51-53). 스데반이 순교한 이후 이제 원시 기독교 공동체는 자신들을 유대인과 구별하여 '그리스도인Χριστιανοί' (행 11:26)[8]라고 부르게 되었다.[9] 즉 오순절 성령강림과 함께 시작한 성령 받은 사람들의 모임은 예수 그리스도를 통하여 영원한 구원에로 선택된 하나님의 새로운 백성이라는 의식 속에서 그리스도의 재림을 기다리고 있었다: "죽은 자들 가운데서 다시 살리신 그의 아들이 하늘로부터 강림하심을 기다린다고 말하니, 이는 장래 노하심에서 우리를 건지시는 예수시니라"(살전 1:10).

그러나 "오시겠다"(행 1:9-11)[10] 던 예수 그리스도의 재림이 지연되면서 부활 신앙 공동체는 제도적 교회로 발전하기 시작하였다. 안디옥의 이그나티우스Ignatius 감독은 성도들을 장로와 집사의 직분으로 구분하였으며, 사도권 계승을 통하여 제도적 교회의 기초를 마련하였다. 그리고 초대교부敎父 이레네우스Irenaeus와 터툴리안Tertullian은 제도적 교회의 이론을 거의 완성하였다. 그들은, '교회가 있는 곳에 하나님의 영이 있다. 주교와 사제는 사도들의 후계자이다' 라고 강조하였다. 주후 AD 4세기경 기독교가 로마의 국가종교로 인정된 후, 기독교의 교직자들은 로마의 국가 공무원이 되었고, 로마 제국의 국가종교를 수호하였으며, 기독교는 로마제국

---

8) 행 11:26: "제자들은 안디옥에서 처음으로 '그리스도인' 이라고 불렸다."

9) 옛 이스라엘로부터 기독교 교회가 완전히 분리된 것은 132-135년 발-코바(Bar-Kochba)의 영도 아래 일어난 제2차 반-로마 혁명 때문이다. 이로 인하여 로마 황제는 팔레스틴에 사는 유대인들을 추방하여 그 주변나라로 강제로 이주시킨다. 이 때에 팔레스틴에 살던 그리스도인들도 팔레스틴을 떠날 수밖에 없었다.

10) 행 1: 9-11: "이 말씀을 마치시고, 저희 보는데서 올리워 가시니, 구름이 저를 가리워 보이지 않게 하더라. 올라가실 때에 제자들이 자세히 하늘을 쳐다보고 있는데 흰 옷 입은 두 사람이 저희 곁에 서서 가로되, 갈릴리 사람들아 어찌하여 서서 하늘을 쳐다보느냐? 너희 가운데서 하늘로 올리우신 이 예수는 하늘로 가심을 본 그대로 오시리라."

의 평화를 지키는 정치종교의 기능을 행사하게 되었다.

AD 321년 니케아Nicea 신앙고백에 의해서 교회는 4가지 표식 곧 "하나의 거룩한 보편적 사도적 예수 그리스도의 교회*una sancta cathorica apostolica eccelsia Jesu christi*"를 고백하였다. 그 후 아우구스티누스Augustinus, 354-430는 외형의 가시적 교회와 그 속에 숨어 있는 참된 영적 교회, 곧 불가시적 교회를 구분하였고, 교회는 계급제도로 형성된 구원의 기관이라고 주장하였다. 그 후 1054년 교회는 "성령이 성부 아버지와 성자 예수 그리스도에게서 왔다*filioque*"고 주장하는 서방의 로마 카톨릭 교회와 "성령은 성부 아버지로부터 예수 그리스도를 통하여 왔다"는 동방의 정교회로 분열되었다. 서방의 로마 카톨릭 교회는 로마Roma를 중심으로 법적 성격을 가진 구원의 기관으로 발전하였고, 동방 정교회는 콘스탄티노플이스탄불을 중심으로 제의祭儀 종교로 발전하였다.

중세中世에 교황의 권위는 황제의 권위보다 차츰 더 강하게 되었다. 그래서 로마교회가 로마의 행정관청의 일을 담당하게 되었다. 심지어 로마교황은 "로마의 최고 신부에게 복종하는 것이 모든 사람의 구원을 위해서 절대적으로 필요하다. 우리는 이것을 주장하고, 결정하고, 선포한다"고 하였다. 그리고 '사제가 있는 곳에 교회가 있다*ubi priester est, ibi est ecclesia*' 라고 주장하여 사도적 교회를 주장하였다. 그러나 이러한 로마 교황의 절대권력에 대항하여 마르틴 루터M. Luther, 1483-1546는 1517년 종교개혁을 통하여, "교황은 물론 공의회도 오류를 범할 수 있다"고 주장하였다. 루터는 '만인제사장설Priestertum aller Gläubigen' 을 주장하여 전통적 교회론에 대한 일대 혁신을 일으킨다. 그는 교회와 국가, 교회의 권위와 세속의 정치적 권위를 엄격하게 구분하였다. 그리고 루터는 '참 교회의 표징은 복음의 순수한 선포와 성례전의 올바른 집행에 있는 것이지, 교회의 전통이나 지배 체제적 구조나 사도계승에 있는 것이 아니다' 라고 주장하였다. 특히 루터는 사도 계승권을 거부하여 '교회는 베드로로부터 시작하는 사도계승을 통하여 이루어지는 교직 기구 내지 법적 제도가 아니라, 성도의 사귐 내지 성도의 공동체' 라고 주장하였다. 교회 직제에 대하여는 '교회의 질서와 조직은 인간적인 법에 속한 것이지, 영원히 변할 수 없는 신적인 법에 속하지 않는다' 고 주장하였다. 오히려 루터는 '교직은 봉사로 이해되어야 한다' 고 강조하였다. 따라서 교회는 교직자들을 중심으로 한 법적 제도가 아니라, 그리스도를 중심으로 하는 그리스도의 왕국이요, '그리스도의 몸 σῶμα Χριστοῦ' 이라고 그는 강조하였다.

그 후 근대 구라파의 경건주의에 의한 교회 개념은, 단지 형식적으로 교회에 소속된 사람들의 모임이 아니라, 진지하게 그리스도인이기를 원하는 사람들의 모임이 되었다. 그것은 참회를 통하여 진심으로 회개한 사람들 혹은 마음의 종교를 가진 사람들의 무리를 말한다. 19세기 자유주의 신학에 의한 교회관은, 교회는 종교적 욕구를 해결하기 위하여 이루어진 사귐이요, 성령의 은사를 받은 사람들로 이루어진 비조직적 모임이다. 그리고 현대 자유주의 신학자인 리츨A. Ritschl, 1822-1889에 의하면, 교회는 정신적, 윤리적 종교의 창시자인 예수의 활동이 계속되는 장소이지, 법적 질서와 권위를 가진 기관이 아니다. 바르트K. Barth, 1886-1968에 의하면, 교회는 있는 것이 아니라, 성령의 활동으로 말미암아 매일 새롭게 일어나는 것이다. 1948년 8월 23일 결성된 세계교회협의회WCC는 그리스도를 구원자로 고백하는 모든 교회의 일치성을 강조하게 되었다. 그 후 WCC는 서구 교회의 전통과는 다른 전통 속에서 생성된 제3세계의 교회에 대하여 눈을 뜨게 되었고, 세계에 대한 교회의 책임, 곧 이 시대의 정치적, 경제적, 사회적 문제들에 대한 신학적 사유와 교회의 실천을 강조하게 되었다.

이상 살펴본 바와 같이 원시 기독교 공동체가 제도적 교회로 변형되어 각기 서로 다른 교회론을 주장하게 된 것은 교회의 구약성서적 전거典據를 간과한 데서 비롯된 것이라고 볼 수 있다. 왜냐하면 교회는 오순절 성령 강림으로 갑자기 생긴 것이 아니기 때문이다. 즉 우리는 교회의 모형을 이미 구약성경의 증언에서 발견할 수 있다. 교회가 구원을 위해서 '불러냄을 받은 자들의 모임' 이라는 점에서 교회의 선택과 구원론적인 전거를 우리는 노아, 아브라함 그리고 이스라엘의 출애굽 역사 속에서 찾을 수 있을 것이다.

3. 하나님 말씀에 순종한 가족 공동체

많은 성경 해석자들은 지금까지 노아Noah의 홍수 사건을 인간에 대한 하나님의 심판으로만 해석해 왔다. 그러나 노아의 가족을 중심으로 노아의 홍수 사건을 새롭게 이해하면, 노아의 홍수 사건이야말로 교회에 대한 최초의 모형이라는 것을 발견하게 된다. 왜냐하면 노아의 식구들은 그 당시 심판받을 백성들 가운데서 처음으로 '불러냄을 받은 자들' 혹은 '선택된 자들' 이었기 때문이다. 하나님께서는 그 당시 세상이 썩었고, 부패하여 무법천지가 되었을 때, 노아를 선택하여 부르시고, 그에게 방주를 지을 것을 명령하신다: "내가 너노아하고는, 내가 직접 언약을 세우겠다. 너는 아들들과 아내와 며느리들을 모두 데리고 방주로 들어가거라"(창 6:18). 이 당시 계약을 맺는다는 것은 그 사람을 여러 사람들 중에서 선택했다는 뜻이다.[11] 그리고 어떠한 사람을 '선택하였다' 는 것은, 그 사람을 여러 사람들 가운데서 '불러냈다' 는 뜻이다.[12] 그러므로 하나님께서 노아와 계약을 맺으시겠다고 하신 말씀은 '하나님께서 노아를 선택하시겠다'는 뜻이고, 더 나아가 '하나님께서 노아를 불러냈다'는 뜻이다.[13] 따라서 우리는 노아의 홍수 기사에서 최초의 '하나님 백성', 곧 '불러냄을 받은 자'를 발견하게 되는 것이다. 이러한 의미에서 오늘날 교회를 노아의 '방주' 모양으로 건축하는 것은 결코 우연한 일이 아닐 것이다.

성경은 계속해서 노아를 "그 당대에 의롭고 흠이 없는 사람이었다"(창 6:9)라고 증언한다. 이 말은 원시 기독교 공동체 교우들의 자의식, 곧 자신들을 하나님의 '거룩한 자'(고전 6:2; 16:1), 곧 '의로운 자'라고 생각한 것에 상응한다. 그런데 여기서 말하는 '의義'는 세상의 도덕적 혹은 종교적 의를 뜻하지 않는다. 왜냐하면 하나님께서는 노아가 하나님의 말씀에 순종하여 하나님께서 명령하신 것을 다 수행하였을 때, 그를 "의로운 사람"(창 7:1)이라고 칭하셨기 때문이다: "노아는 하나님이 명하신 대로 다 수행하였다. 그 때 주께서 노아에게 말씀하셨다. 내가 보니 이 세상에 의로운 사람이라고는 너 밖에 없구나"(창 6:22-7:1). 이렇게 하나님 말씀에 대한 순종을 '의義'로 판단하는 것은 아브라함의 사건에서도 동일하게 나타난다: "아브람이 여호와를 믿으니, 여호와께서 이를 그의 의로 여기시고, 그에게 이르시되 나는 이 땅을 네게 주어 업을 삼게 하려고 너를 갈대아 우르에서 이끌어낸 여호와로다"(창 15:6-7). 그런데 여호와께서 아

---

11) 쿠취(Kutsch)는 사 28:15,18에 나오는 "브리트 ברית"와 뜻이 비슷한 "호체", "하추트 הזות/הזה"와 삼상 17:8에만 나오는 "바라 ברה" 동사 "보다- 알다- 택하다"를 받아 "앎, 결정, 의무" 그 기본의미로 파악했다.

12) 신 4:20에는 야웨 하나님이 이스라엘을 "택(擇)하셨다"고 표현하고 있는데, 이 말은 이스라엘 백성을 애굽에서 "불러냈다"는 출애굽의 전승 속에서 사용하고 있는 것이다: "여호와께서 너희를 택하시고, 너희를 쇠풀무 곧 애굽에서 인도하여 내사 자기 기업의 백성으로 삼으신 것이 오늘날과 같도다"(신 4:20).

13) 신약의 증언에 의하면 예수님께서 고기 잡는 어부를 "불러내시고", 그들과 "새 계약"을 맺으신다.

브람을 갈대아 우르에서 "이끌어 내셨다"(창 15:7)는 것은 갈대아 우르에서 아브람을 '불러냈다' 는 뜻 이외에 다른 뜻이 아니다. 왜냐하면 여호와 하나님은 갈대아 우르에 있는 아브람을 어느 날 '불러내셨기' 때문이다: "여호와께서 아브람에게 이르시되아브람을 부르시되, 필자 주 너는 너의 본토 친척 아비 집을 떠나 내가 네게 지시할 땅으로 가라"(창 12:1). 여기서 우리는 노아를 부르시고, 그에게 명령하셨던 하나님의 모습을 동일하게 발견하게 된다. 그런데 사도 바울은 이렇게 하나님의 명령 혹은 부르심을 받고 순종하는 것을 의라고 해석하였던 것이다: "아브람에게는 그 믿음을 의로 여기셨다 하노라"(롬 4:9); "아브라함이 하나님을 믿으매 이것이 저에게 의로 여기신 바 되었느니라"(롬 4:3b). 또한 '의義' 로 여김을 받는 자가 곧 '거룩한 자' 이다. 원시 기독교 공동체 교우들이 자신들을 '의로운 자' 로 칭하게 된 것은, 그들이 도덕적으로 혹은 종교적으로 "거룩"해서가 아니라, 그들은 예수의 부활을 믿었고, 성령으로 부르심을 받아 예수를 그리스도로 믿고 고백하게 되었기 때문에 '거룩한 자' 라고 칭하게 된 것이다. 그렇다면 우리는 여기서 노아나 아브람이 바로 최초의 '믿는 자, 곧 신앙인' 들이었다는 것을 부인할 수 없을 것이다. 왜냐하면 그리스도인은 곧 예수의 부활을 '믿는 자들' 이기 때문이다. 그러나 반면에 예수의 제자들도 성령을 체험하기 전, 곧 오순절 성령 강림 이전에는 참된 그리스도인들이 아니었다. 왜냐하면 저들은 예수의 부활을 믿지 않았기 때문이다: "마리아가 가서 예수와 함께 하던 사람들의 슬퍼하며 울고 있는 중에 이 일을 고하매, 그들은 예수가 살으셨다는 것과 마리아에게 보이셨다는 것을 듣고도 믿지 아니하니라"(막 16:10-11); "그 후 열한 제자가 음식 먹을 때에 예수께서 저희에게 나타나사 저희의 믿음 없는 것과 마음이 완악한 것을 꾸짖으시니, 이는 자기의 살아난 것을 본 자들의 말을 믿지 아니함일러라”(막 16:14). 이러한 진술들은 그리스도인, 곧 신앙 공동체의 교우들은 하나님의 명령 곧 말씀이 주어졌을 때, 그 말씀을 ‘믿고, 순종하는 자’ 라는 것을 반증反證해 준다.

결론적으로 말해서 최초의 신앙 공동체, 곧 교우들은 여호와 하나님의 말씀을 듣고 순종하여 따랐던 신앙 가족 공동체, 곧 노아 가족 공동체, 아브람 가족 공동체였다는 것이다. 바로 이러한 이유에서 예수님은 “두세 사람이 내 이름으로 모이는 자리에는, 내가 그들과 함께 있다”(마 18:20)고 말씀하셨던 것이다. 이 말은 기독교 부활신앙 공동체는 그 모이는 숫자에 의해서 결정되는 것이 아니라, 구성원의 신앙에 의해서 결정된다는 뜻이다. 노아, 아브람의 가족은 불과 몇 명 안되었지만, 그들은 여호와의 말씀을 믿고 순종하였기 때문에 최초의 신앙 가족 공동체라고 볼 수 있을 것이다. 그러므로 신자들이 가정에서 모이는 예배모임도 신앙 가족 공동체로서 하나의 개個 교회이다. 그러나 개 교회는 그 자체로서 하나의 완전하고 독립적인 교회인 동시에 성령의 교통함 속에서 다른 교회들과 함께 유기체적 관계 속에 있는 그리스도의 몸인 하나의 보편적인 ‘하나님의 교회’ 이다.

4. 하나님의 계약 공동체

대부분의 신학자들은 교회의 형성을 오순절 사건에서 찾는다. 그러나 교회 형성의 시기와 그 기원을 무엇으로 보느냐에 대한 학자들 간의 서로 다른 의견이 있다고 하더라도, 한 가지 확실한 것은 초대교회 형성이 구약의 이스라엘과 결코 동떨어지지 않았다는 것이다. 그 이유는 첫째, ‘오순절'[14]은 분명 구약시대의 절기 가운데 하나이다. 뿐만 아니라 오순절은 이스라엘 민족의 출애굽을 기념하는 절기 가운데 하나이다. 따라서 교회의 형성을 오순절 사건으로 볼 경우, 결과적으로 교회의 형성은 이스라엘의 출애굽 사건과 불가분리의 관계를 가지고 있다. 왜냐하면 오순절에 예루살렘에 유대인들이 모여든 이유는, 시내산에서 야웨 하나님이 율법을 주신 것을 기념하기 위해서였다. 교회의 태동을 이스라엘 역사와 연결하여 보는 이유의 둘째는, '교회: 에클레시아'가 '밖으로 불러냄을 받은 자들'이라는 의미를 가지고 있듯이, 이스라엘의 백성들은 애굽의 종살이에서부터 '불러냄을 받은 자들'이기 때문이다. 이스라엘은 하나님의 인도하심으로 억압, 고난, 속박, 가난으로부터 해방된 자들이다. 이스라엘 백성들이 모세의 인도아래 애굽의 노예 생활에서 해방된 것은 정치적 억압으로 인한 가난과 육체적 속박과 배고픔으로부터 '불러냄을 받은' 해방이다. 이러한 의미에서 우리는 교회의 형성을 구약으로 소급해서 분석해 볼 필요가 있다. 특히 출애굽의 사건부터 교회의 기원을 찾아야 할 것이다.[15]

그러나 이스라엘을 애굽에서 이끌어 낸 야웨 하나님의 구원사건은, 우연히 일어난 것이 결코 아니다. 사실상 출애굽 사건의 근거는, 야웨 하나

---

14) 오순절은 구약의 칠칠절(七七節)에 근거를 둔 것이다. 칠칠절(חג שׁבועות: 하그 쉐부오트)은 이스라엘의 3대 명절 중에 두 번째에 해당되는 절기이다 (출 23:14; 대하 8:13). 이 날은 곡식에 낫을 대는 첫날부터(레 23:15-16; 신 16:9) 7주간 내내 (또는 50 일간) 계속되는 절기이다. 후기 유대교에서는 시내산에서 율법을 받은 것을 기념하는 절기로 바뀌었다. 혹자는 본래 농경 문화의 절기가 이스라엘의 율법 수령 기념일로 바뀌게 된 경로를 다음과 같이 설명한다: 이스라엘의 주간 (שׁבועות: 쉐부오트)이란 말은 "맹세하다"라는 의미도 갖고 있기 때문에 계약과 관계된다고 해석한다. 따라서 이스라엘 백성이 시내산에서 율법을 지킬 것을 서약한 (맹세한) 것을 기념하는 날로 해석하기도 한다. 그래서 칠칠절이 후기 유대교에서는 시내산에서 하나님께서 율법을 주신 날을 기념하는 날로 바뀌었다고 해석하는 사람도 있다. 그래서 이날은 계약 갱신의 날 (참. 신 6:21; 대하 15:10-15)로 해석하는 사람도 있다. 레위기 23장 15절에 의하면, 유월절 이튿 후 칠(七) 주(週)를 계산해야 한다고 주장하는 사람도 있다.

님께서 그의 족장 아브라함과 이삭과 야곱과 세우신 계약에 근거해 있다. 즉 이스라엘 백성을 애굽에서 이끌어 내신 야웨 하나님의 사건은 단순히 고통 당하는 자에게 대한 하나님의 인간애Menschenliebe나, 정치적 해방이 아니다. 성경을 기술한 기자는J. P 기자 출애굽 사건을 하나님께서 이스라엘 족장과 맺은 계약에 대한 하나님의 성실한 이행Vollstreckung으로 해석하고 있다. 이러한 해석을 우리는 출애굽기 제2장에서 찾아볼 수 있다: "하나님이 그들이 탄식하는 소리를 들으시고, 아브라함과 이삭과 야곱에게 세우신 언약을 기억하시고, 이스라엘 자손의 종살이를 보시고, 그들의 처지를 생각하셨다"(출 2:24-25). 다시 말해서 이스라엘 백성을 애굽의 종살이에서 해방시키고자 하신 하나님의 결단은, 하나님께서 그의 조상들과 맺은 계약에 기인한 것이다. 이를 우리는 모세에게 하신 하나님의 말씀 속에서 더 분명히 발견할 수 있다: "하나님이 또 말씀하셨다. 나는 너의 조상의 하나님, 곧 아브라함의 하나님, 이삭의 하나님, 야곱의 하나님이다 … 주께서 다시 말씀 하셨다: '나는, 이집트에 있는 나의 백성이 고통받는 것을 똑똑히 보았고, 또 억압 때문에 괴로워서 부르짖는 소리를 들었다. 그러므로 나는 그들의 고난을 분명히 안다. 이제 내가 내려가서, 이집트 사람의 손아귀에서 그들을 구하여, 이 땅으로부터 저 아름답고 넓은 땅, 젖과 꿀이 흐르는 땅, 곧 가나안 사람과 헷 사람과 아모리 사람과 브리스 사람과 히위 사람과 여부스 사람이 사는 곳으로 데려가려고 한다. 지금도 이스라엘 자손이 부르짖는 소리가 나에게 들린다. 이집트 사람들이 그들을 학대하는 것도 보인다. 이제 나는 너를 바로에게 보내어, 나의

---

15) 교회 형성의 뿌리를 유형론적으로 출애굽의 사건에서 찾고자 하는 노력은 몰트만에 의해서 자세히 논증되었다. 이점에 대하여 *J. Moltmann*, Kirche in der Kraft des Geistes, Muenchen 1975, *박봉랑 외 4인*, 『성령의 능력 안에 있는 교회』, 한국신학연구소 1980. 특히 91이하.

백성 이스라엘 자손을 이집트에서 이끌어 내게 하겠다"(출 3:6-10). 이러한 야웨 하나님의 말씀은 아브라함과 맺은 계약에 근거한 것이다: "내가 내 언약을 나와 너와 네 대대 후손의 사이에 세워서 영원한 언약을 삼고, 너와 네 후손의 하나님이 되리라. 내가 너와 네 후손에게 너희 우거寓居하는 이 땅, 곧 가나안 일경으로 주어 영원한 기업이 되게 하고 나는 그들의 하나님이 되리라"(창 17:7-8). 야웨 하나님께서 이스라엘 조상, 특히 아브라함과 맺은 계약의 내용을 분석하면, 우선 (1) 이들 조상아브라함을 하나님께서 먼저 불러내셨다는 것이다. 즉 그들을 선택하여 부르셨다는 것이다(창 12:1).[16] 둘째는 (2) 아브라함에게 가나안 땅을 유업으로 주실 것을 약속하셨다는 것이다. 그리고 셋째는 (3) 영원히 그들의 하나님이 되어 주시겠다는 것이다. 결국 하나님은 이스라엘의 조상 아브라함과 세우신 언약 때문에 애굽에서 고난 당하고 있는 이스라엘 민족을 애굽으로부터 'ἐκ밖으로'와 'κλητος불러내신'[17]것이다. 이러한 의미에서 출애굽 해방 공동체는 곧 교회 공동체 이외에 다른 것이 아니다.

이제 애굽에서 탈출한 이스라엘 해방 공동체는 구체적으로 시내산에서 하나님의 백성이 되는 계약契約식을 갖는다: "하나님이 이 모든 말씀으로 일러 가라사대, 나는 너를 애굽 땅 종 되었던 집에서 인도하여 낸 너의 하나님 여호와로다"(출 20:1-2). 이 말씀과 더불어 하나님은 이스라엘 백성에게 '십계명(출 20:3-17)'[18]을 주시고, 그 십계명의 계약 조건 아래, 구

---

16) 이점에 관하여: *W. Zimmerli*, Grundriß der alttesta-mentlichen Theologie, 5.Aufl., Stuttgart Berliln Köln Mainz, 1972, 20ff.

17) 창세기 15장 7절에서 야웨 하나님께서 아브람과 계약을 맺으시기 전에, "나는 이 땅을 네게 주려고 너를 갈대아 우르에서 이끌어낸 여호와"라고 자신을 소개하신 것은, 이스라엘 백성을 애굽에서 "이끌어 내신 사건"과 교회론적으로 볼 때 결코 무관한 것이 아니다.

18) 계약법전 출 19-23장.

체적으로 계약을 맺는 예식을 행하신다: "그가 '언약의 책'을 듣고 백성에게 낭독하니, 그들은 '주께서 명하신 모든 말씀을 받들어 지키겠다'고 말하였다. 모세는 피를 가져다가 백성에게 뿌리며 말하였다: 보아라 이것은 주께서 이 모든 말씀을 따라, 너희에게 세우신 언약의 피다"(출 24:7-8). 이때부터 이스라엘 백성은 야웨 하나님의 백성이 된 것이다. 그리고 야웨 하나님은 이스라엘 백성의 하나님이 되신 것이다. 이스라엘 백성들은 신약 시대의 교회 공동체 교우들의 모형模型이 된 것이다. 그리고 이스라엘 해방 공동체는 구체적으로 가나안에 정착한 이후 다시 한 번 야웨 하나님만을 섬길 것을 다음과 같이 약속한다:

> "이스라엘 하나님 여호와의 말씀에 ···· 내가 아브라함을 강 저편에서 이끌어 내어 가나안 땅으로 인도하여 온 땅에 두루 행하게 하고 ···· 야곱과 그의 자손들은 애굽으로 내려갔으므로 ···· 내가 모세와 아론을 보내었고 ···· 그 후 ···· 내가 너희 열조烈祖를 애굽에서 인도하여 내었노라. ···· 그러므로 이제는 여호와를 경외하며 성실과 진정으로 그를 섬길 것이라. ···· 만일 여호와를 섬기는 것이 너희에게 좋지 않게 보이거든 ···· 너희 섬길 자를 오늘날 택하라! 오직 나와 내 집은 여호와를 섬기겠노라. 백성이 대답하여 가로되, ···· 우리 하나님 여호와 그가 우리와 우리의 열조를 인도하여 애굽 땅 종 되었던 집에서 나오게 하시고, 우리 목전에서 그 큰 기적들을 행하시고, 우리가 행한 모든 길에서 우리의 지난 모든 백성 중에서 우리를 보호하셨음이며, ····그러므로 우리도 여호와를 섬기리니, 그는 우리 하나님이심이다.···· 여호수아가 이 모든 말씀을 책에 기록하고 큰 돌을 취하여 거기 여호와의 성소 곁에 있는 상수리나무 아래 세우고 모든 백성에게 이르되, 보라 이 돌이 우리에게 증거가 되리니, 이는 여호와께서 우리에게 하신 모든 말씀을 이 돌이 들었음이라"(수 24:2-27).

이것이 이스라엘 12지파 동맹이며, 동시에 12지파가 하나님의 백성이 되는 계약갱신의 사건이다.

이스라엘 백성을 애굽의 고난과 억압에서 해방시키신 야웨 하나님처럼, 신약 시대 예수 그리스도는 그 당시 병과 가난과, 세상 권세와 마귀의 권세로 고난 받는 백성들을 해방시키신다. 이것은 예수가 이 땅에 오신 목적을 설명하기 위해서 이사야의 글을 인용하신 것에서 분명히 나타난다: "주의 성령이 내게 임하셨으니, 이는 가난한 자에게 복음을 전하게 하시려고, 내게 기름을 부으시고, 나를 보내사 포로된 자에게 자유를, 눈 먼 자에게 다시 보게 함을 전파하며, 눌린 자를 자유케 하고, 주의 은혜의 해를 전파하게 하려 하심이라"(눅 4:18-19; 사 61:1-2). 이러한 사역을 행하기 위해서 예수님은 먼저 12제자들을 여러 사람들 가운데서 '불러내신다' : "갈릴리 해변에 다니시다가 두 형제, 곧 베드로라하는 시몬과 그 형제 안드레가 바다에 그물 던지는 것을 보시니, 저희는 어부라, 말씀하시되 '나를 따라 오너라, 내가 너희로 사람을 낚는 어부가 되게 하리라' 하시니. 저희가 곧 그물을 버려 두고 예수를 쫓으니라"(마 4:18-20).[19] 원시 기독교 공동체가 이 열두 제자를 중심으로 형성된 '제자 공동체' 였다는 사실을 고려해 볼 때, 이스라엘 12지파는 예수의 제자 12명에 유비적으로 상응한다. 뿐만 아니라, 예수는 바로 이 12제자들과 새로운 계약을 맺으신다: "저희가 먹을 때에 예수께서 떡을 가지사 축사하시고, 떼어, 제자들

19) 여기서 "사람을 낚는 어부"란, 자기 파당을 만들기 위하여 사람들을 유혹하여 자기 사람으로 만든다는 뜻이 아니라, 예수께서 하신 사역을 감당케 하시겠다는 뜻이다. 왜냐하면 "예수께서 그 열 두 제자를 부르사 더러운 귀신을 쫓아내며, 모든 병과 모든 약한 것을 고치는 권능을 주시어"(마 10:1) 세상에 파송하셨기 때문이다: "그러므로 너희는 가서 모든 족속으로 제자를 삼아 아버지와 아들과 성령의 이름으로 세례를 주고, 내가 너희에게 분부한 모든 것을 가르쳐 지키게 하라. 볼지어다 내가 세상 끝날까지 너희와 항상 함께 있으리라"(마 28:19-20).

에게 주시며 가라사대, 받으라 이것이 내 몸이니라 하시고, 또 잔을 가지사 축사하시고 저희에게 주시니 다 이를 마시매 가라사대 이것은 많은 사람을 위하여 흘리는 바 나의 피, 곧 언약의 피니라"(막 14:22-24; 마 26:26-29; 눅 22:18-20). 이러한 새 계약의 체결은, 예레미야 31장 31-33절[20]을 고려해 볼 때, 출애굽 때 시내산에서 맺은 야웨 하나님과 이스라엘 백성이 맺은 계약의 연속성 속에서 이해해야 할 것이다.

이제 우리는 여기서 다음과 같이 결론을 말할 수 있을 것이다: 예수의 12제자로 형성된 최초 교회 신앙 공동체는 이스라엘 출애굽 해방 공동체와 유비적analogisch 연관성을 가지고 있다. 이스라엘 백성들을 애굽의 고난에서 해방시키신 하나님은 모든 인류를 죄의 억압으로부터 해방시키신 것이다. 이스라엘과 '그들의 하나님이 되어 주시겠다' 고 계약을 맺으셨듯이, 예수의 제자들, 곧 최초 제자 공동체에게도 '그들의 죄를 용서해 주시겠다' 는 약속을 해 주신 것이다. 따라서 이스라엘 백성이 '계약 공동체' 이듯이, 교회도 '새 계약의 공동체' 이다. 이스라엘 백성들이 애굽에서 '불러냄', 곧 '선택되었듯이', 교회 공동체도 "선택된 자들"(엡 1:3-5)[21], 곧 '불러냄을 받은 자들' 이다. 즉 교회는 예수 그리스도의 죽음과 부활을 통하여 하나님과 '새로운 계약' 관계에 있는 하나님의 '계약 공동체' 이다. 그렇다 이스라엘 백성에게 주어진 하나님의 약속, 곧 이스라엘 백성과 하나님의 계약 없이는 예수 그리스도의 사건을 우리는 생각할 수 없으며, 동시에 교회의 존재 또한 생각할 수 없다. 예수 그리스도의 사건과 교

---

20) 렘 31:31-33: "그때가 오면, 내가 이스라엘 가문과 유다 가문과 새 언약을 세우겠다. 나 주의 말이다. 이것은 내가 그들의 조상의 손을 붙잡고 이집트 땅에 데리고 나오던 때에 세운 언약과는 다른 것이다."

21) 엡 1:3-5: "하나님, 곧 우리 주 예수 그리스도의 아버지께서 …. 그리스도 안에서 우리를 택하사, 우리로 사랑 안에서 그 앞에 거룩하고 흠이 없게 하시려고 그 기쁘신 뜻대로 우리를 예정하사 예수 그리스도로 말미암아 자기의 아들들이 되게 하셨으니"

회의 존재는 이스라엘에게 주어진 하나님의 약속, 곧 하나님과 이스라엘의 계약의 역사의 연속선 상에 있다. 그러므로 현재 그리스도를 믿는 그리스도인에게는 이스라엘 백성이 요단강을 건너 가나안 땅에 이르렀듯이, 신앙의 요단강을 건너가는 것만이 남아 있다.

5. '예수가 부활하셨다'고 믿는 신앙 공동체

신약 성서에 나타나는 원시 기독교 공동체는 부활하신 그리스도와 만남으로써 형성된다. 예수를 추종하던 무리들은 예수가 아무런 저항 없이 십자가에 죽게 되자 모두 예수를 버리고 자기의 고향으로 돌아갔다. 그러나 몇몇 여인들은 예수의 시신에 기름을 바르기 위하여 안식 후 첫날 아침 일찍이 예수의 무덤을 찾는다: "안식일이 지나매 막달라 마리아와 야고보의 어머니 마리아와 또 살로메가 가서 예수께 바르기 위하여 향품을 사다 두었다가 안식 후 첫날 매우 일찍이 해 돋을 때에 그 무덤으로 가며…"(막 16:1-2). 무덤에 도착한 여인들은 "그=예수가 살아나셨고, 여기=무덤 계시지 아니하니라"(막 16:6)는 천사의 소식을 접하게 된다. 이 소식을 여인들이 예수의 제자들에게 전하자, 몇몇 제자들이 함께 무덤에 가서 예수의 시신이 무덤에 없음을 확인하고 돌아온다. 그 후 부활하신 예수님이 일곱 귀신 들렸던 여인 막달아 마리아에게 "나타나셨다"(막 16:11)고 성경은 전하고 있다. 그 뿐만 아니라 부활하신 예수님이 여러 사람들에게 나타나셨다는 이야기가 전파되었다. 이러한 소식을 엠마오로 가는 제자들도 이미 들은 것으로 성경은 전한다: "또한 우리 중에 어떤 여자들이 우리로 놀라게 하였으니, 이는 저희가 새벽에 무덤에 갔다가, 그의 시체는 보지 못하고 와서 그가 살으셨다 하는 천사들의 나타남을 보았다 함이라"(눅 24:22-23). 그런데 이렇게 예수의 부활을 소문만으로 듣고 있던 제자들이 직접 부활하신 예수 그리스도를 만나게 되는 사건을 누가복음은 증언하고 있다: "저희와 함께 음식 잡수실 때에 떡을 가지사 축사하시고, 떼어 저희에게 주시매, 저희 눈이 밝아져 그=예수인 줄 알아보더니, 예수는 저희에게 보이지 아니하시는지라"(눅 24:30-31). 더 나아가 부활한 예수를 만난 제자들은 곧 바로 이 사실을 다른 제자들에게 전하기 위하여, 안식 후 첫날 예수님의 무덤을 찾았던 여인들처럼, 예수의 제자들이 모여 있는 예루살렘으로 되돌아간다: "곧 그 시時로 일어나 예루살렘에 돌아가 보니 열한 사도와 및 그와 함께한 자들이 모여 있어 말하기를 주께서 과연 살아나시고, 시몬에게 나타나셨다 하는지라. 두 사람도 길에서 된 일과 예수께서 떡을 떼심으로 자기들에게 알려지신 것을 말하더라"(눅 24:33-35). 이렇듯 엠마오로 가던 제자들은 자신들만이 아니라, 부활하신 예수님이 제자 시몬에게도 나타나셨다는 사실을 확인하고, 자신들이 예수의 부활을 체험한 것이 환상이 아니라, 역사적 사실임을 확인한다. 이렇게 예수 부활의 소식은 급속도로 예루살렘에 전파되기 시작한다. 그래서 급기야 그 소문은 다메섹까지 전파되어, 그곳에서도 예수의 부활을 믿는 그리스도인들이 생기게 되었다. 특히 스데반 집사의 순교 이후 예루살렘에 예수의 부활을 믿는 사람들에 대한 핍박이 심해지자, 많은 교우들은 유대와 사마리아 모든 땅으로 흩어지게 되었다. 그리고 "그 흩어진 사람들이 두루 다니며 예수 부활에 대한 복음의 말씀을 전하게"(행 8:4) 되었다. 이에 위기를 느낀 그 당시의 대제사장들과 관헌들은 예수의 부활을 전하는 자들을 모두 예루살렘으로 잡아오도록 명령하였다. 대제사장으로부터 예수의 부활을 전하는 자들에 대한 체포 명령을 받은 사울나중에 사도 바울이 됨은 다메섹 여러 회당에 갈 공문을 가지고 다메섹으로 가다가, 직접 부활하신 예수 그리스도의 음성을 듣는다: "사울이 행하여 다메섹에 가까이 가더니 홀연히 하늘로서 빛이 저를 둘러 비추는지라. 땅에 엎드러져 들으매, 소리 있어 가라사대 사울아!, 사울아! 네가 어찌하여 나를 핍박하느냐 하시거늘 .... 나는 네가 핍박하는 예수라"(행 9:3-5). 이 사건으로 인하여 사울, 곧 사도 바울은 예수의 부활현현을 다음과 같이 역사적 사건으로 시인하게 된다:

> "형제들아 내가 너희에게 전한 복음을 너희로 알게 하노니, 이는 너희가 받은 것이요, 또 그 가운데 선 것이라. 너희가 만일 나의 전한 그 말을 굳게 지키고 헛되이 믿지 아니하였으면, 이로 말미암아 구원을 얻으리라. 내가 받은 것을 먼저 너희에게 전傳 하였노니, 이는 성경대로 그리스도께서 우리 죄를 위하여 죽으시고, 장사지낸바 되었다가 성경대로 사흘만에 다시 살아나사, 게바에게 보이시고, 후에 열 두 제자에게와 그 후에 오백여 형제에게 일시에 보이셨나니, 그 중에 지금까지 태반이나 살아있고, 어떤 이는 잠들었으며, 그 후에 야고보에게 보이셨으며, 그 후에 모든 사도에게와 맨 나중에 만삭되지 못하여 난 자 같은 내게도 보이셨느니라"(고전 15:1-8).

이상 앞에서 간략히 살펴본 바와 같이, 원시 기독교 공동체는 예수의 부활을 체험한 사람들과 그들이 전해준 예수 부활을 믿는 사람들의 모임이었음을 알 수 있다. 더 나아가 부활신앙 공동체는 단순히 예수의 부활에 대한 관심에 머무르지 않고, 그 분의 생애에 대하여도 관심을 갖게 되었다. 따라서 원시 기독교 공동체는 예수의 부활 신앙에 기초하여, 한스 큉H. Küng 교수가 이야기하듯이, "그의 기초를 간단히 부활한 예수의 의도와 명령에 둔 것이 아니라, 그리스도의 사건 전체에 두고 있다. 즉 교회는 예수 그리스도 안에 일어난 하나님의 모든 활동, 곧 예수의 탄생과 활동과 제자의 부르심으로부터 시작하여 예수의 죽음과 부활, 그리고 부활하신 그분에 대한 증인들을 향한 성령의 부으심에 이르는 하나님의 모든 활동에 관심을 가지게 되었다."[22] 그래서 그들은 부활하신 예수의 종말론적 기쁨 속에서 함께 먹고 마시면서 공동체의 삶을 영위하며(행 2:42-47), 예수의 십자가의 죽음과 부활에서 그들은 하나님 나라의 새로운 시작을 경험하였다. 이렇듯 예수의 제자들을 중심으로 구성된 원시 기독교 공동체는, 부활 체험에 근거하여, 그 자신들을 하나님께서 '선택하여' '부르신' 종말론적 구원의 공동체로 이해하였다. 이러한 의미에서 교회의 가장 궁극적 기초, 가장 근원적 기초는 예수 그리스도의 부활이라고 말하지 않을 수 없다. 모든 피조물을 위한 그의 죽음과 부활을 통하여 유대인과 이방인의 담이 무너지고 하나님의 새로운 계약의 백성, 곧 그리스도의 부활신앙 공동체가 형성된 것이다. 따라서 교회의 가장 궁극적 기초는 십자가에 달려 죽었고 부활한 예수 그리스도 자신이다. 그리고 교회는 이 모퉁이 돌 예수 그리스도의 부활을 통하여 종말 때까지 성장해 가는 것이다: "여러분이 건물이라면, 그리스도께서는 그 건물의 가장 요긴한 모퉁잇 돌이 되시며, 사도들과 예언자들은 그 건물의 기초가 됩니다. 온 건물은 이 모퉁이 돌을 중심으로 서로 연결되고 점점 커져서 주님의 거룩한 성전이 됩니다. 여러분도 이 모퉁이 돌을 중심으로 함께 세워져서 신령한 하나님의 집이 되는 것입니다"(엡 2:20-21). 그리고 이어서 에베소서는 "너희도 성령 안에서 하나님의 거하실 처소가 되기 위하여 예수 안에서 함께 지어져 가느니라"(엡 2:22)고 말함으로써, 부활신앙 공동체가 성령의 사역 아래 있음을 암시하고 있다.

---

22) H. Küng, Die Kirche, 3.Aufl., 1985, 61.

6. 성령으로 하나된 보편적-우주적 공동체

교회에 대한 정교회, 가톨릭 교회, 성공회의 정통적 입장에 의하면 교직자가 있는 거기에 교회가 있다. 이러한 교회들은 사도계승을 통하여 베드로에게서 주어진 교회의 모든 권한을 이어받은 교직적 교회이다. 그러나 개신교의 입장에 의하면, 교회는 '성도의 공동체' 내지 '신자들의 공동체*Communio Fidelium*' 이다. 즉 교직자가 없어도, 신자들이 있는 거기에는 이미 교회가 있다는 뜻이다. 이것은 교회의 사제나 교직을 중심으로 교회를 규정하는 것이 아니라, 성령의 역사를 중심으로 교회를 규정하는 것이다. 즉 "두세 사람이 내 이름으로 모이는 자리에는, 내가 그들과 함께 있다" (마 18:20)는 말씀에 준하여 교회를 규정하는 것이다. 그렇다면 부활하신 예수는 어떻게 예수의 이름으로 모이는 자리에 함께 하시는가? 그것은 말할 것도 없이 성령의 임재臨在를 뜻하는 것이다. 그래서 루터는, 교회는 눈에 보이는 제도가 아니라, 성도들의 공동체로서의 하나님의 백성이라고 하였다. 더 자세히 말하면, 성령의 능력 아래 있는 성도들의 공동체를 의미한다. 여기서 교회는 "성도들의 모임*Congregatio Sanctorum*"[23]으로 정의된다. 아우구스부르크Augusburg 신앙고백 제7장도 "교회는 복음이 그 속에서 순수하게 설교되며, 성례전이 바르게 집행되는 성도들의 모임이다. 교회의 참된 하나됨을 위하여 복음의 가르침과 성례전의 집행에 동의하는 것으로 충분하다." 이러한 교회에 대한 정의는 성령을 통하여 임재하시는 그리스도께서 이 교회의 주체라는 것이다. 바꾸어 말하면 교회는 단순한

---

23) 칼뱅은 교회를 '성도들의 교통(*Sanctorum Communicatio*)' 혹은 '선택된 자들의 공동체(*Communio Electorum*)' 로 이해한다.

인간의 모임이 아니라, 그리스도께서 교회 공동체로 현존하시는 것이다 Christus als Gemeinde existierend. 즉 그리스도는 교회 안에 계시며, 교회는 그리스도를 닮아 가는 그리스도의 지상적 현존 양식이다. 바꾸어 말하면 그리스도는 성령 가운데서, 성령을 통하여, 성령과 함께 교회 안에 현존하신다. 그리고 또한 그리스도께서 계신 곳에는 그의 아버지 하나님이 성령 가운데 함께 계신다. 그러므로 교회는 삼위일체 "하나님의 집"이요 (고전 3:9; 엡 2:22; 딤전 3:15; 히 3:6), "하나님의 성전" (고전 3:16,17; 고후 6:16)이고, "성령의 전殿"이다(고전 6:19).[24]

그런데 '성전聖殿' 혹은 '전殿' 이라는 신약성서의 개념은 본래 구약성서로부터 유래한 것이다. 이스라엘 민족은 하나님이 그 안에 계실 성전을 지었다. 그런데 참된 성전은 사람의 손으로 지은 것이 아니라, 눈에 보이지 않는 성전, 곧 믿음, 기도, 용서이며 하나님의 나라를 위한 헌신이다. 믿음과 기도와 용서와 헌신이 있는 곳에 참 성전이 있고, 신령과 진리로 예배드리는 곳이 참된 성전이다. 그러므로 참 성전은 신령과 진리로 예배드리는 곳에는 어디에나 있다. 그것은 '공간적인 것' 이 아니라, '영적인 것' 이고, '시간적인 것' 이다. 그것은 돌로 만든 성전이 아니라 '영적 성전' 이다. 이 영적 성전은 예수와 함께 시작되었다. 왜냐하면 예수는 예루살렘 성전을 상대화시키고, 새로운 '영적 성전' 이 자신의 존재와 함께 시작되었다고 가르쳤기 때문이다. 그래서 참된 성전은 사람의 손으로 만든 것이 아니라, 하나님이 그의 영靈을 통하여 지어져 가는 것이다(히 3:2-6; 10:21; 계 21:22). 이러한 의미에서 참된 교회 내지 신앙 공동체는 성령의 능력 아래 있는 하나의 보편적이고 우주적인 교회이다. 그것은 영적

24) *金均鎭*, 『基督敎組織神學 IV』, 연세대학교 출판부, 1993, 103.

인 것, 정신적인 것이지, 물질적인 것이 아니다. 그리고 참된 교회는 소위 성령으로 충만한 사람들로 가득하다는 뜻에서 '성령의 전'이라고 말할 수 있을 것이다.

교회가 성령의 역사Werk 가운데 있다는 것은, 성령의 사역을 통해서 하나님의 말씀이 오늘 나에게 살아 있는 말씀으로 작용하게 되며, 2000년 전에 일어난 예수 그리스도의 사역이 현재화된다는 것이다. 따라서 성령의 역사가 일어나지 않는 교회는 참된 교회가 아니다. 왜냐하면 만일 성령이 역사하지 않는다면, 2000년 전에 일어난 그리스도의 사역은, 단지 과거의 사건으로 화석화化石化되고 말 것이기 때문이다. 한 마디로 말해서 주 예수께서는 성령을 통하여 세상 속에 있는 자신의 몸인 신앙 공동체, 곧 교회를 땅 위에 있는 자신의 역사적 실존 형식으로 세우시고, 그것을 자라게 하시고, 유지하시고, 성도들로 구성된 자신의 공동체를 정돈하시고, 공동체 안에서 일어나는 모든 인간의 일을 정화하고 성화하도록 유지시켜 가신다. 다시 말해서 예수 그리스도의 구원사역은 성령을 통하여 교회 공동체 안에서 완성되어 가는 것이다. 이러한 의미에서 성령의 사역 안에 있는 교회는 모양, 제도, 장소, 시대가 다르다고 해도 하나의 거룩한 보편적인 그리스도의 교회인 것이다.

7. '그리스도 몸'의 각 지체로서 섬기는 공동체

교회가 무엇인가를 서술하는 또 하나의 중요한 신약 성서적 개념인 '그리스도의 몸'은 교회의 공간적 차원을 강조한다. "그리스도의 몸"은 교회 안에 현존하는 그리스도인들 사이의 사귐과 봉사에 대하여 이야기하고 있다. '그리스도의 몸'으로서의 교회 개념은 사도 바울에 의하여 사용된다. 이 개념을 명백하게 교회에 대하여 적용한 것은 고린도전서 12장 12-27절과 로마서 12장 4-8절이다:

> "한 몸에 많은 지체가 있으나, 그 지체들이 다 같은 기능을 가진 것이 아닙니다. 이와 같이 우리도 여럿이지만, 그리스도 안에서 한 몸을 이루고 있으며, 한 사람 한 사람은 서로 지체입니다. 하나님께서 우리에게 주신 은혜를 따라, 우리는 저마다 다른 신령한 선물을 가지고 있습니다. 가령, 그것이 예언이면 믿음의 정도에 맞게 예언할 것이요, 섬기는 일이면 섬기는 일에 힘써야 합니다. 또 가르치는 사람이면, 가르치는 일에, 권면하는 사람이면, 권면하는 일에 힘쓸 것이요, 나누어 주는 사람은 순수한 마음으로, 지도하는 사람은 열성으로, 자선을 베푸는 사람은 기쁜 마음으로 일을 해야 합니다" (롬 12:4-8).[25]

이러한 증언은 교회 공동체의 일원이 어떠한 존재인가를 이야기하고 있다. 신앙 공동체 일원은 모두가 각기 서로 다른 은사(카리스마)를 받은 존재라는 것이다. 따라서 각자는 그 나름대로 타인에게 봉사하기 위해서 하나님으로부터 귀한 은사를 받은 존재다. 그리고 더 나아가 이 명제는, 교회는 지 교회인 동시에 세계교회라는 것을 말하고 있다. 따라서 그리스도의 몸의 각 지체된 성도들은 서로의 협력과 봉사 속에서 그리스도의 몸인

---

25) 그리스도의 몸에 대한 가장 고전적인 구절은 고린도전서 10:16-17, 12:12-21인데, 고린도 지방의 한 특정한 교회 곧 지 교회에 대하여 말하고 있다. 그리고 제2의 바울 서신으로 알려진 에베소서와 골로새서에도 "그리스도의 몸" 개념이 사용되고 있지만 약간의 수정을 보이고 있다. 즉 교회 "머리" 되신 그리스도를 그의 몸된 교회로부터 구분하며 그리스도의 몸이 성장하여 완전하게 된다는 점에서 수정되고 있다.

신앙 공동체를 보전해 가는 것이다. 바꾸어 말해서 교회는 선교와 세상에 대한 섬김을 통하여 영적 세계로 성장해 가는 것이다. 그리고 성도 각자는 성도 상호간의 사랑과 섬김을 통하여 하나의 그리스도의 몸을 형성하는 것이다. 왜냐하면 '그리스도의 몸' 이란, 다른 한편 교회에 속한 모든 지체들의 통일성을 의미하기 때문이다. 특히 유대인과 이방인, 성도와 비-성도들 사이의 내적 결합과 통일성을 가리킨다. 이 통일성은 다양성 안에 있는 한 몸됨을 말한다(고전 12:12-13). 그래서 베버O. Weber 교수는 "그리스도에 속한 사람들은 하나의 사귐을 형성할 뿐만 아니라… 하나의 … 통일성을 형성하고, 예수 그리스도가 이 통일성의 담지자"[26]라고 하였다. 즉 신앙 공동체는 서로의 기쁨과 슬픔, 행복과 불행, 서로의 문제를 함께 나누는 '삶의 공동체', '형제 자매들의 공동체' 가 되어야 한다는 것이다. 왜냐하면 한 교회 안에 있는 교인들은 이 세상 안에 있지만, 한 하나님 아버지께 속한 자녀들이기 때문이다.

그런데 모든 교인들의 사귐과 섬김은 평등한 관계 속에서 이루어져야 한다. 왜냐하면 각 은사는 우열이 있는 것이 아니기 때문이다. 교우들이 하나님으로부터 받은 은사는 다르지만, 그러나 어느 기능도 다른 기능보다 더 높다거나, 우월하다고 말할 수 없다. 오히려 보잘 것없어 보이는 것이 소위 귀하다고 하는 기능들보다 더 중요한 경우가 많다. 그러므로 하나님께서 교우들에게 주신 모든 기능들은 평등하다. 그러므로 교회 안에는 계급이 있을 수 없다(고전 12:14-22). 이와 같이 교인들은 그리스도의 한 몸을 이루는 지체로서 모두 평등하기 때문에, 성직자를 평신도로부터 구분하여, 특별한 성직자 계급을 교회라고 말할 수 없다는 것이다. 따라

---

26) *O. Weber*, Grundlage der Dogmatik II, 611.

서 교회에 대한 어떠한 모양의 '교권주의적 횡포' 도 거부되어야 한다. 또한 그리스도의 몸에 속한 모든 지체들이 평등하기 때문에, 특정한 인종, 지역, 성, 사회적 신분의 사람들이 교회를 지배하는 일이 있어도 안 된다. 하나님 앞에서 모든 교우들은 모두 똑같은 죄인인 동시에 의인이요, 의인인 동시에 죄인이다*semper simul justus et peccator*. 그러므로 교회는 인간적이고 세상적인 모든 장벽을 넘어서야 한다. 교회 공동체의 관리와 통치는 모든 교인들의 것이지, 특정한 부류 사람들의 소유물이 아니다. 즉 사회적 차이(주인과 종), 문화적, 인종적, 민족적 차이(그리스인과 야만인), 자연적 차이(남자와 여자), 이러한 차이들이 교회 안에서 극복되어야 한다. 어떤 사람도 자기가 다른 사람 위에 있는 것으로 착각해서는 안 된다. 그리스도인은 오히려 모든 사람들 아래에서 그들을 섬겨야하는 만인의 종이다.

그러나 신앙 공동체의 각기 다른 은사를 가진 사람들이 서로 섬길 때, 그들은 반드시 그리스도와 한 몸된 관계를 유지해야 한다. 이 말은 어떠한 섬김과 봉사도 인간 자신의 의지에서 나와서는 안 된다는 것이다. 즉 모든 일을 '그리스도의 이름' 으로 행하여야 한다는 것이다. 즉 섬김과 봉사 속에 그리스도가 있어야 하고, 그리스도가 있는 그곳에서 봉사가 이루어져야 한다. 즉 '그리스도의 몸' 인 교회는 그리스도의 영을 통하여 현존하는 그리스도의 삶을 드러내야 한다. 왜냐하면 교회 공동체에 속한 모든 교인들의 몸은, 그들 자신의 것이 아니라, 그리스도의 몸에 속한 지체이기 때문이다(고전 6:15). 이것은 교회가 참된 그리스도의 모습을 이 사회 속에서 나타내어야 할 의무를 말한다. 그리스도인들은 단순히 종교 단체의 일원이 아니라 철저히 '사회 안에 있는 존재', '사회적 존재' 인 것이다. 왜냐하면 그리스도 자신이 '사회 안에 있는 존재', '사회적 역사적 존재' 이었기 때문이다. 이러한 의미에서 교회는 '사회 속에 있는 그리스도의 몸' 이며, '세상의 빛과 소금' 인 것이다.

8. 오늘날 교회의 머리는 누구인가?

전통적으로 많은 신학자들은 교회의 기원을 오순절 사건(행 2:1-21)에서 찾았다. 그런데 오순절 사건에 대한 해석은 다양하다. 지금까지의 오순절 사건에 대한 해석은 일반적으로 구약의 바벨탑 사건(창 11장)과 비교하여 유형론적으로 해석하였다. 오순절 사건은 역 유형론Kontra-Typologie으로 해석하면 바벨탑 사건의 반대 현상이다. 즉 오순절의 사건은 바벨탑 사건으로 분리된 인간의 언어가 하나님 자신성령에 의해서 통일되는 인간과 인간의 화해 사건이며, 동시에 하나님과 인간의 화해 사건으로 해석된다. 그러나 이 사건을 분석해 보면 참된 교회의 머리가 누가 되어야 하는지를 우리는 발견할 수 있을 것이다. 왜냐하면 오늘날 우리 한국 교회는 소위 '교회 머리' 싸움 혹은 '방언 문제' 로 바람 잘 날이 없기 때문이다. 우선 오순절 사건을 다음의 사항에 주목하여 분석해 볼 필요가 있다:

① 이 사건이 언제 일어났는가? 1절에 의하면, 오순절 가까이 이르렀을 때, 15절에 의하면, 제3시, 즉 아침 일찍 일어났다.

② 이 사건이 어디서 일어났는가? 2절에 의하면, '집' 에서 일어난 것 같다. 적어도 많은 사람들이 모일 수 있는 장소였을 것이다. 분명한 것은 성전에서 일어나지 않았다.

③ 누가 성령을 받았는가? 아주 긴밀히 결속된 젊은이들의 무리, 혹은 행

1:15절에서 언급하고 있는 것과 같이, 120문도("모인 무리의 수가 120 명쯤 되더라")

④ 이 사건의 증언자가 누구인가? 2:9-11절에 나타나 있으나, 구체적으로 누구인지는 분명하지 않다. 그런데 여기서 중요한 것은 그리스인이 빠져있다는 것이다.[27]

⑤ 또 하나의 중요한 사건은 15절 이하에 의하면, 참석자 모든 사람들이 자신의 언어로 설교자의 말을 이해할 수 있었다는 언어의 기적이다(참조. 창 11장: 바벨탑). 문제는 방언을 어떻게 해석하느냐 하는 것이다. 혹자는 "무의미한Ungereimtheit" 언행으로, 아니면 9-11 절에 나타나 있는 것처럼 자기 나라 말로서 하나님의 말씀을 듣고 이해("듣는도다")하는 것으로 해석하였다. 오순절 당시 그곳에서 무슨 일이 일어났는지는 아주 명쾌하게 설명되지 않는다. 단지 우리가 이 사건을 통하여 알 수 있는 것은, 교회의 시작은 분명 하나의 보이지 않는 공동체 형성 프로그램에 의해서 이루어졌다는 것이다.[28] 이러한 사도행전의 진술에 대하여 로제Lohse는 말하기를 "누가 전승은 우리에게 단지 사라진 영역만 보여주고 있다"[29]고 평하고 있다.

그러나 여기서 우리가 간과해서는 안될 것은, 이 사건의 주체가 누구이며, 이 사건이 어떻게 일어났는가 하는 것이다. 우선 오순절 사건에 대한 보고인 사도행전 2장 1절 이하는 다음과 같이 시작한다:

---

27) 어떠한 일이 일어났는가에 대한 자세한 설명은: *K.L. Schmidt*, Die Pfingsterzählung und das Pfingstereignis, in: Arbeiten zur Religionsgeschichte des Urchristentums, I,2, Leipzig 1919, 32: "오순절 이야기의 역사적 핵심은 그 사건이 하나의 격분된 군중몰아경(Massenekstase) 속에서 예수의 제자들은 이방의 여러 나라에서 온 유대인과 이방인들의 방언을 통하여 잊을 수 없는 감명을 받았다."

> "오순절이 되어서, 그들은 모두 한 곳에 모였다. 그 때에 갑자기 세찬 바람이 부는 듯한 소리가 하늘에서 나더니, 그들이 앉아 있는 온 집안을 가득 채웠다. 그리고 그들에게 불길이 솟아오르는 것과 같은 혀들이 갈래갈래 갈라지면서 나타나더니, 각 사람 위에 내려앉았다. 그들은 모두 성령으로 충만해서, 성령이 시키는 대로 각기 다른 방언으로 말하기 시작하였다.
> 예루살렘에는 경건한 유대 사람이 세계 각국으로부터 와서 살았다. 그런데 이런 말소리가 나니, 많은 사람들이 모여 와서, 각기 자기네 지방의 말로 제자들이 말하는 것을 듣고서, 어리둥절하였다. 그들은 놀라서, 신기하게 여기며 말하였다: '보십시오, 말하고 있는 이 사람들은 모두 갈릴리 사람이 아니요? 그런데 우리 모두가 저마다 태어난 지방의 말로 듣고 있으니, 어찌 된 일이요? 우리는 바대사람과 메대 사람과 엘람 사람이고, 메사포다미아와 밤빌리아와 이집트와 구레네 근처 리비아의 여러 지역에 사는 사람이고, 또 나그네로 머물고 있는 로마 사람과 유대 사람과 유대교에 개종한 사람과 크레타 사람과 아라비아 사람인데, 우리는 저들이 하나님의 큰 일들을 우리 각자의 말로 이야기하는 것을 듣고 있소' 사람들은 모두 놀라서, 어쩔 줄을 몰라 '이게 도대체 어찌 된 일이오?' 하면서, 서로 말하였다"(행 2:1-12).

우리가 이 보고에 의한 성령 강림 사건을 통상적으로 교회의 기원으로 본다면, 우리는 이 사건의 주체가 누구인지를 먼저 주목해야 할 것이다. 이 본문에 의하면 성령 강림의 사건은 하나님 자신의 사건이다. 하나님 자신의 사건이란, 사건의 주도권을 하나님 자신이 갖고 있다는 것이다. 즉 성령강림 사건은 바로 하나님 자신이 그 당시 모인 사람들에게 스스로 임하

---

28) 참고. *Klaus Engelhardt*, Göttinger Predigt Meditationen 81(1992), 258.

29) *E. Lohse*, Die Bedeutung des Pfingstberichtes im Rahmen des lukanischen Geschichteswerkes, in: EvTh 13, 424.

신 하나님 자신의 주도적 행위Souveränitätsakt라는 것이다. 하나님의 주도적 행위를 우리는 오순절의 아래와 같은 장면보고 속에서 찾을 수 있다: "그 때에 갑자기 세찬 바람이 부는 듯한 소리가 하늘에서 나더니, 그들이 앉아 있는 온 집안을 가득 채웠다. 그리고 그들에게 불길이 솟아오르는 것과 같은 혀들이 갈래갈래 갈라지면서 나타나더니, 각 사람 위에 내려앉았다"(행 2:2-3). 이 성령강림에 대한 장면 보고에서 우리는 우선 '갑자기αφνω'라는 표현을 발견할 수 있다. '갑자기'란, 성령강림을 위하여 인간 편에서, 아니 그 곳에 모인 자들 편에서, 아무런 것도 예측하거나 기대하지 않았다는 것을 뜻한다. 즉 그 곳에 모인 자들 편에서 성령을 받기 위하여 아무것도 예비하지 않았다는 뜻이다. 이 말은 성령강림의 사건이 하나님의 독자적인 행위, 혹은 그분의 일방적인 사건임을 단적으로 표현해 주는 말이다.

'갑자기 혹은 홀연히αφνω'란 표현 속에 담겨진 또 하나의 내용은 하나님의 교회 안에서 주권과 관계된다. 성령강림이 하나님의 독자적이고, 주도적 행위라는 의미에서, 그것으로 인하여 발단된 혹은 생성된 교회의 주도권도 역시 하나님 자신에 속한다는 것이다. 바꾸어 말하면, 교회의 기초에 인간은 아무것도 동참하지 않았다는 것이다. 따라서 교회의 주도권도 인간에게 속하는 것이 아니라, 하나님 자신에게 속하는 것이다. 인간은 교회 설립을 위하여, 힘 주어 기도하지도 않았다. 성령 받기 위하여 인간은 애쓰지도 않았다. 인간은 성령 강림의 사건에 단지 참여한 것뿐이다. 따라서 교회의 주도권 내지는 머리도 인간이나, 제도가 아니라, 하나님 자신이다. 이러한 점에서 "교회의 머리"[30]는 언제든지 예수 그리스도 자신이다. 성령강림은, 인간들이 성령을 받기 위하여 간구한 기도의 응답이 아니라, 예수님이 그의 제자들에게 하신 약속의 성취이다. 왜냐하면 예수님은 성령을 보내주실 것을 약속하셨기 때문이다(요 14:16-17).[31] 성령강림이 예수 그리스도가 제자들에게 행하신 약속의 성취라면, 세계 공의회, 제도화된 교회, 개신교의 당회, 제직회, 교황, 목사, 장로, 심지어는 평신도까지도 교회의 주인은 아니다. 더욱이 그들이 교회의 머리가 될 수 없다.

본문에 의하면, 베드로조차도 성령강림 사건에 아무런 협조도 행하지 않았다. 베드로는 단지 이 사건의 해석자에 불과하다. 그는 성령강림의 사건을 요엘 선지자를 통하여 예언하신 사건이 성취된 것이라고 해석한다.[32] 베드로가 성령강림을 요엘 선지자의 예언이 성취된 것으로 해석함으로써 성령강림 사건을 종말론적으로 해석한다. 이러한 해석은 당시의 묵시문학적 종말단체들의 사고에 접근한다. 말세에 하나님이 자신의 영을 부어 줄 것이라는 사고는 유대 묵시문학 내지는 종말단체의 기본 신앙내용이었기 때문이다. 어찌되었든 성령강림의 사건 속에서 베드로는 아무 역할도 하지 않았다는 것이다. 따라서 그도 역시 교회의 머리도, 주인도 아니다. 교회의 주인이요, 머리는 분명 그 곳에 모인 사람들 "위에" 임하신 하나님(성령) 자신이다. 이를 성서는 아주 자세히 그림으로 보여주듯 설명하고 있다: "홀연히 하늘로부터 급하고 강한 바람 같은 소리가 있어 저희 앉은 온 집에 가득하며, 불의 혀같이 갈라지는 것이 ... 각 사람 위에 임하여 있더니 ... ." 이 국면을 "두세 사람이 모인 곳에 내가 함께

30) 골로새서 1장 18절: "그는 몸인 교회의 머리라 그는 근본이요, 죽은 자들 가운데서 먼저 나신 자니 이는 친히 만물의 으뜸이 되려 하심이요"

31) 요한복음 14장 16-17절: "내가 아버지께 구하겠으니, 그가 또 다른 보혜사를 너희에게 주사 영원토록 너희와 함께 있게 하시리니, …"

32) 이점에 있어서 요한의 신학과 사도행전의 신학의 차이점이 있다. 베드로는 성령강림 사건을 구약의 예언이 성취된 것으로 보는 반면에, 요한 공동체는 성령사건을 예수의 약속이 있었던 것으로 기술한다. 요한의 신학은 성령강림과 예수 그리스도를 결합시키고자 하는 요한 공동체의 작업이라고 볼 수 있다.

하리라" 약속하신 예수의 증언과 관련시켜 본다면, 분명 그 곳에 모인 사람들 '위에' 임하신 분은 성령 곧 하나님의 영이시며, 아들의 영이시다. 따라서 교회의 머리도 하나님의 영이며, 그리스도의 영이시다.[33)]

그런데 오늘날 교회의 머리에는 인간이 앉아 있다. 제도적 교회의 머리에는 로마 교황敎皇이 앉아 있든지, 공의회公議會가 앉아 있다. 그리고 개신교 교회는 -특히 한국교회는- 목사, 장로, 평신도, 혹은 이념, 혹은 종교적 열광주의가 앉아 있다. 그러나 이들은 교회가 처음 설립될 때 아무런 역할을 하지 않았다, 그럼에도 불구하고 엄연히 교회에서 머리 행세를 하려고 하고 있다. 교회의 건축 헌금을 많이 하였다고 하여, 교회 개척 당시 예배 장소를 제공하였다 하여, 교회의 설립자가 될 수는 없다. 특히 한국의 모 교단에는 칼빈주의가, 루터 전통의 교회는 루터주의가 이념적으로 앉아 있다. 루터가 종교개혁 당시 로마 교황을 비난하여 말하였듯이, 이러한 이념도 일종의 종교적 폭군이며, 우상이다. 성서는 분명히 보고하고 있다. 교회의 기초를 놓은 성령강림 사건은 바로 하나님의 주도적-주체적 행위der initiative Souveränitätsakt Gottes였다.

교회의 개혁은 교회의 머리 위에 있는 자들이 하나님과 그리스도의 영, 곧 성령으로 대치될 때에 가능한 것이다. 즉 교회의 머리 위에 앉아서 교회를 좌지우지하는 사람, 제도, 이념 등을 그리스도의 영으로 대치시키는 것이 바로 교회 개혁이다. 루터의 종교 개혁은 이 교회 위에 앉아 있는 교황과 공의회 제도를 "하나님 말씀"[34)]으로 대치시킨 것이라고 볼 수 있다. 오늘날도, 이 교회의 머리 위에 앉아 있는 자들을 참된 그리스도의 영, 하나님의 영으로 대치시키는 일이 필요하다. 이것이 참된 종교 개혁의 정신

---

33) 비교. 에베소서 5장 23절: "그리스도께서 교회의 머리이심과 같이 … 그리스도께서는 그 분의 몸인 교회의 주인이십니다."

을 계승하는 것이고, 교회를 초대 교회의 모습으로 회복시키는 것이다. 참된 교회는 그 머리 위에 그리스도의 성령이 머물러야 하는 것처럼, 참된 그리스도인도 그 속에 참된 그리스도의 영이 임한 자이다. "누구든지 그리스도의 영이 없으면, 그리스도의 사람이 아니라"(롬 8:9)고 사도 바울이 말하고 있는 것처럼, 그리스도인도 그 속에 참된 그리스도의 영이 있어야 한다. 참된 교회가 오순절 사건처럼 각 사람 '위에' 성령이 임함으로써 시작되었다면, 참된 성도도 역시 '그 속에' 그리스도의 영을 가짐으로써 참된 그리스도인이 되는 것이다. 그러므로 교회의 머리로서의 그리스도, 오순절 사건 때 모인 자들의 머리 '위에' 임한 성령, 그리고 "그리스도의 영"을 가진 사람으로서의 참된 그리스도인 이 셋은 그 내용에 있어서 일치점을 갖는다.

이에 상응하게 사도 바울은 교회를 그리스도의 몸으로 비유하고, 성도를 그리스도의 각 지체로 비유하였다: "너희는 그리스도의 몸이요, 지체의 각 부분이다"(고전 12:27); "몸의 지체가 많으나 한 몸인 것처럼 그리스도도 그러하니라"(고전 12:12). 분명 몸의 머리에는, 그 자신의 영 곧 성령이 거하는 것이다. 이러한 유비적類比的 해석은 '성령강림'에 대한 베드로의 해석 속에서 분명히 드러난다. 베드로는 요엘 선지자의 예언을 다음과 같이 인용한다: "하나님이 가라사대 ... 내 영으로 모든 육체에 ... 그 때에 내가 내 영으로 내 남종과 여종에게 부어 주리니, 저희가 예언할 것이요 ..."(행 2:17-18). 사도 바울이 성령의 각종 은사를 성령의 강림과

34) 마르틴 루터(M. Luther)는 당시 성도들을 제도적으로 묶어 놓았던 로마 교회의 일곱 가지 성례를 "바벨론 포로"라고 명하고, 오직 세례와 성만찬을 참된 성례로 주장하였다. 그리고 그의 신앙의 원리를 "오직 성서로만(*sola scriptura*)"을 종교개혁의 원리로 채택하였다. 이는 곧 "오직 말씀으로만"이라는 원리 이외에 다른 것이 아니다.

연결시키고 있는 것은, 베드로가 요엘 선지자의 예언을 성령강림과 연결시킨 것보다 진進 일보一步 발전된 해석으로 보아야 할 것이다. 결국 교회를 그리스도의 몸으로 비유한 것과 상응하게 성령강림의 역사는 각 사람 '위에' 임하였고, 그 지체로는 '그 속에' 임하였다.

교회에 대한 이러한 초대 교회 교우들의 해석은, 그들이 자신들을 가리켜 칭하는 명칭들 속에서 분명하게 드러난다. 그들은 자신들을 "거룩한 자들 ἅγιοι"[35](고전 6:2; 16:1)이라고 불렀다. 그리고 초대교회 교우들은 자신들을 또한 "선택된 자ἐκλετοι"(롬 8:33; 벧전 1:1), "부름 받은 자κλητοί"(롬 1:6; 고전 1:2,4 그리고 자주 "κεκλημένοι": 히 9:15), 그리고 또한 "가난한 자들πτωχοί"로 표현하였다. 그래서 때때로 쿰란 공동체의 사람들은 "가난한 자들"로 불려졌다1 Qp. Hab XII, 3,6,10. 바울이 이방 기독교 공동체 안에서 예루살렘 공동체를 위하여 모금을 하였다. 이 헌금을 "성도 중 가난한 자들πτωχοὺς τῶν ἁγίων"(롬 15:26)을 위한 것이라고 로마서는 표현하고 있다. 그 때 'πτωχοί' 는 성도들 가운데 '가난한 자' 를 가리킨다. 분명한 것은, 초대 교회 신앙 공동체는 '가난한 백성들의 공동체' 였다는 것이다. 이 말은 초대 교회 교우 모두가 '가난한 사람' 들이라는 뜻은 아니다. 이 말은 초대 교회 공동체 속에는 분명 '가난한 자들' 이 많이 있었다는 것이다. 왜냐하면, 사도 바울이 이방 교회에서 헌금을 하여 예루살렘 교회 공동체에 보낸 것은 결코 종교세나 교회세로 바친 것은 아니었기 때문이다. 그 헌금은 분명 예루살렘 교회 공동체에 있는 '가난한 자들' 을 위

---

35) 그런데 본래 이 말은 세속적인 의미로 사용되었던 것인데, 나중에 하나님에 대하여 사용하게 된 것이다. 따라서 "ἅγιοι"의 단수형 "ἅγιος"는 서술어(Prädikat)가 아니다. 본래 "ἅγιος"는 "의롭다"는 뜻이다. 즉 도덕적으로 책망할 것이 없는 사람을 가리켜 사용하였다. 그러나 이것이 하나님의 뜻을 행하는 자를 가리키는 것으로 표현하게 되었다.

한 이방 교회 교우들의 정성어린 헌금이었다. 따라서 초대 교회 공동체는 결코 부유한 공동체가 아니었음이 분명하다.

이방 교회가 예루살렘 교회 '가난한 자' 들을 위하여 헌금을 하였다는 사실은, 초대 교회는 이방 교회와 예루살렘 교회가 서로 분리되지 않았다는 사실을 시사해 준다. 즉 이방 교회 공동체는 예루살렘 교회 공동체에 성금을 보냄으로써, 이방 교회 공동체가 결코 예루살렘 교회 공동체와 동떨어져 있지 않다는 의식을 확인하였으며, 또 그 자신들의 공동체 의식을 헌금을 통하여 시사하였다. 동시에 예루살렘 교회 공동체는 이방 교회 공동체에 성금을 부탁함으로써, 이방 교회 공동체가 예루살렘 교회 공동체와 별개의 교회가 아님을 인식시키고자 하였다. 이러한 연관성 내지는 연대성 속에서 안디옥에 있는 이방 교회 공동체 지도자들에게도 '그리스도인' 이란 명칭이 붙여지기 시작하였다: "그를 만나 안디옥으로 데려왔다. 두 사람은 일년 동안 줄곧 거기에 머물면서, 교회에서 모임을 가지고 많은 사람을 가르쳤다. 제자들은 안디옥에서 처음으로 '그리스도인' 이라고 불렸다"(행 11:26).

이방 교회 공동체와 예루살렘 교회 공동체 사이에 "가난한 자"에 대한 사랑으로 뭉쳐진 초대 교회 공동체의 연대성 속에는 구약 성서적 전통 내지는 구약 성서에 의한 역사적 연대성이 기초되어 있었다. 즉 초대 교회와 이방 교회 공동체는 자신들을 구약 성서적 전통에 있다고 인식하고 있었다.[36] 그래서 그들은, 자신들이 이스라엘의 역사적 계열에 속해 있다고 의식하고 있었다. 이방 교회 공동체는 이러한 자신의 정체를 서술적 표현

36) 가난한 자에 대한 구제와 사랑은 이스라엘의 율법으로 규정하고 있다: 신 24:19-21, 15:7-11, 23:15-16, 22:8, 25:4, 20:19. 이러한 율법에 공통적으로 나타나는 것은 고아, 과부, 나그네에 대한 사랑을 규정하고 있는 것이다. 이 점에 관하여 : *장일선*, 『구약성서와 현대생활』, 대한기독교서회, 1995, 222ff.

을 통하여 강조하였다. 즉 그들은 자신들을 "하나님의 이스라엘"(갈 6:16), "흩어져 있는 12지파"(약 1:1; 벧전 1:1), "왕같은 제사장이요, 거룩한 백성이요, 하나님의 소유된 백성"(벧전 2:9)으로 인식하였다. 따라서 이들은 시내산에서 이스라엘 백성에게 약속되어진 하나님의 언약이 - "너희의 나라는 나를 섬기는 제사장 나라가 되고, 너희는 거룩한 민족이 될 것이다. 너는 이 말을 이스라엘 자손에게 일러 주어라"(출 19:6) - 자신들에게 더 나아가 이방 교회 공동체에까지 아직도 유효하다고 생각하였다.

Ⅲ
예배란 무엇인가?

1. 예배는 하나님의 구원 사건에 대한 감사행위이다

예배가 무엇인가? 하는 질문은, 우리가 하나님의 구원의 역사를 경험한 다음에 무엇을 해야할 것인가? 에 대한 답변이라고 볼 수 있다. 왜냐하면 예배는 인간에게 구원의 역사를 베푸신 하나님께서 요구하신 것이기 때문이다. 야웨 하나님은 모세에게 이스라엘을 애굽에서 구원해 낸 이후에, 시내Sinai 산에 와서 야웨를 예배할 것을 요구하신다. 이점에 대하여 성경은 다음과 같이 기술하고 있다:

> 하나님이 대답하셨다. "내가 너와 함께 있겠다. 네가 이 백성을 이집트에서 이끌어 낸 다음에, 너희가 이 산 위에서 하나님을 예배하게 될 때에, 그

것이 바로 내가 너를 보냈다는 징표가 될 것이다"(출 3:12; 보강 19:1).

이와 상응하게 야웨 하나님은 모세에게 너는 애굽 왕 바로Pharao에게 가서 이스라엘 사람들이 그들의 조상 야웨를 섬길 수 있도록 요구하라고 말씀하신다: "여호와께서 모세에게 이르시되, 너는 바로에게 가서 그에게 이르기를, 여호와의 말씀에 내 백성을 보내라, 그들이 나를 섬길 것이니라"(출 8:1, 20a). 이러한 야웨 하나님의 말씀에 순종하여 모세는 애굽 왕 바로에게 가서, 이스라엘 백성들이 광야에 가서 그들의 조상 야웨에게 예배할 수 있도록 허락해 줄 것을 요청한다. "그바로, 필자 주에게 이르기를 히브리 사람의 하나님 여호와께서 나를 왕에게 보내어 이르시되, 내 백성을 보내라. 그들이 광야에서 나를 섬길 것이니라"(출 7:16); "히브리 사람의 하나님 여호와께서 말씀하시기를, 내 백성을 보내라! 그들이 나를 섬길 것이니라"(출 9:1). 이 말씀은 여호와 하나님께서 모세에게 전하라고 하신 말씀이다. 이것이 출애굽을 인도하신 야웨 하나님의 의지이다. 그리고 이 말씀은 출애굽이라는 구원의 역사를 경험한 이스라엘 사람들이 하나님께 대하여 어떻게 해야 하는지에 대하여 가르쳐 주는 말씀이다. 이 말씀에 의하면, 구원받은 자들이 마땅히 해야할 의무는 '하나님을 섬기는 것' 이다. 다시 바꾸어 말하면, 하나님은 이스라엘 백성들에게 경배 받기 위해서 이스라엘 사람들을 애굽의 고통에서 구원해 내셨다는 것이다.[1] 이것은 구원자 하나님의 본래적인 의도이며, 하나님의 은혜를 경험한 사람

1) 우리가 주기도문으로 기도할 때에, "이름이 거룩히 여김을 받으시오며"라고 기도하는 것도, 결국 모든 하나님의 구원사역은, 바꾸어 말하면 하나님께서 우리에게 은혜를 베푸시는 것은 하나님의 이름이 영광을 받기 위한 것과 상응한다. 그래서 주기도문에서 "이름이 거룩히 여김을 받으시오며"라는 기도는, '하나님 우리의 기도를 들어주시어, 우리를 통하여 당신의 이름이 영광을 받도록 해 주옵소서!' 라는 의미이다.

들이 의당히 해야할 의무이다. 그래서 하나님의 은총을 경험하고 난 사람들은, 혹은 하나님의 구원의 은혜를 경험한 사람들은 단壇을 쌓고 하나님께 예배를 드렸다. 이와 같은 사실을 우리는 우선 노아에게서 발견할 수 있다. 노아는 세상의 멸망이라는 하나님의 심판으로부터 구원을 받고 난 다음에, 이를 감사하여 하나님께 제단을 쌓고 감사의 예배를 드린다:

> "모든 짐승, 모든 길짐승, 모든 새, 땅 위에 기어다니는 모든 것도, 그 종류대로 방주에서 바깥으로 나왔다. 노아는 주하나님 앞에 제단을 쌓고, 모든 정결한 집짐승과 정결한 새들 가운데서 제물을 골라서, 제단 위에 번제물로 바쳤다. 주께서 그 향기를 맡으시고, 마음 속으로 다짐하셨다. '다시는, 사람이 악하다고 하여서, 땅을 저주하지는 않겠다'"(창 8:19-21a).

이러한 진술은, 노아가 하나님의 말씀을 듣고 순종하여 방주를 만들어, 모든 짐승과 자기의 가족이 방주로 들어가, 홍수의 심판으로부터 구원을 경험한 다음에 - 비록 본문에는 '감사하여' 라는 말은 없지만 - 이를 감사하여 하나님께 제단祭壇을 쌓고 감사제를 드렸음을 암시해 준다. 아브람Abram도 갈대아 우르Ur에서 하나님의 말씀을 듣고, 자신의 고향을 떠나, 하나님이 지시하신 땅에 이르게 되었을 때, 하나님께서 자신에게 나타나 "내가 너의 자손에게 이 땅을 주겠다"(창 12:7a)고 약속해 주셨을 때, 이를 감사하여 하나님께 제단을 쌓고 감사제를 드린다: "아브람은 거기에서 자기에게 나타나신 주께 제단을 쌓아서 바쳤다"(창 12:7b). 뿐만 아니라, 아브람은 광야의 긴 여정을 무사히 마치게 된 것을 감사하여 하나님께 감사의 제단을 쌓는다:

"아브람은 또 거기에서 떠나, 벧엘의 동쪽에 있는 산간 지방으로 옮겨가서, 장막을 쳤다. 서쪽은 벧엘이고, 동쪽은 아이이다. 아브람은 거기에도 제단을 쌓아서, 주께 바치고, 주의 이름을 부르며 예배를 드렸다"(창 12:8).

이와 동일하게 야곱도 감사제를 쌓는다. 그는 자신의 형 에서Esau에게 쫓겨 하란Haran을 향하여 가다가 어느 곳에 이르렀다. 그때 해가 저물어, 그는 어느 곳에서 하룻밤을 지내게 되었다. 그 때에 꿈 중에 하나님이 야곱에게 나타나셔서, "네가 지금 누워 있는 이 땅을, 내가 너와 너의 자손에게 주겠다"(창 28:13)고 축복하신다.[2] 이러한 하나님의 축복을 받은 "야곱은, 다음날 일찍이 일어나서, 베게 삼아 벤 그 돌을 가져다가 기둥으로 세우고, 그 위에 기름을 붓고"(창 28:18)[3] 하나님께 예배를 드린다. 그러나 야곱은 하나님께 드릴 제물이 없어서, 하나님께 대한 다음과 같은 "감사의 서원"으로 제물을 대신한다:

"하나님께서 저와 함께 계시고, 제가 가는 이 길에서 저를 지켜 주시고, 먹을 것과 입을 것을 주시고, 제가 안전하게 저의 아버지 집으로 돌아가게 해주시면, 주님이 저의 하나님이 되실 것이며, 제가 기둥으로 세운 이 돌

---

2) 창 28:13-15: "주께서 그 층계 위에 서서 말씀하셨다. 나는 주, 너의 할아버지 아브라함을 보살펴 준 하나님이요, 너의 아버지 이삭을 보살펴 준 하나님이다. 네가 지금 누워 있는 이 땅을, 내가 너와 너의 자손에게 주겠다. 너의 자손이 땅의 티끌처럼 많아질 것이며, 동서남북 사방으로 퍼질 것이다. 이 땅 위의 모든 백성이 너와 너의 자손 덕에 복을 받게 될 것이다. 내가 너와 함께 있어서, 네가 어디로 가든지, 너를 지켜 주며, 내가 너를 다시 이 땅으로 데려 오겠다. 내가 너에게 약속한 것을 다 이루기까지 내가 너를 떠나지 않겠다."

3) 여기서 "기름을 부었다"는 것은, 번제로 드릴 희생제물이 없어 단지 기름을 부어 하나님께 예배를 드린 것으로 해석될 수 있다. 이러한 사실은, 그 다음 이어지는 야곱의 서원 속에 분명히 드러난다.

이 하나님의 집이 될 것이며, 하나님께서 저에게 주신 모든 것에서, 열의 하나를 하나님께 드리겠습니다"(창 28:20-22).[4]

하나님의 은총과 구원 역사에 대한 감사로서의 예배감사제, 혹은 번제 전통은, 이스라엘 백성들이 그 조상들에게 약속하신 하나님의 축복이 – 더 자세히 말하면 가나안 땅에 대한 축복과 자손의 번성에 대한 축복 – 완전히 성취된 가나안 땅에서 민족 전체에 의해서 정착되어진다. 그들은 이스라엘 조상 때부터 시작하여 가나안 땅에 정착하기까지의 모든 역사를 하나님의 돌보심과 인도하심으로 고백하고, 이에 감사하여 다음과 같이 감사제로 예배를 드린다:

"너희는 주 너희의 하나님 앞에서 다음과 같이 아뢰어라, '내 조상은 떠돌아다니면서 사는 아람 사람으로서 몇 안 되는 사람을 거느리고, 이집트로 내려가서, 거기에서 몸 붙여 살면서, 거기에서 번성하여, 크고 강대한 민족이 되었는데, 이집트 사람이 우리를 학대하며 괴롭게 하며, 우리에게 강제노동을 시키므로, 우리가 주 우리 조상의 하나님께 살려 달라고 부르짖었더니, 주께서 우리의 울부짖음을 들으시고, 우리가 비참하게 사는 것과 고역에 시달리는 것과 억압에 짓눌려 있는 것을 보시고, 강한 손과 편 팔과 큰 위엄과 이적과 기사로 우리를 이집트에서 인도하여 내시고, 주께서 우리를 이 곳으로 인도하셔서, 이 땅, 곧 젖과 꿀이 흐르는 땅을 우리에게 주셨습니다. 주님, 주께서 내게 주신 땅의 첫 열매를 내가 여기에 가져 왔

4) 여기서 우리가 오해해서는 안 될 것은, 하나님의 야곱에 대한 축복이 야곱의 서원보다 앞선다는 것이다. 야곱은 하나님의 축복의 약속을 받고서도 감사의 번제로 드릴 것이 없어서, 단지 기름만 붓고, 나중에 열의 하나를 감사의 예물로 드릴 것을 약속한 것이다. 다시 말해서 야곱이 먼저 "열의 하나"를 하나님께 약속했기 때문에, 하나님이 야곱을 축복한 것이 결코 아니다.

습니다. 그리고 너희는 그것을 주 너희의 하나님 앞에 놓고, 주 너희의 하나님께 경배드리고, 레위 사람과 너희 가운데 사는 외국 사람과 함께, 주 너희 하나님이 너희와 너희의 집안에 주신 온갖 좋은 것을 누려라"(신 26:5-11).

이러한 증언에 의하면, 가을에 땅의 첫 열매로 하나님께 경배예배드리게 된 근본 이유로서, 이스라엘 사람들은 오랜 세월 하나님께서 그의 조상 때부터 그들을 구원해 주신, 특히 이집트의 고난으로부터 해방시켜 주신, 구원 사건Heilsgeschehen을 고백하고 있다.[5] 이상 앞에서 살펴본 바와 같이, 예배는 하나님의 구원 사역에 대한 감사의 경배라고 말할 수 있다. 이러한 의미를 가진 예배는 귀신鬼神의 진노를 달래기 위한 무속巫俗의 한恨풀이나, 죽은 자를 추모하는 제사祭祀와는 거리가 멀다. 기독교의 예배는 하나님의 은총과 구원사건에 대하여 기쁜 마음으로 감사하는 종교적 제의, 곧 하나님과의 사귐Gemeinschaft이며, 감사의 축제이다.

이러한 구약 성서적 예배의 의미는 신약 성경에서도 동일하게 나타난다. 어느 날 오후 3시쯤 되었을 때, 베드로와 요한은 성전으로 올라가고 있었다. 그 때에 나면서부터 앉은뱅이가 성전 문 곁에서 구걸하고 있었다. 그 때에 앉은뱅이는 베드로와 요한을 그냥 빤히 쳐다보고만 있었다. 앉은뱅이를 불쌍히 여긴 베드로와 요한은 그 앉은뱅이에게 말하기를 "은과 금은 내게 없으나, 내게 있는 것을 그대에게 주니, 나사렛 예수 그리스도의

---

5) 여기서 이미 예배의 요소들이 하나 둘 드러나기 시작한다. 즉 예배 속에는 신앙고백이 있었다는 것이다. 신명기 26장 5-9절은 이스라엘 백성의 전형적인 최초의 신앙고백이다. 그리고 예배 때, 사람들은 하나님께 감사하는 뜻에서 예물을 바쳤다는 것이다. 그리고 그 예물은 가난하고 어려운 사람 그리고 제사장 지파인 레위 사람(오늘의 목회자)과 함께 나누었다는 것이다.

이름으로 일어나 걸으시오! 하고, 앉은뱅이의 오른 손을 잡아 일으켰다. 그러자 그는 즉시 다리와 발목에 힘을 얻어, 벌떡 일어나서 걸었다. 그는 걷기도 하고, 뛰기도 하면서 하나님을 찬양하였다”(행 3:6–8). 그리고 베드로와 요한과 함께 성전에 들어갔다. 이러한 사건 속에서 우리는, 앉은뱅이가 아무런 노력 없이 베드로와 요한을 통하여, 예수의 이름(요 16:23)[6]을 통한 구원을 경험하고, 감사해서 걸으면서, 혹은 뛰면서 하나님을 찬양하는 모습을 발견하게 된다. 이렇게 예배는 하나님께 혹은 예수 그리스도를 통하여 받은 은혜에 대하여 인간 편에서 감사하는 신앙적인 응답행위이다. 그 응답은 제물로서, 혹은 찬양으로, 혹은 감사의 기도로, 혹은 삶을 통한 각종의 봉사로 표현될 수 있다. 한 마디로 말해서 예배는 하나님으로부터 받은 은혜에 대하여 감사하는 마음에서 우러나오는 신앙적 응답행위라는 것이다. 그렇다 예배는 신神의 분노忿怒를 달래기 위해서 드리는 제사행위도 아니고, ‘지성至誠이면 감천感天’ 이라는 말처럼, 신의 축복을 받아내기 위해서 먼저 정성精誠이나 공恭을 드리는 것도 아니다. 기독교의 예배는, 하나님께 받기 위해서 결코 “먼저 하나님께 드리는 것*do ut des*”(롬 11:35)[7]이 아니다. 예배는 하나님의 영광을 위해서 하나님 스스로가 정하신 것이고, 인간은 다만 하나님의 구원 역사에 감사로 응답하는 것이다. 즉 예배의 시원적ursprünglich 주도권은 하나님께 있는 것이지, 인간에게 있는 것이 아니다. 이러한 의미에서 본다면, 예배에 참석할 수 있는 것 자체가 은혜이다.

---

6) “내가 진실로 진실로 너희에게 이르노니, 너희가 무엇이든지 아버지께 구하는 것을 내(예수의, 필자 주) 이름으로 주시리라”(요 16:23).

7) 롬 11:35: “누가 먼저 주께 드려서 갚으심을 받겠느뇨”

2. 예배의 약사

원시 기독교 공동체 예배의 기본적인 의미는 예수님의 부활을 기념하는 것이었다. 따라서 공동체 교우들은 안식일Sabbath에 예배를 드리던 회당예배 전통을 바꾸어, 예수님의 부활을 기념하여 일요일에 예배를 드리게 되었다. 왜냐하면 예수님께서 안식 후 첫날 부활하셨기 때문이다. 그래서 원시 기독교 공동체는 일요일을 주님의 날, 곧 '주일主日, Χυριακη ἡμέρα' 로 바꾸어 부르게 되었다. 그리고 원시 기독교 공동체 예배 중 가장 중심적인 것은 성만찬이었다. 이 때의 예배는 말씀선포설교가 없었다.[8] 원시 기독교 공동체에 '말씀선포, 곧 설교' 가 없었던 것은, 사도들이 하나 둘 순교를 당하여 죽어갔기 때문이라는 해석도 있지만, 증명할 만한 근거가 없다. 아마도 그 때만 해도 아직은, '예수의 재림이 곧 있을 것이라는 기다림' (참고 살전 1:10)[9] 속에서 있었기 때문에, 성만찬 제정 당시 예수님께서 하신 말씀: "너희가 다 이를 행하여 나를 기념하라"는 말씀에 따라서 단지 함께 성만찬만을 나누지 않았나 생각된다. 이렇게 원시 기독교 공동체는 유대교 회당 예배에 예수님께서 계속하라는 성만찬을 추가하여 예배를 드렸다: "저희가 사도의 가르침을 받아 서로 교제하며, 떡을 떼며 기도하기를 전혀 힘쓰니라"(행 2:42). 즉 토라Torah를 읽고,[10] 시편으로 기도를 드리고, "너희

---

8) 사도행전 2장에 보면 베드로의 설교가 나오는 것으로 보아, 원시 기독교 공동체의 예배에 설교가 있었던 것으로 추측할 수도 있으나, 베드로나 스데반의 설교는 선교를 위한 것이었지, 매 주일 공식적인 예배 때 행하여진 것은 아닌 것으로 해석되고 있다.

9) 살전 1:10: "또 죽은 자 가운데서 다시 살리신 그의 아들이 하늘로부터 강림하심을 기다린다 말하니"

10) '토라(Torah)' 는 '율법' 이라는 뜻을 가지고 있으며, 구약 성경의 오경(五經), 곧 창세기, 출애굽기, 레위기, 민수기, 신명기를 뜻한다. 본래는 한 권의 책으로 되어 있는 것을 LXX(70인 번역본)에서 5권의 책으로 분권(分券)하였다.

는 이를 행하여 나를 기념하라"(눅 22:19)는 예수님의 성만찬 제정의 말씀에 따라서 떡을 떼며 나누는 성만찬을 행하였다. 그런데 토라와 시편을 낭독하는 유대교 회당 예배 전통은 누구든지 참석하였지만, 성만찬 예배는 세례 받은 사람들만이 참석하였다. 이러한 성만찬 예배를 통하여 '신앙 공동체'는 하나의 '식탁 공동체'가 되었다. 이를 통하여 원시 기독교 교우들은 하나의 "성만찬 공동체"(고전 10:16-18)[11]뿐만 아니라, 더 나아가 공동체적 '삶의 공동체'를 형성하였다. 이때의 교우들의 '성만찬과 삶을 통한 공동체 예배'를 성경은 다음과 같이 기술하고 있다:

"저희가 사도의 가르침을 받아 서로 교제하며, 떡을 떼며, 기도를 전혀 힘쓰니라. … 믿는 사람이 다 함께 있어 모든 물건을 서로 통용하고, 또 재산과 소유를 팔아 각 사람의 필요를 따라 나눠주고, 날마다 마음을 같이 하여 성전에 모이기를 힘쓰고, 집에서 떡을 떼며, 기쁨과 순전한 마음으로 음식을 먹고, 하나님을 찬미하며 …"(행 2:42-47a).

그러다가 성만찬 예배에 문제가 생기기 시작하였다. 즉 성만찬이 무분별하게 이루어지고, 교우들 사이에 많이 가진 자와 적게 가진 자 사이에 위화감이 생기기 시작하였다. 이 때의 상황을 사도 바울은 다음과 같이 책망한다:

"내가 명하는 이일에 너희를 칭찬하지 아니하나니 이는 저희의 모임이 유익이 못되고, 도리어 해로움이라. 첫째 너희가 교회에 모일 때에 너희 중

11) 고전 10:16-18: "우리가 축복하는바 축복의 잔은 그리스도의 피에 참여함이 아니며, 우리가 떼는 떡은 그리스도의 몸에 참여함이 아니냐, 떡이 하나요, 많은 우리가 한 몸이니, 이는 우리가 다 한 떡에 참여함이라."

에 분쟁이 있다 함을 듣고 대강 믿노니, 너희 중에 편당偏黨이 있어서 너희 중에 옳다 인정함을 받은 자들이 나타나게 되리라. 그런즉 너희가 함께 모여서 주의 만찬을 먹을 수 없으니, 이는 먹을 때에 각각 자기의 만찬을 먼저 갖다 먹으므로 어떤 이는 시장嘶腸하고, 어떤 이는 취함이라. 너희가 먹고 마실 집이 없느냐, 너희가 하나님의 교회를 업신여기고, 궁핍한 자들을 부끄럽게 하느냐, 내가 너희에게 무슨 말을 하랴, 너희를 칭찬하랴, 이것으로 칭찬하지 않노라"(고전 11:17-22). 이어서 사도 바울은 '성만찬의 의미'를 다음과 같이 설명한다: "내가 너희에게 전하는 것은, 주께 받은 것이니, 곧 주 예수께서 잡히시던 밤에 떡을 가지사, 축사하시고, 떼어 가라사대, 이것은 너희를 위하는 내 몸이니, 이것을 행하여 나를 기념하라 하시고, 식후에 또한 이와 같이 잔을 가지시고 가라사대, 이 잔은 내 피로 세운 새 언약이니, 이것을 행하여 마실 때마다 나를 기념하라 하셨으니, 너희가 이 떡을 먹으며, 이 잔을 마실 때마다, 주의 죽으심을 오실 때까지 전하는 것이니라"(고전 11:23-26).[12)]

이러한 '성만찬 예배'의 문제점으로 인하여 속續 사도司徒들 그리고 교부들이 교회의 지도자들로 활동하면서, 교우들은 사제가 예배를 평신도보다 더 잘 드린다고 생각하게 되었다. 그래서 교우 모두가 참여하는 원시 기독교 공동체의 성만찬 예배는 초대 교회의 사제들에 의한 '미사Mass'로 변하기 시작하였다. 이러한 '미사' 형태의 예배는 중세 때까지 계속된다. 그러나 중세 때 교우들은 단지 예배의 구경꾼에 불과하였다. 왜냐하면 교우들은, 전 교우가 함께 참여하는 성만찬 대신, 제단에서 신부神父가 예수님의 몸을 다시 제사 드리는 행위를 쳐다보고만 있었기 때문이다. 그래서 자연

12) 이 말은 성만찬이 첫째, 예수 그리스도의 죽음과 부활을 기념하기 위한 것임을 알 수 있고, 둘째, 성만찬에 참여함으로써 부활의 증인이 되는 것을 의미한다.

히 성만찬도 평신도에게 분배되지 않았다. 그리고 모든 예식도 라틴어로 되어 있었기 때문에, 라틴어를 알지 못하는 일반 평신도는, 신부가 드리는 제사를 단지 그냥 쳐다보고만 있었다. 이 때도 말씀 선포설교는 없었다.[13] 그래서 원시 기독교 공동체의 예배는 '먹으러 가는 예배' 였고, 중세 때의 예배는 '보러 가는 예배' 였다. 왜냐하면 성만찬은 그리스도의 몸과 피에 함께 참여하는 것이 – 먹은 것이 – 아니라, 보는 것이었기 때문이다. 그래서 그런지 지금도 한국의 많은 교우들은 '예배를 보러 간다' 고 말한다. 따라서 교우 전체가 함께 참여하는 성만찬 예배가 초대교회 예배에서 사라지면서, 교회는 '성만찬 공동체' 혹은 예수의 부활을 믿는 '신앙 공동체' 가 아니라, 감독 혹은 사제들과 일곱 가지 성례유아세례, 견진 성사(입교), 결혼, 종신례, 세례, 성만찬, 사제 서품를 중심으로 형성된 '제도적 교회' 로 변한다.

루터의 종교 개혁으로 인하여 교회의 예배는 유대교 회당 예배토라와 시편기도 낭독에 원시 기독교 공동체의 유산, 곧 예수님의 성만찬 제정 말씀: "이를 행하여 나를 기념하라"는 명령에 따른 성찬식 그리고 하나님 말씀 선포설교로 구성되었다. 그러나 그 순서에 있어서 성만찬보다는 말씀이 강조되어 다음과 같은 순서로 예배를 드렸다: (토라 낭독 및 시편 기도) + (하나님 말씀 선포) + (성만찬). 이 전통에 따라서 오늘날 '구약성경 낭독', '시편 교독', '회중 기도', '설교주로 신약 성경 본문에 대한', '성만찬' 이 교회의 예배 순서에 들어가게 된 것이다. 종교 개혁자 루터의 전통을 잇는 루터 교회는 보수적으로 중세 교회의 좋은 전통을 그대로 살려나갔다. 특히 루터는 "전통이 복음에 위배되지 않는 한, 아끼고 계승하자"고 강조하였다. 그래서 아직도 루터 교회는 중세의 예배 의식을 많이 계승하고 있다. 즉 예

13) 최근에 가톨릭 '미사(Mass)' 에서 '강론' 이라는 것이 있는 것은, 최근 들어서 종교개혁의 전통을 수용한 것이다.

배의식, 교회 음악, 미술, 교회력 등을 계승하고 있으며, 심지어는 '평신도의 직업 활동' 도 산 예배라고 강조하며, 모든 직업은 하나님으로부터 받은 신성한 것이라는 '소명론' 을 강조하였다.

그러나 종교 개혁자들 사이에 성만찬에 대한 논쟁이 생긴 이후, 쯔빙글리Zwingli와 칼뱅Calvin 전통의 개혁교회는 성만찬의 횟수를 교회의 예배에서 차츰 줄였다. 특히 칼뱅 전통의 장로 교회Presbyterian Church, 곧 개혁교회Reformed Church는 평신도의 경건한 삶을 강조한 나머지, 말씀 선포를 강조하되, 그 내용은 율법주의로 흐르게 되었다. 그래서 이러한 전통에 서 있는 예배는 주로 목사의 말씀선포설교 내지 윤리적 강론이 주된 내용이 되었다. 그래서 이러한 전통의 예배를 가리켜 '들으러 가는 예배' 라고 특징지어 말한다.[14)]

17-18세기 경건주의는 개인의 경험을 강조한 나머지, 일부 교회의 예배나 신앙 생활은 신비주의Mysticism로 흘러갔고, 합리주의자들의 교회는 이성을 중시하고 복음의 전통을 무시하면서, 예배에 참석하는 사람들이 줄어들었다. 그 후 1-2차 대전 후 미국의 실용주의를 받아들인 교회는, 교회의 부흥이라면 어떠한 형태의 예배 형식도 허용하는 혼합주의로 흘러갔다. 특히 존 웨슬레J. Wesley, 1703-1791의 감리교, 한국의 성결교회 그리고 오순절 교회들은 은사운동Charismatic Movement과 성령의 초월적 역사를 강조하여, 전통에 매이지 않고 자국의 토착적인 예배 의식을 개발하였다. 이로 인하여 교회는 급속도로 성장하게 되었지만, 초대 교회의 예배 전통을 상실하게 되었고, 예배는 개개인의 종교적 심성을 아무런 제한 없이 수용함으로써 목회자 개인의 취향에 따라서 다양하게 혼합된 열광적인 예배로

---

14) 그래서 이 때의 말씀선포는 문자 그대로 설교, 곧 '잔소리' 였다.

변해버렸다. 현재 한국 교회 중에서 로마 가톨릭 교회, 성공회, 그리고 루터 교회는 전통적인 의식에 준하여 예배를 드리는 의식 예배를 드리고 있다. 이들 교회는 아직도 말씀과 성만찬의 예배를 드리고 있다. 그리고 장로교회를 비롯한 나머지 모든 교회는 – 비록 총회에서 예배 모범을 제시하고 있지만 – 대부분의 목회자가 자신의 취향에 따라서 예배의 형식을 정하여 예배하고 있다.

3. 예배의 형식과 그 내용의 의미

예배는 전통적인 의식儀式에 따라서 예배를 드리든지, 아니면 개 교회 목회자가 예배의 순서를 정하여 예배를 드리든지, 예배에는 그 속에 포함될 기본적인 요소들이 있다. 그것은 우리가 앞에서 기술한 "2. 예배의 약사略史"에서 이미 언급한 것처럼, 하나님의 구원의 은혜를 받은 사람들이 역사적으로 예배 때 행하던 것을 모두 종합한 것이다. 따라서 현재 개신교 예배의 내용들은 유대교 회당예배, 원시 기독교 공동체의 예배, 초대교회의 예배 그리고 종교 개혁 당시의 예배 내용을 모두 종합하여 예배를 드리고 있다. 그 내용은 토라구약성경 낭독, 시편낭독, 기도, 예수 그리스도의 행적과 말씀에 관한 복음서 낭독, 번제곧 헌물, 성만찬 그리고 사제나 목사의 축도이다. 그런데 꼭 이러한 예배의 내용들을 형식에 맞추어서 예배를 드릴 필요가 있느냐? 고 반문하는 사람들도 있다. 그러나 형식의식을 갖추지 않으면, 예배가 신비주의나 경험주의에 빠질 위험이 있다. 그러나 예배의 형식이나 의식을 너무 강조하면, 형식주의와 율법주의에 빠질 염려가 있다. 유대교에서는 저녁에 뿌리는 향을 한 번 뿌리느냐, 아니면 세 번

뿌리느냐로 논란이 있었고, 제대에 오른쪽으로 올라가냐, 아니면 왼쪽으로 올라가냐?를 가지고 논란이 있었던 적이 있다. 그리고 현재 개신교 장로교회의 어느 교회에서는 제단 의자에 목사가 가운데 앉느냐, 아니면 장로가 앉느냐?를 가지고 논란이 있다는 이야기도 있다. 지금도 가끔 장로교 혹은 감리교 교회 안에서 송영을 시편 교독 다음에 둘 것인가, 아니면 축도가 끝난 후에 할 것인가를 가지고 논란을 하는 교회도 있다고 한다. 축도로 민수기 6장 24-26절아론의 축도을 사용할 것인가,[15] 아니면 고린도후서 13장 13절바울이 고린도 교회 교우들을 위한 하나님의 보호하심을 비는 기도을 사용할 것인가를 놓고 논란을 벌이고 있다.[16] 그래서 어느 목사는 두 개를 종합하여 여기에다가 자신의 기도를 더하여 축도를 하는 목회자도 있다. 이러한 현상을 볼 때, 예배의 형식과 내용에 대한 정확한 이해가 필요하다. 그래서 전통적으로 교회는 총회가 정한 예배 형식의식에 따라서 예배들 드렸다. 왜냐하면 예배 의식이 없으면, 개인의 경험이나 관심에 따라서 매번 의식을 만들어야 하기 때문이다. 그러나 의식을 너무 강조하면, 절기 때의 특별한 예배를 드릴 수 없다. 또 교단 총회가 정하여 준 그 주의 설교 본문Perikope을 사용하지 않을 경우, 설교자가 자신의 주관대로 설교 본문을 선택하여 성경의 전체 본문이 설교되지 않을 수 있다. 그러므로 예배의 형식의식은 수 백년 예배를 드리면서 수많은 시행착오를 통하여 형성된 것이므로, 기본적인 형식의식과 순서를 계승하는 것이 바람직한 것이라고 본다. 그렇다면 **예배에는 어떠한 기본적인 형식과 순서가 있는가?**

---

15) 민 6:24-26: "여호와는 네게 복을 주시고, 너를 지키시기를 원하며, 여호와는 그 얼굴을 네게 비취사, 은혜 베푸시기를 원하며, 여호와는 그 얼굴을 네게로 향하여 드사, 평강 주시기를 원하노라."

16) 고후 13:13: "주 예수 그리스도의 은혜와 하나님의 사랑과 성령의 교통하심이 너희 무리와 함께 있을지어다."

예배는 두 가지 형식으로 이루어져 있다. 하나는 하나님 편에서 우리들에게 행하시는 요소이다. 이를 예배의 '예언적Prophetisch', 혹은 '성례Sacrament적' 요소라고 한다. 그리고 다른 하나는 '제사적Priestlich' 요소이다. 전자는 하나님께서 인간들에게 행하시는 신적 행위를 표현한 것이고, 후자는 인간들이 하나님께 행하는 감사의 행위를 표현한 것이다. 전자에는 말씀 선포설교, 축도, 신-구약 말씀 낭독, 죄 용서, 성만찬다른 모든 성례를 포함하여이 속한다. 그리고 후자에는 감사의 예물헌금, 기도, 찬양, 죄의 고백 그리고 일상생활의 삶이 속한다. 예배는 두 가지 요소를 대화식으로 구성하여 행하는 것이다. 예를 들면, 교우들의 일 주일간 지은 죄를 고백하고 나면, 그 다음 하나님 편에서 '죄 용서'의 선포가 목회자를 통하여 주어지는 것이다. 그리고 하나님 편에서 인간을 위한 복음의 말씀을 선포하고 나면, 감사하는 마음에서 인간 편에서 감사의 예물과 찬양을 드리는 것이다. 이렇게 예배는 '성례적' 요소와 '제사적' 요소를 계속 반복하는 것으로 이루어지는 것이다. 그러나 항상 하나님이 우리를 먼저 사랑하셨듯이, 예배에도 '성례적' 요소가 항상 선행하고, 그 다음에 그에 응답하는 제사적' 요소를 행하는 것이다. 이 순서가 바뀌게 되면, '먼저 드리고 받는' 혹은 '받기 위해서 드리는*do ut des*'[17] 형식이 되기 때문에 참된 예배가 아닌 것이다.

그런데 근본적으로 예배는 우선 '성부, 성자, 성령 삼위일체 되시는 야웨 하나님'께 드리는 예배라는 것을 잊어서는 안 될 것이다. 그래서 예배를 시작할 때 목회자는 교회력에 의한 그 주일을 알리는 성경 말씀과 "성부와 성자와 성령으로 예배를 드립시다"라고, 예배의 시작을 알리는 예배의 기원(예배드릴 대상인 하나님을 부르는 것)을 하는 것이다. 이 예배의

17) 이러한 마음으로 예배를 드리는 것이 우상 숭배이다.

기원을 원시 기독교 공동체 전통에서는 "마라나타, 아멘 주(主) 예수여 오시옵소서!"(계 22:20)라고 하였고, 초대 교회 전통에서는 "창조자 영이여 오시옵소서! *veni creator spiritus!*"라고 하였다. 그러나 삼위일체 교리가 형성된 이후로는 "성부, 성자, 성령의 이름으로 아멘!"하였다. 이렇듯이 예배의 부름을 비롯하여 모든 예배의 요소들은 "성부, 성자, 성령 삼위일체 되시는 하나님의 이름"으로 행하는 것이다. 그래서 모든 성례(성만찬, 세례)와 가르침도 "성부, 성자, 성령 삼위일체 하나님의 이름"으로 하는 것이다: "그러므로 너희는 가서 모든 족속으로 제자를 삼아 아버지와 아들과 성령의 이름으로 세례를 주고, 내가 너희에게 분부한 모든 것을 가르쳐 지키게 하라!"(마 28:19-20) 이렇게 예배 전체뿐만 아니라, 예배의 '성례적' 요소는 반드시 '성부, 성자, 성령의 이름' 으로 행하여야 한다.

그러나 우리가 하나님께 드리는 '제사적' 요소는 우리들의 이름으로 행할 수 없기 때문에 하나님과 우리들 사이의 중보자(딤전 2:5)[18] 되시는 '예수 그리스도의 이름' 으로 행하는 것이다. 그래서 예수님은 기도하실 때에 자신의 이름으로 믿고 기도하면 하나님께서 응답해 주실 것이라고 다음과 같이 말씀하고 계시다:

> "내가 진실로 진실로 너희에게 이르노니, 너희가 무엇이든지 아버지께 구하는 것을 내 이름으로 주시리라. 지금까지는 너희가 내 이름으로 아무 것도 구하지 아니하였으나, 구하라 그리하면 받으리니, 너희 기쁨이 충만하리라"(요 16:23-24).
>
> "너희가 나를 택한 것이 아니요, 내가 너희를 택하여 세웠나니 이는 너희

---

18) 딤전 2:5: "하나님은 한 분이시오, 또 하나님과 사람 사이에 중보(中保)도 한 분이시니, 곧 사람이신 그리스도 예수라."

로 가서 과실을 맺게 하고, 또 너희 과실이 항상 있게 하여 내 이름으로 아버지께 무엇을 구하든지 다 받게 하려 함이니라"(요 15:16).

바로 이러한 이유에서 우리는 기도를 마칠 때에, "예수 그리스도의 이름으로 기도합니다"라고 덧붙이고 있는 것이다. 그렇다면 왜 성경을 낭독한 후에도 "이는 우리 주 예수 그리스도의 말씀입니다"라고 첨부하는 것인가? 그것은 사실상 복음서를 낭독한 후에만 하는 것이다. 왜냐하면 복음서는 예수 그리스도에 관한 기록이고, 예수 그리스도의 로기온Logion: 예수 자신이 하신 말씀이 기록되어 있기 때문이다.[19)]

이상 살펴본 바와 같이, 예배는 성부, 성자, 성령 삼위일체 하나님께 드리는 것이다. 그래서 예배의 모든 요소는 삼위일체 되신 성부, 성자, 성령의 이름으로 행하는 것이다. 그리고 예배에는 '성례적' 요소와 '제사적' 요소가 있다. 전자는 하나님 편에서 인간을 향하여 하는 것이고, 후자는 인간 편에서 하나님을 향하여 하는 것이다. 예배는 이 두 요소가 서로 대화식으로 이루어지는 것이다.

4. 교회력

고대 종교에서는 자신들의 예배와 행사를 자연自然의 주기週期와 결부시켰다. 예를 들면 태양이나 달의 주기를[20)] 기준으로 혹은 위성의 위치[21)]에 따라서 력曆을 만들었다. 이 때에 사람들은 자연의 주기적인 리듬은 신神

19) 이러한 의미에서 구약 성경을 봉독한 다음에는 "이는 우리 주 하나님의 말씀입니다"라고 말하는 것이 더 정확한 것이다.

의 특별한 섭리에 의한 것이라고 생각하였다. 고대 바벨론 사람들은, 신이 특별히 그 달 첫날 혹은 보름에 우리 가운데 임재한다고 생각하였다.[22] 그래서 바벨론 사람들은 이 날을 흉일凶日로 생각하여 밖에 나가 일하지 않고 집에서 조용히 쉬었다. 바벨론 포로에서의 해방이라는 하나님의 구원 사건을 경험하고 나서, 이스라엘 백성들은 본래 봄에 있었던 달月의 축제일인 유월절을 애굽의 속박으로부터 해방된 출애굽을 기념하는 절기로 삼았다. 그리고 그들은 해방된 달 아빕월을 그 해의 첫 달로 삼았다. 그리고 이스라엘 백성들은 가나안 땅에서 보리 추수를 기념하는 봄 축제인 오순절을 그의 조상들이 모세를 통하여 시내산에서 하나님의 율법을 받은 날로 지켰다. 그래서 신실한 히브리인들은 모두 율법 수교受敎 일을 착실히 지켰다. 바로 이 날에 마가의 다락방에서 성령이 임한 것이다. 이렇듯 고대 종교뿐만 아니라, 유대교 전통도 종교적으로 기념이 될만한 달과 날을 기준으로 해서 력曆을 만들었다. 이렇듯 유대교는 야웨 하나님의 역사적 구원 사건을 정기적으로 기념하기 위하여 전승된 기존의 절기를 종교적 축일로 바꾸어 종교적 절기로 만들었다. 이와 같이 원시 기독교 공동체도 예수 그리스도의 구원 사건을 기념하여 교회력을 만들었다.

그런데 기독교의 교회력은 예수의 생애와 긴밀한 관계가 있다. 왜냐하면 기독교 메시지의 중심은 역사 안에서 예수 그리스도를 통하여 나타나신 성부, 성자, 성령 삼위일체 하나님 자신의 계시사건이라고 보기 때문

20) 달을 주기로 하여 월력(月曆)을 만들고 일년을 24절기로 나누었다: "입춘, 우수, 경칩, 춘분 … ."

21) 고대 그리스 사람들은 위성의 위치에 따라서 일주기(日週期)를 만들었다: "태양, 달, 화성, 수성, 목성, 금성, 토성(日, 月, 火, 水, 木, 金, 土).

22) 바벨론에서 초승, 혹은 보름을 칭하는 'Sabbatu'가 변하여 히브리의 'שבת Sabbath(안식일)'이 되었다는 이론도 있다. 이점에 관하여: *J. Meinhold*, Sabbat und Woche im Alten Testament, Berlin 1905 – *G. Robinson*, The Origin and Development of the Old Testament Sabbath, 1975, Frankfurt/M, 1988.

이다. 베들레헴의 말구유에서 동정녀 마리아의 몸에서 태어나시어, 대제사장과 서기관들의 시기 질투로 세상의 관원인 로마 총독 빌라도에게 넘겨져, 제자들과 많은 사람들에게 버림받고, 골고다 십자가에 못 박혀 죽으신 예수 그리스도의 사건이다. 그리고 그렇게 죽은 예수가 삼일만에 부활하여 다시 제자들과 많은 사람들에게 나타나신 사건이다. 따라서 기독교의 복음은 '예수 사건에 대한 이야기Jesu Geschichte' 이외에 다른 것이 아니다. 기독교 신앙은 바로 이 사건을 믿느냐, 아니 믿느냐? 하는 것에 달려 있는 것이다. 더 자세히 말하면 예수의 사건이, 나 때문에 그리고 나를 위한 것*Christus peri mei et pro me*이라고 믿고 감사하는 것이다. 그러므로 기독교인은 '나' 혹은 '우리'를 위한 예수 그리스도의 생애를 오늘 우리의 삶에 현재화시키기 위해서, 예수의 생애에 따라서 예배를 력曆으로 구분하고 있는 것이다. 왜냐하면 예수 그리스도를 통한 하나님의 구원 사건은 우리들의 역사와 동떨어져 있는 것이 아니라, 오히려 이 역사 속에서 친히 구원의 사건으로 전개되고 있기 때문이다. 기독교는 이 사실을 인정하여, 예수의 생애 가운데 일어난 주요 사건들을 일년이라는 시간의 주기[23]에 맞추어서 교회력을 만든 것이다. 이것이 교회력의 의미이다.

그러므로 교회력은 예수의 생애를 따라서 일년을 절기가 있는 기간과 절기가 없는 기간으로 크게 이분二分된다. 강림절, 성탄절, 현현절, 수난절, 고난주간, 부활절, 오순절이 있는 기간은 절기가 있는 기간이고, 그 나머지는 절기가 없는 기간이다. 이 기간을 삼위일체 절기라고 한다. 그리고 교회력의 시작은 일반 일력日曆하고는 다르게, 일년의 시작이 예수의

23) 히브리인들은 7이라는 숫자를 주기로 생각하여 창조의 안식일을 기준으로 하여 7년째의 안식년 그리고 7×7=49 그리고 새로운 시작을 알리는 1년을 더하여 50년째를 희년으로 지켰다. 그런데 피타고라스도 7을 완전 숫자로 보았다. 그래서 그리스에서도 위성의 위치를 7주기로 만들어서, 일, 월, 화, 수, 목, 금, 토로 일주일(一週日)을 만들었다.

탄생을 기다리는 강림절 주간週間(혹은 대강절: 예수의 강림을 기다린다는 의미에서)부터 시작된다.[24] 이 기간은 히브리 사람들이 메시아의 도래를 기다렸던 것을 회상하는 동시에, 다른 한편으로는 마지막 날에 다시 오실 예수 그리스도의 재림을 기대하고 희망하는 기간이다. 이 주간은 주로 11월 마지막 주일 혹은 12월 첫째 주일에 시작된다.[25] 왜냐하면 강림절은 4주간 계속되기 때문이다. 이 주간동안 교회는 강림절 화환을 만들어 4개의 초에 매주 하나씩 점화함으로써 예수의 강림이 가까이 오고 있음을 시각적으로 표현하였다.

성탄절 주간은 예수 그리스도의 이 땅에 오심을 기념하는 주일이다.[26] 성탄절 주간은 성탄절 후 첫째 혹은 둘째 주일까지 계속된다. 그 사이에 예수의 세례를 기념하는 현현절1월 6일이 있다.[27] 현현절은 동방 박사가(마 2:10) 예수가 태어난 것을 축하하러 동방으로부터 와서 아기 예수께 경배

---

24) 8세기 이래로 강림절은 교회력의 신년(시작)이다. 그러나 원시 기독교 공동체는 유대력에 따라서 출애굽을 한 달, 곧 아빕월(부활절)을 교회력의 시작으로 삼았다: "여호와께서 애굽 땅에서 모세와 아론에게 일러 가라사대, 이 달(아빕월, 필자 주)로 너희에게 달의 시작, 곧 해의 첫 달이 되게 하고"(출 12:2); "모세가 백성에게 이르되, 너희는 애굽에서 종되었던 집에서 나온 그 날을 기념하여 유교병을 먹지 말라. 여호와께서 그 손의 권능으로 너희를 그곳에서 인도하여 내셨음이니라. 아빕월 이 날에 너희가 나왔으니"(출 13:3-4).

25) 그리고 강림절 첫째 주일은 성 안드레 기념일인 11월 30일이나 이날에 가까운 주일이다. 더 자세히 말하면 11월 27일에서 12월 3일 사이에 있게 된다.

26) 그러나 예수님께서 탄생하신 정확한 연월일(年月日)은 모른다. 단지 지금의 월력(月曆)의 착오로 인하여 예수님이 탄생한 년도를 BC 4년으로 보고 있을 뿐이다. 아우구스투스 황제(Caesar Augustus)가 인구 조사할 때, 예수님이 태어난 것으로 보아, 예수의 탄생일은 아마도 가을 추수와 파종이 끝난 후가 아닌가 추측한다. 그런데 본래 12월 25일은 이집트 "불굴의 태양 신(神)"이 탄생한 날이다. 그런데 이 날은 BC 4세기 경에는 동지(冬至), 곧 해가 가장 짧은 날이었다. 그러나 이 날부터 낮이 길이가 길어지는 날이다. 그래서 이 때부터 "어둠"이 "낮의 빛"에 의해서 극복되기 시작하는 새로운 해가 시작된다고 생각하였다. 이 날의 의미를 기독교적으로 수용하여 AD 336년 이전 12월 25일을 예수 그리스도께서 태어난 날로 정하지 않았나 추측한다. 왜냐하면 아주 초기부터 예수의 세례를 기념하는 현현절(1월 6일)이 있었기 때문이다. 유대교 전통에 의하여 아기가 태어나서 제 8일째 되는 날에 할례를 행하여야 한다면, 적어도 세례는 할례를 받은 이후에 이루어졌을 것으로 추측하여, 이집트 "태양 신"의 탄생일인 12월 25일을 예수님의 탄생일로 정하지 않았나 하는 추측이 있다.

한 것을 기념하는 절기이다.[28] 현현절 주간은 6주간 계속된다. 그 다음 주간은 셉투아게시매Septuagesimä, 부활절전 70일째 되는 주일,[29] 섹사게시매Sexagesimä, 부활절전 60일째 되는 주일, 에스토미Estomihi, 부활절 전 50일째 되는 주일이 지난 다음 수난절 주간이 이어진다. 수난절은 4–5주간 계속된다: Invokavit, Reminiszere, Okuli, Lätare, Konfirmation, Judika, Palmsonntag. 그리고 마지막 주간은 성목요일, 성금요일이 들어있는 고난 주간이다. 이 주간은 예수의 수난을 생각하는 주간이다. 그 다음 부활절 주간으로 이어진다. 부활절 주간은 5–6주간 계속되고, 부활절 5번째 주일 다음에 예수의 승천일이 있다. 그 다음 주일이 오순절이고, 오순절 다음은 절기가 없는 삼위일체 주일과 삼위일체절 주간이 강림절까지 계속된다. 그리고 11월 20일은 일년 동안 살면서 하나님과 사람들에게 지은 죄에 대하여 '참회와 회개의 기도'를 드리는 날이다. 이것으로 일년의 교회력은 끝난다.

전통적으로 교우들이 교회력을 기억하도록 교회는 제단, 설교대, 교독대의 드림 천Stoles을 통하여 교회의 절기 및 력曆을 여러 색깔로 알려왔다. 그리고 목회자나 사제는 그 절기의 색깔에 맞추어 예복수단과 영대을 착용하였다. 그리고 각 색깔은 그 나름대로 의미를 가지고 있다.

일반적으로 종교개혁 전통에 의하면 일년 동안 다음과 같이 5가지 색깔을 사용하고 있다:

흰 색 = 성탄절 저녁기도회부터 – 현현절까지. 이 색깔은 성결聖潔과 순결을 상징한다.

---

27) *A. Alan McArthur*, The Evolution of the Christian Year, London: SCM Press 1954, 31ff.

28) 그러나 사실상 동방 박사 세 사람이 경배하러 왔을 때, 예수님은 베들레헴 말구유에 있지 않고 집에 있었다고 한다.

29) Septuagesimä(셉투아게시매) 주일은 부활절 전 70일째 되는 주일을 의미한다.

빨간색 = 오순절 이전 토요일 저녁부터 – 성 삼위일체 주일 이전 토요일까지, 종교개혁기념일, 교회 헌당, 교회 창립기념일, 추수감사절과 감사일, 각종 축일에 사용한다. 이 색깔은 기쁨과 번성을 상징한다.

녹 색 = 오순절 전 70일째 주일부터 – 고난 주간 중 성聖 수요일 이전까지, 성 삼위일체 주일 이후부터 – 강림절 전까지. 이 색깔은 성장을 의미한다.

보라색 = 강림절 주간 중. 이 색깔은 겸손, 정숙 그리고 희망을 상징한다.

검정색 = 성 금요일(예수님께서 십자가에 못 박히신 성聖 금요일, 혹은 치욕의 날)

그러나 이러한 색깔은 예수의 생애에 따른 교회력에 의한 교육적인 의미를 가지는 것이므로, 그 색깔 자체가 가지는 종교적 의미는 없다. 그렇지만 일단 예배 때, 색깔을 사용하고자 한다면, 교회력의 절기에 맞는 색깔을 사용해야 한다. 자기가 보기 좋다고 항상 녹색만 착용하는 것은 차라리 색깔을 사용하지 않는 편이 낫다. 왜냐하면 색깔을 사용하면서, 교회력에 어긋난 색깔을 사용하는 것은 예배의 무지를 드러내는 것이기 때문이다.

5. 교회력에 따른 설교본문

교회력에 상응하게 매 주일 선포되어지는 설교의 본문도 7년을 주기로 성경 전체를 설교하도록 나누어 놓은 것이다. 이를 '페리코페Perikope' 라고 한다. 즉 일년을 52주週로 하여 구약 낭독문과 사도 서간문 낭독문, 복음서 낭독문, 시편 교독문을 나누어 놓은 것이다. 그래서 7년이 되면 성경 전체의 본문이 한번쯤 낭독되거나, 설교되도록 만들어 놓은 것이다. 물론 이 본문들은 교회력의 절기에 맞도록 배치되어 있다. 이러한 설교 본문을 활용하면, 매 주일 설교 본문을 찾으려고 애쓰지 않아도 될 뿐만 아니라, 간혹 설교자가 설교 본문을 선택한 것에 대하여 오해를 하는 교우들이 생기지 않을 것이다. 왜냐하면 간혹 비-도덕적인 설교자는 설교 본문으로 자기 개인의 의사를 표현하는 경우도 있기 때문이다. 예컨대 헌금을 강조하기 위하여 십일조에 관한 말씀을 설교 본문으로 택한다든지, 혹은 교우 중 특정인을 겨냥하여 설교 본문을 선택하여 설교하는 일이 있기 때문이다. 뿐만 아니라, 그 날의 설교 본문Perikope을 사용하지 않으면, 말씀 선포가 설교자의 취향에 따라서 편향될 우려가 있다. 그래서 교우들이 편향된 성경지식을 가질 수도 있다. 따라서 교회력에 의한 설교본문을 사용하면, 그 주일 세계 어느 교회에서도 동일한 말씀이 선포되고 들을 수 있으며, 설교자가 자신의 개인적인 의견을 설교에 첨부하는 잘못에서 벗어날 수도 있을 것이다. 그러므로 정통적 교회는 그 날의 설교본문 제도를 아직도 철저히 지키고 있다. 로마 가톨릭, 루터교회, 성공회, 그리스 정교회는 그 날의 설교 본문 제도를 아직도 준수하고 있다. 사실상 장로교회에서도 그 날의 설교본문 사용을 장려하고 있으나, 개 교회 목회자들 중 이를 따르지 않는 분도 계시다.

6. 삶으로 드리는 영적 예배

앞 절에서 우리는 '예배가 무엇인가?' 로부터 시작하여 예배의 형식 및 의미, 교회력 그리고 그 날의 설교본문에 따른 설교의 유익함에 대하여 알아보았다. 그러나 예수님과 성경이 증언하는 참된 예배는 무엇보다도, 우리들의 삶Leben, 생명으로 드리는 영적 예배이다. 예수님은 우리에게 영적 예배를 드릴 것을 다음과 같이 권하신다:

> "아버지께 참으로 예배하는 자들은 신령과 진정으로 예배할 때가 오나니 곧 이때라 아버지께서는 이렇게 자기에게 예배하는 자들을 찾으시느니라. 하나님은 영이시니, 예배하는 자가 신령神靈과 진정으로 예배할지니라"(요 4:23-24).

사도 바울도 로마서 1장에서 11장까지 예수 그리스도의 죽음과 부활 그리고 그 부활이 우리 그리스도인들에게 주는 유익함에 대하여 언급한 다음 아래와 같이 권면하고 있다:

> "형제자매 여러분, 그러므로 나는 하나님의 자비하심을 힘입어 여러분에게 권합니다. 여러분은 여러분의 몸을 하나님께서 기뻐하실 거룩한 산 제물로 드리십시오! 이것이 여러분이 드릴 합당한 영적 예배입니다"(롬 12:1).

그런데 신령과 진정으로 드리는 영적 예배는 우선 예배 대상인 '하나님이 어떠한 분이신가?'를 알고 드리는 예배이다. 예배의 대상을 알지 못하고 드리는 예배는 참된 예배가 아니다. 그래서 예수님은 사마리아 여인에게 "너희는 알지 못하는 것을 예배하고, 우리는 아는 것을 예배한다"(요 4:22)고 말씀하신다. 사도 바울도, 희랍 사람들이 제단에 "알지 못하는 신에게"라고 써 놓은 것을 보고서, 그 분은 우리가 알고 있는 예수 그리스도라고 선교한다: "내가 다니면서, 여러분이 예배하는 대상들을 살펴보는 가운데, '알지 못하는 신에게'라고 새긴 제단을 보았습니다. 그러므로 나는, 여러분들이 알지 못하고 예배하는 그 대상을 여러분에게 알려 드리겠습니다"(행 17:23). 그렇다 참된 예배는 우선 예배의 대상이 어떠한 분이지를 알고 드리는 예배이다. 왜냐하면 대상을 알지 못하고 드리는 예배는 맹신적盲信的인 신앙행위이기 때문이다. 그렇다면 **하나님께서 기뻐하시는 신령과 진정으로 드리는 영적 예배, 곧 산 제사는 어떠한 예배인가?**

하나님께서 기뻐하시는 산 제사로서의 영적 예배란 우선 '예배는 단지 교회 안에서 드리는 것만이 아니라' 는 것이다. 한 마디로 말해서, 산 제사란, 우리들의 삶 그 자체가 하나님께 드려지는 참된 예배라는 것이다. 특정한 형식과 시-공간 안에 제한된 곳에서 의식에 따라서 드리는 예배가 아니라, 매일매일의 일상적인 삶 속에서 하나님으로부터 받은 구원의 은총에 감사하여 자신의 삶을 통하여 하나님께 경배하는 것이 참된 예배이다. 그래서 사도 바울은 우리의 몸을 하나님의 성령이 거居하실 거룩한 성전이라고 하였다: "여러분의 몸은 성령의 전殿입니다. 여러분은 하나님으로부터 성령을 받아서 그것을 여러분 안에 모시고 있습니다"(고전 6:19). 이 말은 우선 우리들의 몸을 성결케 해서 하나님의 구원 사역에 헌신해야 한다는 것을 의미한다.

그러나 한 걸음 더 나아가 성결한 몸으로 예배를 드린다는 것은, 단지 입술로만 형식적으로 하나님을 공경하고, 하나님께 받은 은혜에 감사하는 것이 아니라, 그 감사의 표현을 고난받는 이웃에게 하는 것을 뜻한다. 그래서 구약의 예언자들은 형식적이고 외식적外飾的인 예배제의를 다음과 같이 비난하면서 참된 예배가 무엇인지를 가르쳐 주고 있다:

> "내가 기뻐하는 금식은, 부당한 결박을 풀어 주는 것, 멍에의 줄을 끌러 주는 것, 압제받는 사람들을 놓아주는 것, 모든 멍에를 꺾어 버리는 것, 바로

> 이러한 것들 아니냐? 또한 굶주린 사람에게 너의 양식을 나누어주는 것, 떠도는 불쌍한 사람을 집에 맞아들이는 것 아니겠느냐? 헐벗은 사람을 보았을 때에 그에게 옷을 입혀 주는 것, 너의 골육을 피하여 숨지 않는 것이 아니겠느냐?"(사 58:6-7).

이와 상응하게 예수님께서도 외식적인 신앙인들에 대하여 다음과 같이 경고하신다:

> "나더러 주여! 주여! 하는 자마다 천국에 다 들어갈 것이 아니요, 다만 하늘에 계신 내 아버지의 뜻대로 행하는 자라야 들어가리라. 그 날에 많은 사람들이 나더러 이르되, 주여!, 주여! 우리가 주의 이름으로 선지자 노릇하며, 주의 이름으로 귀신을 쫓아내며, 주의 이름으로 많은 권능을 행치 아니하였나이까 하리니 그때에 내가 저희에게 밝히 말하되, 내가 너희를 도무지 알지 못하니, 불법을 행하는 자들아 내게서 떠나가라 하리라"(마 7:21-23).

그런데 예수 그리스도가 하나님의 뜻을 따라 살았다면, 하나님의 뜻대로 행한다는 것은, 우리의 몸과 삶을 타인他人, 더 자세히 말하면 고난 받는 이웃을 위해서 바치는 것이다. 이것이 참된 예배이고, 산 제사이고, 신령과 진정으로 드리는 영적 예배이다. 이러한 의미에서 예수님의 생애 전체는 바로 하나님께 드리는 참된 예배였다고 볼 수 있다.

IV
기도란 무엇인가?

기도는 인류 종교사와 문화사에서 가장 오래된 종교 행위일 뿐만 아니라, 모든 종교가 항상 실행하고 있는 종교행위이다. 그래서 "기도가 끝나는 곳에는 종교도 끝난다"라고 말할 정도로, '기도'는 모든 종교에 있어서 가장 핵심적인 신앙 행위이다. 교부敎父 터툴리아누스Tertullianus는, "기도는 그리스도인들의 본질적인 영혼의 증언*O testimonium animae naturaliter christianae*!"이라고 하였다. 그러나 기도하는 자들이 모두 각자 자기 자신의 고유한 간구懇求와 청원을 신에게 올리기 때문에, 기도만큼 다양한 내용을 가지고 있는 것도 없다. 즉 모든 종교인들은 각자 자기만의 고유한 청원을 가지고 있기 때문에 기도의 내용과 형식도 서로 각기 다른 것은 피할 수 없는 종교적 현상이다. 그러므로 유대인들도 각기 자기의 방식대로 그리고 자신들의 문제를 여호와 하나님께 기도를 드렸다(눅 11:1). 혹자는 외식하는 자같이 길거리에서, 혹자는 골방에서, 혹자는 큰 소리로 중언부언하면서, 혹자는 침묵으로, 혹은 하나님의 말씀으로 기도하였다. 그리고 기도의 내용도 때론 서로 상반되었다(마 6:5-7). 이러한 모습을 보시고 예수님은, 우리가 무엇을 기도해야할지 그 내용과 형식을 직접 가르쳐 주셨다. 그것을 가리켜 교회는 '주님의 기도', 곧 '주기도문'이라고 한다. 예수님께서 이렇게 기도를 가르쳐 주신 '주기도문'은, 우리들이 하나님께 올리는 기도의 내용과 형식이 주님께서 가르쳐 주신 기도에 상응해야 한다는 것을 암시해 준다. 다시 말해서 우리는 '주기도문'의 내용과 형식에 상응하게 하나님께 기도를 드려야 한다는 뜻이다. **그렇다면 왜 사람들은 하나님께 기도를 드리는가?**

1. 기도의 '삶의 정황'은 고난이다

'기도'는 다른 신앙 행위와는 달리 고난 중에서 행하는 종교행위이다. 즉 기도의 '삶의 정황Sitz im Leben'은 바로 고난이라는 것이다. 다시 말하면 인간은 고난 속에서는 하나님께 기도하게 되고, 즐겁거나 기쁠 때는 하나님께 '감사'하며 '찬양'한다. 왜냐하면 일반적으로 고난 받지 않는 사람은 하나님께 구원의 청원을 하지 않기 때문이다. 영적靈的으로 고난을 받건, 육체적으로 고난을 받건, 기도는 고난 속에서 해방을 청원하는 종교행위이다. 그 대표적인 예가 애굽에서의 이스라엘 사람들의 기도이다. 이스라엘 사람들이 애굽에서 고난을 받고 있을 때, 그들은 자신의 조상 야웨 하나님에게 부르짖었다. 그 때에 하나님께서는 그들의 탄식 소리를 들어 주셨다:

"이스라엘 자손은 고된 노동으로 말미암아 탄식하며 부르짖으니, 그 고된 노동으로 말미암아 부르짖는 소리가 하나님께 상달된지라. 하나님이 그들의 고통 소리를 들으시고, 하나님이 아브라함과 이삭과 야곱에게 세운 그의 언약을 기억하사, 하나님이 이스라엘 자손을 돌보셨고, 하나님이 그들을 기억하셨더라"(출 2:23-25).

그리고 이스라엘 사람들은 고난 속에서 부르짖은 자신들의 기도를 들어주신 야웨 하나님께서 감사하여 자신들의 신앙경험을 고백한다:

"애굽 사람들이 우리를 학대하며, 우리를 괴롭히며, 우리에게 중노동을 시키므로, 우리가 우리 조상의 하나님께 부르짖었더니, 여호와께서 우리의 음성을 들으시고, 우리의 고통과 신고와 압제를 보시고, 여호와께서 강한 손과 편 팔과 큰 위엄과 이적과 기사로 우리를 애굽에서 인도하여 내시고, 이곳으로 인도하사, 이 땅, 곧 젖과 꿀이 흐르는 땅을 주셨나이다"(신 26:6-9).

이처럼 기도는, 고난과 역경 속에서 여호와 하나님께서 구원해 주실 것을 믿고, 구원을 요청하는 호소이다. 이와 상응하게 예수님께서도 십자가 위에서 고통이 심해지고, 목숨이 끊어질 상황에 이르자, "엘로이 엘로이 라마 사박다니(나의 하나님, 나의 하나님, 어찌하여 나를 버리셨습니까?)"(막 15:34)하고 탄식하면서 기도하셨다. 그래서 '기도'를 히브리어로 'תפלה tefilla', 곧 '탄식하며 크게 부르짖다'로 표현하고 있다.

그래서 사도 바울도 그리스도인들을 위한 성령 하나님의 중보中保 기도를 탄식의 부르짖음으로 표현하고 있다: "이와 같이 성령도 우리 연약함을 도우시나니, 우리가 마땅히 빌 바를 알지 못하나, 오직 성령이 말할 수 없는 탄식으로 우리를 위하여 친히 간구하시느니라"(롬 8:26). 이처럼 기도란, '고통 속에서 자신을 구원해 달라고 하나님께 부르짖는 것'이다. 즉 '피할 수 없는 곤경Notwendigkeit' 속에서 '해방시켜 달라'고, '구출해 달라'고 간청하는 것이 기도이다. 그래서 야고보서는 "너희 중에 고난당하는 자가 있느냐, 그는 기도할 것이요, 즐거워하는 자가 있느냐, 그는 찬송할 지니라"(약 5:13)고 권하고 있다. 이렇게 대부분의 기도는 고난 속에서 하나님께 구원을 요청하는 것이기에, 거의 대부분의 시편은 고난 속에서 하나님의 구원을 청원하는 '탄원시Klagelied', 곧 '탄식의 기도Klagegebet' 혹은 '청원기도Bittegebet'의 내용으로 구성되어 있다.[1] 그렇다면 **왜 주님의 기도에서는 우리의 뜻이 아니라, "(아버지)의 뜻이 … 땅에서도 이루어지게 하옵소서!"라고 기도하라고 가르쳐 주시는가?**

2. 기도는 은혜의 방편이자, 신앙의 표현이다

기도는, 비록 사람들이 고난 속에서 고통으로부터의 해방을 하나님께 간청하는 것이지만, 그 간청은 하나님의 뜻이 이 땅에서 이루어질 때만이 간접적으로 성취되는 것이다. 그러므로 기도는 인간의 고통에서 출발하지만, 결과적으로는 그 간청에 하나님께서 응답하는 것으로 귀결되기 때문에 은총의 방편이 되는 것이다. 이러한 근거에서 예수님은 다음과 같이 강권하고 있다:

---

1) 물론 기도 중에는 감사의 기도도 있고, 찬양의 기도도 있지만, 감사와 찬양의 기도는 기도라기 보다는 문자 그대로 '하나님께 대한 감사와 찬양'이다. 기도는 엄밀한 의미에서 탄원의 시, 도움을 청하는 간구이다.

> "그 날에는 너희가 아무것도 내게 묻지 아니하리라. 내가 진실로 진실로 너희에게 이르노니, 너희가 무엇이든지 아버지께 구하는 것을 내 이름으로 주시리라. 지금까지 너희가 내 이름으로 아무 것도 구하지 아니하였으나, 구하라 그리하면 받으리니 너희 기쁨이 충만하리라"(요 16:23-24).

이러한 증언에 의하면, '기도 없이는 은혜도 없다'고 말할 수 있을 것이다. 하나님께서는 우리가 기도하지 않아도 모든 피조물에게 베풀어주시는 보편적인 은혜는 베푸시지만, 개별적이고 특수한 은혜는 기도 없이는 베풀어주시지 않으신다. 그러므로 '성령이 나를 위해서 기도해 주실 것이라고' 침묵해서는 결코 안 된다. 그리고 하나님은 우리가 곤경에 빠질 것을 미리 알고 계시기 때문에 기도할 필요가 없다고 생각해서도 잘못된 것이다. 비록 보혜사 성령께서 우리를 위하여 말할 수 없는 탄식으로 우리를 위해서 기도하시지만, 우리가 기도하지도 않았는데, 미리 알아서 대신 기도하시는 것이 아니라, 우리가 기도할 때에 그 기도를 '하나님의 뜻대로'(롬 8:26)[2] 간청하시는 것이다.

그러므로 기도는, 하나님께서 우리에게 베풀어주시는 은혜를 받는 방편이며 동시에 하나님의 은혜에 감사하고 순종하는 행위이다. 기도는 인간의 능동적이고 의지적인 행동이 아니라, 신앙의 행위, 곧 하나님께서 이미 약속하신 은혜를 받아들이는 행위이다. 이러한 의미에서 기도는 우리가 고대하는 바를 얻어내기 위한 수단이나, 하나님께서 우리에게 은혜를 베풀어주시도록 하나님을 종용하는 그 어떤 수단이 결코 아니다. 인간의 행위로서의 기도는, 하나님께 대한 전적인 신뢰와 믿음 그리고 간절한 청원

2) 롬 8:26: "마음을 살피시는 이가 성령의 생각을 아시나니, 이는 성령이 하나님의 뜻대로 성도를 위하여 간구하심이니라."

의 행위를 뜻한다. 그러기에 기도에는 자연히 기도하는 사람의 마음이 주입된다. 즉 기도는 단지 입술로 하는 것이 아니라, 신령과 진정으로 하나님의 은총을 사모하는 마음으로, 기도를 응답해 주실 것을 믿고 하는 것이다. 그래서 기도 중에는 참회의 눈물도 나오고, 간절한 소망 속에서 애통하는 목소리도 나오고, 너무나 간절하고 억울해서 탄식의 외침도 나오는 것이다.

그러나 기도가 하나님께서 은혜를 베풀어주시는 은혜의 방편이라고 해서 아무나 기도하는 것은 결코 아니다. 바꾸어 말해서 여호와 하나님께 대한 신앙, 곧 우리 주 예수 그리스도에 대한 신앙이 없이는 어느 누구도 스스로 기도할 수 없다. 기도하는 자는 하나님의 존재와 그의 능력을 믿을 때 기도하게 된다. 이러한 의미에서 기도는 하나님께 대한 자기의 신앙 고백이다. 왜냐하면 믿지 않는 자는 기도하지 않기 때문이다: "그런즉 저희가 믿지 아니하는 이를 어찌 부르리요"(롬 10:14). 바꾸어 말하면 믿는 자만이 하나님께 자신의 고통에서 구원해 달라고 기도한다.

그런데 기도는 어쩔 수 없이 자기가 의지하는 분에게, 혹은 자기를 구원에 줄 것이라고 믿는 하나님께 자신의 피할 수 없는 상황, 곧 자신의 죄로 인한 고난을 고백하는 것일 수밖에 없다. 왜냐하면 자신의 죄된 모습은 회개하지 않으면서, 뻔뻔스럽게 자신의 의지만 관철시키려고 하나님께 기도할 수 없기 때문이다. 만일 그러한 사람이 있다면, 그러한 기도는 하나님으로부터 어떠한 응답도 받을 수 없을 것이다. 그래서 참된 기도는, 회개의 기도가 앞서게 된다. 바꾸어 말해서 기도는 바리새인처럼 자기의 공적을 하나님께 자랑하듯 아뢰는 것이 아니라(눅 18:9-12), 오히려 세리처럼 자신의 피할 수 없는 곤경, 곧 죄에서 벗어나지 못하는 자신의 상황을 고백하고, 그 고통으로부터의 해방을 청원하는 것이다. 그래서 "세리는 멀리 서서 감히 눈을 들어 하늘을 우러러 보지도 못하고 다만 가슴을 치며 가로되, 하나님이여 불쌍히 여기소서 나는 죄인이로소이다"(눅 18:13)라고 기도하였던 것이다. 이러한 점에서 기도는 자기 죄의 고백이자, 하나님께 대한 자기 신앙의 표현이다.

그러나 무엇보다도 기도의 최우선적 전제는 기도를 들어주실 분에 대한 자신의 신앙이다. 그래서 예수님은 자신에게 병 낫기를 원하는 사람들에게 "네가 낫기를 원하느냐?"(요 5:6), 혹은 "네가 나를 믿느냐?"고 반문하셨던 것이다. 그리고 예수님도 기도의 가장 근본적인 전제로서 '믿음'을 강조하신다: "너희가 기도할 때에, 무엇이든지 믿고 구하는 것은 다 받으리라"(마 21:22). 더 자세히 말하면, 기도는 하나님의 말씀, 곧 언약의 말씀을 믿는 마음에서 나오는 것이다:

> "내가 그 분에게 기도하는 모험을 감행하는 것은, 나의 경건이나 거룩함 때문이 아니라, 그 분의 입에서 나온 '구하는 자마다 얻을 것이요'라는 말씀 때문이다. 비록 나는 심령이 뜨겁지도 못하고, 충분히 경건하지 못할지라도 나는 이 말씀을 의지한다."[3]

그러므로 하이델베르크 요리 문답은, 하나님이 기뻐하시는 기도는 "첫째로, 우리가 진정으로 한 분이신 참된 하나님을 의지하는 것이다. … 둘째로, 우리가 우리의 부족함과 가련한 상태에 있다는 것을 철저히 인정함으로써, 그의 위엄 앞에서 우리가 우리 자신을 겸손하게 하는 것이다. 셋째로, 우리가 무가치한 존재임에도 불구하고, 하나님이 그의 말씀 안에서 우리에게 약속하신 것과 같이 그리스도의 연고로 우리의 기도를 확실히 들

---

3) WA. 34, 1, 379-391.

어주실 것을 확신하는 것이다"(HK, 문117. 답)라고 기술하고 있다. 그러므로 예수님은 여러 곳에서 기도할 때, 하나님께서 우리의 기도를 들어주실 것이라는 믿음을 갖고 기도할 것을 강조하신다: "너희가 기도할 때에 무엇이든지 믿고 구하는 것은 다 받으리라"(마 21:22). "너희가 내 이름으로 무엇을 구하든지, 내가 행하리니, 이는 아버지로 하여금 아들로 말미암아 영광을 받으시게 하려 함이라. 내 이름으로 무엇이든지 내게 구하면, 내가 행하리라"(요 14:13-14). 그래서 빌립보서도, "아무것도 염려하지 말고, 다만 모든 일에 기도와 간구로, 너희 구할 것을 감사함으로 하나님께 아뢰라"(빌 4:6)고 권하고 있다. 왜냐하면 사랑이 풍성하신 하나님은 당신만을 믿고 의지하는 자를 결코 외면하시는 분이 아니기 때문이다. 다시 말해서 칼뱅이 이야기한 것처럼, "우리가 이 어려운 처지에 결코 홀로 있지 않기 때문입니다"[4] 이러한 점에서 "기도는 은혜이고, 하나님의 선물입니다."[5] 그렇다면 **기도는 믿기만 하면 다 응답되는가? 결코 그렇지 않다. 그렇다면 기도는 어느 때 응답되는가?**

3. 기도는 하나님 아버지의 뜻을 묻는 것이다

기도는, 하나님께서 약속하신 말씀을 의지하여, 실존적 고난 속에서 자신의 구원과 해방을 위하여 하나님께 자기의 모든 삶을 믿고 의지하는 행위이다. 이러한 의미에서 기도는 일차적으로 하나님을 위한 것이 아니라, 우리 자신을 위한 것이다. 그러나 자신을 위한 것이란, 역설적으로 하나님

---

4) *K. Barth*, La Pirere, 최영 역,『칼 바르트가 읽은 주의 기도/사도신조』, 다산글방 1999, 21f.

5) *K. Barth*, 같은책, 23.

의 뜻이 자기에게 실현되어지기를 간청하는 것이다. 왜냐하면 하나님의 뜻은 인간을 죄의 고통에서 구원하시는 것이기 때문이다. 그러므로 예수님도, "내가 하늘에서 내려온 것은 내 뜻을 행하려 함이 아니요, 나를 보내신 이의 뜻을 행하려 함이니라"(요 6:39)고 증언하신다. 이렇듯 기도는, 기도하는 사람의 자기 뜻을 하나님을 통하여 관철시키는 것이 아니라, 인간의 피할 수 없는 곤경 속에 담겨진 하나님의 뜻을 묻고, 그 고난으로부터 구원을 간청하는 것이다.

예수님께서도 십자가 고난이 가까이 다가오자, 고난을 면케 해 달라고 기도한 다음, 하나님 아버지께 자신의 삶을 내어 맡기신다:

> "아버지여, 만일 아버지의 뜻이거든, 이 잔을 내게서 옮기시옵소서. 그러나 내 원대로 마옵시고, 아버지의 원대로 되기를 원하나이다"(눅 22:42; 마 26:39,42).

이렇듯 기도는 내가 원하는 바를 하나님을 통하여 억지로 관철시키는 것이 아니라, 자기를 향하신, 혹은 온 인류를 향한 하나님의 구원의 의지가 관철되도록 청원하는 것이다. 이점이 바로 주님께서 가르쳐 주신 기도의 전제이다. 그래서 주님께서도, "(아버지의) 뜻이 하늘에서 이루어진 것 같이 땅에서도 이루어지이다"(마 6:10)라고 기도하라고 가르치고 계시다. 이러한 차원에서 볼 때, 기도는 우리가 의당히 할 수 있는 자격이 있어서 하는 것이 아니라, 하나님께서 허락해 주셔서 감히 기도할 수 있는 것이다. 다시 말해서 하나님께서 당신의 뜻에 합당하게 기도하라고 허락해 주셨기 때문에, 그 기도에 대한 응답 또한 기대할 수 있는 것이다. 이점을 요한 기자는 다음과 같이 기술하고 있다:

> “그를 향하여 우리가 가진 바 담대함이 이것이니, 그의 뜻대로 무엇을 구하면 들으심이라. 우리가 무엇이든지 구하는 바를 들으시는 줄을 안즉 우리가 그에게 구한 그것을 얻은 줄을 또한 아느니라”(요일 5:14-15).

이러한 말씀에 의하면, 기도는 자기의 뜻을 간청하면, 그 내용이 무엇이건, 그리고 기도하는 자의 신앙이 어떻건 관계없이 자동적으로 이루어지는 주술적이고 마술적인 행위가 아니다. 기도는 하나님의 허락하심 아래서 이루어진 은혜의 방편이기에 하나님의 뜻에 합당하게 구할 때만이 그 기도가 응답된다. 왜냐하면 기독교의 하나님은 '기계적인 하나님*Deus ex machina*'이 아니기 때문이다. 한 마디로 말해서 기도는 나의 뜻이 아니라, 하나님의 뜻이 나의 고통과 고난 속에서 이루어지기를 청원하는 것이다.

4. 기도는 구원을 청원하는 실존적 행동이다

기도는 입으로만 하는 것이 아니다. 기도하는 방식은 아주 다양하다. 기도는 기도하는 자의 실존적 정황情況, 곧 자신이 처하고 있는 처지에 따라서 다르게 나타날 수 있다. 감사할 때는 기뻐 뛰면서 찬양으로 기도할 것이고, 고통이 너무나 심할 때는 그저 흐느끼기만 할 것이고, 자기의 죄를 고백하는 기도를 할 때는 골방에 들어가서 은밀하게 할 것이다. 한 걸음 더 나아가 기도하는 자의 처지가 너무나 긴박하고 안타까울 때는, 하나님께 자신의 정황을 도전적으로 표현할 수도 있을 것이다. 예컨대 혈루증 걸린 여인은 예수님을 자신의 구원자로 믿고, 적극적으로 예수님께 다가갔다:

“열두 해를 혈루증으로 앓아 온 한 여자가 있어 많은 의사에게 많은 괴로움을 받았고, 가진 것도 다 허비하였으되, 아무 효험이 없고, 도리어 더 중하여졌던 차에 예수의 소문을 듣고 무리 가운데 끼어 뒤로 와서 그의 옷에 손을 대니, 이는 ‘내가 그의 옷에만 대어도 구원을 받으리라’ 생각함일러라”(막 5:25-28; 병행 마 9:20f.; 눅 8:44f.).

여기서 혈루증 걸린 여인이 도전적인 행동으로 자신의 피할 수 없는 곤경을 표현하는 행동(기도)은 우선 ‘내가 그의 옷에만 대어도 구원을 받으리라’ 는 믿음에서 나온 행동이다. 이러한 여인의 기도의 행동을 보신 예수님은 곧 바로 그 여인의 행동을 자신에 대한 믿음으로 판단하시고, 그 여인의 병을 고쳐 주신다: “딸아 네 믿음이 너를 구원하였으니, 평안히 가라, 네 병에서 놓여 건강할지어다”(막 5:34). 이와 같이 기도는 신앙의 대상에 대한 믿음에 기초해서 자신의 행동으로 표현되어지는 것이다. 그러나 믿음에 기초하지 않는 행동은 단지 ‘떼씀’ 에 불과하다. 왜냐하면 ‘떼씀’ 은 하나님의 뜻에 기초한 것이 아니라, 자기의 뜻에 기초한 것이기 때문이다. 혈루증 걸린 여인의 행동은, 하나님의 뜻이 자기를 통하여 증언되기를 간절히 바라는 믿음에서 행동하였기 때문에, 예수님은 그 여인의 무뢰한 행동을 기도로 판단하셨던 것이다.

행동으로 기도한 또 하나의 예를 우리는 아들의 억울함을 호소하는 과부의 기도에서 발견할 수 있다(눅 18:1-8). 그녀는 하나님에 대한 믿음을 매일 재판장의 집을 찾아가는 행동으로 표현하였다. 이 때에 재판장은 과부의 행동을 보고서 그녀의 기도를 응답해 줄 것을 결정한다:

"이 과부가 나를 번거롭게 하니, 내가 그 원한을 풀어주리라. 그렇지 않으면 늘 와서 나를 괴롭게 하리라 하였느니라. 주께서 또 이르시되, 불의한 재판장이 말한 것을 들으라. 하물며 하나님께서 그 밤낮 부르짖는 택하신 자들의 원한을 풀어주지 아니하겠느냐, 그들에게 오래 참으시겠느냐?"(눅 18:5-7).

이와 같이 기도는 단지 입으로만 하는 것이 아니라, 혈루증 걸린 여인처럼, 억울함을 당한 과부처럼 자신의 실존적이고 능동적인 행동으로 기도할 수도 있다.[6] 이러한 점에서 "기도는 말이고, 생각이며, 그리고 삶"이다.[7] 그리고 기도의 자세는 겸손이며, 행위이며 동시에 승리의 행위이다.

---

6) 체코의 철학자이자 정치가였던 마사리크(T.G. Masaryk)가 '영원의 관점 아래서(sub specie aeternitatis)' 삶을 이야기하고, 그러한 삶을 살았던 것은 바로 행동으로 하는 기도가 무엇인지를 잘 가르쳐 준다고 볼 수 있다.

7) *K. Barth*, 같은책, 18.

V

주님께서 가르쳐 주신 기도는 어떠한 것인가?

1. 주기도문의 내용과 구조의 특성

예수의 지상 생애 기간 중 팔레스틴Palestine 뿐만 아니라, 주변 국가들의 거의 모든 종교 집단들은 각자 자신들의 고유한 기도 형식을 가지고 있었다.[1] 그러나 주님께서 가르쳐 주신 기도(마 6:9-13; 눅 11:2-4)[2]는 사도시대로부터 지금까지 모든 기독교 신자들에게 사랑을 받아왔고, 그

---

1) *J. Jeremias*, The Prayer of Jesus, 1978, 89-91.

2) 일반적으로 누가복음에 있는 것이 보다 원문에 가깝다고 본다. 이점에 대하여: *J. Jeremias*, The Prayers of Jesus, 89. 왜냐하면 누가복음에는 "뜻이 하늘에서 이루어진 것 같이, 땅에서도 이루어지게 하시옵소서"; '악에서 구하시옵소서' 와 '나라와 권세와 영광이 영원히 아버지께 있사옵나이다' 가 없기 때문이다. 그래서 표면적으로 볼 때, 누가복음의 표현이 마태복음에서 확대된 것으로 본다.

리고 사적으로 뿐만 아니라, 공적으로 널리 사용되어지고 있다. 주님의 제자들과 초대교회 그리스도인들은 온갖 시련과 박해 가운데서도 하루에 세 번씩 규칙적으로 주기도문으로 기도하였다고 한다.[3] 그래서 현재 그리스도인들이 주기도문을 암송한다는 것은, 마치 기독교 신자임을 증빙하는 것처럼 되어 있다.

주님께서 가르쳐 주신 기도는 일반 회의나 집회의 마침을 의미하는 '종교적 의식ritual ceremony' 이 아니다. 주님께서 가르쳐 주신 기도는 성도들의 공동 기도이다. 각자가 자신의 청원을 따로 따로 드리는 것이 아니라, 그리스도인 모두가 하나가 되어 함께 하나님께 드리는 기도이다.[4] 주기도문이 공동의 기도라는 것은, 주기도문 속에 공동체의 가르침이 내포되어 있기 때문이다. 바꾸어 말하면 주기도문 속에는 하나님에 대한 예수의 선포와 가르침이 아주 간략하게 요약되어 있기 때문이다. 그래서 주기도문은 예수의 생각 혹은 선포와 가르침의 '알갱이', 곧 '복음의 요약'[5]이다. 그렇다면 주기도문은 어떠한 내용과 구조적 특성을 가지고 있는가?

주기도문은 우선 다음과 같은 내용을 가지고 있다:

"하늘에 계신 우리 아버지여 이름이 거룩히 여김을 받으시오며, 나라가 임

3) Didache 8:3: "너희는 하루에 3번씩 주기도문으로 기도하라."

4) 카르타고의 주교였던 치쁘리아누스(Caecilius Cyprianus, 210-258)는 자신의 주기도문 해설에서 주기도문을 주님께서 주신 것은, 우리가 공동으로 기도해야 할 것을 무엇인지를 가르쳐 주는 것이라고 하였다. 이점에 관하여: 치쁘리아누스, 이형우 옮김, 「도나뚜스에게 가톨릭 교회 일치」, 「주의 기도문」, 분도출판사 1987 「교부문헌 총서 1」, 119.

5) 주기도문에 관한 첫 번째 주석을 쓴 교부 터툴리안(Tertullian, AD 155-220)이 주기도문을 가리켜 "전 복음의 요약(*a breviarium totius evangelii*)"이라고 하였다. 이점에 대하여: *H. Zahrnt*, Jesus aus Nazareth, 146.

하옵시며, 뜻이 하늘에서 이루어진 것과 같이 땅에서도 이루어지이다. 오늘 우리에게 일용할 양식을 주시옵고. 우리가 우리에게 죄 지은 자를 사하여 준 것같이 우리 죄를 사하여 주시옵고. 우리를 시험에 들게 하지 마옵시고, 다만 악에서 구하시옵소서. (나라와 권세와 영광이 아버지께 영원히 있사옵나이다. 아멘)(마 6:9-13).[6]

이 주기도문은 ①기도 대상에 대한 부름; ② '당신' 이라는 동형이 두 번(혹은 세 번) 나타나는 간청; ③ '우리' 라는 동형이 세 번 나타나는 간청; ④그리고 마지막 간청(마태복음에 부가된 간청으로 엮여 있다).[7] 이러한 청원을 기도의 주체와 대상에 따라서 구분하면, 주기도문의 각 청원은 크게 '하나님을 향한 청원' 과 '우리 자신을 위한 청원' 과 '물질과 관련된 청원' 으로 크게 삼분된다. 그리고 끝으로 이러한 세 가지 청원을 하나로 묶는 종합적인 간청: "뜻이 하늘에서 이룬 것같이 땅에서도 이루어지이다" 로 구성되어 있다.[8]

---

6) 누가복음은 약간 다르게 기술하고 있다. "아버지여, 이름이 거룩히 여김을 받으시오며, 나라가 임하시오며, 우리에게 날마다 일용할 양식을 주시옵고, 우리가 우리에게 죄 지은 모든 사람을 용서하오니, 우리 죄도 사하여 주시옵고, 우리를 시험에 들게 하지 마시옵소서." 이러한 연고로 현재 대한예수교 장로회(통합)는 서울교회 이종윤 목사님을 중심으로 주기도문의 새로운 번역 작업을 마쳤고, 총회의 허락만을 기다리고 있다.

7) 주기도문은 하나님에 대한 청원이 셋, 우리를 위한 청원이 셋, 그리고 마지막으로 하나님에 대한 영광 기원으로 되어 있다. 그래서 주기도문을 모두 여섯 청원으로 되어 있다고 보는 학자도 있다. 혹은 "다만 악에서 구하옵소서"를 독립된 청원으로 간주하여 모두 일곱 청원으로 보는 학자도 있다. 예를 들면, 주기도문을 여섯 청원으로 분류하고 있는 사람은 Origen, Gregory of Nyssa, J. Calvin, Jeremias 이고, 주기도문을 일곱 청원으로 분류하고 있는 사람은 M. Luther, E. F. Scott, E. Lohmeyen 등 이다.

8) 그러나 보프(L. Boff)는 주기도문을 크게 2개로 대별하여 보려고 한다. "신앙의 눈은 둘이다. 하나는 하나님을 우러르고, 그의 빛을 응시하며, 다른 하나는 땅을 향하면서 어둠의 비극을 분별한다. 한편으로 우리는 (하나님을 향해) 위로 치닫는 내적 인간(영혼)의 충동을 느끼고, 다른 한편으로는 (땅을 향해) 밑으로 치닫는 외적 인간(육신)의 무게를 경험한다."(*L. Boff*, 『주기도문』, 이정희 역, 1986, 39).

그런데 이러한 주기도문의 내용을 구조적으로 분석하면 히브리인의 신앙적 인지구조인 십계명의 '삼분법적trichonomisch' 인지구조에 상응한다. 더 자세히 말하면, 첫째, 하나님을 향한 청원: '하늘에 계신 우리 아버지, 이름을 거룩하게 하시오며, 나라가 임하옵시며', 둘째, 생명 유지를 위한 식물에 대한 청원: '오늘 우리에게 일용할 양식을 주옵시고', 셋째, 인간을 위한 청원: '우리가 우리에게 죄 지은 자를 사하여 준 것같이 우리 죄를 사하여 주옵시고, 우리를 시험에 들게 하지 마옵시고' (다만 악에서 구하옵소서) 그리고 끝으로 이 세 가지 청원을 종합하는 간청은 '뜻이 하늘에서 이룬 것같이 땅에서도 이루어지이다' 이다. 그 다음은 마지막 하나님께 대한 영광송이다: '대개 나라와 권세와 영광이 아버지께 영원히 있사옵나이다.'

그런데 더욱 특이한 것은, 주기도문의 청원 중 인간과 물질에 관한 간청의 순서는 최초 아담의 타락과정과 역순으로 이루어졌다는 것이다. 즉 아담이 사탄(악)의 시험을 받아 선악과를 따먹는 범죄를 행한 후, '땀을 흘려야 먹고 사는' 하나님의 심판을 받고 에덴 동산에서 추방되었던 것의 역순으로 '하늘에 계신 우리 아버지' 하고 하나님에 대한 부름을 제외하고, '(하나님) 나라이(가) 임하옵시며', '우리에게 일용할 양식을 주옵시며', '우리가 우리에게 죄 지은 자를 사하여 준 것같이, 우리의 죄를 사하여 주옵시고', '우리를 시험에 들게 하지 마옵시고', '악에서 구하옵소서', 그리고 이러한 간청을 모두 종합하는 간청, 곧 '뜻이 하늘에서 이루어진 것같이 이 땅에서도 이루어지이다' 라는 간청이 있은 후, 하나님께 영광을 돌리는 송영, 곧 '대개 나라와 권세와 영광이 아버지께 영원히 있사옵나이다' 라고 기도하는 것이다. 이러한 전제 아래 주기도문의 내용상의 특성과 구조를 이제 보다 더 세분하여 알아보고자 한다.

2. 기도를 위한 부름: '하늘에 계신 우리 아버지'

예수의 설교가 '하나님 나라'에 대한 선포로 시작하고 있는 것처럼[9], 주기도문도 '하나님 아버지'[10]를 부르는 것으로 시작한다.[11] 우선 '아버지*Aββa*: 아바, 압바, 혹은 아빠' 라는 단어는 아람어로서, 어린 아이가 자기 아버지를 부르는 애칭이다.[12] 이 일상적인 호칭이 신약성서에서는 3번 나타나는데, 이 말은 예수가 하나님을 부를 때 처음으로 사용된다: "아바 아버지여 아버지께는 모든 것이 가능하오니, 이 잔을 내게서 옮기시옵소서!"(막 14:36). 예수님이 하나님에 대하여 '아빠' 라는 호칭을 사용하였다는 것은, 하나님과 예수님의 관계가 부자관계 라는 것을 단적으로 계시해 준다. 그런데 사도 바울은 '아빠' 라는 단어를 그리스도인들에게도 동일하게 사용하도록 허락한다: "너희는 ‥‥ 양자養子의 영靈을 받았으므로 아바 아버지라 부르짖느니라"(롬 8:15; 갈 4:6). 그러나 예수님은 하나님에 대하여 친히 '나의 아버지' 라고 부르는 반면에, 우리 인간들에 대하여는 '너희 아버지' 라고 구별한다(참. 요 20:17). 여기에 나타난 단수와 복수,

---

9) 공관복음서의 증거에 따르면, 예수님은 "때가 찼고 하나님의 나라가 가까웠으니 회개하고 복음을 믿으라"(막 1:15)는 말씀으로 공적 사역을 시작했다.

10) 신을 아버지로 표현하는 것은 종교사의 보편적인 유산이다. 고대 그리스에서도 호머(Homer)에 의해 제우스 신이 인간과 신들의 "아버지"로 표현되었다. 플라톤의 창조신화인 티마이오스(Timaios: 플라톤이 세계를 창조한 신의 이름)에서는 최고의 '선(善) 이데아(die Idee des Guten)' 가 '사물의 아버지' 로 표현되고 있다. 이렇듯 스토아(Stoa) 철학에서도 신을 아버지라고 부르는 표현은 헬레니즘 종교철학의 기초를 이루고 있다. 이점에 관하여: *J. M. Lochman*, Unser Vater: Auslegung des Vaterunsers, 정권모 역, 『주기도문 강해』. 『기도와 정치』, 대한기독교서회 1995, 38f.

11) 주기도문 연구가 칼미낙(J. Calmignac)이 잘 지적한 바대로, 주기도문은 처음부터 모든 강조점을 하나님께 두고 있다. 즉 주기도문은 '절대적인 하나님 중심사상' 을 내포하고 있다.

12) 이점에 관하여: *J. Jeremias*, Der gegenwärtige Stand der Debatte um das Problem des historischen Jesus, in: Ristow-Matthiae, Der historische Jesus und der kerygmatische Christus, 23; 그의, Art. 'Abba', Theologische Literaturzeitung 1954.

즉 '나의 아버지'와 '너희 아버지'는 '만세萬歲 전부터 독생자로 계신'(골 1:15)[13] 예수 그리스도와, '성령에 의해서' 양자가 된 그리스도인의 차이라고 볼 수 있다.

그러나 그리스도인들이 하나님을 '아버지'라고 부르는 것은 단순히 종교적 혹은 헬라적 사유의 전통에 있는 것이 결코 아니다. 구약에서 이스라엘 사람들이 이미 야웨 하나님을 '아버지'라고 부른 것은, 그들을 애굽에서 해방시킨 구원 역사적 배경이 있다. 즉 야웨 하나님이 이스라엘의 역사 안에서 능력 있는 행동으로 자기 백성 이스라엘을 역사적 곤경에서 구원하셨기 때문이다. 그래서 그들은 비록 그 숫자14번, 그러나 아주 결정적으로 중요한 부분에서는 적지만, 하나님을 '아버지'라고 불렀다. 따라서 예언자들은 야웨 하나님께 대한 이스라엘 백성의 신앙적 배반을 다음과 같이 부자관계로 표현하고 있다:

> "아들은 아버지를 공경하고, 종은 제 주인을 두려워하는 법인데, 내가 너희 아버지라고 해서 너희가 나를 공경하기라도 하였느냐? 내가 너희 주인이라고 해서, 너희가 나를 두려워하기라도 하였느냐? 나 만군의 주가 말한다(말 1:6; 비교 신 32:6이하; 렘 3:19이하).

이와 상응하게 이스라엘 백성도 곤경에 빠져서 야웨 하나님께 기도할 때, "주께서는 우리의 아버지이십니다"(사 63:16; 비교 렘 3:4)[14]라고 불렀다. **그렇다면 왜 지상에 계신 아버지가 아니라, '하늘에 계신 아버지'라고 부르는가? 하늘이 어디 있는가?**

---

13) 골 1:15 : "그 아들은 보이지 않는 하나님의 형상이시오, 모든 피조물보다 먼저 나신 분이십니다."

우선 마태복음은 -누가복음과는 달리- '하늘에 계신 아버지' 라고 부른다. 이와 상응하게 마태복음은 '하늘나라' 에 대한 비유를 수없이 언급한다. 그러나 마태가 이야기하는 '하늘' 이란, 하나님께서 활동하시는 영역, 더 구체적으로 말하면 하나님께서 우리와 함께 계시는 영역을 뜻한다.[15] 더 자세히 말하면, '하늘나라' 는, 하나님의 구원이 일어나는 시-공간적 영역을 뜻한다. 그런데 하나님 나라의 영역은 단지 시-공간적 영역에 제한되지 않기 때문에 초월적 영역이기도 하다: "하나님도 하나이시니, 곧 만유萬有의 아버지시라. 만유 위에 계시고, 만유를 통일하시고, 만유 가운데 계시도다"(엡 4:6). 다시 말해서 하나님의 구원의 역사가 일어나는 곳이라면, 그 어디나 '하늘' 이다. 이러한 의미에서 '하늘' 은 창조된 세계만을 뜻하는 것이 아니라, 보이지 않는 세계, 곧 하나님이 활동하시는 우주적 '하늘 나라' 를 포함한다. 따라서 '하늘' 을 종교적 혹은 신화적 표현으로 말하면, '하나님의 나라' 는 '에덴 동산' 이고, 종말론적으로 표현하면 '천당, 곧 낙원' 이다. 왜냐하면 '낙원' 에서만이 인간의 모든 문제가 -먹고사는 문제, 병, 생명의 문제 등- 해결되기 때문이다. 그렇다면 **왜 하나님을 '우리' 아버지라고 부르는가?**

앞에서도 간단히 언급하였지만, 주님이 가르쳐주신 기도는 사사로운 개인 기도가 아니라, 모든 그리스도인들이 함께 드리는 공동의 기도이다. 이러한 의미에서 기도는 결코 사적 욕망을 충족시키기 위한 것이 되어서

---

14) 이 밖에 예레미아 31장 20절에서는 "에브라임은 나의 귀한 아들이다. 내가 가장 사랑하는 자식이다. … 그를 책망할 때마다 더욱 생각나서 … 불쌍히 여기지 않을 수 없었다. 나 주(主)의 말이다."; 반면에 이사야 선지자는 하나님과 이스라엘 관계를 어머니와 자식의 관계로 표현하고 있다. "어머니가 어찌 제 젖먹이를 잊겠으며, 제 태에서 낳은 아들을 어찌 긍휼히 여기지 않겠느냐! 비록 어머니가 자식을 잊는다 하여도 나는 절대로 너를 잊지 않겠다"(사 49:15이하).

15) 이점에 관하여: *M. Welker*, Gottes Reich, EvTh 52(1992), 497-512(*김재진* 역, 『성서에 기초한 최근 신학의 핵심적 주제』, 『크리스챤다이제스트』, 1998, 191-220: '하나님 나라')

는 아니 된다. 기독교에서 이야기하는 기도는, 신앙 공동체 전체 구성원에게 유익한 것이 되어야 한다. 바로 이러한 이유 때문에 천사들도 예수의 이 땅에 태어나심을, "지극히 높은 곳에서는 하나님께 영광이요, 땅에서는 기뻐하심을 입은 사람들 중에 평화"(눅 2:14)라고 노래한다. 그래서 라가츠Leonhard Ragaz는 주기도문 강해에서 '우리' 라는 말의 의미를 특별히 강조한다. 그에 의하면, "주기도문은 이기주의적 종교의 기도가 결코 아니라, 역사적 사회적 하나님 나라의 기도이다. '나 개인의 기도Ich-Gebet' 가 아니라, '우리 모두의 기도Wir-Gebet' 이다. '나를 위한 기도Mir-Gebet' 가 아니라, '우리 모두를 위한 기도Uns-Gebet' 이다." [16]

그러나 주님이 가르쳐주신 기도가, 그리스도인 모두를 위한 공동의 기도라고 해서, 한 개인의 고난 받은 현실을 결코 배제하는 것이 아니다. 주기도문은 오히려 우리 개인의 사적 청원을 근본적으로 포괄하고 있는 것이다. 왜냐하면 주의 기도 속에는 하나님의 뜻과 인간의 간청과 창조된 세계 속에서의 생명유지에 대한 간청이 함께 내포되어 있기 때문이다. 바꾸어 말하면 하나님의 뜻이 이 땅에 참으로 실현될 때, 나 개인의 사적 청원도 동시에 함께 이루어지기 때문이다. 이러한 의미에서 주님께서 가르쳐 주신 기도는 우리 모두를 위한 기도인 동시에 바로 나의 기도이다. 왜냐하면 나 개인만이 '하나님의 자녀' 가 아니라, 모든 그리스도인이 '하나님의 자녀' [17]이기 때문이다. 이점을 갈라디아서는 다음과 같이 증언한다: "여러분은 자녀가 되었으므로, 하나님께서 그 아들의 영靈을 우리 마음에

---

16) *L. Ragaz*, Von der Revolution der Bibel, I. Das Unservater, Zürich 1943, 9(*J.M. Lochman*, 앞의 책, 47하에서 재인용).

17) '하나님의 자녀' 라는 표현은 종말론적 구원의 기본개념이며, 동시에 아버지 같은 하나님의 사랑을 표현하는 것이다(참고. 요 1:13; 3:3,5,6-8; 요일 2:29; 3:9; 4:7; 5:1, 4, 18). 이점에 관하여: *E. Lohmeyer*, Das Vaterunser, 2.Aufl. Göttigen, 13).

보내 주시고, 우리가 하나님을 '아바 아버지'라고 부를 수 있게 하셨습니다. 그러므로 여러분 각자는 이제 종이 아니라, 자녀입니다. 자녀이면, 하나님께서 세워 주신 상속자입니다"(갈 4:6-7). 그리고 계속해서 요한복음도 "그가=예수가 자기 땅에 오셨으나, 그의 백성은 그를 맞아들이지 않았습니다. 그러나 그를 맞아들인 사람들, 곧 그 이름을 믿는 사람들에게는 하나님의 자녀가 되는 특권을 주셨습니다"(요 1:11-12). 따라서 주기도문 속에 나타난 '우리'라는 말은 막연한 보편적인 집단을 뜻하는 것이 아니라, 구체적으로 그리스도인들의 신앙 공동체를 의미한다. 바로 이러한 근거에서 '주기도문'은 전통적으로 누구에게나 개방되어 있는 기도가 아니라, 성찬식 예전에서 세례 받은 자들의 기도로 이해되어져 왔다. 그러나 예수의 십자가의 죽음은 그를 믿는 모든 인간을 위한 죽음이라는 의미에서, 주기도문도 예수를 구세주로 믿는 모든 인간들의 기도라고 새롭게 이해되었다. 왜냐하면 칼뱅도 "기도는 공동체와 관련을 갖는다는 것, 그리스도 안에서 자신의 형제가 된 모든 이들을 감싸 안는 것, 그것이 바로 기도의 법도이다"[18]라고 이야기하고 있기 때문이다.

이제 간단히 요약하면, 주님께서 가르쳐 주신 기도를 드릴 때, '하늘에 계신 우리 아버지!'라고 부르는 호칭은 기도하는 사람과 기도의 대상과의 관계를 규정하는 것으로서, 하나님을 나의 아버지로 고백하는 것이고, 하나님이 아버지와 같은 사랑으로 나의 청원을 들어주실 것이라는 신앙으로 기도한다는 뜻이다. 그런데 그 하나님은 이 세상에만 계신 것이 아니라, 하나님의 활동 영역 속에서, 곧 시-공간을 초월해 계신 '하늘'에서 활동하시는 분이라는 것이다. 그리고 그 하나님은 나의 아버지뿐만 아니라, '우리', 곧 하나님의 자녀가 된 모든 사람들, 더 구체적으로 말하면

---

18) *J. Calvin*, Institutio, O. Weber 역, 독일어 판 III, 20, 7. 38.

예수를 믿는 기독교 신앙 공동체 모두의 아버지가 되신다는 것이다. 이러한 의미에서 우리는 주님께서 가르쳐주신 기도를 드리기 전에 '하늘에 계신 우리 아버지!' 라고 기도의 대상을 부르는 것이다.

3. 하나님의 영광을 위한 청원

> (하나님 아버지의) 이름이 거룩히 여김을 받으시오며, (하나님 아버지의) 나라이(가) 임하옵시며,

주기도문 전반부의 첫 번째에서 세 번째까지의 청원은 하나님에 대한 청원이라는 것이 명백히 드러난다. 왜냐하면 '하나님의 이름' 그리고 '하나님의 나라' 라는 두 가지 대상이 두 개의 동사, 곧 '받으시오며' 와 '임하옵시며' 라는 말과 결합되어, 하나님의 행동을 간접적으로 나타낼 때 사용하는 수동태 하기아스테토ἁγιασθητω와 게네테토γενεθητω로 표현되어 있기 때문이다. 그런데 하나님에 대한 청원은 십계명의 첫 번째에서 세 번째까지의 계명, 곧 하나님과 인간의 관계에 관한 규정에 상응한다: "제일은, 너는 나 외에는 다른 신들을 네게 있게 말지니라. 제이는, 너를 위하여 새긴 우상을 만들지 말고, 또 위로 하늘에 있는 것이나, 아래로 땅에 있는 것이나, 땅 아래 물 속에 있는 것의 아무 형상이든지 만들지 말며, 그것들에게 절하지 말며, 그것들을 섬기지 말라 … 제 삼은, 너는 너의 하나님 여호와의 이름을 망령되이 일컫지 말라"(출 20:2-7). 이렇게 십계명은 하나님과 인간의 관계를 부정적으로 표현하고 있는 반면에, 주기도문은 하나님과 인간의 관계를 긍정적으로 표현하고 있다. 그러나 두 개가 모두

동일하게 하나님께 대한 인간의 간청이라는 점에서 일단 십계명과 주기도문은 구조적으로 서로 일치한다.

그런데 희랍어 성경에 나타나 있는 주기도문 본문을 살펴보면, 하나님에 대한 각 청원들이 한결같이 동사, 명사 그리고 소유대명사의 순서로 나타나고 있다. 하나님께 대한 첫 번째 청원: '아버지의(σου = 소유대명사) 이름이(τά ὄνομα = 명사) 거룩히 여김을 받으시오며(ἁγιασθητω = 동사)' 와 두 번째 청원: '아버지의(σου = 소유대명사) 나라이(ἡ βασιλεία = 명사) 임하옵시며(ἐλεθέτω = 동사)' 모두가 소유대명사, 명사, 동사로 이루어졌다. 이와 같이, 각 청원은 다 같은 3인칭 단수 과거 명령형의 동사와 그 동사의 목적어 그리고 그 목적어를 수식하고 있는 '당신의(σου = 아버지의)' 란 소유격으로 구성되어 있다. 문체상 각 청원이 병행을 이루고 있고, 그리고 각 청원이 한결같이 하나님 아버지를 가리키는 '당신' 을 소유격으로 가지고 있다는 점을 보아서, 하나님에 대한 두 가지 청원이 서로 밀접한 관계를 가지고 있다는 사실을 쉽게 알 수 있다. 따라서 이 두 청원은 하나님께서 우리의 기도를 들어주셨을 때, 기도한 사람이 하나님께 돌리고자 하는 감사의 응답에 관한 것이다. 왜냐하면 하나님께서 우리의 기도를 응답해 주셨을 때, 결국 그 영광은 하나님 자신이 받으실 것이기 때문이다. 바꾸어 말하면, '이름이 거룩히 여김을 받으시오며, 나라이 임하옵시며' 라는 기도는, '하나님은 하나님 자신의 영광을 위해서 우리들의 기도를 응답해 주옵소서' 라고, 기도하는 것이다. 그래서 예수님도 겟세마네 동산에서: "아버지여 나를 구원하여, 이 때를 면하게 하여 주옵소서, … 아버지여 아버지의 이름을 영광스럽게 하옵소

---

19) 성경의 증언에 의하면, 야웨 하나님은 자신의 영광과 명예를 위해서, 이스라엘 백성의 죄악에도 불구하고, 그들에게 약속하신 것을 성실히 수행하시겠다는 말씀이 아주 빈번히 나타난다.

서"[19] 라고 기도하셨던 것이다. 그렇다면 우리들의 기도에 대한 하나님의 응답이 하나님께 구체적으로 어떠한 영광이 되는가?

1) (하나님 아버지)의 '이름이 거룩히 여김을 받으시오며'[20]

'이름이 거룩히 여김을 받으시오며ἁγιασθήτω τὸ ὄνομα σου' 라는 기도는, 기도가 이루어질 것을 믿고, 감사하는 마음에서 하나님께 드릴 영광을 하나님 아버지에게 우선적으로 미리 돌리는 것이다. 반면에 '하나님 나라이 임하옵시며' 라는 간구懇求는 기도가 이루어졌을 때, 기도하는 사람에게 임할 새로운 나라, 곧 하나님 나라의 도래에 대한 종말론적 축복을 미리 앞서서 간청하는 것이다. 왜냐하면 하나님께서 인간을 구원하시는 목적은, 인간을 구원하심으로써 인간으로부터 예배와 영광을 받기 위한 것이기 때문이다.[21] 이러한 의미에서 볼 때, '하나님의 이름이 거룩히 여김을 받는 것' 과 우리들에게 '하나님의 나라가 임하는 것' 은 내용상 하나라고 볼 수 있다. 왜냐하면 우리들에게 하나님의 나라가 이루어질 때, 그 때 하나

---

20) 예레미야에 의하면, 이 기도의 가장 오래된 양식은 "주의 크신 이름이, 주님의 뜻에 따라 창조하신 이 세상에서 영광을 받으시고, 거룩히 여김을 받으시옵소서. 그대들의 생존을 위하여, 그대들이 사는 동안 나아가서 모든 이스라엘 가문의 생존을 위하여 주의 왕적인 통치권이 하루 속히 바로 서기를 원합니다"(*Joachim Jeremias*, Das Vater-Unser im Licht der neueren Forschung, 1962, 20)

21) 앞장의 '예배란 무엇인가' 를 참조하라. 그리고 천사가 목자에게 전해준 사신(Botschaft): "지극히 높은 곳에서는 하나님께 영광이요, 땅에서는 기뻐하심을 입은 사람들 중에 평화로다"(눅 2:14)를 참고하라.

22) 대부분의 주석가들은 하나님의 이름에 대한 경외는 하나님의 인격에 대한 경외와 동등한 것으로 본다. 그리고 '거룩하게 하다' 라는 동사는 '영화롭게 하다' 라는 동사와 같은 의미라고 본다. 따라서 '당신의 이름을 거룩하게 하옵시며' 는 '하나님께서 영광을 받으시오며' 라는 말과 거의 동일한 것으로 해석된다. 이와 상응하게 외팅어(Oetinger)도 "하나님의 드러난 거룩함이 그분의 영광됨이고, 그분의 은폐되어 있는 영광됨이 하나님의 거룩함이다"(*E. Lohmeyer*, Das Vaterunser, 2.Aufl. Göttigen, 48에서 재인용)라고 말한다. 그밖에도 성경에서 '영광스럽게 하다' 라는 말과 동사 '거룩하게 하다' 가 종종 동의어로 사용되고 있다(참고. 레 10:3; 사 6:3). 사실상 구약에서는 '하나님의 이름이 거룩하게 되다' 를 '하나님의 이름이 영화롭게 되다' 와 상호 교환적으로 이미 사용하고 있다(사 24:15; 29:22-24; 겔 36:20-23).

님 나라의 백성은 한 목소리로 하나님께 영광을 돌릴 것이기 때문이다.[21] 그리고 그 때는 하나님 아버지의 이름이 거룩히 여김을 받게 될 것이다. 그러므로 '이름이 거룩히 여김을 받으시오며'와 '나라이 임하옵시며'는 별개別個의 기도가 아니다. 단지 차이가 있다면, 전자는 하나님께 일어날 것이고, 후자는 기도하는 사람에게 일어날 것이라는 점에서 차이가 있다. 따라서 우리 그리스도인은 단순히 기도하는 자이고, 하나님은 단순히 수동적으로 그 기도를 응답해야 하는 자가 아니다. 바꾸어 말하면, 기도하는 자와 하나님과의 관계는 결코 채권자와 채무자의 관계가 아니다. 다시 말해서 하나님은 인간의 기도에 반드시 응답해야 하고, 인간은 의당히 하나님께 청원할 권리가 있는 것이 아니다. 역으로 기도하는 자가 아무리 열심히 기도하여도, 그 기도에 대한 응답이 하나님의 영광이 되지 않으면, 그 기도에 대한 응답은 일어나지 않는다고 보아야 할 것이다. 즉 우리가 하나님 아버지에게 올리는 기도의 결과가 하나님께 영광이 될 때, 우리의 기도가 응답될 수 있는 것이다. 이러한 의미에서 기도하는 자와 하나님과의 관계는, 기도자의 일방적인 탄원 혹은 '떼씀'에 하나님께서 무조건적으로 응답해야하는 주-종 관계가 아니다. 기도하는 자와 기도에 응답해 주시는 하나님의 관계를 누가복음은 천사의 입을 통하여 다음과 같이 증언하고 있다: "지극히 높은 곳에서는 하나님께 영광, 땅 위에서는 기뻐하심을 입은 사람들 중에 평화로다"(눅 2:14; 비교. 눅 10:21; 마 6:10; 28:18; 요 17:4; 행 7:49; 엡 3:15; 골 1:16; 계 5:13; 인간의 기쁨과 평화에 대하여는 눅 3:22; 12:32; 엡 1:5,9; 빌 2:13; 눅 1:79; 시 85:10; 사 9:6,7 등등). 그렇다면 여기서 질문이 제기된다: 왜 예수님은 '하나님이 거룩히 여김을 받으시오며' 하지 않고, '(하나님 아버지의) 이름이 거룩히 여김을 받으시오며'라고 기도하라고 하셨는가?

우선 구체적인 이름이 없는 신, 곧 하나님을 막연히 신, 곧 '엘אֵל' 이라고 부른 것은 구약 시대나 혹은 헬라 문화의 다신교 문화 속에서는 보편적인 일이었다. 즉 고대 근동이나 헬라문화권에서는 일반적인 신과 살아서 인간을 구원하시는 구체적인 하나님 야웨와 구별되지 않았었다. 그러나 이스라엘의 신앙적 정체성이 확립되어 가면서 이스라엘 백성에게 구원의 역사를 베풀어주신 하나님은 '야웨יהוה' 라는 구체적인 이름을 가지고 계신 하나님으로 인식되었다. 그러나 그 하나님의 이름을 부르는 것은 십계명의 제3계명: "너희는 주 너희 하나님의 이름을 함부로 부르지 못한다. 주는 자기의 이름을 함부로 부르는 자를 죄 없다고 하지 않는다"(출 20:7)는 말씀을 거역하는 것이라고 생각하여, 그 이름을 부르지 않고, 다만 '주adonai' 라고 불렀다. 그럼에도 불구하고 '야웨' 하나님만이 이스라엘의 온전한 구원자라는 이스라엘 백성들의 믿음은 변하지 않았다. 바로 그렇기 때문에 '하나님의 이름이 거룩히 여김을 받으시옵소서!' 라고 기도하는 것은, '주여 우리에게 구원을 베풀어주옵소서!' 라고 기도하는 것과 동일한 의미를 가지는 것이다. 왜냐하면 본래 히브리 사회에서 '이름sem' 은 단순히 그 이름을 갖고 있는 자만을 지칭하는 것이 아니라, 그 이름으로 불려지는 분의 인격 혹은 존재 자체를 대변하고 있기 때문이다. 그래서 구약뿐만 아니라, 신약에서도 '이름ὄνομα' 은 그 이름을 가지고 있는 사람의 인격과 동일시되고 있다. 신약의 저자들은 예수님의 이름을 예수님 자신의 인격, 임재臨在하심과 그의 능력을 표현하는 것으로 간주하고 있다. 이러한 의미에서 '이름' 이란, 한 인격적 존재의 구체적인 실존을 의미한다. 따라서 어떤 사람이 새로운 이름을 갖는다는 것은, 그 사람의 신분과 위치가 달라지는 것을 가리킨다(창 12:25, 17:5, 32:28, 48:20). 이점은 하나님의 이름에 있어서도 마찬가지이다. 이러한 근거에서 구약

성서적 전승에 의하면, 어느 사람의 이름을 찬양하거나, 이름을 존중하는 것은, 그 이름을 가진 자에 대한 존중과 찬양 이외에 다른 것이 아니다. 반대로 이름에 대한 경멸은, 그 이름을 가진 자에 대한 경멸을 의미한다. 이러한 의미에서 종교개혁 전통주의 신학자 칼로프Calov도 '하나님의 이름은 하나님 자신이다Nomen Dei ist Deus ipse' 라고 말하였다. 그러므로 하나님의 이름에 대한 경외는 그 분의 절대적인 인격과 존재를 인정하고 경외하는 것을 뜻한다.

반면에 이름의 익명성은 자기 존재와 자기 삶에 대한 책임 회피를 뜻한다. 그러나 하나님은 무엇을 하시든지, 또 무슨 말씀을 하시든지 언제나 자신의 이름을 사용하신다. 이러한 의미에서 뤼티W. Luthi는 '악마는 익명을 좋아한다. 그러나 하나님은 자신의 이름을 가지고 계시다'[23] 라고 말한다. 구약의 하나님은 이름 없는 분이 아니라, 자신의 고유한 이름을 가지고 계신 분이며, 그 이름을 통하여 자신을 계시하시는 분이시다. 예를 들면 하나님은 아브라함에게 "전능의 하나님"(창 17:1)으로, 모세에게는 "야웨여호와 하나님"(출 6:2)으로 자신을 계시하셨다. 그리고 그 이름은 종종 하나님 자신을 대변하기도 한다(출 20:7; 24장; 레 18:21; 19:12; 24:11,16; 7:17; 슥 14:9). 그러나 악마는 남을 유혹하거나 악한 일을 행할 때에는 자기의 이름을 숨기면서도, 하나님의 이름은 경멸한다. 반대로 예수님은 하나님의 이름, 곧 그의 존재를 역사적으로 계시하러 오신 분이다: "아버지여, 세상 중에서 내게 주신 사람들에게 내가 아버지의 이름을 나타내었나이다"(요 17:6a); "거룩하신 아버지여, 내게 주신 아버지의 이름으로 저희를 보전하사"(요 17:11); "의로우신 아버지여, 내가 아버지의

23) *Walter Lüthi*, Das Unservater, Basel, 18.

이름을 저희에게 알게 하였고 또 알게 하리니(요 17:26a)"라고 말씀하신다. 이 구절들은 예수님께서 지상에서 하셔야 할 주된 일이 아버지 하나님의 이름을 계시하는 것이라는 점을 강조하고 있다. 이 구절은 예수님 자신이 이미 아버지의 이름을 알게 하였을 뿐만 아니라ἐγνώρισα, 또한 앞으로 알게 할 것임γνωρίσω을 강조하고 있다. 말하자면 이 구절은 지금까지 예수님께서 이루신 사역을 '아버지의 이름을 알게 한 사역'으로, 그리고 남은 사역을 '아버지의 이름을 알게 할' 사역으로 설명하고 있다. 이렇듯 하나님은 자신의 이름을 구원 사건을 통하여 인간들에게 명백히 드러내고 계시다.

이제 야웨 하나님은 이름의 익명성을 거부하고, 오히려 자신의 이름의 명예를 걸고 구원자 하나님으로 자신을 계시하신다. 즉 여호와 하나님은 자신의 이름을 분명히 밝히면서, 자신을 구원자로 계시하신다. 하나님의 이름에 관한 구약의 증언 가운데 많은 부분에서 여호와 하나님은 인간을 구원하시는 하나님이심을 증언하고 있다:

> "나 곧 나는 여호와라 나 외에 구원자가 없느니라. 내가 고하였으며, 구원하였으며, 보였고, 너희 중에 다른 신이 없었나니, 그러므로 너희는 나의 증인이요, 나는 하나님이니라. 여호와의 말이니라. 과연 태초부터 나는 그니 내 손에서 능히 건질 자가 없도다. 내가 행하리니 누가 막으리요"(사 43:10-13).

더 나아가 구약성경은, 이러한 구원자 하나님이 자신의 '이름 회복', 곧 '이름이 거룩히 여김을 받기 위해서', 이스라엘 백성에게 구원을 베푸실 것이라고 선포하고 있다. 그런데 그 구원자 하나님은, 바로 '야웨여호와'란 이름을 가진 하나님이라는 것을 예언자는 아주 구체적으로 설명하

고 있다: "내가 내 거룩한 이름을 내 백성 이스라엘 가운데 알게 하여, 다시는 내 거룩한 이름을 더럽히지 않게 하리니 열국이 나를 여호와, 곧 이스라엘의 거룩한 자인 줄 알리라"(겔 39:7).[24] 한 걸음 더 나아가 "야웨여호와"라는 이름을 가진 하나님은 종말에 이스라엘 백성의 구원자 되실 분임을 이사야 선지자는 다음과 같이 증언하고 있다:

> "그러므로 아브라함을 구속하신 여호와께서 야곱 족속에 대하여 말씀하시되, 야곱이 이제부터는 부끄러워 아니하겠고, 그 얼굴이 이제부터는 실색하지 아니할 것이며, 그 자손은 나의 손으로 그 가운데서 행할 것을 볼 때에, 내 이름을 거룩하다 하며 이스라엘의 하나님을 경외할 것이며 …"(사 29:22-24).

이상 앞에서 살펴본 바와 같이, 구약 성경의 많은 구절들은, 언젠가는 하나님이 자기의 거룩한 이름을 회복하기 위해서 이스라엘을 구원하실 것이라고 예언하고 있다. 그리고 신약 성경은 이러한 하나님 이름: '야웨여호와'의 종말론적 회복을 위해서 예수 그리스도가 오셨다고 증언하고 있다. 이러한 사실은 다음과 같은 요한복음 12장 28절의 예수의 기도 속에 잘 나타나 있다: "아버지여 아버지의 이름을 영광스럽게 하옵소서 … 내가 이미 영광스럽게 하였고 또 다시 영광스럽게 하리라πάτερ δόξασόν σου τὸ ὄνομα … ἐδόξασα καὶ πάλιν δοξάσω." 더 나아가 신약 성경은 예수를 '주=여호와 하나님의 이름으로 오시는 자'(마 21:9; 요 12:13)로 증언하고 있다. 예수님 자

24) 이 밖에 겔 36:20-23: "그들의 이른바 그 열국(列國)에서 내 거룩한 이름이 그들로 인하여 더러워졌나니 … 열국 가운데서 더럽힘을 받은 이름, 곧 너희가 그들 중에서 더럽힌 나의 큰 이름을 내가 거룩하게 할지라. 내가 그들의 목전에서 너희로 인하여 나의 거룩함을 나타내리니 열국 사람이 나를 여호와인줄 알리라."

신도 "나는 내 아버지의 이름으로 왔다"(요 5:43)고 증언하고 있다.[25] 이러한 예수의 증언들은, '야웨' 하나님의 이름으로 일어나는 구원사건이 이제는 예수의 이름으로 일어난다는 것을 암시해 주는 것이다. "너희가 아버지께 구하는 것을 내 이름으로 주시리라"(요 16:23). 그리고 예수님은 이 말씀의 의미를 "그 날에 너희가 내 이름으로 구할 것이요, 내가 너희를 위하여 아버지께 구하겠다 하는 말이 아니니"(요 16:26)라고 설명해 주신다. 이 말은 이제부터는 '야웨'의 이름이 아니라, '예수'의 이름으로 하나님의 구원의 역사가 일어난다는 말이다. 그래서 사도 베드로는 "다른 이로서예수 이외의 다른 사람, 필자 주는 구원을 얻을 수 없나니, 천하 인간에 구원을 얻을만한 다른 이름'예수' 이외의 다른 이름, 필자 주을 우리에게 주신 일이 없음이니라"(행 4:12)고 강하게 선포하고 있는 것이다. 뿐만 아니라, 예수님은 자신의 이름 '예수'를 사도들에게 위탁하셨다. 이렇게 '이름의 위임'을 받은 사도들은 예수님의 이름으로 귀신을 쫓아내고(행 16:18), 예수님의 이름으로 여러 가지 이적을 행하고(행 3:6,16; 4:10,30) 그리고 예수님의 이름으로 복음을 전파함으로써(행 9:15,27,29) 죄 사함과 구원의 역사가 일어나도록 하였다(행 2:21; 4:12; 10:43). 이러한 맥락에서 예수님은 부활하신 후 제자들에게 "너희는 가서 모든 족속으로 제자를 삼아 아버지와 아들과 성령의 이름으로 세례를 주라"(마 28:19)고 명령하신다. 즉 구약에서 '야웨'의 이름으로 일어나던 구원의 사건이 신약시대에 와서는 '예수'의 이름으로 일어나게 되었다는 것이다.[26]

여기서 우리는 다음과 같이 결론을 내릴 수 있을 것이다. 주기도문 첫째 청원인 '이름이 거룩히 여김을 받으시오며'를 성취시키는 참된 대리

---

25) 따라서 우리가 요한복음 12:28에 나타나는 예수님의 짧은 기도 '아버지여, 아버지의 이름을 영광스럽게 하옵소서'의 문맥에서 주기도문 첫째 청원을 해석하는 것이 부당하다고 볼 수 없다.

인Agent은 예수 그리스도 자신이다. 그리고 이 청원은 표현 상으로는 하나님의 사역에 관한 것이지만, 내용적으로는 피할 수 없는 곤경에 빠져 있는 우리를 위한 청원이라는 것이다. 즉 바꾸어 말하면, 이 청원은 '하나님이 우리를 구원해 주시고, 우리들로 하여금 당신에게 영광을 돌리게 하옵소서, 당신의 이름을 찬양하게 하옵소서, 그래서 당신의 이름을 거룩하게 하옵소서' 라고 청원하는 것이라고 결론적으로 해석할 수 있을 것이다.

2) (하나님 아버지의) '나라이(가) 임하옵시며'

두 번째 청원 속에 나오는 '나라' 는 어디에 있는 어떠한 나라인가? 그 나라는 '하나님의 나라' 임이 틀림없다. 왜냐하면 예수는 "때가 찾고, 하나님 나라가 가까이 왔으니, 회개하고 복음을 믿으라"(막 1:14)고 선포하셨기 때문이다. 그리고 '임하옵시며' 라고 기도하라고 가르쳐 주신 것으로 미루어 보아, 그 나라는 분명 이 땅에 있는 사람들에 의해서 세워질 세속적인 나라가 아니라, 하나님에 의해서 세워질 천상의 나라임이 틀림없다. 그리고 '임하옵소서eltheto!'[27] 라는 말로 미루어 보아, 그 나라는 피안彼岸의 세계에 있는 실체로서 초월적인 세계임이 틀림없다. 따라서 그 나라는 심리적 평안이라는 '심령의 천국' 이나, 유토피아적 '지상 낙원' 이나, 곧 라우센부쉬W. Rauschenbusch가 생각하는 '윤리적이고 도덕적인 사회' 가 아니다.[28] 그래서 본회퍼D. Bonhoeffer는 다음과 같이 두 번째 청원을

---

26) 예를 들면 예수님의 이름을 믿는 자는 죄사함과 구원을 얻으며(요 1:12; 20:31; 행 2:21; 4:12; 10:43; 롬 10:13), 예수님의 이름으로 귀신을 쫓아 낼 수 있으며(막 16:17; 눅 10:17; 행 16:18), 예수님의 이름으로 이적을 행할 수 있으며(행 3:6,10; 4:10,30; 16:18), 예수님의 이름으로 세례를 줄 수 있으며(마 28:19; 행 2:28; 10:48; 19:5), 예수님의 이름으로 감사와 소원을 아뢸 수 있다(요 14:18,14; 15:16,21; 16:20,26; 엡 5:20; 골 3:17; 약 5:14)는 것이다.

27) 신약 성서적 언어 용법에 의하면, '임하옵소서!' 라는 말은 신의 임재(Epiphanie)를 설명하는데 사용되었다. 이점에 대하여: *Kittel*, Theologisches Wörterbuch zum Neuen Testament II, 664ff.

해석한다: "그 나라를 위한 기도는 영적인 축복을 바라는 불안한 심령의 구걸이 아니다. 이 기도는 세상에서 고난받고, 투쟁하는 공동체의 기도이다. 인류를 위해서, 그 인류에게 하나님의 영광이 완성되기를 바라는 것이다."[29] 그러므로 '나라이 임하옵소서!' 라는 청원은 예수 그리스도의 오심과 결정적으로 연관되어 있음을 알 수 있다. 왜냐하면 하나님 나라의 도래를 간청하는 것은, '새 시대와 영원한 생명' 을 우리에게 주시는 예수 그리스도에 의해서 인간의 구원이 실현되기를 간구하는 것이기 때문이다. 다시 말해서 '나라이 임하옵소서!' 라고 기도하는 것은, 피할 수 없는 고난 속에 살고 있는 사람이 예수 그리스도의 구원을 통하여 이 세상이 아닌 하나님 나라의 자녀가 되기를 간청하는 것이기 때문이다. 여기서 우리는 하나님의 나라, 곧 '나라이 임하옵소서!' 라고 기도하라는 그 '나라' 가 어떠한 나라인지 암시를 받는다.

주기도문의 제2청원인 '나라이 임하옵소서!' 의 그 '나라' 는 하나님께서 우리와 함께 하시는 나라이다. 이를 우리는 이스라엘의 구원 역사 속에서 읽어낼 수 있다. 이스라엘 백성이 정치적으로 바벨론에서 지극히 어려운 포로생활을 하고 있을 때, 하나님은 이사야 예언자를 통하여 다음과 같이 말씀하신다:

"내가 너를 속량하였으니, 두려워하지 말아라. 내가 너를 지명하여 불렀으니, 너는 나의 것이다. 네가 물 가운데로 건너갈 때, 내가 너와 함께 하고, 네

28) 라우센부쉬는 '하나님 나라' 를 복음의 핵심으로 본다: '하나님의 나라는 귀중한 진리이다. 복음의 중심내용이다. 이는 마치 성육신이 아타나시우스에게 있어서 중심 내용이고, 의인(義認)에 관한 신앙이 루터에게 중심 내용이고, 하나님의 주권이 에드워즈(Jonathan Edwards)에게 중심 내용인 것과 같다' (*Walter Rauschenbusch*, Die religösen Grundlagen der sozialen Botschaft, 1992, 173).

29) *D. Bonhoeffer*, Dein Reich komme!, Bonhoeffers Werk III, München 1960, 278.

가 강을 건널 때에도 물이 너를 침몰시키지 못할 것이다. … 나는 주(야웨), 너의 하나님이다. 이스라엘의 거룩한 하나님이다. 너의 구원자이다"(사 43:1-3).

여기서 '내가 항상 너희와 함께하겠다'는 말씀은, 하나님께서 이스라엘 백성 혹은 택한 자에게 구원의 역사를 베풀어주실 때 항상 하시는 말씀이다. 다시 말해서 '임마누엘Immanuel, 하나님이 우리와 함께하신다'은 구원의 복음이자, 하나님 사역의 예언적 표현이다. 즉 하나님이 우리와 함께 하실 때, 우리는 피할 수 없는 역사적 고난에서 벗어날 수 있다. 그런데 '임마누엘'은 바로 예수 그리스도의 이름이다(마 1:23). 이런 의미에서 오리게네스Origenes는, 하나님의 나라를 예수 그리스도, '그분 자신의 나라autobasileia'라고 표현하였다. 터툴리아누스Tetullianus도 '복음에 의하면 하나님 나라는 그리스도 자신이다*In evangelio est dei regnum Christus ipse*'라고 하였다.[30] 그리고 슈미트K.L.Schmidt가 말한 것처럼, '신약성경 전체의 선포가 복음이라면, 그리고 이 복음이 하나님 나라에 관한 복음'[31] 이라면, 이 복음의 중심이신 예수 그리스도의 사역은 곧 하나님 나라의 세상 도래 이외에 다른 것이 아니다. 그래서 예수 자신도, "내가 하나님의 능력으로 귀신을 내쫓는 것이면, 하나님의 나라가 너희에게 왔다"(눅 11:20)라고 선포하고 계신 것이다. 이러한 의미에서 예수 그리스도는 '나라이 임하옵소서!'의 그 '나라'의 선포자이시며,[32] 이 땅에 그 나라를 세우신 분이다. 바꾸어 말하면, 예수님은 하나님 나라의 왕이시다(마 28:19-20; 요

30) *Tertullianus*, Adv. Marc IV, 33.

31) *K.L. Schmidt*, in Kittel, op. cit, I, 584에서 재인용

32) 예수님은 그의 생애 동안 항상 '하나님의 나라'를 선포하시고, 또 많은 비유로 그 나라를 계시해 주셨다.

18:36).[33] 그리고 예수의 현존은 '우리 가운데'(눅 17:21) 있는 하나님 나라의 현존이다. 예수 그리스도의 현존과 더불어 하나님 나라가 이미 역사 속에 현존한다면, 다시 말해서 **하나님 나라가 예수 그리스도의 사역과 더불어 이미 시작되었다면, 왜 '나라이 임하옵소서!'라고 미래형으로 기도해야 하는가?**

우선 '임하옵시며!'는 단순 미래형이 아니라, 현재적 미래형이다. 다시 말해서 장차 미래에 '임하옵소서!' 하는 것이 아니라, 지금 여기에 '임하옵소서!' 하는 청원이다. 왜냐하면 하나님은 처음과 나중 되시는 분이시기 때문이다: "이스라엘의 왕이신 주, 이스라엘의 속량자이신 만군의 주께서 말씀하신다. 나는 시작이요, 마감이다. 나밖에 다른 신이 없다"(사 44:6). 이 말은, 인류의 구원자 되시는 분은 과거에만 계신 분이 아니라, 미래에도 계실 것이고, 지금 현존해 계시는 분이라는 것이다.[34] 이런 의미에서 요한계시록은 예수 그리스도에 대하여도 구약의 야웨 하나님의 현존을 표현하는 문구를 그대로 사용한다: "주 하나님이 가라사대, 나는 알파와 오메가라, 이제도 있고, 전에도 있었고, 장차 올 자요, 전능한 자라"(계 1:8). 그리고 계속해서 "지금도 계시고, 전에도 계시고, 또 장차 오실 이"(계 1:4; 4:8). 이러한 사실에 근거해서 원시 기독교 공동체는 종말에 있을 하나님 나라의 도래와 예수의 재림을 결합하여 "마라나타!: 아멘 주 예

---

33) 마 28:19-20: "나는 하늘과 땅의 모든 권세를 받았다. 그러므로 너희는 가서, 모든 족속을 제자로 삼아서, 아버지와 아들과 성령의 이름으로 세례를 주고, 내가 너희에게 명한 모든 것을 가르쳐 지키게 하여라. 보아라. 내가 세상 끝 날까지 항상 너희와 함께 있을 것이다."; 비교 요 18:36: "내 나라가 이 세상에 속한 것이었더면, 내 종들이 싸워 나로 유대인들에게 넘기우지 않게 하였으리라. 이제 내 나라는 여기(이 세상에, 필자 주)에 속한 것이 아니니라."

34) 다시 말해서 우리의 기도를 들으시는 분은 시간을 초월하신 영원한 분이라는 것이다. 그러나 여기서 말하는 '영원'은 무한한 시간의 연장(extansa)이 아니라, 질적으로 다른 카이로스(kairos)의 시간을 뜻한다. 즉 하나님의 통치의 시간을 뜻한다. 다시 말해서 기계적이고 계산 가능한 크로노스(chronos)의 무한한 연장을 뜻하는 것이 아니다.

수여 오시옵소서!"(계 22:20)라고 기도하였다. 이러한 기도는 동시에 하나님 나라의 도래를 청원하는 기도이다. 왜냐하면 하나님의 나라는 예수 그리스도의 도래와 함께 성취되기 때문이다. 바꾸어 말하면, '하나님 나라가 임하길' 기다리는 것은 예수의 재림을 기다리는 것과 같다: "또 죽은 자들 가운데서 다시 살리신 그의 아들이 하늘로부터 강림하심을 기다린다고 말하니"(살전 1:10). 왜냐하면 예수님은 '하나님 나라' 도 제자들에게 위임하셨기 때문이다: "내 아버지께서 나라를 내게 맡기신 것과 같이 나도 너희에게 맡겨 너희로 내 나라에서 있어 내 상에서 먹고 마시며, 또는 보좌에 앉아 이스라엘 열 두 지파를 다스리게 하려 하노라"(눅 22:30).

이제 우리는 간략히 요약할 수 있을 것이다. 주기도문의 첫 번째와 두 번째 청원인 '이름이 거룩이 여김을 받으시오며, 나라이 임하옵시며' 라는 기도는 서로 별개의 것이 아니라, 하나로 결합된 것임을 알았다. 왜냐하면 우선 구조적으로 '이름' 과 '나라' 가 '당신의σου', 곧 '하늘에 계신 아버지' 의 '이름' 과 '나라' 라는 의미에서 통일된다. 따라서 내용상 두 청원은 기도하는 자를 위해서 하나님께서 응답해 주시길 바라는 하나님 자신의 사역과 그 결과에 기도자가 응답할 내용까지를 포함하고 있다. 다시 말하면 두 청원은 기도하는 자의 간청과 응답에 대한 서약이 함께 표현되어 있다고 볼 수 있다. 왜냐하면 하나님께서 우리의 기도를 응답해 주셨을 때, 결국 그 영광은 하나님께서 받으실 것이기 때문이다. 종합하여 말하면 '하나님의 나라가 임하게 하옵소서, 그리하여 우리들로 하여금 하나님의 이름을 영화롭게 하옵소서(혹은 그리하시면 우리가 하나님께 영광을 돌리겠나이다)' 라는 의미를 함축하고 있는 것이다. 그래서 예수님도 "아버지여 나를 구원하여, 이 때를 면하게 하여 주옵소서, … 아버지여 아버지의 이름을 영광스럽게 하옵소서"(요 12:27-28)라고 기도하셨던 것이다. 이렇듯 주님께서 가르쳐 주신 기도의 첫 번째, 두 번째 청원은 이 세상의 피할 수 없는 악한 권세로 인하여 고난 당하고 있는 기도자가 하나님께 영광 돌릴 것을 약속하며, 하나님의 구원 역사를 간청하는 기도이다. 왜냐하면 기도의 응답은 하나님 자신에게 있기 때문이다. 그리고 인간의 고난은 인간의 죄로 인하여 에덴으로부터 추방됨으로써 비롯되기 때문이다. 반대로 그 '나라'가 임하면, 인간은 모든 고통으로부터 벗어나기 때문이다. 따라서 우리는 이 세상의 피할 수 없는 고통에서 벗어나고자 하는 간절한 소망 속에서 대강절에 '이름이 거룩히 여김을 받으시오며, 나라가 임하옵소서*adveniat regnum tuum*!' 라고 기도하는 것이다.

4. 하나님 나라의 도래에 대한 간청

"(하나님 아버지의) 뜻이 하늘에서 이룬 것같이 땅에서도 이루어지이다"

주기도문의 첫 번째 부분에 나타난 청원이 '하나님을 향한 청원', 더 자세히 말하면 하나님과 인간의 관계 회복을 위한 청원이었다면, 하나님 아버지의 '뜻이 하늘에서 이룬 것같이 땅에서도 이루어지이다' 라는 청원은, 주기도문의 각 청원을 종합하는 기도이다.[35] 더 자세히 말하면, 하나님과 인간의 관계 회복을 위한 '하나님을 향한 청원' 과 인간과 물질과의 관계 회복을 위한 '일용할 양식에 대한 청원' 과 사람과 사람사이의 관계 회복을 위한 '죄 용서와 시험과 유혹으로부터의 해방과 악으로부터의 해방' 을 위한 청원을 종합하는 것이라고 볼 수 있다. 왜냐하면 하나님의 뜻이 이 땅에 이루어지지 않으면, 일용할 양식의 문제도 해결되지 않을 것이고, 이 세상에서 사탄 마귀의 유혹과 시험도 그치지 않을 것이고, 하나님의 나라가 이 땅에 건설되지 못하여, 하나님의 이름도 거룩함을 받지 못할 것이기 때문이다. 그러므로 하나님 아버지의 뜻이 '하늘에서 이룬 것같이', 곧 '영원 전에 계획하신 것이' 이 땅에 이루어지면, 결국 이 땅에 있는 모든 고통과 문제는 해결되기 때문이다. 이러한 의미에서 하나님 아버지의 '뜻이 하늘에서 이룬 것같이 땅에서도 이루어지이다' 라는 청원은 다분히 종말론적인 의미를 함축하고 있다. 즉 주기도문의 각 청원이 최종적으로 그리고 기필코 응답되어지기를 간절히 바라는 청원이다. 이러한 종말론적인 의미를 가지고 있기 때문에 이 청원을 따로 분리시키지 않고, 하나님을 향한 청원에 덧붙이고 있는 것이라고 볼 수 있다. 왜냐하면 결국 주기도문의 모든 청원은 하나님 자신에 의해서 응답되고 성취되어져야 할 것이기 때문이다. 그래서 이 기도 역시 '당신의σου =소유대명사: 하나님 아버지의' 와 '청원의 내용το θέλημά οὐρανῷ καὶ ἐπὶ γῆς =명사' 과 '이루어지이다 γενηθητω ὡς ἐν =동사' 로 구성되어 있다. 그리고 이 청원 속에서 사실상의 주어도 '당신(하나님 아버지)의 뜻' 이다. 그렇다면 여기서 말하는 '당신의 뜻' 이 무엇인가? 기도하는 자가 '하나님 아버지의 뜻' 도 모르면서, 그 뜻이 '땅에서도 이루어지이다' 라고 기도한다면, 기도에 대한 응답은 둘째치고, 청원의 내용 자체가 상실되고 만다. 그러므로 이 청원에서 가장 중요한 것은 '당신의 뜻', 곧 '하나님 아버지의 뜻' 이다. 그렇다면

---

35) 따라서 이 부분은 내용상으로 보면, 주기도문 해설 맨 마지막에서 다루어야 하지만, 주님께서 가르쳐 주신 기도의 순서에 따라서 '이름이 거룩히 여김을 받으시오며, 나라가 임하옵시며' 다음에 기술하고자 한다. 왜냐하면 하나님 아버지의 '뜻이 하늘에서 이룬 것같이 이 땅에서도 이루어지이다' 라는 청원을 마태복음은 '대개 나라와 권세와 영광이 아버지께 영원히 있사옵나이다' 라는 말을 첨부함으로써, 이 청원의 의미를 다시 되살리고 있다고 보기 때문이다.

기도하는 자가 '하나님 아버지의 뜻'을 무엇으로 이해하고 기도해야 하는가?

1) 인간에게 영생을 주고자 하신 하나님의 뜻

하나님의 뜻이 무엇인가?라는 질문에 대한 답변은 무엇보다도 먼저 예수 그리스도 자신의 증언 속에서 발견된다. 하나님 아버지의 뜻은 인간에게 생명, 곧 영생을 주는 것이다. 그래서 예수님은 "내 아버지의 뜻은 아들을 보고 믿는 자마다 영생을 얻는 이것이니, 마지막 날에 내가 이를 다시 살리는 이것이니라"(요 6:40)고 증언하신다. 이러한 하나님 아버지의 뜻은 성경을 기록한 목적에도 상응한다. 왜냐하면 요한 기자는 성경을 기록한 목적을 사람들로 하여금 예수가 하나님의 아들 그리스도임을 믿어, 그 이름을 힘입어 생명을 얻게 하려 함이라고 증언하고 있기 때문이다(요 20:30). 뿐만 아니라 이러한 하나님 아버지의 뜻은 하나님께서 예수 그리스도를 통하여 이 세상을 사랑하는 목적에도 상응한다: "하나님이 세상을 이처럼 사랑하사, 독생자를 주셨으니, 이는 그를 믿는 자마다 멸망하지 않고, 영생을 얻게 하려 하심이라"(요 3:16).

이렇게 하나님 아버지의 뜻이, 당신의 피조물인 인간들이 영생, 곧 생명을 얻는 것이 목적이라면, 하나님의 모든 사역은 이 목적 아래서 이루어졌다고 해도 결코 잘못된 해석은 아닐 것이다. 다시 말해서 창조 사역에서 시작하여, 예수 그리스도를 통한 화해 사역 그리고 마지막 종말에 이르기까지 하나님 아버지의 모든 사역은, 곧 생명구원에 있다고 할 수 있다. 왜냐하면 하나님 아버지의 창조 사역은 다른 말로 말하면, 곧 생명창조이기 때문이다: "여호와 하나님이 땅의 흙으로 사람을 지으시고, 생기生氣를 그 코에 불어넣으시니, 사람이 생령生靈이 되니라"(창 2:7). 이와 상응하게 예수 그리스도의 화해 사역도 결국 인간의 죽은 생명을 다시 소생시키기 위한 것이다: "그=예수 그리스도는 허물과 죄로 죽었던 너희를 살리셨도다"(엡 2:1). 다시 말해서 하나님 아버지께서 "허물로 죽은 우리를 그리스도와 함께 살리는 것"(엡 2:5)이 바로 하나님의 뜻이었다. 그래서 사망의 원인인 인간의 죄 값을 대신 지불해 주기 위해서 예수 그리스도가 십자가에 못 박혀 죽는 것도 하나님의 뜻이었다(마 26:42; 눅 22:42). 그리고 마지막으로 성령의 사역 역시 우리 인간을 죽음과 사망의 권세로부터 교회로 불러 모아(롬 8:28) 우리를 죄와 사망에서 해방하여 영생으로 거듭나게 하는 것이다(요 3:3,5).[36]

그러므로 아버지의 '뜻이 땅에서도 이루어지이다' 라는 기도는, 사망의 노예가 되어 있는 인간의 생명을 구원하고자 하는 하나님의 뜻이 이 땅에서 성취되기를 청원하는 것이다. 다시 말해서 기도하는 당사자의 뜻이 아니라, 하나님 아버지의 뜻이 관철되어지기를 위해서 기도하는 것이다. 이러한 점에서 기도의 주체는, 나의 의지가 아니라, 하나님의 의지, 곧 하나님의 뜻이다. 이 사실을 우리는 예수님의 겟세마네 동산의 기도 속에서 발견할 수 있다. 예수님은 "가라사대 아버지여, 만일 아버지의 뜻이거든, 이 잔을 내게서 옮기시옵소서"라고 자신의 뜻을 하나님 아버지에게 먼저 아뢰지만, 결국 "내=예수 그리스도 뜻대로 마옵시고, 당신=하나님 아버지의 뜻대로 하옵소서"(마 26:42; 눅 22:42)라고 하나님 아버지의 뜻이 관철되기를 기도한다. 사도 바울이 예루살렘에 올라가고자 하는 것을 만류하던 동역자들이, 사도 바울의 뜻을 알았을 때, 그들은 '그=하나님의 아버지의 뜻대로

---

36) 요 3:3 : "예수께서 대답하여 이르시되, 진실로 진실로 네게 이르노니, 사람이 거듭나지 아니하면, 하나님의 나라를 볼 수 없느니라"; 요 3:5 : "예수께서 대답하여 이르시되, 진실로 진실로 네게 이르노니, 사람이 물과 성령으로 나지 아니하면 하나님의 나라에 들어갈 수 없느니라."

이루어질지어다' 하고, 더 이상 사도 바울을 만류하지 않았다. 이러한 의미에서 '그리스도인'의 기도는, '하늘에 계신 하나님 아버지의 뜻' 대로 이루어지기를 바라는 것이며, '그리스도인'은 하나님 아버지의 뜻에 순종하는 자라고 할 수 있다. 그래서 그리스도의 형제 자매는 다름아닌 아버지의 뜻대로 행하는 자라고, 예수님은 말씀하신다: "누구든지 하늘에 계신 아버지의 뜻대로 행하는 자가 내 형제요 자매요 모친이니라"(마 12:50). 그렇다면 인간의 영생 혹은 생명을 위한 하나님 아버지의 영원한 뜻은 어디서, 혹은 언제 결정되었으며, 그 뜻의 성취는 어떠한 결과를 낳는가?

2) 창조 이전에 결정된 하나님의 뜻: 'Immanuel: 하나님이 우리와 함께 계신다'

인간에게 영생, 곧 생명을 주시고자 하는 하나님의 뜻은, 성경에 의하면, 이미 창조 이전부터 결정되었다. 왜냐하면 하나님은 인간을 창조하시기 이전에 "이르시되, 우리의 형상을 따라 우리의 모양대로, 우리가 사람을 만들고, … 하나님이 자기 형상, 곧 하나님의 형상대로 사람을 창조하시되, 남자와 여자를 창조"(창 2:26-27)하셨기 때문이다. 즉 생명의 주인이신 하나님의 형상으로 인간이 창조되었기 때문이다.[37] 그리고 또한 생명 그 자체이신 예수 그리스도가 보이지 않는 하나님의 형상이라면(요 14:6; 골 1:15)[38] 하나님의 형상을 따라 창조된 인간을 향한 하나님의 뜻은 생명 수여 이외에 다른 것이 아니다. 바꾸어 말하면, 하나님 아버지의 인간 창

---

37) 이점에 관하여: *김재진*, 「'함께(עמ) 있음(삶)' 으로서의 하나님의 형상(Imago dei)」, 『神學論叢 제31집(2003)』, 73-97.

38) 요 14:6 : "예수께서 이르시되, 내가 곧 길이요, 진리요, 생명이니, 나로 말미암지 않고는 아버지께로 올 자가 없느니라"; 골 1:15 : "그(=예수 그리스도)는 보이지 아니하는 하나님의 형상이시오, 모든 피조물보다 먼저 나신이시니"

조 사역은 곧 생명창조이다: "여호와 하나님이 땅의 흙으로 사람을 지으시고, 생기를 그 코에 불어넣으시니, 사람이 생령이 되니라"(창 2:7). 이와 상응하게 에스겔 선지자도, "주 여호와께서 말씀하시니라, 죽을 자가 죽는 것도 내가 기뻐하지 아니하노니, 너희느 스스로 돌이키고 살지니라."(겔 18:32)고 전한다. 이 말씀은 하나님의 뜻이 생명구원에 있음을 명백히 증언하는 말씀이다(겔 18:23).[39] 이렇듯 "허물로 죽은 우리를 그리스도와 함께 살리는 것"(엡 2:5), 이것이 바로 하나님의 뜻이다. 왜냐하면 하나님은 창조 이전부터 인간이 하나님과 함께 있기를 원하셨기 때문이다. 이러한 하나님의 뜻의 계시가 바로 예수의 이름 곧 '하나님이 우리와 함께 계시다Immanuel' 이다. 그리고 이러한 하나님의 뜻이, 바로 "나는 너와 네 후손의 하나님이 되리라"(창 17:7)는 영원한 언약으로 계시된 것이다. 이러한 근거에서 하나님의 뜻은 이미 창조 이전에 결정되었다고 볼 수 있다.

그러나 인간이 '하나님 같이 되고자 하는 욕심을 갖고' 하나님의 말씀을 거역함으로써, 사망이 인간을 지배하게 되었고(창 1:19),[40] 그 범죄로 말미암아 인간은 에덴 동산에서 추방당함으로써 생명을 잃어버리게 되었다(창 3:22).[41] 이러한 사실은 인간의 영생, 곧 생명은 생명의 창조주이신 하나님 아버지와 함께 있을 때만 가능하다는 뜻이다. 바꾸어 말하면 인간이 하나님의 곁을 떠나면, 생명을 잃어버린다는 것이다. 그러나 예수 그리스도의 이름이 '임마누엘: 하나님이 우리와 함께 계시다' 라는 것은, 예수 그리스도 자신이 생명이라는 것이며, 오직 예수 그리스도를 통해서만

---

39) 겔 18:23 : "주 여호와의 말씀이니라. 내가 어찌 악인이 죽는 것을 조금인들 기뻐하랴, 그가 돌이켜 그 길을 떠나 사는 것을 어찌 기뻐하지 아니하겠느냐?"

40) 창 3:19 : "너(=아담, 인간)는 흙이니, 흙으로 돌아갈 것이니라."

41) 창 3:22 : "여호와 하나님이 이르시되, 보라 이 사람이 선악을 아는 일에 우리 중 하나 같이 되었으니, 그가 그의 손을 들어 생명 나무 열매도 따먹고 영생할까 하노라 하시고"

인간은 영생, 곧 생명을 얻을 수 있다는 것이다. 그래서 예수 그리스도는, "내가 곧 길이요, 진리요 생명"(요 14:6)이라고 증언하신 것이다. 그리고 예수님은 계속해서 "나는 세상의 빛이니, 나를 따르는 자는 어둠에 다니지 아니하고, 생명의 빛을 얻으리라"(요 8:12)고 말씀하셨다. 그러므로 하나님의 영원한 뜻인 인간의 영생, 곧 생명은 '임마누엘', 곧 '하나님께서 우리와 함께 계시고자 하는 것' 임을 분명히 알 수 있다. 왜냐하면 하나님의 창조 사역의 목적이 바로 하나님과 인간이 모든 다른 피조물과 더불어 평안히 에덴 동산에서 평안과 안식을 누리는 것이었기 때문이다(창 2:3,8).[42]

그러므로 인간이 타락한 이후에도 하나님의 뜻은, 모든 인간이 하나님께로 다시 되돌아와 창조 때부터 주시고자 하는 영생과 안식을 얻게 하고자 하는 것이다. 이것을 다른 말로 이야기한다면, 하나님의 영원한 언약, 곧 "하나님이 우리의 하나님이 되시고, 우리가 그의 백성이 되는 것이다"(렘 31:31; 호 2:23; 슥 8:8; 13:9; 계 31:7; 렘 30:22). 이것이 바로 인간 삶의 양식이다. 그리고 이렇게 여호와 하나님이 우리들의 하나님이 되고, 우리가 그의 백성이 되어, 하나님과 인간이 함께 거하는 곳, 그곳이 바로 하나님의 나라이다. 그래서 예수 그리스도는 자신의 지상 선교 초창기부터 "때가 찼고 하나님의 나라가 가까이 왔으니 회개하고 복음을 믿으라"(막 1:15)고 선포하셨던 것이다. 이러한 근거에서 볼 때, 하나님의 영원하신 뜻은 바로 하나님의 나라, 곧 여호와 하나님이 우리의 하나님이 되고, 우리는 그의 백성이 되어 살아가는 삶이다. 즉 성경에서 하나님의 뜻이

---

42) 창 2:3 : "하나님이 그가 하시던 일을 일곱째 날에 마치시니, 그가 하시던 모든 일을 그치고 일곱째 날에 안식하시니라"; 창 2:8-9 : "여호와 하나님이 동방에 에덴에 동산을 창설하시고, 그 지으신 사람을 거기 두시니라. 여호와 하나님이 그 땅에서 보기에 아름답고 먹기에 좋은 나무가 나게 하시니, 동산 가운데에는 생명나무와 선악을 알게 하는 나무도 있더라."

상황과 처지에 따라서 비록 다르게 표현되었다 하더라도, 하나님의 근본적인 뜻은 항상 하나의 목표, 곧 하나님이 인간들의 하나님이 되고, 인간이 그의 백성이 되어 하나님의 나라에서 하나님과 더불어 함께 살아가는 것을 지향하고 있다. 그 때에 인간은 참 생명을 가지는 것이다. 이러한 하나님의 뜻은 영원한 것이다. 그리고 하나님과 인간이 함께 살아가는 곳, 그곳이 바로 예수가 선포한 '하나님의 나라' 이며, 동시에 창조 때 하나님이 건설하신 에덴 동산이다. 그 나라에서 여호와 하나님은 우리의 왕이 되시고, 우리는 그의 백성이 되어 살아간다. 그래서 그 곳에서는 눈물도, 죽음도 고통이 없다. 그 나라가 바로 '하나님의 나라' 이다.

이러한 의미에서 하나님 아버지의 '뜻이 하늘에서와 같이 땅에서도 이루어지이다' 라고 기도하는 것은 앞에서 설명한 '하나님 아버지의 나라가 이 땅에 건설되게 해 주옵소서!' 라고 기도하는 것이나 마찬가지이다. 다시 말해서 주기도문의 네 번째 간구는, '하나님의 나라' 를 건설하시고자 하셨던 하나님의 영원한 뜻이 이 땅에 이루어지기를 간구하는 것이다. 왜냐하면 '하나님의 나라' 는, 하나님께서 창조 이전부터 세우시려고 계획하신 나라이며, 동시에 인간이 타락한 이후는 이 세상에서 고난 받는 백성들이 고대하는 나라이기 때문이다. 그래서 우리는 하나님 아버지의 뜻이 하늘에서 이룬 것 같이, 이 땅에서도 하나님 아버지가 주권을 잡으시고 통하시는 하나님 나라가 이루어지기를 위해서 기도하는 것이다.

3) 새 하늘과 새 땅은 예수 그리스도에 의해서 건설되었다

'하나님의 나라' 는 예수님을 통하여 이미 이 세상에 건설되기 시작하였다. 즉 예수 그리스도가 사망의 권세를 이기시고, 부활하심으로 생명의 나라가 새롭게 이 세상에 건설되기 시작한 것이다. 그래서 예수 그리스도에 의해서 건설된 나라는, 태초에 창조주 하나님에 의해서 건설되어진 에덴 동산과 비교하여, 예수 그리스도에 의해서 건설되어질 나라를 성경은 '새 하늘과 새 땅' 이라고 말하고, 그 나라의 주권을 예수 그리스도가 가지고 있는 것으로 증언하고 있다. 왜냐하면 예수님은, 하나님 아버지가 "하늘과 땅의 모든 권세를 내게 주셨다"(마 28:19)라고 증언하고 있기 때문이다. 이 사실을 도저히 수용할 수 없어, 예수를 십자가에 처형하도록 내어 준 이스라엘의 대제사장들과 서기관들은 예수에게 신성모독 죄를 뒤집어 씌워 십자가에 처형하였다. 그러면서도 아니러니하게 예수의 죄패에는 '나사렛 예수 유대인의 왕INRI' 이라고 썼다. 이것은 예수가 새 하늘과 새 땅의 주인이라는 것을 역설적으로 증명한 것이라고 볼 수 있다. 그러나 새 하늘과 새 땅 역시 하나님이 통치자가 되고, 예수 그리스도를 믿는 그리스도인들은 그 나라의 백성이 되는 곳이다. 그래서 새 하늘과 새 땅, 곧 하나님의 나라도 역시 하나님이 우리와 함께 계시는 '임마누엘' 의 나라이다. 이점을 요한계시록은 다음과 같이 예언하고 있다:

> "내가 들으니, 보좌에서 큰 음성이 나서 이르되, 보라 하나님의 장막이 사람들과 함께 있으매, 하나님이 그들과 함께 계시리니, 그들은 하나님의 백성이 되고, 하나님은 친히 그들과 함께 계셔서, 모든 눈물을 그 눈에서 닦아주시니, 다시는 사망이 없고, 애통하는 것이나, 곡하는 것이나, 아픈 것이 다시 있지 아니하리니, 처음 것은 다 지나갔음 이러라"(계 21:3-4).

이와 같이 새 하늘과 새 땅은 여호와 하나님이 창조하실 때 계획하신 나라와 동일한 나라이다. 즉 그 나라는 죽음이 극복된 생명의 나라이고,

하나님이 우리와 함께 계시는 '임마누엘'의 나라이고, 하나님 아버지가 우리의 하나님이 되시고, 우리는 그의 백성이 되는 나라이다. 그러나 그 나라는 하나님 아버지가 통치하는 것이 아니라, 하나님의 아들 예수 그리스도가 통치하는 나라이다. 이러한 의미에서 새 하늘과 새 땅은, 하나님의 뜻이 온전히 실현되어진 나라를 뜻한다. 그래서 우리는 그 나라가 이 땅에서 속히 이루어지기를 위해서 기도하는 것이다. 그렇다면 '하늘에서 이룬 것 같이'란 무엇을 의미하는가?

4) '하늘'은 '영원' 전부터 '영원'까지를 뜻한다

'하늘에서 이룬 것 같이'에서 '하늘'이 뜻하는 바는, '하나님 나라'를 건설하고자 하는 하나님의 뜻은, 인간이 타락한 이후에 계획되어진 것이 아니라, 창조 이전 영원 전부터 하나님 자신에 의해서 계획된 나라라는 것이다. 다시 말해서 하나님의 뜻에 따라서 모든 피조물의 창조가 이루어졌다는 것이다. 즉 하나님 아버지가 인간과 만물을 창조하시고, 모든 피조물의 통치자가 되시고자 하신 뜻에 따라서, 하나님이 이 세상을 창조하셨다는 것이다. 따라서 '하늘'이란 창조되어진 자연의 '하늘'을 의미하는 것이 아니라, 하나님 아버지의 영원한 거처를 의미한다. 즉 '하늘에서'란, 스스로 계신 하나님이 이 세상을 창조하기 이전에 계시던 곳을 의미한다. 그러므로 종합적으로 말해서, 하나님 아버지의 '뜻이 하늘에서 이룬(계획하신) 것 같이 이 땅에서도 이루어지리다'란 기도는, 창조 이전 영원 전부터 스스로 계신 하나님 아버지께서 계신 곳에서 계획하신 바대로, 하나님 아버지는 우리의 하나님의 되어 주시고, 우리를 당신의 백성으로 삼아 우리에게 영생을 주옵소서라고 간청하는 것이다. 이렇듯 하나님 아버지의 뜻은 우리 인간을 위한 것이지, 하나님 자신을 위한 것이 아니다.

그리고 하나님 아버지의 뜻을 실현하는 자는 하나님 자신이지, 인간이 아니다. 다만 인간은 하나님의 뜻이 이 땅에 실현되어지는 것을 감사할 따름이다. 그러므로 인간의 삶은 하나님의 뜻이 이루어질 것을 고대하고 살아가는 것이다. 그래서 사도 바울은 "항상 기뻐하라. 쉬지 말고 기도하라. 범사에 감사하라. 이것이 그리스도 예수 안에서 너희를 향하신 하나님의 뜻이니라"(살전 4:4; 딤후 2:26)고 증언하고 있는 것이다.

이제 하늘이란 시간적으로 해석하면, '영원永遠' 전부터 '영원' 까지를 뜻한다. 왜냐하면 '하늘' 은 영원히 변하지 않는 것을 의미하기 때문이다. 반면에 창조된 '땅' 은 무수히 변화하는 것을 뜻하기 때문이다. 그래서 성경은 "보이는 것은 잠깐이요, 보이지 않는 것은 영원함이라"(고후 4:18)고 증언하고 있다. 하늘이 영원한 것처럼, 그 영원하신 하늘에 계신 하나님도 역시 영원하시다. 그래서 히브리 기자는 "오직 주=하나님는 영존永存할 것이요, 그것들=피조물은 다 옷같이 낡아지리니, 의복처럼 갈아입을 것이요, 그것들은 옷과 같이 변할 것이나, 주는 영전하여 연대年代가 다함이 없으리라"(히 1:11)고 증언한다. 즉 "예수 그리스도는 어제나 오늘이나 영원토록 동일하시다"(히 13:8)고 증언하고 있다. 따라서 예수님이 선포하신 '하늘나라', 곧 '하나님의 나라' (막 1:15)[43]는 영원한 세계를 의미하지만, '땅' 위에 있는 이 지상의 나라는 언제나 변할 수 있는 가변可變의 세계이다. 이러한 의미에서 '뜻이 하늘에서 이루어진 것 같이' 란 기도는, 하나님의 뜻이 '영원한 하늘에서 결정된 것처럼, 이 땅에서 그 뜻이 변하지 않고, 성취되어지기를 기도하는 것이다. 왜냐하면 하나님의 뜻이 변한다면, 피조물인 인간은 언제 어느 때 구원의 영역에서 벗어날지 모르기 때문이다. 그리고 하나님의 뜻

43) 막 1:15 : "때가 찼고 하나님의 나라가 가까이 왔으니, 회개하고 복음을 믿으라"

이 영원성을 가지지 않는다면, 그것은 하나님의 뜻이 아니다. 그래서 바울은 "만일 땅에 있는 우리의 장막 집=몸이 무너지면= 죽으면 하나님께서 지으신 집 곧 손으로 지은 것이 아니요, 하늘에 있는 영원한 집이 우리에게 있는 줄 아느니라"(고후 5:1) 증언하고 있다. 그러므로 성경은 수많은 곳에서 하나님의 영원성을 각양각색으로 표현하고 있다. 즉 그의 뜻은 "영원하다"(딤후 1:9); 그의 약속은 '변함이 없다', "영원토록 너희와 함께 있으리라"(요 14:16); 하나님의 아들은 영원히 거한다(요 8:35)고 증언하고 있다. 이러한 '영원성'을 함축하고 있는 것이 주기도문 속에서 이야기하는 '하늘'의 의미이다. 그러므로 하나님은 영존하시는 우리의 아버지이시며, 그의 뜻 역시 '영원하고', 그의 뜻이 필연코 성취될 것이라는 의미를 함축하고 있는 것이 주기도문의 '하늘'이라는 개념이다.

이제 결론적으로 말해서, '(하나님 아버지의) 뜻이 하늘에서 이룬 것 같이 이 땅에서도 이루어지이다'라는 간구懇求는 인간 편에서 보면, 이러한 기도는 인간이 전적인 신뢰와 순종 속에서 하나님께 온전히 의지하겠다는 뜻이며, 또한 그렇게 하라는 주님의 요청이다. 왜냐하면 나의 뜻이 이루어지기를 바라는 것이 기도가 아니라, 하나님의 뜻이 이루어지기를 기도하는 것이 주기도문의 근본사상이기 때문이다. 그러나 이렇게 자기 뜻을 철회하고, 온전히 하나님의 뜻이 자기에게 이루어지기를 바라는 것은 결코 쉽지 않다. 왜냐하면 대부분의 사람들은 항상 자기의 뜻을 관철하려고 할 뿐, 자기의 뜻을 포기하려고 하지 않기 때문이다. 그리고 인간은 모든 문제를 자신 스스로 해결하려고 하지, 그 문제를 하나님께 내어 맡기려하지도 않기 때문이다. 즉 어떤 문제가 생길 때 모든 사람들은 그 문제를 자기 자신이 자기의 뜻대로 해결하려고 한다. 그러나 '(하나님 아버지의) 뜻이 하늘에서 이룬 것 같이 이 땅에서도 이루어지이다'라는 기도는, 나의 뜻에 대한 포기이며, 동시에 그 문제 해결에 있어서도, 나의 주체성을 포기하는 것이다. 그러므로 이 기도 조항은 하나님께 대한 전적인 신뢰와 내어맡김의 기도이다. 그래서 예수님도 "그러나 나의 원대로 마옵시고 아버지의 원대로 하옵소서!"(막 14:36)라고 기도했던 것이다.

그럼에도 불구하고 대부분의 사람들은 자기의 뜻이 관철되기를 원하여 하나님께 기도한다. 그러나 그러한 기도는 앞에서 살펴본 바와 같이, 영원한 생명을 구求하는 기도가 아니라, 인간의 뜻, 고작해야 생계 문제의 해결을 구하는 아주 천박하고 비천한 기도이다. 왜 인간이 이렇게 의·식·주에만 매달려 있는 존재가 되었는가? 그래서 예수님은 보다 근본적인 것, 보다 영원한 것을 사모하라고 가르쳐 주셨다. 그것이 바로 "너희는 먼저 그=하나님 아버지의 나라와 그의 의義를 구하라"(마 6:33)고 말씀하셨던 것이다. 따라서 주님의 기도에 의하면, 나의 뜻이 관철되기를 위해서 기도하는 것이 아니라, 근본적으로 그리고 우선적으로 하나님의 뜻이 이 땅에서 실현되기를 위해서 기도하는 것이다. 왜냐하면 하나님의 뜻이 이 땅에 실현되면, 나의 뜻과 나의 고통은 물론, 인간의 생사 화복의 문제가 자연히 해결되기 때문이다. 그러나 하나님 아버지의 뜻과는 상관없이 오로지 자기의 의지나 뜻을 관철시키기 위해서 기도한다면, 그것은 하나님께 올리는 기도도 아니고, 그러한 기도는 또한 하나님으로부터 응답되지도 않을 것이다. 그러한 기도는 하나님을 단지 자기 뜻을 실현하기 위한 도구로 이용하는 것이다. 그러므로 인간은 고난 중에서도 하나님의 뜻이 이 땅에 이루어지기 위해서 기도해야 한다. 왜냐하면 때로는 우리의 고난 속에 하나님의 뜻이 숨겨져 있을 수도 있기 때문이다.

극심한 고난 속에도 하나님의 뜻이 담겨진 예를 우리는 예수 그리스도의 십자가의 사건에서 발견할 수 있다. 예수 그리스도도 처음에는 십자가의 고난이 해결되어야 할 것으로 생각하셨다. 그러나 예수님은 우선 먼저 자기의 고난에 어떠한 하나님의 뜻이 숨겨져 있는지를 하나님께 물으셨다. 그래서 예수님께서, '하나님의 뜻이거든 이 잔을 내게서 옮기시옵소서' 하고 기도한 것이다. 그러나 이것은 이 사건이 하나님께서 계획하신 대로, 곧 하나님의 뜻대로 해결되어지기를 바라는 기도였다. 즉 십자가의 사건 속에 하나님의 뜻이 있다면, 예수님조차도 순종해야 했던 것이다. 그래서 예수님은 "그러나 나의 원대로 마옵시고 아버지의 원대로 하옵소서!"(막 14:36) 하고 기도했다. 즉 십자가의 사건, 그 사건이 예수님 자신이 보기에는 부정적인 사건이지만, 이 사건 속에 하나님의 뜻이 있다면, 이 사건을 겪는 것이 바로 하나님의 뜻대로 사는 자신의 삶이라고 예수님은 생각하였던 것이다. 따라서 기도는 하나님의 뜻이 무엇인지는 모르지만, 나 자신의 시련에도 불구하고, 하나님의 뜻이 이 땅에서 이루어질 것을 위해서 기도하는 것이다. 그러나 사람들은 항상, 하나님께서 우리와 함께 한다든지, 우리가 하나님의 뜻에 함께 한다는 것을 그 어떤 불미스러운 일은 닥치지 않고 항상 편안한 것만 있는 삶이라고 생각하는 경우가 많다. 그렇지만 하나님의 뜻은, 때로는 우리 뜻의 전적인 포기를 요구할 때도 있으며, 어느 때는 우리의 참된 생명을 위해서 고통을 감수하도록 허락하실 때도 있다. 이러한 의미에서 참된 기도는 어떠한 순간 어느 한 상황 속에서든지 하나님의 뜻에 순종하고자 하는 마음에서 드리는 기도이다. 그러므로 참된 기도는 자기의 뜻이 아니라, 오히려 하나님의 뜻이 이루어지는 것을 위해서 기도해야 할 것이다. 따라서 우리는 평안할 때도 기도해야 한다. 즉 지금의 평안함이 하나님의 뜻인지, 아니면 사탄의 시험인지 알기 위해서 기도해야 한다. 즉 내가 평안히 먹고 사는 것이 하나님의 뜻인지, 고난 받는 자와 함께 고통을 함께 져야 하는 것인지를 기도해야 한다. 그럴 때만이 온전히 하나님의 뜻에 따라서 살아가는 기독교인이 되는 것이다.

한 마디로 말해서 '(하나님 아버지의) 뜻이 하늘에서 이룬 것 같이, 이 땅에서도 이루어지리이다' 라는 기도는 나의 형편이 평안할 때든지, 어려울 때든지 상관없이 하나님의 뜻, 곧 인간에게 생명을 주시고자 하는 하나님의 뜻이 우리 자신에게 실현되어지도록 간구하는 것이다. 왜냐하면 하나님의 나라, 곧 하나님이 우리의 통치자가 되시고, 우리가 그의 백성이 되는 나라가 곧 생명이요, 평화의 나라이기 때문이다. 그러므로 '(하나님 아버지의) 뜻이 하늘에서 이룬 것 같이, 이 땅에서도 이루어지리이다' 라는 청원은, '하나님, 우리와 함께 계시옵소서Immanuel' 라는 청원이기도 한 것이다. 그러므로 그 기도는 어려울 때든지 평안할 때든지 항상 해야 하는 것이다. 왜냐하면 여기서 '땅' 이라는 것은 구체적으로 우리 삶의 현장을 의미하기 때문이다. 즉 이 간청은 인간에게 영생을 주시고자 하는 하나님의 뜻이 우리의 구체적인 삶 속에 주어지기를 위해서 기도하는 것이다. 바꾸어 말하면 우리의 생명을 위해서 십자가에 대속代贖의 죽음을 죽으신 예수 그리스도의 사건이 우리 삶의 현장 속에서 현실화되어지기를 위해서 기도하는 것이다. 그래서 예수님도 "내가 하늘에서 내려온 것은 내 뜻을 행하려 함이 아니요, 나를 보내신 이의 뜻을 행하려 함이니라" (요 6:39)고 증언하였던 것이다.

5. 사람과 물질의 관계 회복을 위한 청원

"오늘날 우리에게 일용할 양식을 주옵시고"[44]

주기도문의 첫 번째 부분에 나타난 청원이 하나님과 인간과의 관계를 위한 청원, 더 자세히 말하면. '하나님을 향한 청원' 이었다면, 주기도문의 두 번째 부분에 나타난 청원은, '오늘날 우리에게 일용할 양식을 주옵소서! τὸν ἄρτον ἡμῶν τὸν ἐπιούσιον δὸς ἡμίν σήμερον' 란 '양식糧食' 에 대한 청원이다. 이렇게 생명 유지를 위하여 양식을 청원하는 것은, 구약의 십계명과 비교하면, 십계명의 제8-10계명이 인간과 자연, 곧 인간과 물질과의 관계를 규정하고 있는 것에 상응한다.[45] 이러한 청원은, 한 마디로 말해서, 인간의 가장 실존적實存的 고통과 시련으로부터의 해방을 간청하는 것이다. 왜냐하면 "오늘날 우리에게 일용할 양식을 주옵시고"라는 간구懇求는, 인간이 타락한 이후에 하나님으로부터 받은 징벌와 연관되어 있기 때문이다. 즉 하나님은 선악을 알게 하는 과실果實을 먹고, "하나님과 같이 되고자 한 인간에게*homo erit sicut deus*"(창 3:5), "네가 얼굴에 땀이 흘러야 식물을 먹고, 필경은 흙으로 돌아가리라"(창 3:19)고 심판하셨기 때문이다.[46] 이러한 징벌은 최초 인간이 타락한 이후 받은 징벌 가운데 가장 실존적이며, 혹독한 고난이다.[47] '양식' 이라는, 근본적이고 실존적인 고

---

44) 로마이어는 '오늘날 우리에게 일용할 양식을 주옵시고' 라는 기도는 주기도문의 중심이고, 핵심이라고 말한다. 왜냐하면 주기도문의 전반부는 '당신의(σου)', 곧 '하나님의' 사역에 관계되는 문제에 대하여 기도하였지만, 이제부터는 구체적으로 우리 인간 자신을 위한 기도이기 때문이다. 이점에 대하여: *E. Lohmeyer*, a.a.O., 110.

45) "도둑질하지 말지니라, 네 이웃에 대하여 거짓 증거하지 말지니라. 네 이웃의 집을 탐내지 말지니라. 네 이웃의 아내나, 그 남종이나, 그의 여종이나, 그의 소나 그의 나귀나, 무릇 네 이웃의 소유를 탐내지 말지니라"(출 20:15-17).

통으로부터의 해방을 위해서 예수님은 우리에게 '오늘날 우리에게 일용할 양식을 주옵소서!' 라고 기도할 것을 가르쳐 주신 것이다.

그런데 이러한 기도의 의미를 보다 더 깊이 이해하기 위해서, 우리는 여기서 다음과 같은 보다 구체적인 몇 가지 질문을 제기해 볼 필요가 있다: **일용할 양식이란 어떠한 양식인가? 사탄이 예수님에게 '돌로 떡덩이를 만들라' 고 시험하였을 때, 왜 예수님은 "사람이 떡(양식)으로만 살 것이 아니요, 하나님의 말씀으로 살 것이니라"(마 4:4)고 답변하셨는가? 성만찬의 떡과 일용할 양식은 어떠한 관계가 있는가?**

1) 인간의 생명과 영생을 위한 '일용할 양식'

'우리에게 일용할 양식을 주옵시고' [48] 라는 기도의 핵심은 우선 '양식의 공급' 이다. 여기서 양식이란, 우선 히브리어לחם로서 떡bread, 곧 매일 매일 우리가 먹어야 하는 음식을 뜻한다.[49] 그렇다면 **왜 우리는 '일용할 양식' 을 위해서 기도해야 하는가?**

---

46) 인간의 타락과정에 의하면 최초 아담이 타락한 후 맨 나중에 '에덴' 에서 추방당한 것처럼, 주기도문은 '나라(에덴, 필자 주)이 임하옵시며' 라고 기도한 다음 '에덴' 에서 추방되기 전 하나님으로부터 받은 심판: '너는 정녕 땀을 흘려야 먹고살리라' 에 상응하는 기도: '오늘날 우리에게 일용할 양식을 주옵시고' 라고 기도하라고 예수님은 가르쳐 주신다.

47) 우리나라 속담에 세상의 고통 중에서 배고픈 서러움이 가장 큰 서러움이라고 한 말도 이에 상응한다.

48) 오늘의 대부분 영어 성경들은 'Give us this day our daily bread' 를 표준번역으로 삼고 있다. 즉 틴데일 역, Great Bible, Genera Bible, Bishop' s Bible 등이 그러하며, RV, RSV, New English Bible 등은 이 구절을 쓰되, 여백에 'Our bread for the coming day' or 'bread for the tomorrow' 라고 번역할 수 있다는 가능을 밝혀 놓고 있다.

49) 루터는 '양식' 을 보다 포괄적 이해한다: "삶을 위한 양식은 필수품에 속하는 모든 것, 먹는 것, 마시는 것, 옷, 신발, 집, 정원, 경작지, 가축, 현금, 재산, 순수하고 선한 배우자, 순박한 아들들, 착한 고용인, 순수하고 신뢰할 수 있는 통치자, 선한 정부, 좋은 날씨, 평화, 건강, 교육, 명예, 좋은 친구, 신용할 수 있는 이웃 등이다"(*M. Luther*, Die Bekenntnisschriften der Evang. Luth. Kirche, 3.Aufl., Göttingen 1956, 514).

그 이유는 간단하다. 왜냐하면 인간은 타락하여 에덴 동산에서 추방당한 후 현실적으로 양식糧食으로 인하여 고난 당하고 있기 때문이다: "땅은 너로 인하여 저주를 받고 너는 종신토록 수고하여야 그 소산을 먹으리라. 땅이 네게 가시덤불과 엉겅퀴를 낼 것이라 너의 먹을 것은 밭의 채소인즉 네가 얼굴에 땀을 흘려야 식물을 먹고 …"(창 3:17b-19a). 그래서 에벨링G. Ebeling은, "인간은, 모든 생물이 그렇듯이, 이른 바 배고픈 존재이다. 생명과 욕구는 하나이다. 우리가 배고픔을 진정시키지 못하면, 우리는 곤경에 빠진다. … 인간의 위胃는 매일 자신의 권리를 주장한다. … 이 충동은 인간의 욕구에서 기인한다. 물론 인간은 항상 영적으로 높이 성장할 수 있다. 그러나 동시에 인간은 육신에 대한 물질적 양식에 의존해 있다"[50] 고 말한다.

그렇다면 우리가, 하나님께 '우리에게 일용할 양식을 주옵소서!' 라고 기도할 수 있는 근거는 어디 있는가? 그것은 하나님이 바로 우리의 창조주이시기 때문이다. 즉 부모가 자식에게 양식을 공급해 주듯이, 창조주가 피조물에게 양식을 조달해 주는 것은 창조의 섭리이다. 그래서 창조 때부터 하나님은 인간에게 식물食物을 마련해 주셨다: "하나님이 가라사대, 내가 온 지면에 씨 맺는 모든 채소와 씨 가진 열매 맺는 모든 나무를 너희에게 주노니, 너희 식물이 되리라"(창 1:29). 이렇듯 창조주 하나님은 태초부터 모든 생명체에 일용할 양식을 주셨기 때문에 지금도 달라고 청원할 수 있는 것이다. 자기 자식을 돌보지 않는 것은 참 부모가 아니듯이, 피조물을 돌보지 않는 것은 참된 창조주가 아니다. 이러한 원리 속에 창조주 하나님도 스스로 제외되지 않으신다. 그러므로 창조주 하나님이 인간뿐

---

50) *G. Ebeling*, Vom Gebot, Tübingen 1963, 75f.

만 아니라, 모든 피조물에게 일용할 양식을 제공해 주시는 것은 창조주 하나님 자신의 본연의 의무이자 책임이다.

여기서 또 다시 질문이 제기된다: 창조주 하나님이 자기 피조물에게 일용할 양식을 공급하는 것이 창조의 섭리이자, 창조주의 본연의 의무라면, 왜 '일용할 양식을 주옵시고' 라고 기도해야 하는가? 이에 대한 답변은 아주 간단하다. 우선 일차적으로는 갓 태어난 어린 아이가 젖을 달라고 울지 않으면, 그 어미가 그 아이의 배고픔을 알아차릴 수 없기 때문이다. 어찌 울지 않는 아이에게 젖을 주겠는가? 물론 "구하기 전에 너희에게 있어야 할 것을 하나님 너희 아버지께서 아시느니라"(마 6:8)고 마태복음이 증언하듯이, 하나님 아버지는 우리에게 있어야 할 것을 익히 알고 계시지만, 그럼에도 불구하고 '일용할 양식을 주옵소서!' 라고 청원하라고 지시하신 것은, 근본적으로는 매일 일용할 양식을 창조주 하나님이 주시는 것임을 인식하고, 하나님께 감사하게 하기 위한 것이다. 왜냐하면 하나님께서는 모든 피조물로부터 영광 받으시길 원하기 때문이다. 바꾸어 말하면 하나님은 당신의 은혜를 깨닫게 하기 위해서 '일용할 양식을 주옵소서!' 라고 청원하도록 가르쳐 주신 것이다.

2) 하나님 나라 백성의 양식으로서의 예수의 몸과 피

그러나 예수님은 우리들에게 단순히 먹고 사는 매일매일의 일용할 양식뿐만 아니라, '가장 근본적인 양식' 을 구하라고 말씀하신다. '근본적인 양식' 이란, 바로 예수 그리스도 자신이다. 왜냐하면 예수님은 자신을 하늘에서 내려온 참된 '양식' 으로 천명하시기 때문이다:

> "나는 생명의 빵이다. 너희의 조상은 광야에서 만나를 먹었어도 죽었다. 그러나 하늘로부터 내려오는 빵은 이러하니, 누구든지 그것을 먹으면, 죽지 않는다. 나는 하늘로부터 내려온 살아있는 빵이다. 이 빵을 먹는 사람은 누구나 영원히 살 것이다. 내가 줄 빵은 나의 살이다. 그것은 세상에 생명을 준다"(요 6:48-51).

이 말씀은, 우리들이 매일매일 일용하는 양식은 참된 생명을 주지 못한다는 것이다. 따라서 '일용할 양식을 주옵시고' 라고 기도하라는 말씀 속에는 '영생을 주는 양식' 을 구하라는 말씀이 내포되어 있다. 바꾸어 말하면, '오늘날 우리에게 일용할 양식=예수 그리스도의 몸과 피을 주옵소서!' 라고 기도하라는 것이다. 이러한 의미에서 예수는 마귀로부터 '돌로 떡을 만드는 시험' 을 받았을 때, "사람이 빵으로만 살 것이 아니라, 하나님의 입에서 나오는 모든 말씀으로 살 것이다"(마 4:4)라고 말씀하셨던 것이다. 왜냐하면 예수님 자신이 바로 하나님의 말씀이 육신이 되신 분이시기 때문이다: "말씀이 육신이 되어 우리 가운데 사셨다"(요 1:14). 그러므로 '오늘날 우리에게 일용할 양식을 주옵소서!' 란 청원은 '오늘날 우리들의 영적 양식인 하나님의 말씀을 주옵소서!' 라고 청원하는 것이 포함되어 있다. 한 걸음 더 나아가, '오늘날 우리에게 일용할 양식을 주옵소서!' 란 청원은 영생의 양식인 예수 그리스도의 살과 피, 곧 성만찬을 주옵소서! 란 청원도 포함되어 있는 것이다. 그러므로 주기도문의 양식에 대한 청원은 단지 먹거리에 대한 청원이 아니라, 궁극적으로는 영생하게 하는 양식, 곧 하나님의 말씀과 성만찬에 대한 청원을 포함하고 있는 것이다. **그렇다면 이러한 일용할 양식을 어떻게 받을 수 있는가?**

예수님은 우리들의 일용할 양식에 대한 기도에 덧붙여, 어떻게 하면 이러한 양식을 얻을 수 있는지, 그 방법까지 제시해 주신다. 이를 예수님은 산상수훈의 마지막 부분에서 말씀하셨다:

> "그러므로 무엇을 먹을까, 무엇을 마실까, 무엇을 입을까 하고 걱정하지 말아라. 이 모든 것은 이방 사람들이 구하는 것이요, 너희의 하늘 아버지께서는 이 모든 것이 너희에게 필요하다는 것을 아신다. 너희는 먼저 하나님의 나라와 의를 구하라, 그리하면 이 모든 것을 너희에게 더하여 주실 것이다" (마 6:31-33).

이 구절은 양식으로 인한 인간의 실존적 고통은 '하나님의 나라와 그의 의' 를 구하는 데서 해결된다는 것이다. 다시 말해서 태초 하나님께서 설정해 놓으신 질서, 곧 하나님만을 섬기며, 그의 말씀에 순종하며 살아가는 삶을 산다면, 태초에 모든 생명체에게 주시고자 했던 식물을 인간들에게 주신다는 것이다. 이와 상응하게 신명기도 다음과 같이 증언하고 있다:

> "너희가 주 너희 하나님의 말씀을 귀담아 듣고, 내가 오늘 너희에게 명한 그 모든 명령을 주의 깊게 지키면, … 이 모든 복이 너희에게 찾아와서 너희를 따를 것이다. … 너희의 곡식 광주리도 반죽 그릇도 복을 받을 것이다"(신 28:1-5; 참고 신 28:1-13; 레 26:3-13; 신 7:12-24).

반면에 성경은 하나님 명령을 지키지 않으면, 떡 반죽 그릇이 저주를 받을 것이라고 했다(신 28:15-68).[51] 그러나 양식이 풍부해지는 때는 하나님의 축복을 받았을 때이다(창 27:28; 욜 2:18,19). 따라서 하나님의 축복을 받기 위해서는, 바꾸어 말해서 '일용할 양식을 얻기 위해서는' 하나님의 법도와 규례를 지키고, 하나님만을 섬기는 것, 곧 하나님의 의를 구하는 것이다. 이러한 사상은, 앞에서 살펴본 바와 같이, 인간의 풍족한 '양식' 은 하나님 은총이라는 사상과 일맥상통한다. 그리고 그 은총은, 한 걸음 더 나아가, 바로 예수 그리스도의 말씀과 성만찬(예수의 몸과 피)이다. 그래서 예수님은 "내 살은 참된 양식이요, 내 피는 참된 음료"(요 6:55)라고 말씀하신 것이다. 그리고 예수 그리스도의 살을 먹고, 예수 그리스도의 피를 마시는 사람은 영생을 얻을 뿐만 아니라, 마지막 날에 다시 살 것이다.

이상 앞에서 살펴본 바와 같이, 하나님께서 우리에게 주시는 '양식' 은, 먹을 것으로 인하여 고난받고, 고통 당하고 있는 하나님의 백성들이 하나님의 자녀가 됨으로써 받을 수 있는 영과 육의 '양식' 모두를 포괄한다. 왜냐하면 애굽에서 먹을 것이 없어 고난 받던 이스라엘 백성들이 출애굽 전야에 무교병으로 유월절 식사를 하였듯이, 이 세상의 고난으로부터 해방될 때 예수 그리스도의 몸과 피로 식사를 하는 것이 성만찬이기 때문이다. 이러한 의미에서 '오늘날 우리에게 일용할 양식을 주옵시고' 라고 청원하는 것은, 결론적으로 우리가 이 세상의 고난에서 해방되어 하나님 나라의 백성으로 하나님 나라의 양식을 먹게 해 주옵소서! 라고 기도하는 것이다. 그렇다면 여기서 질문이 제기된다: **왜 영생을 위한 양식이라고 하면서, 주기도문에는 '오늘날 일용할 양식' 을 위해서 기도하라고 말씀하고 계시는가? '오늘날' 이란 어느 날을 의미하는가?**

---

51) 구약성경의 증언에 의하면, 양식이 떨어져 사람들이 고통을 받은 때는, '기근이 들었을 때' , '하나님께 범죄 했을 때' 그리고 '이스라엘 백성이 하나님이 아닌 이방나라를 의뢰했을 때' 이다. 이점에 대하여 *이병철(편)*, 『주제별 성서대전』, 로고스 출판사, 1983, 586-587: 기근(창 41:55-57; 겔 5:16; 시 105:16), 하나님께 범죄 했을 때(겔 4:16,17; 암 4:6), 하나님이 아닌 이방 나라를 의뢰하였을 때(겔 16:26,27; 애 5:6,9,10).

3) 오늘 그리고 다가올 날 먹게 될 영원한 생명의 양식

'오늘날 우리에게 일용할 양식을 주옵시고' 에서 문제가 되는 것은 '일용할τὸν ἐπιούσιον' 이라는 단어이다.[52] 헬라문학을 통틀어서 이 단어가 등장하는 문헌은 복음서 두 곳뿐이다. 'ἐπιούσιον에피유시온' 이란 말을 일반적으로 '일용할, 그 날 쓸' 이라고 번역하지만, 시리아어 표기는 계속적인continual 의미로 사용되고 있다. '일용할 양식' 이란, 고대 라틴어 역본의 '*quotidia num pacem*' 을 문자그대로 '일용할 양식daily bread' 으로 번역한 것이다. 'ἐπιούσιον' 은 합성어로서 '~을 위하여' 라는 뜻을 가진 'επι에피' 와 동사의 분사형인 'ουσιον우시온' 이 결합되어서 된 것이다. 헬라어 동사 중에는 'to be' 의 뜻을 가진 'Einai' 와 'to come' 의 뜻을 가진 'ienai' 가 있는데, 'ειναι에이나이' 동사의 여성현재 분사는 'ἐπιούσιον에피유시온' 이고, 'ienai' 의 여성현재분사는 'iousa' 이다. 결국 i이오타 하나 차이이다.[53] 따라서 이 단어가 'epi + ousa' 의 합성어로서 'coming' 의 뜻을 지니는가, 아니면 'epi + iousa' 의 합성어로서 'being' 의 뜻을 가지는가는 정확하게 말할 수 없다. 따라서 신학적으로 해석한다면, 오히려 '오늘' 과 그리고 '다가오는 날의 양식bread for the coming day' 으로 해석하는 것이 더 타당하다고 할 수 있다. 왜냐하면 인간은 이 세상의 매일매일의 '양식' 에 의존해 있기 때문이다. 즉 인간은 빵 문제에 집착하여 자신의 생명을 단축시키고 있기 때문이다. 그러나 하나님은 이 세상의 양식을 의존하지 말

---

52) 주기도문에서 '오늘날' 이라는 단어는 마태복음과 누가복음에 다르게 나타난다. 누가복음에서는 '날마다kath ' heremeran: Tag für Tag' 라고 기도하라고 하는 반면에, 마태복음에서는 분명하고도 철저하게 '오늘(sémeron)' 로 되어 있다.

53) *William Barclay*, And Jesus Said. A Handbook of Parables of Jesus, *이희숙* 역, 종로서적, 64-65.

54) "오늘 있다가 내일 아궁이에 던지우는 들풀도 하나님이 이렇게 입히시거든 하물며 너희일까 보냐? 믿음이 적은 자들아 너희는 무엇을 먹을까, 무엇을 마실까, 하여 구하지 말며 근심하지 말라. … 너희 아버지께서 이런 것이 너희에게 있어야 될 줄을 아시느니라"(눅 12:28-30).

(사 3:1; 눅 12:28-30),[54] 오히려 영생을 사모하라고 말씀하신다. 그런데 영생을 주는 하늘의 양식은 바로 예수 그리스도의 몸과 피이다: "이것은 하늘로서 내려온 떡이니, 조상들이 먹고도 죽은 그것과 같지 아니하며, 이 떡을 먹는 자는 영원히 살리라"(요 6:51-53). 따라서 '오늘날' 이라는 말은 '오늘' 그리고 '다가오는 날' 로 해석되어야 할 것이다.[55] 다시 말하면 '오늘 우리에게 일용할 양식을 주옵시고' 라는 기도는 '오늘뿐만 아니라, 미래 다가올 영생을 위한 양식을 우리에게 주옵소서!' 라는 의미를 가지고 있는 것이다. 왜냐하면 하나님께서는 처음부터 우리 인간을 단지 이 세상에서 잠시 살다가 죽을 존재로 창조하지 않으시고, 영원히 하나님의 백성이 되게 하기 위해서 창조하셨기 때문이다. 바꾸어 말하면 하나님의 영원한 뜻은 하나님 나라 건설에 있기 때문이다. 그런데 그 하나님 나라에서의 양식은 이 세상의 육신을 위한 양식이 아니라, 바로 하나님의 말씀이요, 하나님의 뜻을 실현하는 것이다. 그래서 예수님은 "나의 양식은 나를 보내신 이=하나님의 뜻을 행하며, 그의 일=하나님 나라 선포을 온전히 이루는 것이니라"(요 4:34)고 증언하셨던 것이다.

6. 인간과 인간 관계의 회복을 위한 청원

"우리가 우리에게 죄 지은 자를 사하여 준 것 같이, 우리 죄를 사하여 주옵시고, 우리를 시험에 들게 하지 마옵시고, 다만 악에서 구하옵소서"

---

55) 'epiousios' 를 '내일을 위한 떡' 을 해석하는 학자로서는 Brown과 Jeremias 같은 분들이 있다. 이점에 관하여: *J. Jeremias*, The Prayer of Jesus (Philadelphia: Fortress Press, 1978); *R. E. Brown*, "The Pater Noster as an Eschatological Prayer", Theological Studies 22(1961), 175-208.

십계명의 제5계명으로부터 7계명까지의 계명이 사람과 사람 사이의 올바른 관계를 위해서 사람들이 어떻게 살아야 하는지를 규정하고 있듯이, 주기도문의 다섯 번째 청원은 분리되고, 균열된 인간관계의 회복을 위한 기도이다. 즉 다섯 번째 간구는 죄와 빚짐으로 분리된 하나님과 인간의 관계와 인간과 인간의 관계를 회복시켜 주시기를 청원하는 기도이다. 그리고 여섯 번째 간구는 인간과 인간의 관계를 파괴하는 요소들로부터의 해방을 간구하는 기도이고, 일곱 번째 간구는 인간을 죄 짓도록 유혹하고 시험하는 근원, 곧 악으로부터 해방을 청원하는 간구이다. 결국 다섯 번째 청원에서 일곱 번째 청원은 한 마디로 말해서 인간성 회복을 위한 청원이라고 종합할 수 있다. 왜냐하면 이 세상을 지배하는 악 혹은 사탄의 세력에 의해서 인간은 시험을 당하고, 그 시험에 걸려 넘어감으로써, 죄를 짓게 되고, 죄를 지음으로써, 인간과 인간과의 관계가 균열되고 파괴되기 때문이다. 그러므로 주기도문의 다섯 번째 청원에서 일곱 번째 청원은 서로 연관되어 있다고 볼 수 있다. 그리고 그 청원은 참된 인간, 새로운 인간성 창조를 위한 청원으로 특징지어 말할 수 있다. 그리고 이러한 새로운 인간성 회복을 위한 청원은 또한 다섯 번째 청원을 고리로 해서 인간과 물질과의 관계 회복, 곧 일용할 양식을 위한 위한 청원과 연결된다.

1) 죄 용서를 위한 청원

"우리가 우리에게 죄 지은 자를 사하여 준 것 같이, 우리 죄를 사하여 주옵시고"

(1) 죄 용서는 '빵의 고통' 으로부터 벗어나는 길이다.

우선 먼저 주기도문의 구조상, '오늘날 우리에게 일용할 양식을 주옵시고' 그리고 유일하게 '그리고' 라는 접속사가 '우리가 우리에게 죄 지은 자를 사하여 준 것 같이, 우리 죄를 사하여 주옵시고' 라는 청원 사이에 있다. 이점을 근거로 루돌프 보렌Rudolf Bohren은 "죄 용서에 대한 간구는 빵을 위한 기도에 속한다고 본다.[56] 즉 우리에게 현실적으로 빵이 필요하고, 일용할 양식이 필요한 것같이, 우리는 죄 용서가 또한 현실적으로 필요하다는 것이다. 왜냐하면 빵이 없으면, 결국 우리의 생명에 문제가 생기듯이, 죄의 용서가 없으면, 우리 영혼에도 문제가 생겨, 결국 죽음에 이르게 되기 때문이라고 한다. 그래서 그는, 죄 용서가 없는 빵은 우리에게 아무런 의미가 없다고 본다. 이러한 점에서 죄의 용서는 빵의 고통으로부터 벗어나는 데 필수적이라고 한다. 왜냐하면 죄 용서 없이는 결코 빵을 소유할 수 없기 때문이라고 한다.

그런데 '일용할 양식' 과 '죄 용서' 를 결합시켜 해석하는 것은, 단지 주기도문의 문장과 문장 사이에 '그리고' 라는 접속사가 삽입되어 있기 때문만은 아니다. 오히려 이러한 결합은 인간의 타락사에서 그 근거를 찾을 수 있다. 왜냐하면 인간이 '빵밥의 고통' 을 당하게 된 원인은 인간의 죄악 때문이다. 다시 말하면 사탄의 유혹에 넘어가 '하나님과 같이 되고자*homo erist sicut deus*' 했기 때문에(창 3:5), 그 죄로 인하여 인간은 빵의 고통을 당하게 된 것이다. 따라서 빵 혹은 양식으로 인한 고통으로부터 벗어나기 위해서는 필연적으로 죄의 고통으로부터 벗어나야 한다. 다시 말해서 아담의 불순종으로 양식의 고통이 생겨난 것처럼, 역으로 빵의 고통으로부

---

56) *R. Bohren*, Das Unser-Vater heute, 85.

터 해방되려면, 양식의 고통의 원인이 되는 죄로부터 먼저 해방을 받아야 한다.[57] 따라서 빵의 고통에서 벗어나는 길은, 아담과는 달리 철저히 하나님의 말씀에 순종하는 것이다. 바꾸어 말하면 '하나님의 나라와 그의 의'를 구하는 것이다. 즉 예수님의 말씀대로 "먼저 하나님의 나라와 그의 의를 구하(면)"(마 6:33), 무엇을 입을까, 무엇을 먹을까, 무엇을 입을까 하는 고통, 즉 '빵의 고통'으로부터 벗어날 수 있는 것이다. 이러한 맥락에서 볼 때, '죄 용서'에 대한 간구와 '일용할 양식'에 대한 간구는 서로 아주 밀접히 연관되어 있다고 볼 수 있다. 이러한 의미에서 보렌의 해석은 정당하다고 볼 수 있다. 결국 죄 용서는 빵의 고통으로부터 벗어나는 길인 것이다. 따라서 죄 용서를 간청하는 것은 '일용할 양식을 주옵소서!'란 양식에 대한 간구와 밀접히 연관되어 있다고 볼 수 있다. 그렇다면 죄란 무엇인가?

(2) 죄빚짐는 하나님의 말씀에 대한 불순종이다.

죄 '용서afiénai'라는 그리스어는 여러 가지 의미를 가지고 있다. 이 말은 우선 법률적 그리고 경제적인 의미를 가지고 있다. 즉 '죄 용서'란, 법

---

57) '죄'란, 여러 가지 히브리 언어로 표현되었다. 우선 '**חטא**하타: 표적을 빗나가다, 실패하다'; '**עבר**아바르: 벗어나다, 위반하다'; '**ון**아온: 불법, 잘못'; '**פשע**파솨: 반역하다, 위반하다'; '**שגג**솨가그; **שגה**솨가: 잘못을 범하다, 길에서 빗나가다.' 그리고 또한 그리스 언어도 다양하게 표현하고 있다: 'ἁμαρτία하마르티아: 악한'; 'ἀδικία아디키아: 불의, 부정'; 'πονηρος포네로스: 악한'; 'παράβασις파라바시스: 위반'; 'ἀνομία아노미아: 무법' 이러한 표현들을 종합할 수 있는 공통의 목적어는 '하나님의 말씀'이라고 볼 수 있다. 즉 '하나님의 말씀을 빗나가다, 벗어나다, 잘못 행하다, 반역하다, 위반하다'고 종합할 수 있다. 한 마디로 말해서 하나님의 말씀을 믿지 않고 '불순종'하는 것이 '죄'이다. 이와는 반대로 '의'란, 하나님의 말씀을 '믿고 순종'하는 것이다. 왜냐하면 아브라함이 여호와 하나님의 명령, 곧 "너는 너의 고향과 친척과 아버지의 집을 떠나 내가 네게 보여줄 땅으로 가라"(창 12:1)고 명령하셨을 때에, 아브람이 '큰 민족을 이루고, 복을 주어 이름을 창대케 해 주리라'는 언약의 말씀을 믿고 하란(Haran)을 떠난 것을(창 12:4; 비교. 히 11:8) 사도 바울은 바랄 수 없는 중에 하나님의 말씀을 믿고 순종하여 '의'로 여김을 받았다고 증언하고 있기 때문이다(롬 4:18-22). 이러한 의미에서 하나님 말씀을 순종하는 것이 믿음이고, 불순종하는 것이 죄라고 볼 수 있다.

적 혹은 경제적 조건에 따라서 의무와 이에 따른 채무자를 그 부담으로부터 '벗어나게 해 주다' 혹은 '해소해 준다'는 뜻이다. 이 말이 구약성경에서는 법률적, 경제적 그리고 때로는 제의적祭儀的 의미로 사용되기도 하였다. 이러한 근거에서 혹자는 '우리가 우리에게 죄 지은 자를 사하여 준 것같이, 우리 죄를 사赦하여 주옵시고'라는 청원은, '우리가 우리에게 빚진 자를 탕감해 준 것같이, 우리의 빚을 탕감해 주옵소서!'라고 바꾸어 해석하는 사람도 있다. 따라서 '죄 지은 자를 사하여 준 것같이'란 말은, '빚진 자들을 탕감해 준 것같이'로 이해해도 무방하다. 왜냐하면 고대 사회에서 '채무자'는 죄인 취급을 당하였기 때문이다.[58] 그래서 예수님은 '용서할 줄 모르는 종'의 비유에서 '죄 용서'를 '빚을 탕감해' 주는 의미로 사용하고 계시다(마 18:21-35). 이러한 의미에서 '죄를 사하여 주옵소서!'라고 기도하는 것은, '탕감'의 의미를 포함하여, 보다 포괄적인 의미를 가지고 있다. 그렇다면 포괄적인 의미의 죄란 무엇인가?

우선 인간의 모든 죄는 인간에 대하여 범하는 것뿐만 아니라, 하나님께 대하여 범하는 것이다. 그래서 돌아온 탕자는 "아버지 내가 하늘=하나님과 아버지께 죄를 지었사오니"(눅 15:21a)라고 고백한다.[59] 더 자세히 말하면, 사람에게는 죄가 되지 않는 것도, 하나님께는 죄가 되는 것이 있다. 예컨대 탕자가 아버지로부터 유산을 받아 세상에 나아가 모두 탕진한 것

58) 이 말은 그리스 성경에 의하면, 우리가 우리에게 "빚진 자들(tois opheilētais hēmon)을 탕감하여 준 것같이 우리의 빚(ta pheilēhēmon)도 탕감하여 주시옵고"(마 6:12, 개역 개정판)로 되어 있다. 그러나 누가복음은 순서를 바꾸어서 "우리가 우리에게 죄 지은 모든(빚진 모든) 사람을 용서하오니, 우리 죄도 사하여 주옵시고"(눅 11:4)로 되어 있다. 다섯 번째 간구의 진정성을 레이몬(*C.M. Laymon*, The Lord's Prayer in Its Biblical Setting, Abingdon Press, 1968, 75)은 마태복음에, 슈바이처(E. Schweizer)는 누가복음에 둔다. 그러나 서중석은 "유대인들은 관습적으로 빚을 죄로 간주했다"고 한다. 따라서 '빚'을 '죄'로 표현한 것은 그렇게 커다란 차이가 아니라고 한다(*서중석*, 『주기도문』, 『신학사상』 62집, 1988, 706, 각주 53).

59) 성경에서는 '하늘'은 자주 하나님을 뜻한다. 예를 들면 '하늘나라'는 '하나님의 나라'를 의미한다.

은, "네 부모를 공경하라"(출 20:12)는 하나님의 계명을 믿지 않고 불순종한 것이기 때문이다. 그리고 만일 다른 사람을 학대하고 억압하였다면, 그러한 행위는 일차적으로는 당사자에게 죄를 범하는 것이지만, 그 뒤에는 "네 이웃을 네 자신과 같이 사랑하라"(레 19:18; 마 22:39)는 말씀을 불순종한 것이기 때문이다. 이러한 의미에서 인간의 죄는 직-간접적으로 모두 하나님께 범하는 죄이다. 그러므로 죄 용서 또한 최종적으로는 하나님께 빌어야 하는 것입니다. 다시 말하면 죄인인 인간들이 서로의 죄를 용서해 주었다고 해서, 그 죄가 자동적으로 용서받는 것이 결코 아니다. 왜냐하면 최종적으로 하나님이 그 죄를 용서해 주어야, 그 죄가 참으로 용서를 받기 때문이다. 이러한 근거에서 '우리가 우리에게 죄지은 자를 사하여 주었다' 고 해서, 자동적으로 하나님이 우리의 죄를 용서해야 하는 것이 아니다. 그렇다면 어떻게 '죄 용서' 를 받을 수 있는가?

(3) 하나님의 자비와 긍휼을 믿어야 한다.

우리가 하나님께 죄 용서를 받을 수 있는 방법은 우선 먼저, 하나님께서 '죄를 용서해 주시는 분이심을' 믿어야 한다. 왜냐하면 출애굽기 34장 7절에 의하면, 하나님은 '악과 허물과 죄를 용서하시는 분' 으로 나타나기 때문이다. 그리고 시편에 의하면, '죄 용서' 는 하나님의 본성에 속하는 것으로 기술되어 있다. 그래서 시편 기자는, 우리가 모두 하나님을 경외하고, 하나님의 자비로우신 용서를 구하면, 하나님께서 용서해 주시는 분으로 증언하고 있다(시 130:4, 7). 이렇게 하나님의 선하심, 곧 자비하심은 바로 그분의 '죄 용서' 로 드러난다(시 25:7).[60] 따라서 '죄 용서' 를 받고자 하는 자는 먼저 하나님의 자비하심을 믿고 간구해야 하는 것이다.

---

60) *E. Lohmeyer*, Das Vater-unser, 115.

그래서 예수님도 당신의 자비를 호소하는 자를 책망하지 않으셨다. 그 한 가지 예가 바로 가나안 여인의 믿음이다. 가나안 여인이 자기의 딸에게서 귀신을 쫓아 내 달라고 호소하였을 때, 예수님은 "나는 이스라엘 집의 잃어버린 양 이외에 다른 데로 보내심을 받지 아니하였노라"(마 15:24)고 답변하셨다. 그리고는 "자녀의 떡을 위하여 개들에게 던짐이 마땅하지 아니하니라"(마 15:26)고 말씀하신다. 이 때에 가나안 여인은 "개들도 제 주인의 상에서 떨어지는 부스러기를 먹나이다"(마 15:27)라는 답변으로 예수님의 자비를 호소한다. 그러자 예수님은 "여자여 네 믿음이 크도다. 네 소원대로 되리라"(마 15:28)고 말씀하시며 은총을 베푸신다. 이렇듯 죄 용서는 먼저 하나님의 긍휼을 구하는 자에게 베풀어지는 것이다.

그런데 하나님의 자비를 호소한다는 것은, 역으로 말하면 죄에서 벗어날 수 없는 인간 실존에 대한 고백이다. 즉 하나님에게 죄 용서를 기도하는 것은, 자신이 죄인이라는 것을 고백하는 것이고, 자신의 허물을 인정하는 것이다. 자신의 죄를 고백하고 죄 용서의 청원이 선행될 때, 죄 용서가 일어나는 것이다. 자기가 죄인이라는 것조차 인정하지 않는 자에게는 죄 용서가 이루어지지 않는다. 그리고 설사 하나님이 죄를 용서하여 주었다고 해도, 인간은 그 은총을 깨닫지 못한다. 왜냐하면 회개하지 않는 인간은 자기 죄가 어떠한 것인지를 구체적으로 인식하지 못하고 있을 뿐만 아니라, 스스로 자신이 죄인이라고 인정하지 않기 때문에 죄 용서에 대한 고마움도 모른다. 그러므로 죄 용서를 받기 위해서 필연적으로 전제되는 것은 먼저 자기의 죄를 고백하고, 다른 사람의 죄를 용서해 주는 일이 필요하다. 왜냐하면 다른 사람의 죄를 용서해 주는 일 없이는, 죄 용서가 얼마나 귀한 것인지를 모르기 때문이다. 다시 말해서 자신의 죄가 얼마나 무거운 줄을 인식할 때 다른 사람의 죄도 용서할 수 있게 된다. 그러므로 예수님께서 '우리가 우리에게 죄 지은 자를 사하여 준 것 같이, 우리 죄를 사하여 주옵시고' 라고 기도하라고 가르쳐 주신 것이다. 그렇다면 '같이' 란 어떠한 의미를 가지고 있는가?

(4) '같이' 란 조건이 아니라, '유비' 이다.

'같이' 를 전제조건을 뜻하는 부사副詞로 해석하여, 우리가 먼저 우리에게 죄지은 사람을 용서해 주어야만, 하나님이 우리의 죄를 용서하시는 것으로 이해하는 사람들이 있다. 즉 타인의 죄를 먼저 용서하는 것이 하나님으로부터 자신의 죄를 용서받을 수 있는 전제조건이라고 생각한다. '같이' 를 조건의 의미로 해석하는 사람들은 주기도문(마 6:9-13) 다음에 이어지는 마태복음 6:14-15의 말씀, 곧 "너희가 사람의 잘못을 용서하면, 너희 하늘 아버지께서도 너희 잘못을 용서하시려니와, 너희가 사람의 잘못을 용서하지 아니하면, 너희 아버지께서도 너희 잘못을 용서하지 아니하시리라"를 해석의 근거로 제시하고 있다. 이러한 말씀에 의하면, 분명 조건적 용서, 곧 우리가 먼저 다른 사람의 허물을 용서하여야, 하나님께서도 우리의 죄를 용서하신다고 볼 수 있다.

그러나 누가복음 기자는 '같이' 란 말을 전제조건으로 오해하는 일을 막기 위하여 'kai gar카이 가르' 를 사용하고 있다.[61] 이러한 것은 누가복음 기자가 '같이' 를 전제조건으로 오해하는 것을 막기 위한 의도라고 볼 수 있다.[62] '같이' 를 조건의 의미로 해석하지 않는 사람들은, "용서할 줄 모르는 종의 비유"(마 18:23-35)를 근거로, 하나님의 죄 용서가 오히려 우리 인

61) 그러나 마태복음은 'ὡς hos호스= 같이' 란 단어를 사용하고 있다.

62) 이점에 대한 신약 신학적 연구에 대하여: *성종현*, 『주기도문과 예수의 용서 메시지』, 『신학사상』 52집, 1986, 140-156; *서중석*, 『주기도문』, 『신학사상』 62집, 1988, 682-713.

간들 사이의 죄 용서에 선행하는 것임을 강조하고 있다. 왜냐하면 "이 비유에서 왕의 첫 번째 행위(용서는 큰 빚진 자의 행위)는 무관하게 이루어졌으나, 왕의 두 번째 행위(용서하지 않은)는 철저하게 그 큰 빚진 자의 행위(용서하지 않은)에 의존되어 있기 때문(입니다)(28절 이하)."[63] 그럼에도 불구하고 이 비유의 말씀도, "너희가 각각 마음으로부터 형제를 용서하지 아니하면, 나의 하늘 아버지께서도 너희에게 이와 같이 하시리라"(마 18:35)는 말씀으로 끝맺고 있다고 해서, '같이'를 조건적 의미로 해석하는 사람도 있다.

그러나 '같이'란 말을 다섯 번째 청원, 곧 '우리가 우리에게 죄지은 자를 사赦하여 준 것같이 우리 죄를 사하여 주옵소서!'라는 문맥 안에서만 보면, '조건적 의미'로 해석할 수도 있으나, '같이'라는 부사를 중심으로, '뜻이 하늘에서 이루어진 것같이ὡς'라는 주기도문 전체의 맥락 안에서 본다면, '같이'는 '조건'의 의미가 아니라고도 볼 수 있다. 왜냐하면 비교를 위한 '형용사적 서술형'으로 사용되고 있는 '같이ὡς'는, 어디까지나 '유비類比: Ananlogie'이지, 전제조건이 아니기 때문이다.[64] 예를 들면 예수님께서, "누구든지 이 어린 아이와 '같이ὡς' 자기를 낮추는 사람이 천국에서 큰 자니라"(마 18:3)고 말씀하셨을 때, '같이'는, 모두 어린 아이가 되라는 뜻이 아니라, 어린 아이와 '비슷하게' 혹은 '유사하게'라는 비유를 뜻하는 것과 같다. 이와 같이 '우리가 우리에게 죄지은 자를 사하여 준 것같이 우리 죄를 사하여 주옵소서!'라는 청원도, 우리가 우리에게 죄지은 자를 사하여 주는 것에 본 뜻이 있는 것이 아니라, '우리의 죄를 사하여 주옵소서'에 본 뜻이 있는 것이다. 그러므로 '같이'란, 단지 '유비' 혹

---

63) 서중석, 『주기도문』, 707.

64) 이점에 관하여: *Walther Bauer*, Wörterbuch zum Neuen Testament 6. völlig neu gearbeitete Auflage von Kurt und Barbara Aland, Belin/New York, 1988, 1789-1793.

은 '비유' 의 의미 이외에 다른 것이 아니다.

그러나 우리가 하나님으로부터 죄 용서함을 받았음에도 불구하고, 자기는 다른 사람의 죄를 용서하지 않는다면, 만 달란트 빚을 탕감 받은 사람이, 백 데나리온 빚 진자를 용서하지 않았을 때, 예수님께서 "악한 종아 네가 빌기에 내가 네 빚을 전부 탕감하여 주었거늘, 내가 너를 불쌍히 여김과 같이ὡς κἀγὼ σὲ ἠλέησα 호스 카고 세 에레에사, 너도 네 동료를 불쌍히 여김이 마땅하지 아니하냐"(마 18:32-33)고 질문하실 것이며, 예수님은 "그 빚을 다 갚도록 그를 옥졸들에게"(마 18:34) 넘기라고 명하실 것이다. 이러한 맥락에서 예수님은 죄 용서를 강조하는 차원에서, "너희가 각각 마음으로부터 형제를 용서하지 아니하면, 나의 하늘 아버지께서도 너희에게 이와 같이(빚을 탕감해 준 왕처럼) 하시리라"(마 18:35)고 선언하신 것이다. 그러므로 결론적 말해서 '같이' 란, '전제조건' 이 아니라, '유비' 의 의미를 가지고 있는 것이다. 왜냐하면 하나님께서 우리의 죄를 용서하지 않는 한, 우리가 아무리 서로 용서하였다 하더라고, 우리의 죄가 자동적으로 용서받는 것이 아니기 때문이다. 만일 죄 용서가 우리들의 차원에서 이루어지는 것이라면, 예수님께서 우리의 죄를 대속代贖해서 죽으실 필요가 없었을 것이다. 그렇다면 **예수님은, 왜 '우리가 우리에게 죄지은 자를 사하여 준 것같이' 라고 기도하라고 가르치고 계신가?**

(5) 용서받은 자만이 용서할 수 있다.

비록 우리는 죄인이지만, 우리도 다른 사람의 '죄', 곧 '빚' 을 탕감해 주어야 한다. 그리고 우리는 실제로 다른 사람의 죄를 용서하면서 살아야 한다. 왜냐하면 우리는 이미 "그리스도 예수 안에 있는 속량으로 말미암아 하나님의 은혜로 값없이 의롭다 하심을 얻은 자"(롬 3:23-24)가 되었기 때문이다. 그러므로 우리도 우리에게 죄지은 자를 용서해야 한다. 이러한 의미에서 그리스도인들이 다른 사람의 죄를 용서하는 것은 2차적인 용서, 곧 먼저 받은 용서를 증언하는 용서이다. 이와 같이 우리가 다른 사람의 죄와 허물을 용서할 수 있는 것은, 하나님께서 먼저 예수 그리스도를 통하여 우리의 죄를 용서해 주셨기 때문이다. 그래서 요한 기자는 "우리가 하나님을 사랑한 것이 아니요, 하나님이 우리를 사랑하사 우리 죄를 속하기 위하여 화목 제물로 그 아들을 보내셨음이라"(요일 4:10)고 증언하고 있는 것이다.[65] 그렇다. 만일 우리가 다른 사람의 죄를 조건적으로 용서한다면, 그러한 용서는 진정한 용서가 아닐 것이다. 참된 용서는 자기의 죄를 회개하는 자에게 대하여, 더 이상 지난 것을 볼모로 잡는 일 없이, 무조건적으로 용서해 주는 것이다. 그러나 참된 죄 용서를 할 수 있는 사람은 '자기도 죄인이었으며, 자기도 값없이 하나님의 은혜로 죄 용서를 받았다' 고 생각하는 사람만이 할 수 있다. 이러한 근거에서 자기도 값없이 용서를 받았다고 믿는 자만이 참으로 다른 사람의 죄를 용서할 수 있는 것이다. 따라서 주기도문으로 간구하는 사람들의 신앙적 정황은 이미 죄를 탕감 받은 상태이다(마 18:21-27). 왜냐하면 예수님은 십자가 위에서 "아버지 저들을 사하여 주옵소서, 자기들이 하는 것을 알지 못함이니다"(눅 23:34)라고 인간들의 죄를 이미 용서해 주셨기 때문이다. 그래서 이와 상응하게 스데반도 "주여 이 죄를 그들에게 돌리지 마옵소서"(행 7:60)라고 이스라엘 사람들보다 먼저 죄 용서의 기도를 올리고 순교하였던 것이다.

65) 여기서 또 다시 '예수 그리스도가 이 땅에 오시기 전에 살았던 사람들은 어떻게 죄 사함을 받았으냐?' 고 묻는 질문은 하나님의 활동영역으로서의 '하늘' 개념을 상기하기 바란다.

2) 시험과 유혹에서 해방을 위한 청원: '우리를 시험에 들게 하지 마옵시고'

왜 예수님은, '시험에 들게 하지 마옵시고, 다만 악에서 구하옵소서!' 라고 기도하라고 가르쳐 주셨는가? 그것은 사람들이 세상에서 악 혹은 사탄으로부터 시험과 유혹을 당하기 때문이다.[66] 그리고 실제로 인류 역사의 시작은 시련, 곧 유혹으로 시작되었다. 왜냐하면 최초 인간 '아담Adam' 의 배필 여자는 간교한 뱀의 유혹을 받았다(창 3:3-4).[67] 첫 번째 아담이 유혹을 당하였듯이, 두 번째 아담, 예수님도 시험을 당하였다(마 4:5-7).[68] 이와 같이 이 세상에 살아가는 모든 인간은 여러 가지 모양으로 마귀에게 시험유혹을 받고 있다. 그렇다면 왜 인간은 유혹 혹은 시험을 당하는가?

(1) 인간의 욕심 때문에 시험과 유혹을 당한다.

시험과 유혹으로 인한 인간의 범죄는 두 가지 상황에서 일어난다. 하나는 사탄 마귀가 먼저 다가와서 거짓말로 유혹할 때, 그 소리를 듣고 인간의 마음에 욕심이 잉태되어 범죄하는 경우이고, 다른 하나는 인간의 마음에 먼저 욕심이 잉태되어 있을 때, 사탄 마귀가 다가와서 거짓말로 유혹하여 인간으로 하여금 죄를 범하게 하는 경우이다. 전자의 경우는 최초 인간 아담이 죄짓게 된 과정이다. 뱀이 여자에게 다가와 하나님의 말씀을

---

66) 'πειρασμος 페이라스모스' 란 말을 혹자는 시험(test), 시련으로, 혹자는 유혹(temptation)으로 번역하고 있다.

67) 창 3:3-4 : "뱀이 여자에게 이르되, 너희가 결코 죽지 아니하리라. 너희가 그것(= 선악과)을 먹는 날에는 너희 눈이 밝아져 하나님과 같이 되어 선악을 알 줄 하나님이 아심이니라."

68) 마 4:5-7 : "마귀가 예수를 거룩한 성으로 데려다가 성전 꼭대기에 세우고 이르되, 네가 만일 하나님의 아들이어든 뛰어내리라. 예수께서 이르시되, 또 기록되었으되, 주 너의 하나님을 시험하지 말라 하였느니라." 여기서 우리는 마귀가 "네(= 예수)가 만일 하나님의 아들이어든 뛰어내리라."(마 4:6)고 시험하였는데, 왜 예수님께서 "주 너의 하나님을 시험하지 말라"(마 4:7)고 답변하셨는지 주목해야 할 것이다.

왜곡하여 묻는다: "하나님이 참으로 너희에게 동산 모든 나무의 열매를 먹지 말라 하시더냐"(창 3:1). 이때에 여자가 하나님의 말씀에 자기 말을 덧붙인다: "하나님의 말씀에 너희는 먹지도 말고, 만지지도 말라. 너희가 죽을까 하노라"(창 3:3). 그러자 뱀이 하나님 말씀을 왜곡하여 거짓말로 전한다: "너희가 결코 죽지 아니하리라"(창 3:4). 그리고 계속해서 뱀이 여자에게 욕심을 부추긴다: "너희가 그것을 먹는 날에는 너희 눈이 밝아져 하나님과 같이 되어 … "(창3:5). 그러자 여자에게 욕심이 잉태되어 여자의 분별력이 흐려진다: "여자가 그 나무를 본즉 먹음직도 하고 보암직도 하고, 지혜롭게 할 만큼 탐스럽기도 한 나무인지라"(창 3:6a). 결국 하나님의 말씀에 불순종하고 범죄한 여자는 스스로 다른 사람의 유혹자가 된다: "여자가 그 열매를 따먹고 자기와 함께 있는 남편에게도 주매 그도 먹은지라"(창 3:6). 이와 같이 뱀이 인간을 유혹하는 과정에서 밝히 드러난 것처럼, 인간의 타락은 뱀의 유혹과 인간의 욕심이라는 두 요소가 결합되어서 일어났다.

그러나 후자의 경우, 곧 인간이 욕심을 가지고 있을 때, 사탄 마귀가 다가와서 거짓말로 유혹하여 인간으로 하여금 죄를 범하게 하는 경우는 다음과 같은 경우이다. 이 경우를 우리는 이스라엘 왕 '아합'에 관한 이야기에서 발견할 수 있다. 이스라엘 왕 아합은 길르앗 라못 땅을 빼앗고 싶은 욕심을 갖는다: "이스라엘 왕이 그의 신하들에게 이르되, 길르앗 라못은 본래 우리의 것인 줄 너희가 알지 못하느냐. 우리가 어찌 아람의 왕의 손에서 도로 찾지 아니하고 잠잠히 있으리요"(왕상 22:3). 이때 거짓 영에 사로잡힌 선지자들이 아합 왕을 유혹한다: "그들=거짓 선지자들이 이르되, 올라가소서 주께서 그 성읍을 왕의 손에 넘기시리라"(왕상 22:6). 이러한 유혹의 과정을 성경은 다음과 같이 기술하고 있다:

"여호와께서 말씀하시기를 누가 아합을 꾀어 그를 길르앗 라못에 올라가서 죽게 할꼬 하시니, … 한 영이 나아와 여호와 앞에 서서 말하되, 내가 그를 꾀겠나이다. 여호와께서 그에게 이르시되, 어떻게 하겠느냐 이르되, 내=거짓말하는 영가 나가서 선지자들의 입에 있겠나이다. 여호와께서 이르시되, 너는 꾀겠고, 또 이루리라 나가서 그리하라 하셨은 즉, 이제 여호와께서 거짓말하는 영을 왕의 이 모든 선지자의 입에 넣으셨고, 또 여호와께서 왕에 대하여 화를 말씀하셨나이다"(왕상 22:20-23).

특히 거짓말하는 영은 자신의 거짓을 위장하기 위하여 위선된 행동을 한다: "그나아나의 아들 시드기야가 가까이 와서 미가야의 뺨을 치며 이르되, 여호와의 영이 나를 떠나 어디로 가서 네게 말씀하시더냐"(왕상 22:24). 결국 아합 왕은 거짓 선지자들의 유혹에 넘어가 범죄하고 사망한다: "한 사람이 무심코 활을 당겨 이스라엘 왕=아합의 갑옷 솔기를 맞힌지라"(왕상 22:34).

이상 살펴본 바와 같이 모든 시험과 유혹은 우선 하나님 말씀을 왜곡하는 데서부터 시작된다. 더 자세히 말하면 사탄 마귀가 하나님의 말씀을 왜곡하여 인간을 유혹할 때, 인간에게 욕심이 생긴다. 또한 시험과 유혹은 인간이 하나님의 말씀을 거역하고픈 욕심을 가지면, 사탄은 인간의 욕심을 자극하여 범죄하게 한다(비교. 롬 7:23).[69] 결국 하나님의 말씀을 떠나는 데서부터 사탄의 유혹도 인간의 욕심도 생기는 것이다. 그렇다면 **아브라함과 욥과 같은 의인은 왜 시험을 받는가? 하나님이 인간을 시험하시는 것이 아닌가?**

---

69) 롬 7:23 : "내 지체 속에 한 다른 법이 내 마음의 법과 싸워 내 지체 속에 있는 죄의 법으로 나를 사로잡는 것을 보는도다."

(2) 마귀는 의인을 시험유혹한다.

최초 인간 아담이 사탄의 유혹에 넘어간 이후, 인간은 타락한 이 세상 사탄 마귀의 권세 아래 있게 된다.[70] 이점을 우리는 예수의 시험에 관한 기사에서 발견할 수 있다: "마귀가 또 그(=예수 그리스도)를 데리고 지극히 높은 산으로 가서 천하 만국과 그 영광을 보여 이르되, 내게 엎드려 경배하면 이 모든 것(=천하 만국의 영광)을 네게 주리라"(마 4:9). 이처럼 이 세상의 권세는 마귀에게 속한 것이다. 그래서 에베소서는 하나님의 자녀가 되기 전에 우리 그리스도인들도 사탄 마귀의 자녀였음을 증언하고 있다: "그 때에 너희는 그 가운데서 행하여 이 세상 풍조를 따르고 공중의 권세 잡은 자를 따랐으니, 곧 지금 불순종하는 이들 가운데서 역사役事하는 영이라"(엡 2:2; 5:8).[71] 그럼에도 불구하고 사탄 마귀의 권세에 복종하지 않고, 하나님의 말씀에 순종하는 하나님의 자녀들을 사탄은 시험하고 유혹하여 그들을 타락시키려고 한다. 인간을 시험 혹은 유혹하는 방법으로 사탄 마귀는 언제든지 그리스도인들로 하여금 먼저 하나님의 언약을 회의하도록 말씀을 왜곡한다. 혹은 하나님 말씀을 불순종하도록 유혹한다. 한 가지 예로써 사탄 마귀는 하나님을 전적으로 의뢰하고 말씀에 순종하여 살아가는 욥을 시험하여, 하나님의 말씀을 회의하게 하고, 욥으로 하여금 하나님에 대한 신앙을 포기하도록 시험한다. 즉 사탄은, 욥이 하나님을 경외하는 것은 하나님께 축복을 받았기 때문이라고 하나님께 반론을 제

---

70) 고대교회는 구원에 대한 두 가지 근본적인 모형이 있었다. 그 중 이레네우스(Irenäus)와 카파도치아(Kapadozier)의 교부들은 그레고리우스의 고전적인 구원론을 수용하였다. 즉 인간의 세계 및 전체 우주는 타락한 세력에 의해 노예화되어 있다는 것이다. 그리고 이 세력의 두목은 악마라는 것이다. 그러나 예수 그리스도는 이 악한 악마의 세력과 싸워 승리하였다는 것이다. 그래서 아울렌은 예수를 승리자 예수로 특징짓는다. 이점에 관하여: *Gustav Aulén*, Christus Victor, 전경연 편, 『贖罪論 研究〔복음주의 총서 4〕』, 19-59.

71) 엡 5:8 : "너희가 전에는 어둠이더니, 이제는 주 안에서 빛이라."

기하면서, 욥에게서 하나님 경외의 조건인 축복을 제거하면, 하나님에 대한 욥의 신앙이 없어질 것이라고 주장한다:

> "사탄이 여호와께 대답하여 이르되, 욥이 어찌 까닭없이 하나님을 경외하리이까? 주께서 그와 그의 집과 그의 모든 소유물을 울타리로 두르심 때문이 아니니이까? 주께서 그의 손으로 하는 바를 복되게 하사, 그의 소유물이 땅에 넘치게 하셨음이니이다. 이제 주의 손을 펴서 그의 모든 소유물을 치소서 그리하시면 틀림없이 주를 향하여 욕하지 않겠나이까?"(욥 1:9-11).

이렇듯 사탄 마귀의 모든 시험과 유혹은 하나님 말씀을 거역하고 하나님에 대한 믿음을 포기시키는데 그 목적이 있다. 이러한 맥락에서 예수님도 이 세상에 계시는 동안 사탄 마귀에게 하나님의 말씀에 대한 믿음과 하나님만을 믿는 신앙을 포기하도록 시험 당하신다(마 4:1-10). 그리고 그 시험은 십자가 위에서 그 절정에 이른다. 그래서 예수님도 시험을 견디기 어려워: "나의 하나님, 나의 하나님 어찌하여 나를 버리셨나이까?"(마 27:46; 인용 시 22:1)라고 탄식의 기도를 올린다. 그러나 예수님은 끝내 모든 것을 하나님께 맡김으로써 그 시험을 이기신다: "아버지 내 영혼을 아버지 손에 부탁하나이다"(눅 23:46). 이와 유사하게 참된 하나님의 자녀들도 사탄 마귀에게 끊임없이 시험과 유혹을 받고 있다. 그래서 사도 바울은 "우리(=하나님의 자녀)의 싸움은 혈과 육을 상대하는 것이 아니요, 통치자들과 권세들과 이 어둠의 세상 주관자들과 하늘에 있는 악한 영들을 상대함이라"(엡 6:12)고 증언하고 있다.[72] 그러므로 베드로전서는 앞으로

72) 찬송가 388장 : "마귀들과 싸울지라 죄악 벗은 형제여"; 389장 : "원수 마귀 모두 쫓겨가기는 예수 이름 듣고 겁이 남이라"; 391장 : "이 죄악 많은 세상에 수많은 원수들 날 유혹하고 해치나"; 393장 : "우리들의 싸울 것은 혈기 아니요, … 마귀 권세 힘써 싸워 깨쳐 버리고, 죽을 영혼 살릴 것일세"

당할 고난을 예비할 것을 권고하여 말하기를 "근신하라 깨어라. 너희 대적 마귀가 우는 사자같이 두루 다니며 삼킬 자를 찾(는다)"(벧 5:8)고 선포하고 있다. 이와 상응하게 예수님도 제자들에게 "시험에 들지 않도록 깨어 기도하라"(마 26:41)고 당부하신 것이다. 이러한 근거에서 예수님은 주기도문에서 자연히 "악에서 구하옵소서!"라고 기도할 것을 권하고 계신 것이다.

3) 악에서 해방을 위한 청원: '악에서 구하옵소서!'

(1) 악은 모든 불행한 일을 유발시키는 것

악이란 무엇인가? '악πονηρός 포네로스' 이란, 신약 성경에서는 일반적으로 악한 세력 및 권세 혹은 악을 행하는 존재를 의미하였다. 보다 더 자세히 말하면, 첫째로 '악을 행하는 사람들' 을 뜻하는 것으로서, 원수들, 타락한 사람들, 폭력배, 노상 강도, 압제자, 협작꾼 등을 의미한다. 그리고 둘째로 '악한 상황' 을 뜻하는 것으로서, 노예 제도, 빈곤, 질병 자연의 파괴 및 여러 가지 비참한 인간의 현실 등을 의미하기도 한다. 그리고 셋째로 '악' 이란, '악한 생각' 을 뜻하는 것으로서, 악을 바라는 성향, 성품 그리고 성질을 의미한다. 그런데 이러한 악의 요소들을 담지하고 있는 존재를 악령惡靈, 곧 사탄Satan 혹은 마귀Dämon로 통칭하고 있다. 이러한 점에서 '악' 이란, 슬픔, 불행, 한, 괴로움, 시련, 가난함, 부정, 불의 등을 유발시키는 주체를 뜻한다. 바꾸어 말해서 인간에게 불행한 일을 유발시키는 일체의 모든 것을 '악' 이라고 볼 수 있다. 그래서 사람들에게 뿐만 아니라, 모든 피조물에게 이러한 악한 요소들을 유발시키는 사람을 '악인' 이라고 부른다.

그런데 성경은 '악의 근원'을 인간의 마음에 두고 있다: "여호와께서 사람의 죄악이 세상에 가득함과 그의 마음으로 생각하는 모든 계획이 항상 악할 뿐임을 보시고"(창 6:5; 8:20).[73] 그래서 예레미아 선지자도 "만물보다 거짓되고 심히 부패한 것은 마음이라"(렘 17:9)고 증언하고 있다. 이와 상응하게 사도 바울도 "내 속, 곧 내 육신에 선한 것이 거居하지 아니하는 줄을 아노니, 원함은 내게 있으나, 선을 행하는 것은 없노라"(롬 7:18)고 자신의 악함을 고백하고 있다. 예수님도 "선한 사람은 마음에 쌓은 선에서 선을 내고, 악한 자는 그 쌓은 악에서 악을 내나니, 이는 마음에 가득한 것을 입으로 말함이니라"(눅 6:45)고 말씀하셨다. 이렇게 인간이 항상 악에 빠져 있기 때문에 예수님도, "내(=예수님)가 비옵는 것은, 그들(=아버지께서 아들에게 주신 모든 자들)을 세상에서 데려가시기를 위함이 아니요, 다만 악에 빠지지 않게 보전하시기를 위함이니이다"(요 17:15)라고 우리를 위해서 기도하셨던 것이다. 그리고 이렇게 악에 사로잡혀 있는 인간을 가리켜 사도 바울은 "사망의 몸"(롬 7:24)이라고 규정한다. 그래서 그는 "내 자신이 마음으로는 하나님의 법을 육신으로는 죄의 법을 섬기노라"(롬 7:25)고 탄식하고 있다. 이러한 증언과 탄식을 고려해 볼 때, 악은 몸 밖에 있는 것이 아니라, 육신 안에, 곧 우리의 마음에 있음을 알 수 있다. 이러한 점에서 그 악이 행동으로 옮겨진 것이 바로 죄라고 볼 수 있다. 그러므로 사도 바울은 "너희는 죄가 너희 죽을 몸을 지배하지 못하게 하여 몸의 사욕에 순종치 말(라)"(롬 6:12)고 권고하고 있다.

그러므로 '다만 악에서 구하옵소서'란 주기도문의 일곱 번째 청원은, '우리들로 하여금 악한 생각을 갖지 않도록 도와 주옵소서'라는 기도를 내포하고 있다. 왜냐하면 우리가 악한 생각에서 벗어나지 않는 한, 우리

---

73) 창 8:20 : "사람의 마음이 계획하는 바가 어려서부터 악함이라."

는 끊임없이 죄를 짓고, 시험과 유혹에서도 벗어나지 못하기 때문이다.[74] 다시 말해 마음이 정결해지지 않는 한, 그 마음에서 우러나오는 악으로 인하여 인간은 회개 했다가도, 죄를 짓고, 죄 용서를 받은 후에도 또 다시 죄를 범하게 되는 것이다. 바로 이러한 근거에서 예수님은 죄의 근원이 인간의 몸 밖에 있는 것이 아니라, 몸 안, 곧 마음에 있음을 강조하셨던 것이다: "나는 너희에게 이르노니, 음욕을 품고 여자를 보는 자마다 마음에 이미 간음하였느니라"(마 5:28). 그러기에 사도 바울도 '오직 마음을 새롭게 함으로 변화를 받아 하나님의 선하시고 기뻐하시고 온전한 뜻이 무엇인지 분별하도록 하라' 고 로마 교우들에게 권면하고 있는 것이다. 이러한 이유에서 예수님도 "네 마음을 다하고, 목숨을 다하고 뜻을 다하여 주 너의 하나님을 사랑하라"(마 22:37; 병행 막 12:30)고 강조하신 것이다. 왜냐하면 하나님은 우리의 마음을 감찰하시는 분이시기 때문이다(롬 8:27; 시 139:23; 렘 17:10).[75]

그런데 인간의 마음이 이렇게 악하게된 것은 – 앞에서도 기술한 바와 같이 – 최초 인간 아담의 범죄로 말미암아 이미 모든 인간이 악한 마귀의 노예가 되어 있기 때문이다. 다시 말해서 인간이 일단 욕심이 잉태하여 죄를 짓고 나면, 죄와 사망의 주권자인 사탄 마귀의 지배를 받게 된다. 그래서 그 이후로 인간은 참 자유를 상실하고, 사탄 마귀의 노예가 되어, 그가 시키는 대로 생각하고 행동하게 된다. 그리고 사탄 마귀의 권세에 노예가 되어 있기에 인간은 늘 생각하는 것이나, 말에 있어서 죄악을 반복하여 짓게 되는 것이다. 그래서 이러한 인간을 가리켜 사도 바울은 '사망

74) 앞에서 기술한 시험과 유혹의 두 번째 원인을 회상하라.

75) 시 139:23 : "하나님이여 나를 살피사, 내 마음을 아시며, 나를 시험하사 내 뜻을 아옵소서"; 렘 17:10 : "나 여호와는 심장을 살피며, 폐부를 시험하고, 그의 행위와 그의 행실대로 보응하나니."

의 몸' 이라고 규정하였던 것이다. 그럼에도 불구하고 인간은 자신의 이러한 모습을 인식하지 못하고 있다(눅 23:34).[76] 그래서 예수님은 자신의 죄를 인식하고 회개하고, 구원을 간구한 강도에게 "오늘 네가 나와 함께 낙원에 있으리라"(눅 23:43)고 약속해 주신 것이다. 이것이 바로 개신교의 교리의 가장 유명한 칭의론Rechtfertigungslehre, 곧 의롭다고 인정받는 교리의 핵심이다. 그렇다면 어떻게 악에서 벗어날 수 있는가?

(2) 오직 하나님 말씀에 대한 믿음으로만 악의 시험과 유혹을 극복할 수 있다.

우리는 앞에서 시험과 유혹은 하나님의 말씀에서 벗어나, 하나님의 말씀을 왜곡하는 일부터 시작됨을 알았다. 그러므로 어떠한 시험과 유혹에도 빠지지 않으려면 하나님의 말씀에서 떠나지 말아야 한다. 이를 우리는 예수 그리스도가 사탄 마귀의 시험을 극복하는 방법에서 발견할 수 있다. 즉 예수님은 사탄 마귀의 시험을 당하실 때마다, 매번 오직 하나님을 경외하고 하나님의 말씀에서 벗어나지 않음으로써 시험과 유혹을 이기신다. 첫 번째 시험부터 "사람이 떡으로만 사는 것이 아니요, 하나님의 입으로부터 나오는 모든 말씀으로 살 것이라"(마 4:4; 인용 신 8:3)는 여호와 하나님의 말씀에 철저히 순종함으로써 시험을 이기신다. 그리고 두 번째 시험도 "주 너의 하나님을 시험하지 말라"(마 4:7; 인용 시 91:11,12)는 말씀으로 사탄 마귀의 시험을 대항하신다. 그리고 세 번째 시험도 "주 너의 하나님께 경배하고 다만 그를 섬기라"(마 4:10; 인용 신 6:13)는 말씀의 순종으로 시험을 극복한다. 이렇듯 사탄 마귀의 시험을 이길 수 있는

76) 눅 23:34a : "예수께서 이르시되, 아버지 저들을 사(赦)하여 주옵소서 자기들이 하는 것을 알지 못함이니이다."

길은, 오직 여호와 하나님만을 섬기며, 그의 말씀만을 순종하는 것 이외에 다른 방법이 없다. 왜냐하면, 앞에서 살펴 본 바와 같이, 사탄 마귀는 하나님의 말씀을 왜곡 전달함으로써 인간을 시험하고 유혹하기 때문이다. 그래서 요한계시록은 하나님이 말씀을 첨가하거나, 삭제 혹은 왜곡하는 것을 아주 엄하게 경계하고 있다:

> "만일 누구든지 이 두루마리의 예언의 말씀을 듣는 모든 사람에게 증언하노니, 만일 누구든지 이것 외에 더하면, 하나님이 이 두루마리에 기록된 재앙들을 그에게 더하실 것이요, 만일 누구든지 이 두루마리의 예언의 말씀에서 제하여 버리면, 하나님이 이 두루마리에 기록된 생명나무와 및 거룩한 성에 참여함을 제하여 버리시리라"(계 22:18-19).

이와 상응하게 사도 바울도 기록된 말씀에서 벗어나지 않을 것을 권면하고 있다: "너희로 하여금 기록된 말씀 밖으로 넘어가지 말라"(고전 4:6a). 이렇게 항상 하나님의 말씀 안에 거할 때, 곧 하나님의 말씀을 순종하면, 우리는 어떠한 유혹과 시험에서도 벗어날 수 있는 것이다. 그러나 사탄 마귀는 아주 교묘한 방법으로 하나님의 말씀을 삭제, 첨가, 왜곡하여 우리를 끊임없이 시험하고 유혹하고 있다. 그러므로 이러한 사탄 마귀의 교묘한 술책에 넘어가지 않으려면, 하나님의 말씀에 일점 일획도 더하거나, 감하지 말아야 한다. 그래서 요한계시록은 마지막 단락에서 "만일 누구든지 이것들 외에 더하면, 하나님이 이 두루마리에 기록된 재앙들을 그에게 더하실 것이요, 만일 누구든지 이 두루마리의 예언의 말씀에서 제하여 버리면, 하나님이 이 두루마리에 기록된 생명나무와 및 거룩한 성에 참여함을 제하여 버리리라"(계 22:18-19)고 아주 엄하게 경고하고 있는 것이다.

이제 결론적으로 말해서 '우리를 시험에 들게 하지 마옵시고, 다만 악에서 구하옵소서!' 란 청원은 긍정적으로 표현하면, 첫째로 '우리의 마음을 정결하게 하옵소서, 그래서 마음의 생각과 마음이 악한 것을 생각하지 않게 하옵소서' (시 51:9-11)[77] 라고 기도하는 것이고, 둘째로, '하나님의 말씀을 삭제, 첨가, 왜곡하여 하나님의 말씀을 불순종하지 않게 하옵소서' 라는 청원이라고 볼 수 있다. 그러나 이를 한 마디로 표현하면, '악에서 구하옵소서!' 라는 탄식의 기도이다. 왜냐하면 모든 고통과 시련은 죄로부터 유래하고, 죄는 악한 마귀의 시험과 유혹으로부터 비롯되기 때문이다. 왜냐하면 "하나님은 악에게 시험을 받지도 아니하시고, 친히 아무도 시험하지 아니하시(기)"(약 1:13b) 때문이다. 그렇다 우리의 모든 간구는 결국 "악으로부터의 해방", 곧 하나님의 구원을 갈망하는 기도 이외에 다른 것이 아니다. 그러므로 주기도문의 마지막 간구는 '다만 악에서 구하옵소서!' 라는 청원으로 끝나는 것이다.

7. 모든 것은 하나님의 영광을 위하여

"나라와 권세와 영광이 아버지께 영원히 있사옵나이다. 아멘"

1) 주기도문의 종합과 기도자의 신앙고백으로서의 송영

우선 '나라와 권세와 영광이 아버지께 영원히 있사옵나이다' 라는 송영頌詠은 마태복음의 옛 사본과 누가복음에는 생략되어 있다. 그러나 교회의

77) 시 51:9-11 : "주의 얼굴을 내 죄에서 돌이키시고, 내 모든 죄악을 지워주소서. 하나님이여 내 속에 정한 마음을 창조하시고, 내 안에 정직한 영을 새롭게 하소서!"

후대 문서인 '디다케' 에는 "권능과 영광이 영원히 당신의 것이기 때문입니다 οτι σού έστιν ή δόξα καί ή δύναμις είς τούς αίώνας" 가 첨부되어 있다.[78] 그러나 고대 교부들의 주기도문 해설서에는 이 부분이 생략되어 있다.[79] 그렇지만 다윗은 "여호와여 위대하심과 권능과 영광과 승리와 위엄이 다 주께 속하였사오니, 천지에 있는 것이 다 주의 것이로소이다. 여호와여 주권도 주께 속하였사오니, 주는 높으사 만물의 머리이심이니이다"(대상 29:11; 딤전 1:17)[80]라고 감사의 기도를 끝맺고 있다. 따라서 '나라와 권세와 영광이 아버지께 영원히 있사옵나이다' 란 송영이 주기도문에 속하는 것이냐, 아니냐 하는 질문은 별로 중요하지 않고, 오히려 그 의미가 더 중요하다고 본다. 그렇다면 마태복음은 왜 '나라와 권세와 영광이 아버지께 영원히 있사옵나이다' 라는 송영을 첨부하고 있으며, 그 의미는 무엇인가?

우선 '나라와 권세와 영광이 아버지께 영원히 있사옵나이다' 라는 송영이 의미하는 바는, 한편으로는 주기도문의 각 청원을 내용적으로 종합하고 있는 '(하나님 아버지의) 뜻이 하늘에서 이루어진 것과 같이 땅에서도 이루어지이다' 라는 청원을 다시 한번 강조하는 것이며, 다른 한편으로는 기도자의 신앙고백이라고 볼 수 있다. 왜냐하면 이 송영에 나오는 '나라' 와 '권세' 와 '영광' 은 첫 번째 청원인 하나님 아버지의 '이름', '나라' 그리고 '뜻' 의 다른 표현이라고 볼 수 있기 때문이다. 더 자세히 말하면, '아버지의 이름이 거룩히 여김을 받는다' 는 것은, '하나님이 영광을 받으시는 것으로'; '아버지의 나라가 임하는 것' 은, '하나님의 나라가 이 땅

78) 정양모 역주, 『열두 사도들의 가르침』, 분도출판사 1993, 62.

79) 이형우 옮김, 『치쁘리아누스』, 분도출판사 1987.

80) 딤전 1:17 : "영원하신 왕 곧 썩지 아니하고, 보이지 아니하고, 홀로 하나이신 하나님께 존귀와 영광이 영원무궁하도록 있을지어다. 아멘"

에 성취되는 것으로'; 그리고 '하나님 아버지의 뜻이 이루어지는 것은', '하나님의 권세가 이 땅을 지배하는 것으로' 표현된 것이라고 볼 수 있다. 그러므로 기도자는 주님께서 앞서 가르쳐 주신 기도의 내용을 다시 한번 '나라와 권세와 영광이 아버지께 영원히 있사옵나이다'로 반복하면서, 즉 동의하면서, 자신도 '그렇게 되기를 바라는' 자신의 신앙을 고백하는 것이다. 그래서 기도자는 주님께서 가르쳐 주신 기도에 자신의 믿음을 혹은 소망을 강조하여 고백하고, '아멘'으로 기도를 마치는 것이다. 바로 이러한 맥락에서 볼 때, 송영은 주기도문의 첫 번째 간구 속에서 표현된 기도 내용을 강조해서 되풀이하고 있는 것뿐만 아니라, 주기도문의 전체 청원의 성취를 고대하는 자신의 신앙을 고백하는 것이다.

(1) 왜 '아멘'으로 기도를 마치는가?

그리스도인들은 기도를 마칠 때마다 언제든지 '아멘' 하고 기도를 마친다. '아멘'이 무슨 뜻이기에, 왜 기도를 마칠 때마다 '아멘'으로 마치는가? 우선 사전적인 의미로 '아멘אָמֵן'이란, 구약에서는 주로 '그렇게 될지어다'라는 의미를 가진 것으로 사용되었다. 즉 다른 사람들의 말이나, 명령에 대하여 '동의'할 때, '아멘'이라고 하였다. 예컨대 솔로몬Solomon이 왕이 될 것이라고 다윗 왕이 선포하였을 때, 브나야는 '아멘'으로 자신도 그렇게 생각한다고 다윗의 의견에 '동의'하였다. 즉 우리나라 말로 표현하면 '지당하신 말씀이십니다'라는 뜻으로 '아멘'이란 말을 사용하였다(왕상 1:36; 렘 28:6).[81] 혹은 하나님의 언약이 성취될 것이라고 '믿는 확신' 속에서 이스라엘 백성들은 '아멘'을 외치기도 하였다(렘 11:5). 그래

81) 왕상 1:36 : "여호야다의 아들 브나야가 왕께 대답하여 이르되, 아멘 내 주 왕의 하나님 여호와께서도 이렇게 말씀하시기를 원하오며"

서 모세가 율법을 낭독하였을 때, 이스라엘 백성들은 '아멘' 으로 화답하였다(신 27:15-26; 민 5:22).[82] 뿐만 아니라, 자신이 맹세를 하거나(느 5:13),[83] 서약을 할 때도 '아멘' 으로 화답하였다. 그리고 예배할 때 백성들은 '아멘' 으로 선포된 말씀에 응답하거나, 기도가 이루어질 것을 바라는 마음에서 '아멘' 을 송영으로 사용하고 있는 것이다(대상 16: 36; 느 8:6; 시 106:48).[84]

이러한 의미에서 '아멘' 으로 주기도문을 마치는 것은, 기도하는 자가 주님께서 가르쳐 주신 기도 내용에 대하여 '동의한다' 는 의사를 표현하는 것이라고 볼 수 있다. 왜냐하면 주기도문의 첫 번째 간구 속에 이미 "하늘에 계신 우리 아버지여, 이름이 거룩히 여김을 받으시오며, 나라가 임하옵시며"(마 6:9)로 기도하라고 가르쳐 주고 있기 때문이다. 따라서 '나라와 권세와 영광이 아버지께 영원히 있사옵나이다' 라고 기도하는 것은, '그렇습니다. 하늘에 계신 우리 아버지의 나라가 속히 이 땅에 임하기를 나도 바라고, 또 그렇게 되기를 믿습니다' 라고 자신의 신앙을 고백하는 것이다.

신약에서도 '아멘' 은 역시 '동의한다' 는 뜻으로 사용되었다(고전 14:16). 또한 '아멘' 은 하나님의 언약이 확실히 이루어질 것을 '믿는다' 는 신앙의 표현으로 사용되기도 하였다(고후 1:20). 그래서 신약에서 '아멘' 은 '그렇게 될 것을 믿는다' , 혹은 '진실로, 확신컨대, 참으로' 라는 의

---

82) 신 27:16-18 : "그 부모를 경홀히 여기는 자는 저주를 받을 것이라 할 것이요, 모든 백성은 아멘 할지니라. 맹인에게 길을 잃게 하는 자는 저주를 받을 것이라 할 것이요 모든 백성은 아멘 할지니라. 객이나 고아나 과부의 송사를 억울하게 하는 자는 저주를 받을 것이라 할 것이요, 모든 백성은 아멘 할지니라."

83) 느 5:13 : "내가 옷자락을 털며 이르기를 … 하매 회중이 다 아멘 하고 여호와를 찬송하고 백성들이 그 말한 대로 행하였느니라."

84) 시 106:48 : "여호와 이스라엘의 하나님을 영원부터 영원까지 찬양할지어다. 모든 백성들아 아멘 할지어다. 할렐루야!"

미로 사용되었다. 그래서 예수님은 자기 말의 진실성을 강조하기 위하여 '아멘' 이라는 말을 자주 사용하셨다: "내가 진실로 너희에게 이르노니, 누구든지 하나님의 나라를 어린 아이와 같이 받들지 않는 자는 결단코 그곳에 들어가지 못하리라"(막 10:15; 10:29 이 밖에 여러 곳).[85] 그리고 '아멘' 은, 신약에서도 '송영' (롬 11:36), 혹은 '축사' (롬 15:33)의 의미로, 혹은 서신의 맺는 말로(히 13:21; 벧후 3:18) 사용되었다. 그리고 계시록에서는 요한의 모든 예언을 '믿는다' 는 의미로(계 1:6-7; 22:20-21)[86] 그리고 때론 '하나님의 이름' 과 동격으로 사용되었다(계 3:14).[87]

이상 앞에서 살펴본 '아멘' 의 의미를 고려해 볼 때, 우리가 '아멘' 으로 주님께서 가르쳐 주신 기도를 마치는 것은, 단순히 '기도를 끝냈다' , 혹은 '내가 고할 것은 다 고했다' 는 것을 암시하는 것이 아니라, 오히려 우리가 올린 기도가 거짓된 것이 아니라, 진실이라는 것을 스스로 확언하는 것이다. 왜냐하면 우리는 거짓으로 기도해서는 안 되기 때문이다. 예수님께서 '내가 진실로 진실로 너희에게 이르노니' 라고 말씀하신 것처럼 우리도 우리가 드린 기도가 모두 참되다는 것을 확언하는 의미에서 '아멘' 으로 기도를 마치는 것이다. 그래서 요한계시록의 마지막이 "주 예수의 은혜가 모든 자들에게 있을지어다. 아멘"(계 22:21)으로 끝맺고 있는 것이다. 이것은 기도를 하는 사람이나, 하나님의 말씀을 기록한 사람이 지

85) 막 10:29 : "예수께서 이르시되, 내가 진실로 너희에게 이르노니, 나와 복음을 위하여 집이나 형제나 자매나 어머니나 아버지나 자신이나 전토를 버린 자는 …"

86) 계 1:6-7 : "그의 아버지 하나님을 위하여 우리를 나라와 제사장으로 삼으신 그에게 영광과 능력이 세세토록 있기를 원하노라 아멘. 볼지어다 그가 구름을 타고 오시리라, 각 사람의 눈이 그를 보겠고, 그를 찌른 자들도 볼 것이요, 땅에 있는 모든 족속이 그로 말미암아 애곡하리니, 그러하리라 아멘"; 계 22:20-21 : "이것들을 증언하신 이가 이르시되, 내가 진실로 속히 오리라 하시거늘, 아멘 주 예수여 오시옵소서. 주 예수의 은혜가 모든 자들에게 있을지어다. 아멘"

87) 계 3:14 : "아멘이시오 충성되고 참된 증인이시오 하나님의 창조의 근본이신 이가 이르시되, …"

금까지 기도하고 기술한 모든 내용이 거짓이 아니라, 참되고 진실한 것이라는 것을 인印치는 것이다. 마치 서류를 작성하고, 그 서류의 내용이 서류를 작성한 사람의 참된 의견이라는 것을 증명하기 위하여 사인Signature을 하거나, 도장을 찍듯이, 기도하는 사람이 '나는 마땅히 그렇게 되어지기를 믿고 고백합니다' 라는 뜻에서 끝으로 '아멘' 을 외치는 것이다. 이러한 의미에서 기도를 맺을 때나, 하나님의 말씀을 들을 때, '아멘' 으로 화답하는 것은, '그렇게 되기를 믿습니다' 라고 자신의 신앙을 고백하는 것이다. 이러한 의미에서 공 교회의 신앙고백을 '*Credo*크레도: 내가 믿습니다' 라고 부르는 것은 결코 우연의 일치가 아니다. 이러한 의미에서 주기도문을 '아멘' 으로 끝맺는 것은, '뜻이 하늘에서 이루어진 것 같이, 땅에서도 이루어질 줄을 내가 믿습니다' 라고 기도자의 신앙을 최종적으로 고백하는 것이다. '아멘, 주님의 영광이 세세 무궁토록 있을 것을 믿습니다.'

VI
사도신경은 무엇인가?

1. 신조란 무엇인가?

신조*Credo*란 우리들이 믿고 가르치는 것을 요약하여 진술하는 것이다. 다시 말하면 종교적 주제에 여러 가지 의견과 생각이 있을 수 있지만, 동일한 주제에 대하여 본인이 생각하고 믿는 바를 고백하는 것이다. 예수께서 가이사랴 지방에 이르러서, 제자들에게 물으셨다: “사람들이 인자를 누구라고 하느냐?” 제자들이 대답하였다: “세례자 요한이라고 하는 사람들도 있고, 엘리야라고 하는 사람들도 있고, 예레미야나 예언자들 가운데 한 분이라고 하는 사람들도 있습니다”. 예수께서 그들에게 말씀하셨다: “그러면 너희는 나를 누구라고 하느냐?” 시몬 베드로가 대답하였다: “선생님은 살아 계신 하나님의 아들 그리스도이십니다”(마 16:13-16). 이렇듯 신조 혹은 신경은 자신이 믿고 있는 내용을 고백하는 것이다. 그래서 '신조' 를 라틴어로 '*Credo*: 내가 믿습니다' 라로 표기하고 있다. 즉 내가 믿고 있는 바를 고백하는 것이 바로 '신조 혹은 신경' 이다.

사도신경신조은 내가 기독교인으로서 고백하는 바를 가장 간략하게 요약해 놓은 것이다. 그러나 사도신경은 동시에 성경에 기록되어 있는 사도들의 가르침 그리고 그들의 신앙 내용을 간략히 요약해 놓은 것이다. 이 고백에는 삼위일체 되신 하나님과 예수의 간략한 생애와 성령의 역사와 영원한 생명을 구하는 그리스도인의 기도가 담겨져 있다. 즉 사도신경은 크게 3부분으로 되어 있는데, 첫 부분은 창조주 하나님에 대한 고백, 둘째 부분은 화해자 예수 그리스도에 대한 고백, 그리고 셋째 부분은 성령의 사역에 관한 고백으로 되어있다. 한 마디로 말해서 사도신경은 성부, 성자, 성령 삼위일체 하나님에 대한 고백이다. 그러나 성부에 대한 고백과 성자에 대한 고백과 성령에 대한 고백이 서로 연관되어 있다:

전능하사 천지를 만드신 하나님 아버지를 내가 믿사오며,
그의 외아들 우리 주 예수 그리스도를 믿사오니,
이는 성령으로 잉태하사, 동정녀 마리아에게 나시고, 본디오 빌라도에게 고난을 받으사,
십자가에 못 박혀 죽으시고, 장사하여, 음부에 내리신 지 삼 일만에 죽은 자 가운데서,
다시 살아나시며, 하늘에 오르사 전능하신 하나님 아버지 우편에 앉아 계시다가,
저리로서 산 자와 죽은 자를 심판하러 오시리라.
성령을 믿사오며,

거룩한 교회와 성도가 서로 사귀는 것(교통하는 것)과, 죄를 사하여 주시는 것과,
몸이 다시 사는 것과 영원히 사는 것을 믿사옵니다. – 아멘

2. 첫 번째 고백: 전능하사 천지를 만드신 하나님 아버지를 내가 믿사오며

1) 하나님은 전능하신 분이시다

구약 성경의 증언에 의하면 하나님은 여러 가지 이름으로 불려진다. 여러 이름 가운데 하나가 '엘 샤다이El Schaddaj' 이다[1]: 주께서 그에게 나타나셔서 말씀하셨다: "나는 전능한 하나님이다"(창 17:1; 43:14; 49:25; 출 6:3). 이 이름의 뜻은, 우선 문자 그대로 하나님께서 스스로 원하시면, 하나님은 무엇이든지 제한 받지 않고bedingtlos 행하실 수 있다는 뜻이다. 그러나 이 말은 하나님께서는 스스로 자신을 제한하거나 제어할 수도 있다는 뜻도 내포하고 있다. 즉 하나님은 스스로 자신을 낮추어 인간의 형체를 입을 수도 있고(빌 2:5–8)[2], 스스로 시험받고, 고난받으실 수도 있고(마 4:1), 스스로 죽음의 자리에까지 내려가실 수도 있다(요 1:17–18)[3]는 뜻

---

1) *L. Köhler*, Theologie des Alten Testaments, 4. überarbt. Tübingen, 1966, 28–29.

2) 빌 2:5–8: "너희 안에 이 마음을 품으라! 그는 근본 하나님의 본체이시나, 하나님과 동등됨을 취할 것으로 여기지 아니하시고, 오히려 자기를 비워 종의 형체를 가져 사람들과 같이 되었고, 사람의 모양으로 나타나셨으매, 자기를 낮추시고 죽기까지 순종하셨으니, 곧 십자가의 죽으심이라."

3) 요 10:17–18: "아버지께서 나를 사랑하시는 것은, 내가 다시 목숨을 얻기 위하여 목숨을 버리기 때문이다. 아무도 내게서 내 목숨을 빼앗아 가지 못한다. 내가 스스로 원해서 내 목숨을 버린다. 나는 목숨을 버릴 권세도 있고, 다시 얻을 권세도 있다. 이것은 내가 아버지께로부터 받은 명령이다."

이다. 따라서 여기서 말하는 '전능全能' 이라는 형용사는 이분법적으로 '이것' 아니면, '저것', '긍정'과 '부정', 곧 하나님께서는 '부정적인 것은 할 수 없다든지, 하지 않는다'는 뜻이 아니다. 하나님은 죽을 수 없다든지, 하나님은 고난 받으실 수 없다든지, 하나님은 시험 당하실 수 없다는 뜻이 아니다. 여기서 말하는 '전능'은 오히려 '부정과 긍정', '강함과 약함', '영원과 죽음', '높음과 낮음', 곧 양자를 모두 포함하는 의미로서, 아무 것에도 제한 받지 않는 절대적 자유를 가진 것을 의미한다. 왜냐하면 하나님은 스스로 계신 분이지, 인간의 사고와 자연의 법칙에 제한 받는 분이 아니기 때문이다. 즉 야웨 하나님은 자신을 "나는 스스로 계신 하나님"(출 3:14)으로 선언하셨기 때문이다. '스스로 계신 하나님'이란, 피조물의 법칙에 제한 받지 않고, 하나님께서 원하시면, 무엇이든지 하실 수 있는 하나님이라는 뜻이다.

그런데 하나님이 '전능하신 분'이라는 뜻은, 하나님께서 원하시면, 하나님께서는 우리에게 무엇이든지 행하실 수 있는 하나님이라는 뜻 이외에, 하나님께서는 인간들에게 말씀하시는 분이며, 인간의 모든 죄악을 감찰하시는 분이라는 뜻도 가지고 있다(계 2:23; 시 7:9; 26:2; 렘 20:12; 롬 8:27).[4] 왜냐하면 하나님은 자신을 '전능하신 하나님El Schaddaj'으로 소개하시면서, "나에게 순종하며, 흠 없이 살아라"(창 17:1b)는 말씀을 덧붙이고 있기 때문이다. 따라서 '전능하신 하나님'이라는 이름 속에는 단지 천지를 창조하신 하나님의 창조 능력을 표현하는 것 이외에 우리들의 마음을 감찰監察하신다는 초월적 전지의 뜻도 함축하고 있다. 그렇다면 '하나님은 전능하신 분이다'라는 고백은 어떻게 형성되었는가?

---

4) 계 1:23b: "나는 사람이 뜻과 마음을 살피는 자인 줄 알지라 내가 너희 각 사람의 행위대로 갚아 주리라"; 시 26:2: "여호와여 나를 살피시고, 시험하사 내 뜻과 내 마음을 연단하소서."

하나님을 '전능하신 하나님' 이라고 고백하게 된 것은, 하나님의 역사를 경험한 사람들의 고백이다. 이 고백은 형이상학적 교리教理 Dogma가 결코 아니다. 왜냐하면 여호와 하나님은 모세에게 자신을 전능하신 분으로 소개하면서, 이스라엘 백성을 애굽에서 이끌어 내실 것을 다음과 같이 말씀하신다:

> "하나님이 모세에게 말씀하여 가라사대, 나는 여호와로라. 내가 아브라함과 이삭과 야곱에게 전능의 하나님으로 나타났으나, 나의 이름을 여호와로 그들에게 알리지 아니하였고, 가나안 땅, 곧 그들의 우거寓居하는 땅을 주기로 그들과 언약하였더니, 이제 애굽 사람이 종을 삼은 이스라엘 자손의 신음을 듣고 나의 언약을 기억하노라. 그러므로 이스라엘 자손에게 말하기를 나는 여호와라. 내가 애굽 사람의 무거운 짐 밑에서 너희를 빼어 내며 그 고역에서 너희를 건지며, 편 팔과 큰 재앙으로 너희를 구속하여 너희로 내 백성을 삼고, 나는 너희의 하나님이 되리니, 나는 애굽 사람의 무거운 짐 밑에서 너희를 빼어낸 너희 하나님 여호와인 줄 너희가 알지라"(출 6:2-7).

그 후 이스라엘 사람들은 출애굽을 경험하고 나서 다음과 같이 고백한다: "여호와를 찬송하리로다. 너희를 애굽 사람의 손에서와 바로의 손에서 건져내시고, 백성을 애굽 사람의 손 밑에서 건지셨다. 이제 내가 알았도다. 여호와는 모든 신(하나님)보다 크시므로 이스라엘에게 교만히 행하는 그들을 이기셨다"(출 18:10). 이와 같이 '전능하신 하나님' 이라는 인식은 고난 속에서 해방되는 역사를 통하여 형성된 것이다. 다시 말해서 고통 속에서 여호와 하나님의 은총으로 해방된 사람들이 그들을 해방시킨 하나님을 '전능하신 하나님' 으로 고백하게 된 것이다.

2) 하나님과 나는 아버지와 자녀의 관계임을 믿는다

기독교는 하나님과 나와의 관계를 '아버지와 자녀' 의 관계로 고백한다. 하나님은 자연의 만물을 통치하고, 인간을 심판하는 분이라는 의미보다는, '아버지' 와 '딸' 혹은 '아들' 과 같이 사랑하시고 보호하시고, 보살펴 주시는 분이라는 뜻이 더 강하다. 그래서 기독교인은 하나님을 '아버지' 라고 부른다. 우선 예수 그리스도께서는 하나님을 '아버지' 라고 부르라고 기도를 가르쳐 주시면서 말씀하신다: "하늘에 계신 우리 아버지여!" (마 6:9). 이 밖에 수 없이 많은 곳에서 예수님은 전능하신 창조주 하나님을 '너희의 아버지' 라고 부르라고 말씀하신다: "하늘에 계신 너희 아버지께 …"(마 6:1). 그래서 그리스도인들은 하늘에 계신 하나님을 "아버지 하나님"(눅 6:36; 요 6:27; 고전 15:24; 고후 11:31; 엡 5:20; 6:23; 골 1:2, 12; 벧전 1:3; 계 1:6)라고 부르는 것이다.

그런데 하나님을 '아버지' 라고 부르라는 것은 결코 강요가 아니다. 하나님을 '아버지' 로 부르는 것은 하나님의 살아 계심을 체험한 사람들의 고백이다. 즉 하나님께서 우리를 아버지와 같이 돌보시고, 보살펴 주시며, 구원에 주셨기 때문에 그리스도인들은 하나님을 향하여 '아버지' 라고 부르게 된 것이다. 이것은 마치 도마Thomas가 예수가 부활하셨다는 소식을 듣고도 믿지 않다가, 부활하신 예수님을 직접 만나보고, 예수님이 자비에 감격하여 "나의 주, 나의 하나님이시여Mein Herr, mein Gott!"(요 20:28b)라고 고백한 것과 같다. 따라서 하나님과 그리스도인 사이에 '아버지와 딸과 그리고 아들' 의 관계가 형성된 것은 인간의 의지에 의해서 혹은 생물학적으로, 혹은 사회적으로 형성되는 것이 아니라, 성령에 의해서 신앙적으로 형성된 것이다: "무릇 하나님의 영으로 인도함을 받는 그들은 곧 하나님의 아들이라. 너희는 다시 무서워하는 종의 영을 받지 아니하였고, 양자養子의 영을 받았으므로 아바abba 아버지라 부르짖느니라" (롬 8:14-18). 여기서 질문이 제기된다: 왜 하나님이 우리를 자녀와 같이 돌보시는가? 그것은 하나님께서 나를 포함한 모든 만물을 창조하셨기 때문이다.

3) 하나님과 나의 관계는 창조주와 피조물의 관계임을 믿는다

'천지를 만드신 하나님' 이라고 고백하는 것은, 하나님이 단지 창조주라는 객관적 사실만을 고백하는 것이 아니다. '천지를 만드신 하나님' 이라는 고백 속에서는, 내가 하나님께서 인간에게 생기를 불어넣어 생명이 있게 되었다는 구체적인 창조의 사역을 고백하는 것이다. 왜냐하면 성경은 인간의 창조에 대하여는 하나님께서 구체적으로 하나님의 생기를 불어넣으신 것으로 기술하고 있기 때문이다: "여호와 하나님이 흙으로 사람Adam을 지으시고, 생기를 그 코에 불어 넣으시니, 사람이 생령이 된지라" (창 3:7). 인간이 하나님의 생기, 곧 성령으로 창조되었다는 사실은, 예수님의 말씀을 통해서도 간접적으로 증명된다. 어느 날 니고데모라는 유대인 관헌이 찾아왔을 때, "사람이 거듭나지 아니하면, 하나님의 나라에 들어갈 수 없느니라"(요 3:3)고 말씀하신다. 이 때에 니고데모가, "사람이 늙으면 어떻게 날 수 있삽나이까?"하고 물으니, 예수께서 "사람이 물과 성령으로 나지 아니하면, 하나님 나라에 들어갈 수 없느니라. 육으로 난 것은 육이요, 성령으로 난 것은 영이니"(요 3:6)라고 답변하신다. 이 말씀은 사람이 성령으로 거듭나는 것은 하나님으로부터 말미암아 태어나는 것임을 뜻하는 것이다. 즉 인간은 태초 아담Adam 때부터 하나님의 생기生氣, 곧 영으로 태어난 존재라는 것이다. 그러나 그 하나님의 생기를 죄로 인하여 상실하였기 때문에 '하나님의 영', 곧 '성령' 으로 다시 태어나야 한다는 것이다. 이렇듯 인간은 하나님의 영으로 창조된 존재, 그리고 그리스도인은 '성령' 으로 다시 태어난 존재라는 점에서, 그리스도인은 자기를 잉태케 해 주신 하나님께 '하나님 아버지' 라고 부르는 것이다. 다시 말해서 성령으로 잉태된 예수 그리스도가 하나님을 '아빠 아버지' 라고 부르는 것처럼, 성령으로 거듭난 그리스도인도 하나님을 '아빠 아버지' 라고 부르는 것이다. 그래서 사도 바울은 "만일 너희 속에 하나님의 영이 거하시면, 너희가 육신에 있지 아니하고, 영에 있나니, 누구든지 그리스도의 영이 없으면 그리스도의 사람이 아니라"(롬 8:9)고 말하고 있는 것이다. 다시 말해서 하나님의 영이 거하는 자는 하나님의 자녀요, 그러한 사람은 하나님을 '아빠 아버지' 라고 부르는 것이고, 그리고 그 속에 그리스도의 영이 거하기에 '그리스도인' 이라고 부르는 것이다. 왜냐하면 '하나님의 영' 은 곧 '그리스도의 영' 이기 때문이다(요 14:16).[5] 그리고 예수 그리스도는 곧 하나님 아버지이시기 때문이다: "나를 본 자는 아버지를 보았거늘 어찌하여 아버지를 보이라 하느냐?"(요 14:9b) 이렇듯이 하나님의 영靈, 생기生氣에 의해서 창조함을 받은 최초 인간 아담처럼, 그리스도인들도 성령, 곧 하나님의 영이자, 동시에 그리스도의 영에 의해서 거듭 태어난 존재이기 때문에 하나님을 '창조주 아버지' 라고 고백하는 것이다.

---

5) "내가 아버지께 구하겠으니, 그가 또 다른 보혜사를 너희에게 주사, 영원토록 너희와 함께 있게 하시리니, 저는 진리의 영이라. 세상은 능히 저를 받지 못하나니, 이는 저를 보지도 못하고, 알지도 못함이라. 그러나 너희는 저를 아나니, 저는 너희와 함께 거하심이요, 또 너희 속에 계시겠음이라"(요 14:16-17).

3. 두 번째 고백: 성자, 우리 주 예수 그리스도를 믿습니다

그의 외아들 우리 주 예수 그리스도를 믿사오니,

> 이는 성령으로 잉태하사, 동정녀 마리아에게 나시고, 본디오 빌라도에게 고난을 받으사,
>
> 십자가에 못 박혀 죽으시고, 장사하여, 음부에 내리신지 삼 일만에 죽은 자 가운데서,
>
> 다시 살아나시며, 하늘에 오르사 전능하신 하나님 아버지 우편에 앉아 계시다가,
>
> 저리로서 산 자와 죽은 자를 심판하러 오시리라.

사도신경의 두 번째 고백은 성자聖子 예수 그리스도에 관한 고백이다. 그래서 두 번째 고백은 '그의', 곧 '하나님의 외아들' '예수 그리스도'를 '우리의 주'로 고백하는 것이다: '그의 외아들 우리 주 예수 그리스도를 믿사오니.' 그리고 다음 이어지는 고백들은 예수가 어떠한 분이며, 어떠한 삶을 살았는지, 예수의 '존재와 사역Sein und Werk'을 기정 사실로 믿고 고백하는 것이다. 여기서 우리는, 신앙이 하나님에 대한 막연한 '종교적 의존감정religiöses Abhangiggefühl'이 아니라는 것을 분명히 알 수 있다.[6] 다시 말해서 신앙은 역사적 사실에 대한 '인정Anerkennung'이며 확증이다. 왜냐하면 믿고 고백하는 바를 역사적 사실로 인정하지 않으면, 그와 같은 사건이 우리들의 삶에서 또 다시 재현될 수 없기 때문이다. 바로 이러한

6) 슐라이에르마허(F.Schleiermacher, 1768~1834)는 신앙을 하나님에 대한 종교적 절대 의존의 감정으로 규정하였다.

이유에서 예수 그리스도에 대한 고백 속에 예수 그리스도의 삶과 그의 존재에 대한 기술을 역사적 사건으로 고백하는 내용을 담고 있는 것이다.

그러나 신앙 고백이 역사적 사건에 대한 증언을 담고 있고, 그 사실을 인정한다고 해서 그 내용이 반드시 역사적 혹은 과학적으로 논증될 수 있다는 것은 아니다. 왜냐하면 고백은 어디까지나 경험된 사실에 대한 사적인 고백이고, 동시에 자기 확신이기 때문이다. 그러나 그 고백이 여러 사람이 공유할 수 있고, 공통된 확신이라고 할 때, 그러한 고백은 보편적이고 객관적인 고백으로 인정받는 것이다. 따라서 앞에서뿐만 아니라, 아래에서 필자는 신앙고백 내용을 과학적으로 증명하기보다는 그러한 고백이 형성되게 된 배경과 그 고백의 내용이 무엇인지에 대하여 집중적으로 해설하고자 한다.

1) 나는, 예수가 나의 그리스도임을 믿는다

"그의 외아들 우리 주 예수 그리스도를 믿사오니"

'그의 외아들 우리 주 예수 그리스도를 믿사오니' 라는 고백은, 나는, '나사렛 예수가 나의 그리스도이심을 믿습니다' 라는 고백이다. 이러한 고백이 어디서 왔는가? 그리고 왜 우리는 예수를 그리스도라고 고백해야 하는가? 이러한 질문에 대한 답변은 예수가 역사 속에 생존해 계실 때, 사람들이 그를 어떻게 불렀느냐? 하는 것으로 답변될 수 있는 것이 아니라, 그가 역사 속에서 어떠한 행동을, 어떠한 사역을 하셨느냐?로 답변될 수 있을 것이다.

본래 '그리스도' 라는 말은 히브리어의 '메시아' 라는 말이 그리스어로 번역된 것이다. '메시아' 라는 말은 어원적으로 '기름부음을 받은 자' 라는 뜻이지만, 그의 역할은 어렵고 고난 받는 사람들을 그 고통에서 해방시켜 주는 자를 가리켜 '메시아'라고 부르게 되었다. 왜냐하면 '메시아'라는 칭호는 이스라엘 사람들이 바벨론에서 포로생활을 하고 있을 때, 예언자들에 의해서 선포된 칭호이기 때문이다. 이사야 예언자는 다음과 같이 오실 메시아에 대하여 예언하고 있다:

> "주 여호와의 신=성령이 내게 임하셨으니, 이는 여호와께서 내게 기름을 부으사, 가난한 자에게 아름다운 소식을 전하게 하려 하심이라. 나를 보내사 마음이 상한 자를 고치며, 포로된 자에게 자유를, 갇힌 자에게 놓임을 전파하며, 여호와의 은혜의 해와 우리 하나님의 신원의 날을 전파하여 모든 슬픈 자를 위로하되, 무릇 시온에서 슬퍼하는 자에게 화관을 주어 그 재를 대신하며, 희락의 기름으로 그 슬픔을 대신하며, 찬송의 옷으로 그 근심을 대신하시고, 그들로 의義의 나무, 곧 여호와의 심으신 바 그 영광을 나타낼 자라 일컬음을 얻게 하려 하심이니라"(사 61:1–3).[7]

그런데 바로 이 예언의 말씀을 인용하여 예수 그리스도께서는 자신이 이 세상에 오신 목적을 설명하고 계신다(눅 4:18–19).[8] 이렇게 선지자 이사야의 예언과 그 예언의 성취로서 자신이 이 땅에 오신 것이라고 증언하신 예수님의 선포를 고려해 볼 때, 예수가 '메시아' 곧 '그리스도'라는 고백은 단순히 그리스도인의 고백이 아니라, 오히려 예수 자신의 '자기증언Selbstzeugnis'인 것이다. 더 나아가 '예수는 그리스도'라는 고백은, 예수가

---

7) 시편 23편도 하나님께서 기름을 머리에 바르다는 기술이 나오나, 이 시편의 내용은 하나님께서 베풀어 주신 감사의 기도일 뿐, 타인을 위한 구원자의 사역에 대한 기술은 없다.

8) "예수께서 그 자라나신 곳 나사렛에 이르사, 안식일에 자기 규례대로 회당에 들어가사 성경을 읽으려고 서시매, 선지자 이사야의 글을 드리거늘, 책을 펴서 이렇게 기록한 데를 찾으시니, 곧 '주의 성령이 내게 임하셨으니, 이는 …"(눅 4:16–19).

세상에 태어날 때 천사의 입을 통하여 요셉에게 증언되었다: “주의 사자가 현몽하여 가로되, 다윗의 자손 요셉아 네 아내 마리아 데려오기를 무서워 말라. 저에게 잉태된 자는 성령으로 된 것이라. 아들을 낳으리니 이름을 예수라 하라, 이는 그가 자기 백성을 저희 죄에서 구원할 자이심이라”(마 1:20-21).[9]

그런데 예수가 그리스도라는 사실은 이사야 선지자의 예언과 예수님 자신의 증언보다는, 예수가 행하신 사역을 통하여 더욱 분명히 드러난다. 예수 그리스도께서 이 지상에 살아 계실 동안, 그 분은 실로 많은 병자들을 병의 고통으로부터 해방시키셨으며, 마귀의 권세에 사로잡힌 자들을 귀신의 권세로부터 해방시키셨으며, 가난하고 배고픈 청중들을 오병이어五餠二魚의 기적을 통하여 먹이셨다. 그리고 이들에게 이 세상에서 권세와 물질과 명예에 노예되어 살아가고 있는 많은 사람들에게 하나님의 나라를 선포하셨다. 이러한 예수의 사역은 예수가 그리스도라는 최초 원시 기독교 공동체의 고백을 형성하게 하였다. 즉 최초 원시 기독교 공동체의 신앙고백은 바로 ‘예수는 그리스도이다’ 였다. 이러한 고백이 고유명사처럼 사용되어 오늘날도 ‘예수 그리스도’ 라고 고유명사처럼 사용하고 있는 것이다.

그런데 예수는 우리의 ‘주’, 혹은 ‘그리스도’ 일 뿐만 아니라, 바로 ‘하나님의 아들’ 이라고 우리는 덧붙여 고백하고 있다. 왜냐하면 하나님 자신이 예수를 자신의 아들로 증언하고 있기 때문이다. 예수가 요단강에서 세

9) 여기서 우리는 예수라는 이름 속에는 ‘구원자’ 라는 의미가 내포되어 있음을 고려할 때, 마태복음의 기자가 ‘이는 그가 자기 백성을 저희 죄에서 구원할 자이심이니라’ 는 증언은, 한편으로는 ‘예수’ 라는 이름의 설명이며, 동시에 ‘예수가 메시아, 곧 그리스도’ 라는 것을 증언해 주는 것이라고 볼 수 있다. 왜냐하면 ‘예수’ 란 이름은 ‘여호수아(야웨는 우리의 구원이다)’ 란 이름의 축약형이고, ‘여호수아’ 는 ‘예수는 구원하신다’ 라는 문장의 축약형이기 때문이다.

례를 받으시고 올라오실 때, "하늘이 열리고, 하나님의 성령이 비둘기 같이 내려 자기 위에 임하심을 보시더니, 하늘로서 소리가 있어 말씀하시되, '이는 내 사랑하는 아들이요 내 기뻐하는 자라'"(마 3:16-17; 벧후 1:17; 비교. 시 2:7; 엡 1:6; 골 1:13; 요일 5:9)고 하나님 자신이 증언하고 있기 때문이다. 이와 상응하게 예수께서 지상에 계실 동안 제자들 앞에서 변화되어 모세와 엘리아와 대화를 나누신 후, "홀연히 빛난 구름이 저희를 덮으며, 구름 속에서 소리가 나서 가로되, 이는 내 사랑하는 아들이요, 내 기뻐하는 자니, 너희는 저의 말을 들으라"(마 17:5)는 소리를 제자들도 듣는다. 더 나아가 이사야 선지자도 앞으로 도래할 '하나님의 종Ebed Jaweh', 곧 메시아는 하나님의 성령이 임한 '하나님의 아들'이라고 증언하고 있다:

> "내가 붙드는 나의 종, 내 마음에 기뻐하는 나의 택한 사람을 보라. 내가 나의 신=성령을 그에게 주었은즉, 그가 이방에 공의를 베풀리라. 그는 외치지 아니하며, 목소리를 높이지 아니하며, 그 소리로 거리에 들리게 아니하며 … 진리로 공의公義를 베풀 것이며, … 세상에 공의를 세우기에 이르리니 섬들이 그 교훈을 앙망하리라. 하늘을 창조하여 펴시고, 땅과 그 소산을 베푸시며 땅 위의 백성에게 호흡을 주시며, 땅에 행하는 자에게 신=성령을 주시는 하나님 여호와께서 이같이 말씀하시되, … 네가 소경의 눈을 밝히며, 갇힌 자를 옥에서 이끌어 내며, 흑암에 처한 자를 문에서 나오게 하리라. 나는 여호와니, 이는 내 이름이라. … 보라 전에 예언한 일이 이미 이루었느니라. 이제 내가 새 일을 고하노니, 그 일이 시작되기 전이라도 너희에게 이르노라" (사 42:1-9).

이제 한 걸음 더 나아가서 우리가 '그의 외아들 우리 주 예수 그리스도를 믿사오니' 라고 고백하는 것은 하나님의 아들인 예수를 나의 '메시아' 로 나의 '그리스도' 로 섬기겠다는 나의 고백 이외에 다른 것이 아니다. 왜냐하면 고백이란, 단지 기정 사실을 인정하는 것을 넘어서, 예수에 대한 고백을 통하여 '예수' 와 '나' 사이의 관계를 설정하는 것이기 때문이다. 다시 말해서 내가 예수를 '주님' 으로 부르는 것은 나와 예수 사이의 관계를 종과 주인의 관계로 설정하겠다는 뜻이다. 바꾸어 말하면 '그의 외아들 우리 주 예수 그리스도를 믿사오니' 라고 고백하는 것은, '하나님의 외아들 예수여! 당신이 나의 주, 나의 그리스도가 되어주옵소서!' 하고 기도하는 것이기도 하다. 왜냐하면 고백은 상대방에 대한 신앙을 전제하기 때문이다. 즉 '믿지 못하는 자를 어떻게 믿으리요' 라고 증언한 것처럼, 고백은 상대방에 대한 신뢰를 포함하고 있다.

2) 나는, '예수가 나의 주 하나님이심' 을 믿는다

"그의 외아들 우리 주 예수 그리스도를 믿사오니"

'그의 외아들 우리 주 예수 그리스도를 믿사오니' 라는 고백의 '우리 주 *Dominum nostrum*' [10]란 말은, 우선 언어적으로 예수 그리스도가, 주인이 종들에게 대하여 모든 권위와 능력을 가지고 있듯이, 그가 우리, 아니 나에 대하여 모든 권세와, 권위와 능력을 가지고 있다는 것을 의미한다. 성경의 증언에 의하면, '종' 은 노예나 다름없었다. 이렇듯이 우리가 예수님을 '우리의 주님' 으로 고백하는 것은, 우리 자신은 우리들의 삶에 대하여, 특히 신앙적인 문제에 있어서, 아무것도 주장할 수 없다는 것을 뜻한다.

---

10) 사도 바울은 '우리의 주되신 예수 그리스도' (고전 1:2,7)로 표현하고 있다.

이러한 예수 그리스도에 대한 우리들의 신분에 대하여 성경은 토기장이와 토기의 비유로 설명하고 있다: "여호와여 주는 우리 아버지시니이다. 우리는 진흙이요, 주는 토기장이니, 우리는 다 주의 손으로 지으신 것이라"(사 64:8; 45;9; 롬 9:20-21). 그러나 이러한 증언이 우리 그리스도인들인 우리 자신들의 삶이나 세상에 대하여 아무런 자유도 가지지 못한다는 운명론적인 뜻은 아니다. '우리 주'란 고백은 오히려 하나님께서 나의 모든 생애에 나를 돌보시고, 나를 인도해 주시고, 나와 동행해 주신다는 의미를 가지고 있다:

> "나의 종 이스라엘아 나의 택한 야곱아, 나의 벗 아브라함의 자손아, 내가 땅끝에서부터 너를 붙들며, 땅 모퉁이에서부터 너를 부르고, 네게 이르기를 너는 나의 종이라, 내가 너를 택하고 싫어버리지 아니하였다 하였노라. 두려워 말라 내가 너와 함께 함이니라. 놀라지 말라 나는 네 하나님이 됨이니라. 내가 너를 굳세게 하리라. 참으로 너를 도와 주리라. 참으로 나의 의로운 손으로 너를 붙들리라"(사 41:8-10).

이 얼마나 충만한 은혜이며, 이 얼마나 장엄한 은총의 노래인가? 우리가 예수님을 '주'로 고백하는 자에게는 앞에서 인용한 야웨 하나님의 말씀처럼, 하나님의 '함께 하심', '도와 주심' 그리고 우리의 '하나님 되심'의 은총이 주어지는 것이다. 따라서 우리가 예수를 '주님'으로 고백하는 것은 결코 종교적 노예로 전락되거나, 우리의 자유를 상실하는 것이 아니다. 오히려 우리의 전 삶이 하나님의 은총 안에서 인도되고 보호받게 되

---

11) 요 10:11: "나는 선한 목자라 선한 목자는 양들을 위하여 목숨을 버리거니와"; "나는 선한 목자라 내가 내 양을 알고, 양도 나를 아는 것이 아버지께서 나를 아시고, 내가 아버지를 아는 것 같으니, 나는 양을 위하여 목숨을 버리노라."

는 은총을 누리게 되는 것이다. 왜냐하면 예수는 우리들의 "선한 목자"(요 10:11,14)[11], 곧 우리를 사탄의 권세와 억압으로부터 보호하시고 안전한 곳으로 인도하시는 분이시기 때문이다. 우리가 예수를 '우리의 주님'으로 고백함으로써 우리는 선한 목자이신 예수 그리스도의 보호를 받게 되는 것이다.

3) 나는, 예수도 아담과 그리스도인처럼 성령으로 태어난 참 사람임을 믿는다

"성령으로 잉태하사, 동정녀 마리아에게 나시고"

그리스도인이 예수를 '성령으로 잉태하사, 동정녀 마리아에게 나신 *conceptus de spiritu sancto, natus ex Maria virgine*' 분으로 고백하는 것은, 별로 특별한 것이 아니다. 그러나 지금까지 많은 사람들은 '동정녀 마리아'라는 말에 집착하여 어떻게 처녀가 아이를 낳을 수 있는가? 하는 질문을 제기해 왔다. 그러나 '동정녀 마리아'는 하나님의 아들 예수가 이 세상에 태어나기 위한 도구 혹은 방편에 불과한 것이다. 중요한 것은 예수가 성령으로 잉태되었다는 것이다. 그러나 이것도 별로 그렇게 대단한 것이 아니다. 예수님은 사람들도 성령으로 다시 태어나야 한다고 말씀하고 계시기 때문이다. 소급하면 최초의 인간인 아담도 하나님의 생기, 곧 영으로 태어났다. 다시 말하면 최초 아담이 창조될 때, '흙'은 단순히 질료質料에 불과한 것처럼, 우리들의 육신이나, 동정녀 마리아의 몸은 하나님의 자녀들이 태어나기 위한 질료에 불과한 것이다. 예수 그리스도나, 최초 인간 아담이나, 우리들에게 있어서 중요한 것은 하나님의 영, 곧 성령이다. 즉 하나님의 생기, 영이 없으면, 육은 무익한 것이다. 육신은 단지 자연적 질료에 불과한 것이다. 그럼에도 불구하고 지금까지 많은 사람들은 예수 그리스도의 탄생, 곧 하나님의 아들의 탄생과 관련하여 '동정녀 마리아' 에게 만 집착하여 '성령 잉태', 더 자세히 말하면 '성령에 의하여 생명이 주어진다' 는 사실을 간과하였다. 그렇다면 이러한 해석의 성경적 근거가 어디 있는가?

첫째, 성경은 아담의 창조, 곧 태어남에 대하여 다음과 같이 표현하고 있다: "여호와 하나님이 흙으로 사람아담을 지으시고 생기를 그 코에 불어넣으시니, 사람이 생령生靈(=살아있는 영)이 된지라"(창 2:7). 여기서 우리는 최초 인간 아담이 하나님의 '생기' 에 의해서 창조되었음을 알 수 있다. 그리고 생기에 의해서 만들어진 인간은 '생령', 곧 '살아 있는 영' 이지 더 이상 '흙' 이 아니다. '흙' 은 '살아 있는 영', 곧 '생령' 의 질료에 불과한 것이다. 따라서 우리가 '생명', 곧 '살아 있다' 라고 할 때는, '영' 이 살아있다는 것을 의미하는 것이지, '흙', 곧 '육체' 가 살아 있다는 것을 의미하지 않는다. 이러한 의미에서 예수님도 어느 날 "제자 중에 또 하나가 가로되, 주여 나로 먼저 가서 내 부친을 장사하게 허락하옵소서!"(마 8:21)라고 청하였을 때, "예수께서 가라사대, 죽은 자들로 저희 죽은 자를 장사하게 하고 너는 나를 좇으라"(마 8:22)고 말씀하셨던 것이다. 이러한 예수님의 말씀은 단순히 육체가 살아 움직인다고 해서 영까지도 살아 있는 것이 아니라는 뜻이다. 그러한 사람은 나무나, 풀이 생명을 가지고 번식 성장 소멸하듯이, 자연적 생명*βιο*만을 가지고 있는 것이다. 그러나 인간은 창조 당시부터 직접 하나님의 생기에 의해서 창조되었다. 반면에 다른 피조물들, 더 자세히 말하면 다른 생명체는 단지 말씀으로 창조하셨다: "하나님이 가라사대, 땅은 생물을 그 종류대로 내되, 육축과 기는 것과 땅의 짐승을 종류대로 내라 하시고(그대로 되니라)"(창 1:24).[12] 이와 같이 최초 인간 아담은 분명 하나님의 생기에 의해서 창조된 존재라는 점을 숙고해 볼 때, 예수를 '성령으로 잉태된 분' 으로 고백하는 것은 결코 잘못된 인식이 아니며, '동정녀 마리라' 에게 태어났다는 고백도 결코 믿지 못할 것이 아니다. 왜냐하면 최초 아담이 '흙' 이라는 질료를 입었듯이, 예수도 여인의 몸을 통하여 '육체' 라는 질료를 입고 '사람의 아들' , 곧 '마리아의 아들' 로 태어난 것뿐이다. 따라서 마리아를 '동정녀' 로 고백하건, 아니면 '젊은 여자' 로 고백하건, 그것은 그렇게 중요한 문제가 아니다. 중요한 것은, 예수가 '마리아' 몸에서 잉태될 때, 최초 인간 아담이 하나님의 생기에 의해서 생령이 된 것처럼, 여인의 몸육신, 흙에 성령에 의해서 잉태되었다는 사실이 더 중요한 것이다. 그리고 한 걸음 더 나아가 기독교가 관심을 가지는 것은 '영생' , 곧 '영적 생명geistliches Leben' 이지, 생물학적 생명이 아니라는 것이다.

둘째, 성경은 예수를 그리스도로 고백하는 그리스도인도 성령에 의해서 태어난 존재임을 증언하고 있다: "하나님의 영으로 말하는 자는 누구든지 예수를 저주할 자라 하지 않고, 또 성령으로 아니하고는 누구든지 예수를 주=하나님시라 할 수 없느니라"(고전 12:3). 이 말은 우리가, 성령으로 말미암아 예수를 '주님' 으로 고백하는 그리스도인이 되었다는 것이다. 그래서 예수께서도 베드로에게 "너희는 나를 누구라 하느냐?" 고 물으셨을 때, "주는 그리스도시며, 살아 계신 하나님의 아들이십니다"(마 16:16)라고 고백하였을 때, "예수께서 대답하여 가라사대, 바요나 시몬아 네가 복이 있도다. 이를 네게 알게 한 이는 혈육이 아니요, 하늘에 계신 내 아버지이시니라"(마 16:17)고 명백히 확언하셨던 것이다. 이 말은 우

---

12) 비교. 창 1:20-21: "하나님이 가라사대, 뭍들은 생물로 번성케 하라. 땅위 하늘의 궁창에는 새가 날으라 하시고, 하나님이 큰 물고기와 뭍에서 번성하여 움직이는 모든 생물을 그 종류대로, 날개있는 모든 생물을 그 종류대로 창조하시니, 하나님이 보시기에 좋았더라"; 1:25: "하나님이 땅의 짐승을 그 종류대로, 육축을 그 종류대로, 땅에 기는 모든 것을 그 종류대로 만드시니, 하나님의 보시기에 좋았더라."

리가 예수를 '주, 하나님의 아들, 그리스도' 로 고백하고 그리스도인이 되는 것은, 우리들의 이성적 능력에 의한 것이 아니라는 것이다. 다시 말해서 그리스도인으로 새로 태어나는 것은 성령에 의한 것이다. 그래서 성경은 그리스도인을 하나님의 자녀, 곧 성령으로 거듭난 자라고 증언하고 있는 것이다.[13] 이러한 사실을 고려해 볼 때, 예수가 성령으로 잉태되었다는 증언은 자명한 역사적 사실로 인정할 수 있을 것이다: "주의 사자가 현몽하여 가로되, 다윗의 자손 요셉아 네 아내 마리아 데려오기를 무서워 말라. 저에게 잉태된 자는 성령으로 된 것이라"(마 1:20, 비교 눅 1:35).[14]

셋째, 예수는 최초 인간 아담이나 그리스도인처럼 단지 성령에 의해서 잉태된 것뿐만 아니라, 그의 모든 생애 동안 성령의 인도함을 받고, 성령이 그에게 임하였으며, 성령이 항상 그와 함께 있었다. 다시 말하면 예수는 성령으로 잉태되어 태어나시고, 그리고 세례를 받으실 때, 성령이 그에게 임臨하신다: "물에서 올라오실 때 하늘이 갈라짐과 성령이 비둘기 같이 자기에게 내려오심을 보시더니"(막 1:10). 그리고 성령은 예수를 또한 광야로 인도하신다: "그때에 예수께서 성령에게 이끌리어 마귀에게 시험을 받으러 광야로 가사 …"(마 4:1; 막 1:12). 뿐만 아니라 예수님은 이사야 61장 1절을 인용하여 하나님의 성령이 자신에게 임하였다고 고백한다: "주의 성령이 내게 임하였으니 …"(눅 4:18). 그래서 예수님은 성령의 능력을 힘입어 많은 기적을 행하신다. 그리고 부활하신 예수님은 자신의

---

13) 여기서 우리는 분명히 참 그리스도인과 교인을 구별할 줄 알아야 한다. 참 그리스도인은 예수께서 유대인의 관원 니고데모에게 말씀하신 것처럼, '물과 성령' 으로 거듭난 사람, 곧 '물' 로 죄 씻음을 하고, 성령에 의해서 거듭 태어난 사람들 뜻하고, 교인은 단순히 교회라는 조직에 가담하여 형식적인 신앙생활을 하는 사람을 뜻한다. 따라서 오늘날 '교인' 은 많으나, '참 그리스도인' 은 적다.

14) 눅 1:35: "천사가 대답하여 가로되, 성령이 네게 임하시고, 지극히 높으신 이의 능력이 너를 덮으시리니, 이러므로 나실 바 거룩한 자는 하나님의 아들이라 일컬으리라."

성령을 제자들에게 전승해 주신다: "나도 너희를 보내노라, 가라사대 성령을 받으라"(요 20:21). 이와 같이 예수는 그의 잉태에서 시작하여 세례, 마귀에게 시험, 공생애, 부활에 이르기까지 전 생애 동안 성령의 충만함 가운데 생활했다. 그러므로 우리가 예수를 '성령으로 잉태하사, 동정녀 마리아에게 나신' 분으로 고백하는 것은, 예수도 아담과 그리스도인처럼 성령으로 태어난 참 사람*vere homo*임을 믿는 것 이외에 별다른 것이 아니다. 그리고 예수의 성령 잉태를 신화적으로 해석하지 않을 때, 예수의 십자가의 죽음이 우리를 위한 참된 구원의 사건이 될 수 있다. 왜냐하면 예수를 하나님의 성령이 단지 육체라는 가면을 쓰고 나타난 것으로 이해하면, 오히려 그것이 바로 성령의 증언이 아니라, 거짓된 영에 의한 증언, 곧 가현설假顯說, Doketismus에 상응하기 때문이다: "하나님의 영은 이것으로 알지니, 곧 예수 그리스도께서 육신으로 오신 것을 시인하는 영마다. 하나님께 속한 것이요, 예수를 시인하지 않는 영마다. 하나님께 속한 것이 아니니, 이것이, 곧 적敵 그리스도의 영이니라"(요일 4:3a).

4) 나는, 예수의 죽음과 부활과 승천 그리고 재림을 믿는다

"본디오 빌라도에게 고난을 받으사, 십자가에 못 박혀 죽으시고, 장사하여, 음부에 내리신지 삼 일만에 죽은 자 가운데서, 다시 살아나시며, 하늘에 오르사 전능하신 하나님 아버지 우편에 앉아 계시다가, 저리로서 산 자와 죽은 자를 심판하러 오시리라."

(1) 화육Inkarnation은 승천의 전제이며, 승천Himmelfahrt은 화육의 결과이다.

어떠한 명제가 참으로 판정되기 위해서는, 그 명제의 역도 참眞으로 판단되어야 한다. 더 자세히 말하면, 예수 그리스도가 하나님께서 나사렛 예수 안에서 육신을 입고 이 세상에 오신 것이라면, 예수그리스도는 십자가 위에서의 죽음을 통하여 다시금 하나님의 영원한 세계로 되돌아 가야 한다. 그리고 역으로 말해서, 예수의 하늘로의 승천이 진리라면, 하나님께서 나사렛 예수 안에서 인간이 되신 것 역시 참이요, 진리가 되어야 한다. 그러므로 하나님 아들이신 예수 그리스도의 고난과 죽음 그리고 그의 부활과 승천을 고백하는 사도신경의 두 번째 고백은 사실상 선재先在한 하나님 아들의 수직적 혹은 공간적 상하운동, 다른 말로 말하면, 그분의 낮아지신 위상과 높아지심 위상*status exinanitionis et status exaltationis*에 대한 고백이라고 볼 수 있다. 이러한 의미에서 비록 네 복음서 중에서 누가복음 전승 이외에 다른 아무 곳에서도 예수의 승천을 독립적으로 증언하고 있는 곳은 없다고 할지라도, 예수의 선재Präexistenz에 대한 기술은 그의 승천을 반증해 주는 것이라고 볼 수 있다. 왜냐하면 복음서의 여러 곳에 하나님의 영원한 아들 예수 그리스도의 선재가 기술되어 있기 때문이다(갈 4:4; 롬 8:3).[15]

우선 요한복음은 예수의 선재를 다음과 같이 증언하고 있다: "태초에 말씀이 계시니라. 이 말씀이 하나님과 함께 계셨으니, 이 말씀은 곧 하나님이시니라"(요 1:1); "말씀이 육신이 되어 우리 가운데 거하시매, 우리가 그 영광을 보니, 아버지의 독생자의 영광이요, 은혜와 진리가 충만하더라"(요 1:14). 이를 확언해 주듯이 예수 그리스도 자신도 자신의 선재에 대

15) 하나님 아들의 선재에 대한 것은 이미 바울 신학의 전제가 되어 있었다. 이러한 선재 사상을 가지고 바울은 예수의 지상적 삶, 곧 그의 죽음과 부활과 하나님 우편으로의 승천을 하나님의 낮아지심과 높아지심으로 생각하게 되었다. 이러한 낮아지심과 높아지심의 기독론적 구조는 바울 이전 헬레니즘 공동체에서 믿어지고 있었다. 그 예를 우리는 빌립보서 2:6-11에서 찾아볼 수 있다.

16) 예수 그리스도의 선재에 대하여: *O. Cullmann*, Der johanneische Gebrauch doppeldeutiger Ausdrücke als Schlüssel zum Verständnis des 4. Evg. (1948) wieder abgedr. in: *ders.*, Vorträge und Aufsätze(1925-1962), 1966, 176ff. - *H. Leroy*, Das johanneische Mißverstä-ndnis als literarische Form, in: BiLe 9, 1968, 196ff.

하여 증언하고 있다: “예수께서 가라사대 진실로 진실로 너희에게 이르노니, 아브라함이 나기 전부터 내가 있느니라”(요 8:58).[16] 이러한 증언과 예수의 부활을 목격한 사람들의 증언을 종합해 볼 때, 그의 선재를 사변적 혹은 종교적 증언이라고 결코 간단히 일축해 버릴 수 없을 것이다. 왜냐하면 예수에게는 이미 신적 능력으로 가난한 자, 병든 자, 억압받는 자, 죄인들과 함께 계시면서 그들을 질병과 귀신들림으로부터 구원해 준 역사적 삶이 있었기 때문이다. 따라서 예수를 바알세불이라는 귀신에 사로잡혔다고 비난하는 것은 역으로 그의 신적 능력을 증언해 주는 것이며, 그의 존재를 마귀가 먼저 알아보았다는 것도 그의 신성을 입증해 주는 것이다.

그리고 한 걸음 더 나아가, 성경은 하나님 아들 예수 그리스도의 선재뿐만 아니라, 그의 역사적 인간으로의 화육化肉에 대하여 증언하고 있다:

> “그=예수는 근본 하나님의 본체이시나 하나님과 동등同等됨을 취할 것으로 여기지 아니하시고, 오히려 자기를 비어 종의 형체를 가져 사람들과 같이 되었고, 사람의 모양으로 나타나셨으매, 자기를 낮추시고 죽기까지 순종하셨으니, 곧 십자가에 죽으심이라”(빌 2:6-8).[18]

이렇듯 예수의 선재와 그의 역사적 사역의 연관성은 결코 인간의 사변적 사고가 아니라, 예수의 전 생애에 속하는 것이다. 즉 예수의 삶과 죽음은 그의 선재와 무관하지 않다. 그의 삶과 죽음이 그의 선재와 무관하지 않다면, 그의 삶과 죽음 또한 그의 ‘하늘로 올리심’과도 무관하지 않다. 왜

---

18) 이 성구에 대한 주석에 관하여: *E. Käsemann*, Kritische Analyse von Phil. 2,5-11, ZThK 47(1950), 313ff(= Exegetische Versuche und Besinnungen I, 1960, 51-95) - *G. Bornkamm*, Zum Verständnis des Christushymnus Phil 2,6-11(= Studien zu Antiken und Urchristentum, 1959, 177-187).

냐하면 예수의 삶의 근원은 이 지상에 있는 것이 아니라, 그의 선재, 곧 하나님과 동등한 위位, *status dei*에 있었기 때문이다. 바꾸어 말하면 그의 낮아짐Kenosis의 목적은 단지 이 세상에서 삶을 영위하는데 있는 것이 아니라, 오히려 높아짐에 있다(빌 2:9-11). 그래서 반 오이엔Van Oyen은 예수의 선재뿐만 아니라, 그의 부활과 승천은 종말론적 사건으로서 통전적inbegrifflich으로 연관시켜 생각해야 한다고 강조한다.[19] 바로 이러한 연관성 속에서 빌립보서 기자는 예수의 선재와 그의 낮아짐에 관한 기술에 곧 이어서 그의 높아짐에 대하여 기술하고 있다:

> "이러므로 하나님이 그를 지극히 높여 모든 이름 위에 뛰어난 이름을 주사 하늘에 있는 자들과 땅에 있는 자들과 땅 아래 있는 자들로 모든 무릎을 예수의 이름에 꿇게 하시고 모든 입으로 예수 그리스도를 주라 시인하여 하나님 아버지께 영광을 돌리게 하셨느니라"(빌 2:9-11).

이 말씀의 증언에 의하면, 예수가 십자가에 죽어서 음부(죽은 자들의 세계)에 머물러 있지 않고 부활하였다면, 그는 필연적으로 종의 형체를 갖기 이전으로 되돌아가는 것은 당연한 이치이다. 이러한 논리에 의하면 예수의 승천은 그의 화육에 상응하는 결과적이고 필연적인 사건이라고 볼 수 있다. 즉 하나님과 동등한 분, 곧 예수의 화육이 참이 되기 위해서는, 예수의 승천, 곧 '하늘로 승천'도 참이 되어야 한다. 바꾸어 말해서 예수가 승천하지 않았다는 것이 참이면, 예수가 이 땅에 오시지 않았다는 것도 참이어야 한다. 따라서 예수의 승천은 예수의 화육의 필연적인 결과이고, 예수

---

19) *Hendrik van Oyen*, Theologische Erkenntnislehre, Zürich 1955, 152.: "예수의 인격과 운명은 그의 세계 내에 있는 사건과 관련해서 의미를 가지는 것이 아니라, 하나님께서 인간에게 행하시는 행위가 '때가 찼을 때', 곧 하나님의 종말론적 행위로 나타난 것에서 그 의미를 갖는다."

의 인간 되심은 예수 승천의 필연적인 전제라고 볼 수 있다. 그래서 이점을 종합하여 에베소서 4장 9절 이하는 다음과 같이 증언하고 있다:

> "그런데 '그가 올라가셨다' 는 것은, 그분이 땅의 낮은 곳으로 내려오셨다는 것이 아니고 무엇이겠습니까? '내려오셨던' 그분이 ···· 하늘의 가장 높은 데로 올라가신 바로 그분이십니다"(엡 4:9f.).[20]

그런데 이러한 예수의 강림과 그의 승천을 연결시켜 주는 것은 바로 예수가 역사적 실존 인물이라는 사실이다. 예수 그리스도가 역사적 실존 인물이라는 사실을 부인할 수 없다면, 예수의 승천과 육신이 되심은 상호 상대 사실을 논증해 주고 있는 상호종속 관계에 있는 것이다. 따라서 예수의 생애의 양극兩極, 곧 예수의 선재와 예수의 승천의 사이에는 하나님의 아들이신 예수의 역사적 삶, 곧 그의 하나님 나라 선포와 십자가의 죽음이 있다. 그러므로 나사렛 예수가 역사적 인물이었다면, 그리고 그의 십자가의 죽음이 부인할 수 없는 역사적 사건이었다면, 그의 역사적 삶을 중간 고리로 하는 그의 선재와 인간 되심 그리고 그의 부활과 승천은 예수 생애의 수미일관首尾一觀한 역사적 사건이 명백하다. 한 마디로 말해서 예수의 승천은 하나님의 인간 되심의 전제 및 반증이며, 동시에 그의 부활의 결과적 증언 이외에 다른 것이 아니다(엡 4:9-10). 바꾸어 말하면, 하나님이 나사렛 예수 안에서 인간이 되셨다는 객관적 증거는, 예수가 승천하여 하나님의 우편에 앉으셨다는 것이다. 이러한 근거에서 전통적으로 교회는 예수의 낮아지심과 높아지심의 위位, *status exinanitionis, status exaltationis*를 한 분 하나님 아들 예수의 위로 이해하였다.

---

20) 다른 고대 사본에는 '먼저 내려오셨다는 것이' 로 되어 있음

(2) 승천과 다시 오심재림의 시-공간적 중간 영역으로서의 '하나님의 우편'

예수님께서 '하나님의 우편'에 앉아 계시는 기간은 '다시 오실 때, 곧 재림再臨 때'까지이다. 이점에 대하여 성경이 동일하게 한 가지로 증언하고 있다: "오직 그리스도는 죄를 위하여 영원한 제사를 드리시고, 하나님의 우편에 앉으사 그 후에 자기 원수들로 자기 발등 상이 되게 하실 때까지 기다리시나니"(히 10:12-13). 그러나 교회의 시간은, '아직은noch nicht' 화해가 이 지상에서 종말론적으로 완성되지 않은 시간이다. 교회는 화해가 이 땅에서 완성되어 가는 과정 속에 있다. 그래서 바르트에 의하면, 교회의 질서는 '차선의 하나님 질서'이다. 왜냐하면 아직도 최종적으로 멸망 받아야 할 사망이 인간에게 현실적으로 남아 있기 때문이다: "저가 모든 원수를 그 발아래 둘 때까지 불가불 왕 노릇하시리니, 맨 나중에 멸망 받을 원수는 사망이니라"(고전 15:25-26). 다시 말해서 예수님께서 승천하여 '하나님의 우편에 앉으심'은, 시간적 차원에서 볼 때, 예수의 승천과 다시 오심의 시-공간적 중간 시간이라고 해석할 수 있을 것이다. 그러나 다른 차원에서 보면 위기의 시간이다. 곧 영원과 역사와의 만남, 도래할 구원과 심판을 결정해야 하는 실존적인 위기의 시간, '이미'와 '아직은 아니'라는 긴장 속에 있는 시간, 이 시간이 교회의 시간이다. 그러나 이렇게 계시의 시간에 그 기원을 두고 있는 교회의 시간은 동시에 은혜의 시간이다. 왜냐하면 이 시간 동안 하나님은 우리에게 회개할 시간을 주시며, 임박한 하나님의 나라를 예비하게 하시기 때문이다. 이 시간에 직접 육신을 입고 이 땅에 이미 오신 그리스도와 그리고 다시 오실 예수 그리스도가 우리들의 마음의 문을 두드리고 계시기 때문이다: "볼지어다 내가 문밖에 서서 두드리노니, 누구든지 내 음성을 듣고 문을 열면, 내가 그에게로 들어가 그와 더불어 먹고, 그는 나와 더불어 먹으리라. 이기는 그에게는 내가 내 보좌에 함께 앉게 하여 주기를 내가 이기고 아버지 보좌에 함께 앉은 것과 같이 하리라"(계 3:20-21). 그러한 의미에서 예수의 승천은 이러한 중간 시간의 시작이라고 볼 수 있다. 그렇다면 이러한 중간 시간의 영역은 어떠한 영역인가?

'하나님의 우편'은, 유대교-카발리스 전통에 의하면, 하나님이 거하는 마콤Makom, 즉 무한하고 하나님께서 직접 통치하시는 장소이다. 따라서 그곳은 다른 피조물이 접근할 수 없는 절대공간이며, 동시에 역사적 시간과 공간을 초월하는 곳이다. 그 곳은 동시에 시편 139편 7-8절이 증언하는 바와 같이 자연 속에 하나님이 임재臨在하시는 모든 곳을 의미한다: '내가 주의 신을 떠나 어디로 가며, 주의 앞에서 어디로 피하리이까? 내가 하늘에 올라가도 거기 계시며, 음부에 내 자리를 펼지라도 거기 계시니이다.' 따라서 '하나님의 우편'은 이 지상의 하늘뿐만 아니라, 별들의 하늘까지 포함하여 신적 능력이 일어날 수 있는 모든 영역을 가리킨다. 그렇다고 해서 범신론적 의미의 공간을 의미하는 것이 아니다. '하나님의 우편'은 예수의 지상적인 몸인 교회를 다스리는 천상적인 머리이다. 즉 하나님이 함께 계시는 곳이며, 우리를 도와 주고 우리를 위로해 주시는 성령의 영역이며, 천사들에게 사역의 명령을 내리는 발원지이다: "모든 천사들은 부리는 영으로서 구원 얻을 후사들을 위하여 섬기라고 보내심이 아니뇨"(히 1:14). 이러한 의미에 상응하게 요한 게르하르트J. Gerhard도 하나님께서 지상에 모으신 교회를 '은혜의 하늘*coelum gratiae*'로, 그리고 역사 종말에 이루어질 구원받은 자들이 거할 영원한 장소를 '영광의 하늘*coelum gloriae*'이라고 불렀다. 그리고 그는 예수 그리스도께서 화해 사역을 행하신 이 지상의 영역을 '자연의 하늘*coelum naturae*'로 구분하였다.[21] 이러한 구분에 의하면 '하나님의 우편' 은 '은혜의 하늘' 이라고 이해할 수 있다. 다시 말하면 '하나님의 우편' 은, 세상 창조 이전에 선재하셔서 창조주 하나님과 함께 창조의 사역에 참여하신 하나님의 아들 예수 그리스도가 부활 승천하여 현재 통치하고 있는 곳으로서, 교회론적으로 말하면 '교회의 머리' 를 가리킨다. 왜냐하면 예수님의 '창조의 중보자中保者 직분職分' 은 '구원의 중보자 직분' 에 상응하기 때문이다. 결과적으로 '하나님의 우편' 은, 예수의 화해 사역의 연장선상에서 보면, 화해 사역의 완성을 위한 역사적 · 지상적 교회와 영원한 하나님 나라 사이에 있는 중간영역이라고 해석할 수 있다. 바꾸어 말하면 '하나님의 우편' 은 예수의 화해 사역을 완성하기 위한 시-공간적으로 은폐된 장소, 곧 보이지 않는 영역이라고 할 수 있다. 그렇다면 심판은 무엇인가?

(3) 심판이 없으면, 구원도 없다: '저리로서 산 자와 죽은 자를 심판하러 오시리라'

사도신경은 아주 분명하게 예수의 승천을 고백하고 있는 동시에 또한 예수의 재림을 고백하고 있다. 초대교회 교우들의 예수 그리스도의 재림을 고대하고 있었다는 것은, 역으로 말하면, 예수의 승천을 증언하고 있는 것이다. 이러한 점에서 앞에서도 기술한 바와 같이, 예수의 승천은 한편으로는 예수의 화육을 그리고 다른 한편으로는 예수의 재림을 증언하고 있는 것이다. 그래서 사도 바울은 데살로니가 교회 교우들의 신앙을 다음과 같이 요약하고 있다: "또 죽은 자들 가운데서 다시 살리신 그의 아들이 하

---

21) *J. Gerhard*, Loci theol. ibid, XXXI, tract § 9: *"Coelum spirituale est vel gratiae quod eccelesiae in terris militanti vel gloriae, quod vel Deo Creatori, vel creaturis, beatis scil. angelis et hominibus, puta eccelsiae in coeli triumphanti tribuitur"*

늘로부터 강림하심을 기다린다고 말하니, 이는 장래 노하심에서 우리를 건지시는 예수시니라"(살전 1:10; 4:16; 살후 1:10; 비교. 행 1:11). 이러한 사실은, 비록 복음서 기자들이 예수의 승천에 대하여 아주 간단하게 보고하고 있다고 할지라도, 초대교회에서는 예수의 승천을 기정사실로 믿고 있었을 뿐만 아니라, 그가 하늘로부터의 강림하실 것을 기다리고 있었다는 것을 암시해 준다(살전 4:16).[22] 그렇다면 왜 예수는 재림하시는가?

사도신경은 예수의 재림 목적을 이 세상에 대한 심판으로 고백하고 있다: '저리로서 산 자와 죽은 자를 심판하러 오시리라.' 왜냐하면 사도 바울은 "우리가 다 하나님의 심판대 앞에 서리라"(롬 14:10)고 증언하고 있기 때문이다. 그런데 심판이란, 객관적 기준에 의해서 평가하는 것을 의미한다. 그렇다면 무엇을 어떠한 기준에 의해서 판단한다는 것인가? 심판의 객관적 기준은 예수 그리스도의 말씀이다: "나=예수 그리스도를 저버리고, 내 말을 받지 아니하는 자를 심판할 이가 있으니, 곧 내가 한 그 말이 마지막 날에 그를 심판하리라"(요 12:48). 그렇다면 무엇을 심판하는가? 예수 그리스도께서 심판하실 것은 모든 인간들의 삶이다. 즉 "우리가 다 반드시 그리스도 심판대 앞에 나타나게 되어 각각 선악간에 그 몸으로 행한 것을 따라"(고후 5:10) 심판을 받게 될 것이다. 더 자세히 말하면 "선한 일을 행한 자는 생명의 부활로, 악한 일을 행한 자는 심판의 부활로"(요 5:29; 마 25:31-46) 심판을 받게 될 것이다. 그리고 이 심판은 최후의 심판이 될 것이다. 즉 "그들(=지극히 작은 자에게 하지 않은 자)은 영벌에, 의인은 영생에"(마 25:46) 들어가게 될 것이다. 바로 이와 같은 내용이 "저리로서 산 자와 죽은 자를 심판하러 오시리라"(딤후 4:1 참조)[23]는 신앙고백

---

22) 살전 4:16: "주께서 호령과 천사장의 소리와 하나님의 나팔 소리와 함께, 친히 하늘로부터 내려오실 것이니."

속에 담겨져 있는 것이다.

만일 앞에서 기술한 바와 같은 최후 심판이 없다면, 예수 그리스도께서 십자가의 죽음과 부활을 통하여 베풀어주신 구원 사역은 아무런 의미를 갖지 못한다. 그러므로 심판을 부인하는 것은 예수 그리스도의 구원 사역을 부인하는 것이나 다름없다. 예수 그리스도의 구원 사역을 인정하는 것은 동시에 그가 심판자가 되실 수 있음을 인정하는 것이다. 왜냐하면 예수 그리스도가 모든 인간을 대신하여 하나님의 심판을 이미 받았기 때문이다. 그러므로 심판권은 하나님에게서 예수 그리스도에게로 넘어간 것이다. 그래서 예수님은 하나님 "아버지께서 아무도 심판하지 아니하시고, 심판을 다 아들에게 맡기셨으니"(요 5:22)라고 증언하고 계신 것이다. 그리고 예수님은 자신이 심판자가 되실 수 있었던 근거를, 자신이 "인자 됨으로 심판하는 권한을 (하나님 아버지께서) 주셨느니라"(요 5:27)고 설명하고 계시다. 그래서 베드로도 고넬료의 집에서 "우리=베드로를 포함한 제자들에게 명하사 백성에게 전도하되, 하나님이 살아 있는 자와 죽은 자의 재판장으로 정하신 자가 곧 이 사람=예수 그리스도인 것을 증언하게 하셨다"(행 10:42)고 증언하고 있다. 그래서 예수님은 스스로 "하늘과 땅의 모든 권세를 내게 주셨다"(마 28:18)고 증언하고 계신 것이다. 이러한 맥락에서 사도신경은, 예수 그리스도의 구원 사역, 곧 '본디오 빌라도에게 고난을 받으사, 십자가에 못 박혀 죽으시고, 장사하여, 음부에 내리신지 삼 일만에 죽은 자 가운데서, 다시 살아나시며, 하늘에 오르사 전능하신 하나님 아버지 우편에 앉아 계시다가' 라고 고백한 다음에 '저리로서 산 자와 죽은 자를 심판하러 오시리라' 는 심판 사역을 하나로 묶어서 고백하고 있는

---

23) 딤후 4:1 : "하나님 앞과 살아 있는 자와 죽은 자를 심판하실 그리스도 예수 앞에서 그가 나타나실 것과 그의 나라를 두고 엄히 명하노니."

것이다. 그렇다, 예수의 구원 사역이 없었다면, 그의 심판 사역도 없을 것이다. 그러나 그가 심판자가 되신다는 것은, 그가 우리의 죄를 구속하신 분이라는 것을 고백하는 것이다. 이러한 의미에서 최후의 심판은 이미 예수 그리스도의 사역에서 계시된 것이다.

4. 세 번째 고백: 보혜사 성령 하나님을 믿습니다

성령을 믿사오며,
거룩한 공회와 성도가 교통하는 것과
죄를 사하여 주시는 것과
몸이 다시 사는 것과,
영원히 사는 것을 믿사옵나이다. 아멘

사도신경의 세 번째 고백은 보혜사 성령 하나님에 대한 고백이다. 즉 성령을 믿되, 예수 그리스도를 하나님의 아들이요, 주님으로 믿는 신앙 공동체인 교회를 창설하시고, 그 공동체 구성원간의 사귐과 교제를 가능하게 하고, 사람들로 하여금 자기 죄를 깨달아 회개하게 함으로써 죄 용서를 받도록 하고, 죽은 자들을 다시 살리는 성령의 보혜사적 사역을 믿는다는 것이다. 이러한 의미에서 사도신경의 세 번째 고백은 사실상은 현재 역사 속에서 살아서 우리에게 구체적으로 구원의 은총을 베풀고 계시는 하나님에 대한 고백이다. 왜냐하면 성령은, 하나님 아들의 화해 사역을 단지 대리적으로 완성시키는 자가 아니라, 창조 때부터 성부 하나님과 함께 계신 영, 곧 하나님 자신이기 때문이다: "하나님의 신혹은 영은 수면에 운행하시니라"(창 1:2). 그러므로 세 번째 고백은 ① 교회의 창설자이며, 신앙공동체 안에 계신 말씀의 영, ② 하나님과 성도, 성도와 성도간의 분리를 극복하고 하나되게 하는 사랑과 화해의 영, ③ 죽은 자를 다시 살려서 영생하게 하는 새 창조와 부활의 영, 그러므로 ④ 고난에서 구원해 주는 메시아적 보혜사의 영을 믿는 것이 사도신경의 세 번째 고백 내용이다.

그러므로 성령 하나님에 대한 고백은 결국, 삼위일체 하나님의 구원사적 연장선상에서 볼 때, 승천하여 하나님 우편에 앉아 계셔서 교회의 머리가 되신 예수 그리스도가 요엘Joel 선지자의 예언대로(욜 2:29ff), 오순절 마가의 다락방에 임하셔서 교회를 창설하신 것에 대한 고백이기 때문이다. 그리고 자신의 죽음을 통하여 인간과 하나님과의 화해를 이루신 예수 그리스도는 역사적 현실 속에서 남자와 여자, 늙은 이와 젊은이, 가진 자와 없는 자의 갈등과 분리를 극복한 사랑의 영, 곧 예수 그리스도로부터 보냄을 받은 성령이시기 때문이다(요 14:16-18). 그리고 죽은 자 가운데서 삼일만에 부활하신 예수 그리스도는, 다시 태어나게 하는 영(요 3:3) 곧 새로운 피조물의 영이신 그리스도의 영이기 때문이다(고후 5:17). 이러한 근거에서 볼 때, 성령 하나님에 대한 고백은 예수 그리스도의 구원 사역이 역사 속에서 현실화 될 것을 다시 한번 고백하는 것과 같다고 볼 수 있다.

1) 교회의 창설자이며, 신앙공동체 안에 임재하시는 말씀의 영

구약성경은 '야웨의 루아하ruah' 에 대하여 아주 다양하게 말하고 있다. 오늘날 우리가 이해하고 있는 성령의 개념은 상당히 후기 문헌에 나타나지만(시 51:13; 사 63:10이하), 초기 랍비 문서에 의하면 '하나님의 신,

곧 영'은 성전Tempel의 영이라는 의미를 가지고 있다.[24] 이것은 성령이 단지 하나님에 대한 다른 명칭 내지 하나님의 속성이 아니라, 하나님 자신을 계시하는 계시 그 자체라는 것을 의미한다.[25] 따라서 하나님의 영은 하나님의 은사Karisma를 뜻하는 것이 아니라, 오히려 하나님 자신을 뜻한다. 다시 말해서 하나님 영의 부어주심은, 하나님이 역사적 시-공간 속에 있는 피조물들의 특수한 자리로 낮아져서 인간과 함께 거하시는 것, 곧 '하나님의 처소 혹은 거처schechina'를 취하심을 뜻한다(비교. 레 26:12; 출 29:45; 겔 37:27; 빌 2:5ff. 고후 6:16).[26] 다시 말해서 하나님은 그의 백성 가운데 계시며, 하나님의 영은 유리 방황하는 이스라엘 백성들과 동행하시며 처소를 함께 하신다. 그래서 '하나님의 처소'는 두세 사람이 모여서 기도하는 곳이고(마 18:20 비교; 사 56:7; 고전 5:3),[27] 고난 당하는 자들과 병든 자들이 있는 곳이다(사 57:15).[28] 하나님은 이스라엘 백성들이 유배당하고 광야에 유리할 때, 당신의 영으로 그들과 함께 계시고, 그들 가운데 거하셨다. 이러한 의미에서 하나님의 백성, 혹은 성도들의 모이는 곳이 바로 하나님 영의 '처소 혹은 거처'이다.[29] 그리고 심지어는 두 세

---

24) *P. Schäfer*, Die Vorstellung vom Heiligen Geist in der rabbinischen Literratur, München 1972.

25) 참고. *B. Janowski*, "Ich will in Eurer Mitte wohnen". Struktur und Genese der exilischen Schechina - Theologie, in: JBTh 2, Neukirchen-Vluyn 1987, 165-193.

26) 레 26:12 : "내가 너희 중에 행하며, 너희의 하나님이 되고, 너희는 내 백성이 되리라"; 출 29:45 : "내가 이스라엘 자손 중에 거하여 그들의 하나님이 되리니"; 겔 37:27-28 : "내 처소가 그들 가운데 있을 것이며, 나는 그들의 하나님이 되고, 그들은 내 백성이 되리라."

27) 마 18:20 : "두세 사람이 내 이름으로 모이는 곳에는 나도 그들 중에 있느니라"; 사 56:7 : "내가 곧 그들을 나의 성산으로 인도하여, 기도하는 내 집에서 그들의 번제와 희생을 나의 제단에서 기꺼이 받게 되리니, 이는 내 집은 만민의 기도하는 집이라."

28) 사 57:15 : "지극히 존귀하며 영원히 거하시며 거룩하다 이름하는 이가 이와 같이 말씀하시되, 내가 높고 거룩한 곳에 있으며, 또한 통회하고 마음이 겸손한 자와 함께 있나니, 이는 겸손한 자의 영을 소생시키며, 통회하는 자의 마음을 소생시키려 함이라."

사람이 모여서 토라Torah를 읽을 때에도 영이신 "하나님의 처소"가 그들 가운데 있다.[30]

거룩한 영이신 하나님의 '처소'가 이스라엘 백성 가운데, 혹은 성도들이 모이는 곳이라는 것은, 이스라엘 하나님께서 단지 이스라엘 백성의 '왕'만이 아니라, '이스라엘을 돌보시며, 섬기시는 분'이라는 것을 뜻한다.[31] 그래서 야웨 하나님은 광야의 노정에서 항상 이스라엘 백성 앞에서 구름기둥과 불기둥횃불으로 앞서 가셨다(출 13:21; 14:19; 26:32; 22:22; 민 12:5; 14:14; 신 31:15).[32] 그리고 계속해서 이스라엘 백성들을 돌보신다. 여기서 우리는 신약에서 증언하는 보혜사Parakretos 성령의 역할을 엿보게 된다. 야웨 하나님은 이스라엘의 죄를 감당하시고, 그들을 위해서 자기 자신을 내어주신다. 이점을 이사야 선지자는, 여호와께서는 "그들=이스라엘 백성의 모든 환난에 동참하사 … 그들을 구원하시며, 그의 사랑과 그의 자비로 그들을 구원하시고, 옛적 모든 날에 그들을 들어 안아주셨다"(사 63:9)고 고백한다. 이렇듯 자기 백성을 구원하시기 위하여 하나님께서 구체적인 장소에 임하시는 것은, 하나님께서 자신을 이스라엘 백성과 동일화시키는 데서 더욱 분명히 드러난다. 야웨 하나님은 이스라엘을 공격하는 자를, 자기의 영광에 대하여 대항하는 자로 간주한다: "그들=이스라엘의 모든 고난 속에서 그=야웨가 고난 당하였다"(사 63:8이하); "나는 환난 중에 그와 함께 있다."(시 91:15) 그렇다! 하나님께서 이스라엘 백성

---

29) *P. Kuhn*, Gottes Selbsterniedrigung in der Theologie der Rabbinen, München 1968, 89.

30) *G. Scholem*, Von der mystischen Gestalt der Gottheit, Frankfurt 1973, 135ff.

31) *Kuhn*, 23ff.

32) 출 13:21: "여호와께서 그들 앞에서 가시며, 낮에는 구름 기둥으로 그들의 길을 인도하시고, 밤에는 불기둥을 그들에게 비추사 낮이나 밤이나 진행하게 하시니"; 신 31:15 : "여호와께서 구름 기둥 가운데에서 장막에 나타나시고, 구름 기둥은 장막 문 위에 머물러 있더라."

과 함께 고난 당하신다는 것은[33], 구원의 탈출구가 없는 막다른 골목에 서 있는 이스라엘 백성들에게는 더 없이 큰 희망이며 구원이었다.

그래서 시편 23편 4절 이하는 '어두운 골짜기, 곧 죽음의 골짜기'를 동행하시는 하나님의 '임재' 혹은 '동행하심'을 언급하고 있다.[34] 이와 같이 하나님의 '임재'는 성령의 인격성을 명백히 나타내면서 동시에 성령의 사역이 메시아적 사역임을 천명해 준다. 이러한 의미에서 성령은 하나님 자신이 역사 속에서 활동하시는 하나님 현존이다. 성령은 고난 당하는 피조물들 가운데 친히 '임재'하셔서, 그들 가운데 거하시고, 그들에게 생명력을 불어 넣어주시고, 그들을 구원하시는 구원자 하나님 자신이다. 따라서 하나님의 '처소' 혹은 '거처'는 높고 높은 보좌에 계신 하나님의 낮아지심, 곧 '성령의 낮아지심kenosis' 그 자체이다.[35] 구약성경에 나타나신 하나님 계시 양식의 변형에 의하면, 스스로 존재하는 하나님(출 3:14)은 고난 당하는 피조물들 가운데 함께 계셔서, 그들과 동행하시는 하나님 그 자신이다.[36] 이러한 의미에서 성령은 또한 우리를 구원하신 예수 그리스도, 곧 메시아의 영이시기도 하다.

---

33) 미드라슈는 하나님의 함께 고난당하심을 다음과 같이 기술하고 있다: "너희들이 나의 고향을 떠난 것을 내가 보았을 때, 너희들과 함께 고향으로 돌아오기 위해서 나도 고향을 떠났다"(*E. Wiessel*, Der Mitleidene, in: R. Walter(Hg.), Die hundert Namen Gottes, Freiburg 1985, 70ff.).

34) 시 23:4 : "내가 사망의 음침한 골짜기로 다닐지라도 해를 두려워하지 않을 것은, 주께서 나와 함께 하심이라. 주의 지팡이와 막대기가 나를 안위하시나이다."

35) *D. Lyle Dobney*, Die Kenosis des Geistes: Kontinuität zwischen Schöpfung und Erlösung im Werk des Heiligen Geistes, Neukirchen-Vluyn 1997.

36) *김재진*, 『칼 바르트 신학해부』, 한들 1998, 특히 115: "한분 하나님의 자기 계시 속에 있는 구약과 신약의 연속성".

이상 앞에서 살펴본 바와 같이 하나님의 거룩한 영은 구체적인 장소, 구체적인 시간에 당신이 원하시는 곳에, 특히 고난받는 자들 가운데, 함께 하시는 하나님 그 자신이다. 이러한 하나님이 역사의 시-공간 속에 나타나시는 곳이 바로 '하나님의 처소Schechina' 이다. 이러한 하나님의 현현顯現 장소가 바로 거룩한 곳, 곧 성막 혹은 성전이었다. 그래서 성령이 자신에게 임한 자는 곧 하나님의 성전이 되는 것이다. 이러한 의미에서 사도 바울은 "너희=성도 몸은 너희가 하나님께로부터 받은 바 너희 가운데 계신 성령의 전"(고전 6:19)이라고 증언하고 있는 것이다. 그러므로 성령 받은 자가 바로 그리스도의 성도이고, 성령이 임하는 곳이 바로 하나님 영의 처소인 '성전', 곧 '교회' 인 것이다. 이러한 점에서 성령은 교회의 창설자이시며, 동시에 그 교회에 말씀이신 그리스도의 영으로 임재해 계신 것이다.

2) 분리를 극복하고, 하나되게 하는 사랑과 화해의 영

요엘 선지자의 종말론적 예언은 다음과 같은 말로 시작한다:

> "그 후에 내가 내 영靈을 만민에게 부어 주리니, 너희 자녀들이 장래 일을 말할 것이며, 너희 늙은이는 꿈을 꾸며, 너희 젊은이는 이상을 볼 것이며, 그 때에 내가 또 내 영으로 남종과 여종에게 부어 줄 것이며, 내가 이적을 하늘과 땅에 베풀리니, 곧 피와 불과 연기 기둥이라. 여호와의 크고 두려운 날이 이르기 전에 해가 어두워지고, 달이 핏빛 같이 변하려니와 누구든지 여호와의 이름을 부르는 자는 구원을 얻으리니, 이는 나 여호와의 말대로 시온 산과 예루살렘에 구원이 있을 것임이요, 남은 자 중에 나 여호와의 부름을 받을 자가 있을 것임이니라"(욜 2:28-32).

이러한 증언에 의하면, 하나님의 영, 곧 성령은 분명히 모든 육체에 부어질 것이다. 즉 남자와 여자, 노인과 젊은이, 남종과 여종에게 하나님의 영이 주어질 것이다. 즉, 성령을 받는 데는, 우선 가부장적 성경전승과는 다르게, 남자와 여자, 늙은이와 젊은이의 차별이 없고, 평등하다.[37] 성령은 남자와 여자를 분리하지 않고, 상전과 종, 그리고 노인과 젊은이를 분리하지 않는다. 한 걸음 더 나아가 한스 발터 볼프Hans W. Wolff는, 하나님의 영이 모든 육체 위에 부어진 것은, 약자들, 곧 힘과 희망이 없는 자들과 하나님께서 함께 동행하시고, 그들에게 새로운 생명과 삶을 부여해 주실 것을 약속해 주신 것이라고 해석한다. 즉 성령은 더 이상 아무런 희망이 없는 자들, 곧 늙은이들에게 새로운 삶에 대한 미래를 차별 없이 제공해 줄 것이라고, 그는 이해한다. 이렇게 힘없고 희망 없는 삶을 살아가는 사람들에게 새 희망과 생명력을 주시는 성령에 대한 약속은 성령의 메시아적 사역을 예언한 것이라고 볼 수 있다. 왜냐하면 이러한 성령의 사역은 가난한 자와 억압받는 자들을 위한 '자비의 율법'에 기초한 것이기 때문이다(참고. 출 20:10; 신 5:14f; 12:12,18; 16:11,14). 즉 이제 임할 성령은 '자비의 율법'에 따라서 모든 사람들을 평등하게 대하고, 약자들을 향한 법, 곧 정의를 역사 속에서 실현시켜 가는 사랑과 진리의 영으로 활동하시기 때문이다.[38] 다시 말하면 성령은 남자와 여자를 통일시켜 하나가 되게 하는 것이 아니라, 남자와 여자, 늙은이와 젊은이 사이에 있는 갈등과 분리를 극복시키는 것이다. 즉 사람들 간의 구별, 불의로써 세워진 인간

---

37) 이러한 증언은 신약성서의 성령론적 진술을 각인하고 있다. 갈 3:28을 보라. 고전 12:13에 대하여는 *Schüssler Fiorenza*, Zu ihrem Gedächtnis, 84, 236ff. 이러한 관계성 안에서 눅 2:25ff., 36ff가 또한 언급될 수 있을 것이다.

38) *Hans W. Wolff*, Dodekapropheten 2. Jeol und Amos (BKAT XIV/2), Neukirchen-Vluyn [2]1975, 80.

과 인간과의 차별을 극복하시는 일을 행하신다. 그래서 하나님 영의 부어주심으로 인하여 아들과 딸, 노인과 젊은이, 남종과 여종 모두가 한 분 하나님의 영을 통하여 서로 함께 서로를 위하여 하나님의 의도하신 바의 방향대로 살아가게 되는 것이다. 그러므로 하나님의 영 안에서는 더 이상 분리와 차별이 없는 사회가 된다.

남자와 여자, 남종과 여종, 늙은이와 젊은이의 사회적 법적 분리가 극복되는 것은, 일차적으로 성령 받은 자들 사이에 일어난 방언을 통한 의사소통을 통하여 현실화되었다. 그러므로 성령의 강림 사건에서 단지 방언만을 강조하는 것은, 성령 강림의 목적과 그 의미를 정확히 이해하지 못한 것이다. 성령 강림의 사건에서 방언은 단지 성령의 현상 혹은 은사일 뿐, 성령강림이 목적한 바의 궁극적인 목표는 아니었다. 왜냐하면 성령의 부어주심은 인간을 단지 무-자아, 혹은 몰아의 경지에 빠지게 하는 것이 아니었기 때문이다.

하나님 영의 부어주심을 '몰아지경沒我之境' 으로 이해하면, 성령의 역사를 단지 신비적 혹의 하나의 밀의密疑적 종교현상으로 이해하는 것이다. 왜냐하면 구약 성서의 증언에 의하면, 하나님의 영은 철저히 주체와 객체의 상대적 관계성 속에서 인격적으로 이루어지고 있기 때문이다. 바로 이러한 근거에서 사도 바울은 방언에 대하여 부정적 내지는 소극적으로 기술하고 있는 것이다(고전 14:19). 따라서 하나님 영의 부어주심을 방언에만 집착하여, 아무런 뜻도 없고, 아무 의미도 없는 소리나 '지껄이는 것Glossolalie' 을 야기 시킨 것으로 해석한다면, 이것은 구약성경의 전승을 전혀 무시한 해석이라고 볼 수 있다. 만일 우리가 방언을 말함으로써 마치 자신이 다른 사람들과 구별된 존재라고 생각하거나, 자신만이 특별히 하나님을 체험했다고 생각한다면, 그것이야말로 남종과 여종, 성도들 간의 분리와 차별을 극복하고 화해시키는 성령의 사역을 철저히 곡해하는 것이 된다.

하나님의 영의 부어주심은 사적-신비가 아니다. 하나님의 영의 부어주심은 철저히 메시아적 사역의 의미를 담고 있는 것이다. 하나님의 영의 부어주심은 억압받는 백성이나, 가난한자, 미래에 대하여 희망이 없는 자에게 생명을 주시고자 하는 구원자 하나님 자신의 객관적이고, 공적인 사역이다. 하나님 영의 부어주심은 세상 도피적이거나, 차안의 세계로 고양되는 것을 목표하는 것이 아니라, 오히려 이 세속적 삶 속에 주어지는 하나님의 공적인 생명력이다. 하나님의 아들이 이 세상으로 화육되었듯이, 하나님께서 이 세속의 사회 깊숙이 관여해 들어오시는 것이 바로 하나님 영의 부어주심의 사건이다. 이러한 의미에서 하나님 영의 부어주심에는 메시아적 사역이 내포되어 있는 것이다.

3) 죽은 자를 다시 살려서 영생하게 하는 새 창조와 부활의 영

썩어 흙이 되어버린 죽은 자의 부활에 대한 구약 성서적 전거는 에스겔 37장 1-14절에서 발견된다.[39] 이 구절은 부활이 어떻게 일어났는지, 부활의 창조적 과정을 제시해 준다. 우선 만물이 하나님의 말씀으로 창조되었듯이,[40] 죽은 자의 부활도 하나님의 말씀에 의해서 일어난다: "이에 내가 명을 좇아 대언代言하니, 대언할 때에 소리가 나고 움직이더니, 이 뼈 저 뼈가 들어맞아서 뼈들이 서로 연락하더라"(겔 37:7). 그 다음 하나님의

39) 주석서: *E. Haag*, Ez 37 und der Glaube an die Auferstehung der Toten, TThZ 82 (1973), S.78-92 - *C. Barth*, Ezechiel 37 als Einheit, hg. v. H. Donner/R. Hanhart/R. Smend, Beiträge zur alttestamentlichen Theologie (FS W. Zimmerli), Göttingen 1977, 39-52 - 특히 *W. Zimmerli*, Ezechiel (BKAT XIII, 2), Neukirchen ²1979, S.898-900.

40) 창 1:3: "하나님이 가라사대, 빛이 있으라 하시매 빛이 있었고", 참고. 요 1:1: "태초에 말씀이 계시니라. 이 말씀이 하나님과 함께 계셨으니, 이 말씀은 곧 하나님이시니라."

말씀에 의해서 마른 뼈에 하나님의 영, 곧 생기가 구체적으로 몸에 들어가서, 몸이 부활하는 과정이 이루어진다:

> "인자야 너는 생기를 향하여 대언하라. 생기에 대언하여 이르기를 주 여호와의 말씀에 생기야 사방에서부터 와서 이 사망을 당한 자에게 불어서 살게 하라 하셨다 하라. 이에 내가 그 명대로 대언 하였더니 생기가 그들에게 들어가매 곧 살아 일어나서 서는데 ... "(겔 37:9-10).

이와 같이 물질에 – 더 자세히 말하면 마른 뼈에 혹은 죽은 자에게 – 생기를 불어넣어 생명체를 만드는 부활의 과정은 최초 인간 창조의 과정에 상응한다: "여호와 하나님이 흙으로 사람을 지으시고 생기를 그 코에 불어넣으시니 사람이 생령이 된지라"(창 2:7). 이와 같이 최초 인간의 창조나 죽은 자의 부활은 물질에 – 더 자세히 말하면 흙에 – 하나님의 생기가 들어감으로써 살아 있는 생명체가 된다. 이러한 증언은 육과 혼 혹은 영이 인간을 구성하고 있는 존재론적 요소라는 것을 암시해 준다. 동시에 이러한 증언에 의하면, 부활은 새 창조의 의미를 가지고 있다는 것도 입증해 준다. 그러므로 인간의 실질적인 생명은 육체에 있는 것이 아니라, '생기', 곧 '하나님의 영'에 있음을 알 수 있다. 바꾸어 말하면, 하나님의 영이 없는 것은 죽은 것이다. 즉 하나님의 영, 곧 성령 없이 단지 생물체가 호흡하는 것만으로는 참으로 영생을 가지고 있다고 말할 수 없다. '영생'은 오직 하나님의 영을 받음으로써 가능한 것이다.

그래서 예수 그리스도는 어느 날 유대인의 관원官員 니고데모가 찾아왔을 때 다음과 같이 말씀하신 것이다: "사람이 거듭나지 아니하면 하나님의 나라를 볼 수 없느니라. … 사람이 물과 성령으로 나지 아니하면 하나님 나라에 들어갈 수 없느니라"(요 3:3-6).[41] 이 말씀 가운데 성령을 예수는 '바람τὸ πνεῦμα'[42]으로 표현하고 있다. 동시에 이 '바람'은 에스겔 37장 9절에서는 '생기'로 표현되어 있다. 왜냐하면 에스겔 37장 9절에 의하면 '생기'가 '사방으로부터 불어왔다'고 표현하고 있기 때문이다. 예수 그리스도께서 니고데모에게 "성령으로 거듭남ἄνωθεν"(요 3:3, 7)[43] 혹은 '다시 태어남'을 이야기하고 있는 것과 같이, 에스겔 선지자도 생기로 인하여 '다시 살아남' 곧 '부활'을 이야기하고 있다: "그들이 곧 살아나서 서는데 ... "(겔 37:10). 이러한 유형적typologisch 비교는 - 그 타당성의 진위는 차치하고라도 - 부활의 가능성이 신-구약성서에 이미 예증적으로 제시되고 있다는 사실을 제시하는데 충분할 것이다.[44] 그리고 이러한 본문들은, 죽은 자의 부활이 하나님의 영, 곧 성령에 의해서 현실적으로 가능함을 제시해 주는 본문들이다. 그래서 사도 바울도 예수의 부활을 "그=하나님의 아들에 관하여 말하면, … 성결의 영으로는 죽은 자들 가운데서 부활하사 능력으로 하나님의 아들로 선포 되셨으니, 곧 우리 주 예수 그리스도시니라"(롬 1:2-3)고 증언하고 있는 것이다.

---

41) 이 말씀 중 '하나님의 나라'는 '영생' 혹은 '생명'을 의미한다. 이에 관하여: *R. Bultmann*, Das Evangelium des Johannes, 10. Auflage Göttingen 1968, 허혁 역, 『요한 福音書 硏究』, 성광문화사 1979, 139, 각주 24: "'신의 나라'는 공관복음서에서 주도적인 종말론적인 구원의 표지인데, 요한에게서는 단지 3:3, 5에만 나온다(18:36은 다르다). '보다(ἰδεῖν)'는 구원에 참여한다는 것을 표현하기 위해서 흔하게 사용되는 용어(요 3:36; 눅 2:26; 행 2:27; 벧전 3:10)로서 ראה = '경험하다', '체험하다'의 용어와 그 뜻이 일치한다. 그래서 이 단어는 그리이스 화법에도 낯설지 않다. ... 5절에서 이를 대신하는 단어로 '들어가다(εἰσελθεῖν, 막 9:47; 10:15 등)'도 같은 것이다.

42) 개역성경에는 '바람'으로 번역하였으나, 헬라어 성서 Nestle-Aland 26판에 의하면 예수님은 'πνεῦμα'(영, 혹은 성령)으로 말씀하고 계시다. 그리고 루터는 히브리어나 헬라어에서는 '성령' 혹은 '영'을 '바람', '숨'으로 비유하여 표현하였다고 주석하고 있다. 이에 관하여: Lutherbibelerklärt, Joh 3:1-21에 대한 관주 참조.

43) 'ἄνωθεν'은 '위로부터', 혹은 '새로이' 혹은 '앞으로부터' 혹은 '처음부터'라는 뜻도 가지고 있다. 이에 관하여: *O. Cullmann*, ἄνωθεν, in: ThZ 4 (1948), S.360-372.

이렇듯 예수 부활을 비롯하여 성도들의 마지막 날의 부활 그리고 현존해 있는 사람들이 하나님의 자녀가 되어 영생을 얻는 길은 오직 성령을 받는 길이다. 즉 성령은 죽은 자를 다시 살리시고, 마른 뼈와 같은 우리들의 삶에 '생기'를 불어 넣어주시는 분이시다. 그러므로 우리가 사도신경을 통하여 '성령을 믿사오며'라고 고백하는 것은, 우리가 성령을 받으면, 썩을 몸도 다시 살 것을 믿는다는 나의 고백이며, 동시에 죽은 자를 다시 살리시는 성령 받기를 사모하는 기도이기도 하다.[45] 그리고 한 걸음 더 나아가, 새 창조의 영, 곧 부활의 영, '성령을 믿습니다'라고 고백하는 것을 통하여 다른 한편, 죽은 자 가운데서 부활하신 예수 그리스도의 부활을 고백하는 것이다. 왜냐하면 예수 그리스도는, 사도 바울의 증언한 바와 같이, 이미 성결의 영으로 "죽은 자 가운데서 부활"(롬 1:3)하셨기 때문이다.

이상 살펴본 바와 같이, 성령은 사람을 거듭나고, 다시 태어나게 하는 새 창조의 영, 곧 부활의 영이시다. 왜냐하면 예수님은 니고데모에게 '거듭남'을 성령에 의해서 태어나는 것으로 설명하고 있기 때문이다(요 3:5-6). 그리고 이어서 그 '거듭남'은 인간 스스로의 힘에 의해서 할 수 있는 것이 아니라, '성령으로', 곧 '위로부터' 가능한 것이라고 설명하신다. 이렇듯 성령은 예수 그리스도 안에서 일어난 '죽은 자의 부활'을 우리들에게 실현시키는 영이시다. 그러므로 성령 하나님에 대한 고백에 '몸이 다

---

44) 많은 학자들은 죽은 자들의 부활신앙 사이에 어떤 관련성을 부인한다. 이점에 대하여: *G. A. Cooke (ICC), H.G. May(IB) and A. Noordtzij(KV).* (*J.A. Schep*, The Nature of the Resurrection Body, *김중태* 역, 죽은 자의 부활, 기독교문서선교회,1991 p.86에서 재인용). 그러나 다른 학자들은 만약 죽은 자들의 몸의 미래 부활을 믿는 신앙이 일반화 되어 있지 않았다면 이스라엘에게 있어서 그 환상은 완전히 이해할 수 없는 사건이라고 한다. *G. Ch Aalders*, Het Herstel van Israel volgens het Oude Testament, pp. 149 (*J. A. Schep*, The Nature of the Resurrection Body, p.86.에서 재인용).

45) 요한복음에 있어서 부활은 더 이상 최후 심판의 날에 있을 것이 아니다. 부활은 이미 지금 예수의 말씀을 믿음으로써 받아들임으로써 일어나는 것이다: "나는 부활이요, 생명이니, 나를 믿는 사람은 죽더라도 살겠고, 또 살아서 믿는 사람은 영원히 죽지 않을 것이다"(요 11:25-26).

시 사는 것과 영원히 사는 것을 믿사옵나이다'를 덧붙이고 있는 것이다. 즉 성령을 믿는다는 것은, 성령 하나님은 죽은 우리의 몸을 다시 살리시는 부활의 영이고, 우리를 죽은 자 가운데서 다시 일으켜, 곧 거듭나게 해서 영생을 누리도록 은혜를 베푸시는 분이시라는 것을 고백하는 것이다.

4) 고난에서 구원해 주는 메시아적 보혜사

베스터만C. Westermann에 의하면, 구약 성경이 증언하는 성령의 사역은 정치적 위기에서 사람들을 구원해 내는 일이다. 이러한 사실은 사사들에 관한 이야기에서 발견된다. 즉 '무엇보다도 사사시대에 은사karisma 받은 정치적 지도자들과의 연관성 속에서'[46] 성령의 사역이 언급되고 있다는 것이다. 우리는 이 사실을 우선 두 개의 성구에서 쉽게 발견할 수 있다. 이 성구들은 성령 사역에 관한 전형적인 유형을 묘사하고 있다. 사사기 3장 7절 이하에 의하면, 이스라엘 백성이 야웨 하나님으로부터 등을 돌리고 멀어진 후, 그들은 심판을 받아 이방 민족의 지배 아래 들어간다(사 3:7-8).[47] 그러자 이스라엘 백성들은 여호와 하나님께 구원해 달라고 간절히 기도를 올린다. 이점을 사사기 3장 9절 하반절은 다음과 같이 보고하고 있다: "이스라엘 자손이 여호와께 울부짖으매, 여호와께서 이스라엘 자손을 위하여 한 구원자를 세워 그들을 구원하게 하시니, 그는 곧 갈렙의 아우 그나스의 아들인 옷니엘이라"(삿 3:9). 어떻게 옷니엘이 이스라엘을 구원하였을까? 이점을 성경은 옷니엘이 여호와 하나님의 영을 받아

---

46) C. Westermann, Geist im Alten Testament, in: EvTh 41, 1981, 225.

47) 사 3:7-8 : "이스라엘 자손이 여호와의 목전에 악을 행하여, 자기들의 하나님 여호와를 잊어버리고, 바알과 아세라를 섬긴지라. 여호와께서 이스라엘에게 진노하사, 그들을 메소보다미아 왕 구산 리사다임의 손에 팔았으므로 이스라엘 자손이 구산 리사다임을 팔년동안 섬겼더니."

서 힘 있는 장수, 곧 사사가 되어 이스라엘 백성을 구원하였음을 다음과 같이 증언하고 있다:

"여호와의 영이 그=옷니엘에게 임하셨으므로, 그가 이스라엘의 사사가 되어 나가서 싸울 때에 여호와께서 메소보다미아 왕 구산 리사다임을 그의 손에 넘겨 주시매, 옷니엘의 손이 구산 리사다임을 이기니라."

이러한 증언에 나타난 바와 같이, 하나님의 영은, 능력의 영으로서 이스라엘 백성을 구원하시는 구원자의 영이다. 즉 하나님의 영이 그 어느 사람에게 임하면, 그 사람이 능력을 받고, 보통 사람들이 행할 수 없는 일을 한다(행 1:8).[48] 이러한 의미에서 성령은 백성을 구원하는 일을 행하게 하는 사람의 영, 구원자, 곧 메시아의 영인 것이다.

성령이 임한 자들은 고난 받는 백성을 구원하는 일을 행한다는 것을 우리는 사울의 이야기에서도 읽을 수 있다. 사무엘상 11장도 이스라엘 백성들이 외부의 침입으로 집단적인 무능력과 곤경에 빠진 것을 보고하고 있다. 그 당시 암몬 사람들은 동 요르단 도시 야베스 지역을 점령하였다. 그러자 야베스 지역 주민들은 암몬 사람들에게 항복하고 암몬을 섬기고자 한다. 그럼에도 불구하고 암몬 왕은 야베스 지역 주민을 진멸하고자 한다: "나하스가 그들에게 이르되, 내가 너희 오른 눈을 다 빼야 너희와 언약을 하리라. 내가 온 이스라엘을 이같이 모욕하리라"(삼상 11:2). 이 말을 듣고 무서워 놀란 야베스 주민들은 구원자를 구하러 사방에 사신을 보낸다. 그들은 사울에게 가서 자신들의 어려운 형편과 절박하고 위급한 상

48) 행 1:8 : "오직 성령이 너희에게 임하시면, 너희가 권능을 받고 예루살렘과 온 유대와 사마리아와 땅 끝까지 이르러 내 증인이 되리라."

황을 보고한다. 그 소식을 듣고서 정의감에 불탄 사울에게 하나님의 영이 임하신다. 그 때의 상황을 사무엘상 11장 6절 하반절은, "사울이 이 말을 들을 때에, 하나님의 영에게 크게 감동되매, 그의 노怒가 크게 일어(났다)"고 보고한다. 그러자 "사울은 한 겨리의 소를 잡아 각을 뜨고 전령들의 손으로 그것을 이스라엘 모든 지역에 두루 보내어 이르되, '누구든지 나와서 사울과 사무엘을 따르지 아니하면, 그의 소들도 이와 같이 하리라' 하였더니, 여호와의 두려움이 백성들에게 그들에게 임하매 그들이 한 사람 같이 나온지라"(삼상 11:7)고 보고하고 있다. 그 후 사울은 이스라엘 백성을 데리고 나아가 암몬 사람들을 쳐부셨고, 야베스 주민은 평화를 되찾았다(삼상 11:11). 이 사건에서도 알 수 있듯이, 하나님의 영이 사울이라는 특정한 한 사람에게 임하자, 사울이 큰 능력을 받아서 야베스 주민을 암몬 족속의 위협과 살생으로부터 구원하였다. 이렇듯 하나님의 영, 곧 성령이 임한 자는 백성을 구원하는 메시아적 사역을 하게 된다.

사사 옷니엘과 사울에 대한 이야기와 아주 비슷한 두 이야기가 삼손에 관한 이야기에서도 발견된다(삿 6:34; 삿 11:29). 이러한 사사들의 이야기에서 공통적으로 명백히 나타나는 것은, 어느 특정한 사람에게 하나님 영이 임하자, 그 사람이 강한 능력을 받아 위기에 빠진 공동체를 구원했다. 즉 하나님 영의 강림은 이스라엘 백성으로 하여금 그들의 어려운 상황 속에 자신들의 활력소를 다시금 새롭게 되찾도록 해주었다는 것이다. 피할 수 없는 공동체의 위기 속에서 성령받은 구체적인 한 사람을 중심으로 연대감이 조성되고, 그에게 충성을 맹세한 공동체는 힘을 합하여 공동체의 위기를 벗어났다는 것이다. 그런데 성경은 이러한 사람에 대하여 아주 명백하게 '하나님의 영이 그 위에 임하였다', '하나님의 영이 그의 위에 내리셨다', '하나님의 영이 그를 감쌌다' 등으로 표현하고 있다. 하나님의 영을 받은 자, 즉 성령을 받은 자는 백성들을 두려움과 고통의 상황으로부터, 즉 공포로 인하여 공동체가 거의 마비되어진 상태로부터, 그리고 누가 우리를 구원할까 하고 탄식하고 있는 상황으로부터 구출해 내었다는 것이다. 이렇듯 성령에 의하여 사로잡힌 사람, 곧 성령 받은 사람은 언제든지 성령의 능력을 힘입어 억압과 고통 가운데 있는 사람들을 구원해 냈다는 것이다. 즉 성령에 의해서 사로잡힌 사람들은, 긴박한 역사적 위협이 닥쳤을 때, 그 백성들을 공동체 의식으로 단결시켜 위기를 극복하도록 도와 주었다.

따라서 성령이 임한 사람은 종교적 몰아적 황홀경에 빠진 것이 아니라, 다시 말해서 결코 비-이성적인 사람이 되는 것이 아니라, 오히려 철저히 이성적으로 고난 받는 백성을 성령의 강한 능력을 힘입어 구원해 주었다는 것이다. 성령 받은 자의 바로 이러한 메시아적 특성이 사도신경에서는 "죄를 사하여 주시는 것과 몸이 다시 사는 것과 영원히 사는 것을 믿사옵나이다"로 표현된 것이다. 그래서 메시아 탄생을 예언한 이사야서 61장 1절에서는 여호와 하나님의 영이 임하여 구원 사역을 베풀 것이라고 예언하고 있다:

> "주 여호와의 영이 내=여호왕의 종에게 내리셨으니, 이는 여호와께서 내게 기름을 부으사, 가난한 자에게 아름다운 소식을 전하게 하려 하심이라. 나를 보내사 마음이 상한 자를 고치시며, 포로된 자에게 자유를, 갇힌 자에게 놓임을 선포하며"(사 61:1; 비교 사 11:1f).[49]

---

49) 사 11:1-2 : "이새의 줄기에서 한 싹이 나며, 그 뿌리에서 한 가지가 나서 결실할 것이요. 그의 위에 여호와의 영, 곧 지혜와 총명의 영이요, 모략과 재능의 영이요, 지식과 여호와를 경외하는 영이 강림하시리니."

그런데 이사야 61장 1절하반절에서 우리는, 가난한 자에게 기쁜 소식을 전하기 위하여, 그리고 갇힌 자에게 해방의 해를 선포하기 위하여[50] 보냄을 받은 주님에게, 여호와 하나님의 영이 임하는 것을 발견하게 된다. 그런데 하나님의 영을 받은 자의 인도를 받는 백성을 '의의 나무', '여호와의 영광을 나타낼 바 그의 심으신 바라' 라고 성경은 언급하고 있다(사 61:3). 더 나아가 이방 사람들도 하나님의 정의로운 사회 질서에 의해서 인도될 것을 예언하고 있다. 그리고 그들은 그 어떤 강요에 의해서가 아니라, 자유스럽게 이스라엘의 하나님에게로 향하게 될 것이라고 한다(사 61:6). 그래서 성령 받은 자는 백성에게 자비를 베풀고, 그 민족을 타인과 친분 관계를 맺도록 인도한다. 그는 자비를 통하여 역동적으로 의의 질서를 제시하고, 능동적으로 민족의 힘을 규합하여 사랑으로 백성을 다스린다. 그때에 성령 받은 자에 의해서 인도되는 백성은 모든 면에서 평안을 누리고, 하나님 백성으로서의 삶을 영위한다. 이러한 의미에서 성령은 평화의 영, 곧 화해의 영이다.

그런데 누가복음 4장 16절 이하에 의하면, 예수는 이사야 61장의 내용을 자기 자신과 관련시키고 있다. 그리고 마태복음 12장 18절 이하는 이사야 42장을 인용하여 예수의 사역을 설명하고 있다. 이러한 맥락에서 볼 때, 예수는 분명 하나님의 영을 받은 자이다. 예수는, 그 자신에게 여호와의 영이 임하여 머물러 있는 바로 그러한 사람이다. 이것은 무엇을 의미하는가? 이것은 성령을 받은 자, 곧 성령이 임한 자는 백성들을 구원

---

50) 여기서 성령에 관한 '해방신학적' 언급의 일차적인 성서적 근거가 인식되어 질 수 있을 것이다. 참조. *J. Comblin*, Der Heilige Geist, Düsseldorf 1988, 74ff, 123f, 159ff, 그러나 또한 출 23:10ff; 레 25:25ff; 신 15:2ff.

하는 구원 사역을 담당하는 자라는 것을 뜻하는 것이다. 이러한 의미에서 예수는 만 백성을 구원하기 위해서 성령을 받은 자라는 뜻이다. 그리고 바로 그렇기 때문에 예수의 사역은 곧 성령의 사역이라는 것이다. 역으로 말하면 성령의 사역은 바로 인간을 구원하는 메시아적 사역, 곧 그리스도의 사역이다. 그러므로 성령 받은 자는 결코 사적 혹은 개인적 종교적 황홀 속에 갇혀 있는 자가 아니다. 성령은 인간을 고통과 환난과 위기 속에서 구원하시며, 고난 받는 자들에게 희망과 생명을 주는 메시아적 사역을 감당하는 하나님 자신이다.

이상 앞에서 살펴본 바와 같이 일찍이 성령에 의해 사로잡힌 사람들은, 외부로부터 위험이 닥쳤을 때, 이스라엘 사람들을 다시 불러모았고 ekklesia, 그들은 자신에게 임한 성령의 능력을 힘입어 위기 상황에 처해 있는 민족을 구원했다는 것이다. 성령 받은 자들, 곧 여호와의 영이 임한 사람들은 일차적으로는 먼저 이스라엘의 위기를 내부로부터 극복했다는 것이다. 즉 그들은 비천한 자와 가난한 자를 위하여 정의와 의를 수행하였다. 성령에 의해서 사로잡힌 자는 성령이 주는 능력으로 무장되어 커다란 힘을 발휘할 수 있었고, 그 힘으로 고난 받는 백성들을 정치적, 경제적, 신앙적 위기로부터 구원해 낸 것이다. 다시 말해서 성령의 능력을 행하는 자, 즉 여호와의 영이 머물러 있는 자는 가난한 자와 약한 자를 위하여 강력하게 정의를 확장하고, 실현하였다.

이상 앞에서 살펴본 사도신경의 세 번째 고백을 종합하면 결국 다음과 같다. 우리는 세 번째 고백으로, 예수 그리스도가 십자가를 통하여 성취하신 화해 사건, 곧 하나님과 인간의 화해 그리고 인간들 사이의 화해, 곧 죄와 사망으로부터의 해방을 우리의 역사 현장에서 현실화시키며 구원을 완성시켜가고 있는 성령의 사역을 믿으며 고백하는 것이다. 따라서 우리가 사도신경에서 '성령을 믿사오며' 라고 고백하는 것은, 성령이 오늘날 우리 가운데서, 더 자세히 말하면 교회 안에서, 구원의 사역을 계속하고 계심을 믿는다는 고백이다. 이러한 의미에서 세 번째 고백은 두 번째 고백과 분리되지 않는 것이다. 왜냐하면 성령의 사역은 '부활하여 하늘에 오르사 하나님 우편에 앉으신' 예수 그리스도께서 오늘날 "교회 머리"(골 1:16)로서 역사하고 계심과 동일하기 때문이다. 그러므로 우리는 세 번째 고백에서 예수 그리스도의 화해 사역과 연관된 '거룩한 교회와 성도가 (성령의 사역에 의해서) 서로 교통하는 것, (곧 사귀는 것)' 과 성령의 사역인 '죄를 사하여 주는 것과 몸이 다시 사는 것과 영원히 사는 것' 을 함께 종합하여 고백하고 있는 것이다. 왜냐하면 성도의 교제는 인간의 사교모임이 아니라, 한 성령 안에서 이루어지는 은사의 나눔이기 때문이다(고전 12장). 따라서 성령의 도움이 없는 성도의 교제는 인간의 이익집단 내지 사교모임, 혹은 종교집단에 불과하다. 그런데 성령이 교회 안에서 행하는 가장 주된 것은, 우리가 죄를 회개하도록 돕고, 그래서 죄를 용서하고, 그들에게 하나님의 영을 새로 태어나게 하는 것이다. 그래서 우리는 '죄를 사하여 주시는 것' 을 성령의 조항에서 포함하고 있는 것이다. 왜냐하면 성령으로 우리의 죄를 고백하는 일이 없는 죄 사함은 불가능하기 때문이다. '몸이 다시 사는 것' 즉 우리가 성령으로 거듭나는 것이나, 죽은 자가 부활하는 것은 성령이 새롭게 부어져야 한다(롬 1:3). 이점을 우리는 에스겔 예언서가 증언하고 있음을 앞에서 알아보았다. 이러한 의미에서 우리는 '성령을 믿사오며, 거룩한 교회와 성도가 서로 교통하는 것(사귀는 것)과, 죄를 사하여 주시는 것과, 몸이 다시 사는 것과 영원히 사는 것을 믿사옵니다' 라고 고백하는 것이다.

VII
십계명은 무엇인가?

1. 십계명의 구분과 구조

십계명이라는 말은 '10개의 말씀Ten Words' (신 4:13)[1]으로 이루어졌다고 해서 '십계명' 이라고 부른다. 십계명은 하나님의 백성들이 지키며 살아가야 할 가장 기본적인 신앙규범이자 동시에 생활규범이다. 왜냐하면 이 규범을 중심으로 이스라엘에는 무려 613개의 율법이 제정되었기 때문이다. 십계명은 출애굽기 20장 1-17절과 신명기 5장 6-21절에 기록되어 있다.[2]

---

1) '십계명' 이란 히브리어로 '아세레트 하드바림(aseret, '10' ; hadevarim '말씀')' (출 34:28; 신 4:13; 10:4)에서 유래한 것이다. 그렇다면 왜 열 개의 말씀이냐? 이점에 대하여 카수토(Umberto Cassuto)는 사람의 손가락이 열 개이기 때문에, 열 개의 말씀을 손으로 꼽아가면서 기억하고 지키게 하기 위한 것이었다고 해석하고 있다. 이점에 대하여: *박준서*, 『십계명 다시보기』, 한들출판사 2001, 21.(이하 본문의 괄호 속 쪽수는 본 책의 쪽수를 의미함).

그런데 각 신앙공동체에 따라서 그 구분이 약간씩 다르다. 우선 개혁 교회장로 교회와 동방정 교회 그리고 유대교 전통은 안식일 계명을 네 번째 계명으로 보고, 가톨릭 교회와 루터 교회는 안식일 계명으로 세 번째 계명으로 본다. 즉 장로 교회와 동방정 교회 그리고 유대교, "나는 … 너의 하나님 여호와라"(출 20:2)를 서언으로 보고, "너는 … 다른 신들을 네게 있게 말지니라"(3절)를 제1계명으로, "우상을 만들지 말지니라"(4-6절)을 제2계명으로, "여호와의 이름을 망령되이 일컫지 말라"(7절)를 제3계명으로 그리고 "안식일을 지키라"(8-11절)를 제4계명으로 본다. 그러나 가톨릭 교회와 루터교회는, "너는 … 다른 신들을 네게 있게 말지니라"(3절)와 "우상을 만들지 말지니라"(4-6절)를 제1계명으로 보고, "여호와의 이름을 망령되이 일컫지 말라"(7절)를 제2계명으로, 그리고 "안식일을 지키라"(8-11절)를 3계명으로 본다. 대신 개혁 교회장로 교회와 동방정 교회 그리고 유대교 전통은 "이웃의 집을 탐내지 말라. 이웃의 아내를 … 탐내지 말라"(17절 후반)을 10계명으로 보는 반면에, 가톨릭 교회와 루터 교회는 "이웃의 집을 탐내지 말라."(17절 전반부)을 제9계명으로 그리고 "이웃의 아내를 … 탐내지 말라"(17절 후반부)를 제10계명으로 구분한다.

그러나 앞에서 살펴본 구분은 단지 서열 식으로 구분한 것에 불과하다. 십계명의 내용으로 구분하면, "너는 … 다른 신들을 네게 있게 말지니라"에서 "여호와의 이름을 망령되이 일컫지 말라"(7절)까지의 계명을 하나님과 인간사이의 관계를 규정하는 계명으로 구분된다. 그리고 "부모를 공경하라"(12절)부터 "간음하지 말라"(14절)까지를 인간과 인간 사이의 관계

---

2) 출애굽기 20장과 신명기 5장이 증언하고 있는 십계명은 두 계명을 제외하고는 모두 동일하다. 단지 4계명과 10계명에서 차이를 보이고 있다. 제4계명에 있어서 안식일을 지키는 이유가 서로 다르고, 10계명의 탐내지 말라는 대상이 조금 다르게 배열되어 있을 뿐이다.

규정으로, "도적질하지 말지니라"(15절)부터 "이웃의 아내를 … 탐내지 말지니라"(17절 후반부)는 말씀까지를 인간과 사물물건에 관한 규정으로 그리고 마지막 "안식일을 거룩하게 지키라"(8-11절)는 계명을 하나님과 인간과 사물물건 사이의 관계 규정을 통합하는 계명으로 구분할 수 있을 것이다. 왜냐하면 하나님, 인간, 그리고 사물물건 내지 자연은, 이 세상을 창조하신 하나님과 창조된 세계를 구성하고 있는 기본 구성 요소이기 때문이다. 다시 말해서 구약성경에 있어서 핵심주제는 창조주 하나님과 이스라엘 백성의 특별한 관계이기 때문이다. 즉 야웨 하나님은 이스라엘의 하나님이시오, 이스라엘은 야웨 하나님의 백성이기 때문이다. 그러나 제 4계명이 증언하고 있는 바와 같이 창조의 섭리에서 본다면, 하나님의 창조물에는 인간만이 아니라, 다른 피조물도 있기 때문이다. 따라서 하나님과 이스라엘, 곧 인간과의 관계뿐만 아니라, 인간과 인간의 관계 더 나아가 인간과 자연사물과의 관계도 하나님의 보편적인 창조질서에 따라서 살아가야 하기 때문이다. 이것은 성경이 가르쳐 주는 윤리의 아주 독특한 특성 가운데 하나이다. 왜냐하면 하나님은 인간만의 하나님이 아니라, 모든 만물의 하나님이시기 때문이다. 또한 현실적으로 자연환경이 파괴되면, 인간도 함께 멸망하기 때문이다. 이러한 의미에서 십계명에는 단순히 인간의 삶을 위한 규정만 있는 것이 아니라, 오히려 그 이상으로 모든 피조물을 보전하기 위한 하나님의 창조섭리가 담겨져 있다고 볼 수 있다.[3]

---

3) 2000년 전에 기록된 사해사본(Dead Sea Scrolle)의 창세기 1장 1절을 한글 자음으로만 표기하면 다음과 같다:

ㅌ ㅊ ㅇ ㅎ ㄴ ㄴ ㅇ ㅊ ㅈ ㄹ ㅊ ㅈ ㅎ ㅅ ㄴ ㄹ

ㅁ ㄴ ㄹ ㅇ

이점은 창조를 섭리적 차원에서 해석해야 함을 암시해 준다.(박준서, 같은책, 32에서 재인용)

2. 서언: 십계명을 주신 분은 구원자 하나님이시다

"나는 너를 애굽 땅, 종 되었던 집에서 인도하여 낸 너의 하나님 여호와로라"(출 20:2).

십계명은 "나는 너를 애굽 땅, 종 되었던 집에서 인도하여 낸 너의 하나님 여호와로라"(출 20:2)는 서언Prologue으로 시작된다. 이 서언은, 십계명을 부여하기에 앞서, 계명을 주신 하나님이 어떠한 분이신지를 설명해 주는 것이다. 이 서언에 의하면 십계명을 주신 하나님은 해방자 하나님, 곧 이스라엘을 구원하신 구원자 하나님이시다. 즉 '너=이스라엘를 애굽 땅, 종 되었던 집에서 인도하여 낸' 분이시다. 다시 말해서 '야웨' 하나님은 '출애굽의 하나님' 이시다. 그리고 십계명을 주신 하나님은 고통과 고난 속에서 신음하는 백성의 기도 소리를 들으시는 구원자 하나님이시다: "내가 애굽에 있는 내 백성의 고통을 정녕히 보고, 그들이 그 간역자로 인하여 부르짖음을 듣고 그 우고憂苦를 알고, 내가 내려와서 그들을 애굽인의 손에서 건져내고, 그들을 그 땅에서 인도하여 아름답고 광대한 땅, … 이르려 하노라"(출 3:7-8). 여기서 우리는 하나님께서 주신 계명이 단지 우리의 삶을 제어 혹은 규제하거나, 행동을 통제하기 위한 것이 아님을 알 수 있다. 하나님의 계명은 먼저 하나님께서 우리에게 구원의 역사를 베풀어주신 것에 대한 우리의 응답행위를 규정해 놓은 것이다. 이러한 것을 일반적으로 '서술Indicative' 과 '명령Imperative' 의 구조라고 말한다. 즉 먼저 하나님께서 우리에게 베풀어주신 구원의 사역을 기술하고, 우리가 하나님께 대하여 어떻게 행동해야 하는지를 기술하고 있는 것이다. 십계명을 기술하는데 있어서 구약 성경 기자는 먼저 하나님께서 이스라엘 백성에게 베풀어주신 구원 사역을 기술하고 있다. 그것이 바로 '너=이스라엘를 애굽 땅, 종 되었던 집에서 인도하여 낸 너의 하나님 여호와로다' 이다. 이점으로 미루어보아 십계명은, 구원자 하나님께서 구원받은 백성이 마땅히 '야웨' 하나님께 대하여 가져야 할 신앙과 이웃과의 함께 사는 삶을 위한 규정이라고 볼 수 있다(출 6:6-7).[4] 이를 바꾸어 말하면, 우리가 믿는 하나님은 우리를 구원하시는 하나님이라는 것이다. 이러한 인식이 십계명을 지키고자 하는 사람의 의식에 선행되어야 한다. 그렇다 십계명은 결코 인간을 통제하거나, 인간의 행동을 제한하고자 하는 억압적 강제규정이 아니다. 오히려 십계명은 구원받은 사람들이 야웨 하나님에 대하여 그리고 이웃에 대하여 기본적으로 행하여야 할 감사행동의 규정이다.[5]

그러므로 우리는 이스라엘의 신앙이란, 역사적 현실성 속에서 형성되어진 것이라는 것을 분명히 알아야 할 것이다. 신앙이란, 신이라는 절대자에 대한 한 개인의 막연한 심리적 의존의 감정이 아니다. 신앙이란, 나의 삶의 주체가 누구냐는 것에 대한 나 자신의 고백이다. 다시 말해서 신앙이란, '자기 삶을 누가 인도해 왔는가' 에 대한 역사적 고백이다. 그래서 이스라엘 사람들의 최초 신앙고백(신 26:5-9)은 바로 '야웨' 하나님의 '구속사Heilsgeschichte' 에 대한 고백이었다:

> "우리 조상은 유리遊離하는 아람 사람으로서 소수의 사람을 거느리고 애굽에 내려가서 거기 우거하여 필경은 거기서 크고 강하고 번성한 민족이 되었더

---

4) 출 6:6-7: "나는 여호와라. 내가 애굽 사람의 무거운 짐 밑에서 너희를 빼어내며, 그 노역에서 너희를 건지며, 편 팔과 큰 재앙으로 너희를 구속하여 너희로 내 백성을 삼고, 나는 너희 하나님이 되리라."

5) 칼 바르트(K. Barth)은 '단 하나의 윤리적 명령이 있다면, 그것은 감사하라' 는 것이라고 말한다. 이점에 관하여: *K. Barth*, 「Kirchliche Dogmatik, II/1」, 83-86, 205, 215, u.a.

니, 애굽 사람이 우리를 학대하며 우리를 괴롭게 하며, 우리에게 중역을 시킴으로, 우리가 우리 조상의 하나님 여호와께 부르짖었더니, 여호와께서 우리 음성을 들으시고, 우리의 고통과 신고와 압제를 하감하시고, 여호와께서 강한 손과 편 팔과 큰 위엄과 이적과 기사로 우리를 애굽에서 인도하여 내시고, 이곳으로 인도하사 이 땅 곧 젖과 꿀이 흐르는 땅을 주셨나이다"(신 26:5-9).

이러한 이스라엘 백성들의 최초 신앙고백에서 드러난 것처럼, 이스라엘 백성들의 신앙은 역사 속에서, 더 정확히 말하면, '구원사건Heilsgeschehen' 속에서 형성된 것이다. 따라서 이스라엘 백성에게 주어진 '십계명Decalogue' 역시 구원 역사의 차원에서 이해되어야 한다. 바로 그렇기 때문에 이스라엘의 백성들은 자기 삶을 통하여 계명을 철저히 준수함으로써, 자기를 구원해 주신 '야웨' 하나님께 감사하여야 한다. 이러한 의미에서 십계명을 준수하는 삶 없이는 이스라엘뿐만 아니라, 그리스도인의 참된 신앙도 있을 수 없다. 따라서 십계명을 들을 때, 모든 그리스도인들은 각 계명을 나를 구원하신 구원자 하나님의 음성으로 들어야 할 것이다.

3. 하나님과 인간 사이의 신앙의 규범(1-3계명)

"너는 나 외에는 다른 신들을 네게 있게 말지니라. 너를 위하여 새긴 우상을 만들지 말고, 또 위로 하늘에 있는 것이나, 아래로 땅에 있는 것이나, 땅 아래 물 속에 있는 것의 아무 형상이든지 만들지 말며, 그것들에게 절하지 말며, 그것들을 섬기지 말라. 나 여호와 너의 하나님은 질투하는 하나님인즉 나를 미워하는 자의 죄를 갚되 아비로부터 아들에게로 삼-사대까지 이르게 하거니와, 나를 사랑하고 내 계명을 지키는 자에게는 천대까지 은혜를 베푸느니라. 너는 너의 하나님 여호와의 이름을 망령되이 일컫지 말라. 나 여호와의 이름을 망령되이 일컫는 자를 죄 없다 하지 아니하리라"(출 20:3-7).

우선 "너는 나 외에는 다른 신들을 네게 있게 말지니라"(출 20:3)는 말씀은, '야웨' 하나님만이 이 세상에 살아 계신 유일한 하나님이라는 뜻이다: "그런즉 너는 오늘날 상천 지하에 오직 여호와는 하나님이시오, 다른 신이 없는 줄을 알아 명심하고, 오늘 내가 네게 명하는 여호와의 규례와 명령을 지키라. 너와 네 후손이 복을 받아 네 하나님 여호와께서 네게 주시는 땅에서 한 없이 오래 살리라"(신 4:39-40; 6:4-5)[6]고 신명기 기자는 강한 어조로 선포한다. 이러한 '유일신' 사상에 대한 강조는, 자연스럽게 참 하나님이 아닌 다른 신들에 대한 경배나, 하나님이 아닌 다른 피조물의 우상을 만들지 말라는 명령으로 이어진다: "너를 위하여 새긴 우상을 만들지 말고, 또 위로 하늘에 있는 것이나, 아래로 땅에 있는 것이나, 땅 아래 물 속에 있는 것의 아무 형상이든지 만들지 말며, 그것들에게 절하지 말며, 그것들을 섬기지 말라"(출 20:4-5a). 왜냐하면 '야웨' 하나님만이 유일하신 참 하나님이라면, 다른 모든 신상은 우상, 곧 하나님께서 만드신 피조물의 상像이기 때문이다. 그런데 우상이란, 단지 피조물의 상뿐만 아니라, 인간이 만든 모든 형이상학적이고, 관념적인 '이데올로기'까지를 포함한다. 즉 '돈'과 '명예'와 '세상 권세' 그리고 '이념'도 우상이다: "저희의 우상은 은과 금이요, 사람의 수공들이라"(시 115:3-4;

6) 신 6:4-5: "이스라엘아 들으라, 우리 하나님 여호와는 오직 하나인 여호와시니 너는 마음을 다하고, 성품을 다하고, 힘을 다하여, 네 하나님 여호와를 사랑하라."

출 32; 삼상 8:5-9).[7] 결국 참 하나님이 아닌 피조물에게 인간들이 신이라고 부르게 된다면, 한 분밖에 안 계시는 하나님, 곧 "스스로 계신 하나님의 이름"(출 3:14)을 망령되이 부르는 것이 되고 만다. 이렇듯 '스스로 계신 하나님' 을 인간들이 만든 자연의 물건으로 대치시킨 것이 바로 우상이고, 이를 신으로 승격시킨 것이 바로 우상숭배이다. 더 나아가 하나님께서 베풀어주신 구원의 역사를 다른 것에게 돌리는 것이 바로 우상숭배이다. 왜냐하면 이스라엘 사람들은 하나님의 역사를 금송아지의 역사로, 그리고 하나님에게 돌려야 할 영광을 금송아지에게 돌렸기 때문이다: "그들이 내가 그들에게 명한 길을 속히 떠나 자기를 위하여 송아지를 부어만들고 그것을 숭배하며, 그것에게 희생을 드리며 말하기를, '이스라엘아 이=금송아지는 너희를 애굽에서 인도하여 낸 너희 신이라' 하였도다"(출 32:8).[8] 결국 우상을 만들고 그것에게 절하는 우상숭배는 인간에게 의해서 만들어지지 않은, '유일唯一' 하신 '스스로 계신 하나님' (출 3:14)을 피조물로 만드는 것이다. 즉 피조물인 인간이 창조주가 되고, 스스로 계신 하나님이 인간에 의해서 만들어진 피조물이 되는 것이다. 따라서 우상을 만들어 절하는 죄는 가장 큰 죄로서, 그 죄 값이 삼-사대에 이르게 되는 것이다: '나 여호와 너의 하나님은 질투하는 하나님인즉 나를 미워하는 자의 죄를 갚되 아비로부터 아들에게로 3-4대까지 이르게 하거니와' 반

---

7) 삼상 8:5b-9: "(이스라엘 모든 장로가) … 열방같이 우리에게 왕을 세워 우리를 다스리게 하소서 한지라. 우리에게 왕을 주어 우리를 다스리게 하라 한 그것을 사무엘이 기뻐하지 아니하여 여호와께 기도하매, 여호와께서 사무엘에게 이르시되, 백성이 네게 한 말을 다 들으라. 그들이 너를 버림이 아니요, 나를 버려 자기들의 왕이 되지 못하게 함이니라. 내가 그들을 애굽에서 인도하여 낸 날부터 오늘날까지 그들이 모든 행사로 나를 버리고, 다른 신들을 섬김같이 네게도 그리하는도다. 그러므로 그들의 말을 듣되, 너는 그들에게 엄히 경계하고 그들을 다스릴 왕의 제도를 알게 하라."

8) 비교: "나는(여호와, 필자 주) 너(이스라엘, 필자 주)를 애굽 땅, 종 되었던 집에서 인도하여 낸 너의 하나님 여호와로라"(출 20:2).

면에 '야웨' 하나님만을 섬기고 사랑하는 자는 '천대까지 은혜를' 받는 것이다. 이러한 상대적 표현은 단순히 비교 차원을 넘어서서, 우상 숭배가 얼마나 큰 죄인가를 가르쳐 주는 말씀이다. 이스라엘의 역사를 통해서 볼 때, 북-이스라엘과 남-유대의 멸망의 원인이 바로 우상 숭배에 있었다는 것을 주시할 때, 우상 숭배는 곧 패망의 뿌리요, '유일하신 하나님'을 거부하는 것이요, 야웨 하나님의 이름을 망령되이 일컫는 죄를 포함하는 것이다: '너는 너의 하나님 여호와의 이름을 망녕되이 일컫지 말라. 나 여호와의 이름을 망녕되이 일컫는 자를 죄 없다 하지 아니하리라.' 다시 말해서 '스스로 계신 하나님'을 인간이 물질로 만든 우상으로 섬기는 것은, "스스로 계신 하나님"(출 3:14)이라는 하나님의 이름을 망령되이 일컫는 행위가 된다. 왜냐하면 우상을 만들어 신이라고 부를 때, '스스로 계신 분'이라는 하나님의 이름을 남용하고, 오용하고, 도용하는 것이 되기 때문이다. 그래서 "나 야웨는 나의 이름을 도용, 남용, 오용하는 자를 죄 없다 아니하리라"(출 20:7; 신 5:11)고 하나님은 선포하고 계시다.

이제 결론적으로 말해서 제1계명에서 3계명에 이르는 말씀은, 온 우주를 창조하신 유일하신 하나님을 인간이 피조물의 형상으로 만들어, 그것을 창조주 하나님이라고 섬기는 것이다. 이는 바로 창조의 섭리를 어기는 것이고, 그리고 우상을 자신들을 인도할 신이라고 섬기는 것은 지금껏 함께 동행해 주시고, 억압과 고난 속에서 구원해 주신 하나님의 구원 사역을 부인하는 것이다. 그래서 박준서 교수는 다음과 같이 우상숭배에 대하여 설명하고 있다:

> "하나님만이 절대적인 존재이다. 모든 피조물은 상대적인 존재요, 상대적인 가치밖에 없다. 이러한 상대적인 존재에게 절대적인 가치를 부여하는 것, 상

대적인 것을 절대화시키는 것, 이런 것이 바로 우상숭배이다. 그러므로 물질이나, 재물, 명예나 명성, 사회적 지위나 세상의 권세, 교회의 교권, 인간의 지식과 기술이나 사람들이 만든 이데올로기나 모든 것을 막론하고 이들에게 절대적인 가치를 부여하고, 절대화시킨다면, 이것들이야말로 바로 현대적인 의미에서의 우상 숭배가 될 것이다."[9]

4. 인간과 인간 사이의 삶의 규범(5-7계명)

"네 부모를 공경하라, 그리하면 너의 하나님 나 여호와가 네게 준 땅에서 네 생명이 길리라. 살인하지 말지니라. 간음하지 말지니라"(출 20:12-14).

인간과 인간과의 삶에 대한 규정은 자기를 낳으시고 길러주신 부모에 대한 공경으로부터 시작한다. 이것은 생명의 근원에 대한 '경외敬畏'를 강조하는 것이다. 물론 모든 생명의 궁극적인 근원은 창조주 하나님이지만, '육신'의 근원은 바로 부모님이시기 때문이다. 이 세상에 자식 없는 부모는 있을 수 있어도, 부모 없는 자식은 없듯이, 창조주 없는 피조물도 있을 수 없다. 따라서 '네 부모를 공경하라'는 계명 속에서는 "네 창조주 하나님을 기억하라"(전 12:1)[10]라는 말씀이 포함되어 있다. 그러므로 자기를 낳아 주신 부모님을 공경하는 것은 창조주 하나님을 기억하는 것과 같은 것이다. 이러한 의미에서 가장 큰 죄 가운데 하나는 자기 생명의 근원을

9) 박준서, 『십계명 새로 보기』, 한들출판사 2001, 64.

10) 전 12:1: "너는 청년의 때, 곧 곤고한 날이 이르기 전에 나는 아무 낙이 없다고 할 해가 가깝기 전에 너의 창조자를 기억하라."

저주하는 것이다: "이는 내 모태의 문을 닫지 아니하였고, … 어찌하여 내 어미가 낳을 때에 내가 숨지지 아니하였던가, 어찌하여 무릎이 나를 받았던가, 어찌하여 유방이 나로 빨게 하였던가 …"(욥 3:10-12). 바로 이러한 생명의 중요성 때문에 부모에 대한 불효는 사형죄에 상당한다: "자기 아비나 어미를 치는 자는 반드시 죽일지니라"(출 21:15); "아비나 어미를 저주하는 자는 반드시 죽일지니라"(출 21:17 또한 레 20:19). 심지어는 부모의 말을 듣지 않는 자는 돌로 쳐죽이라고 하였다:

> "사람들에게 완악하고 패역한 아들이 있어 그 아비의 말이나, 그 어미의 말을 순종치 아니하고, 부모가 질책하여도 듣지 아니하거든, 그 부모가 그를 잡아 가지고 성문에 이르되, 그 성문 장로들에게 나아가서 그 성읍 장로들에게 말하기를 우리의 이 자식은 완악하고, 패역하여 우리말을 순종치 아니하고, 방탕하여 술에 잠긴 자라 하거든, 그 성읍의 모든 사람들이 그를 돌로 쳐 죽일지니, 이 같이 네가 너의 중에 악을 제하라"(신 21:18-21).

이와 같이 제5계명이 부모에 대한 공경을 엄하게 규정하고 있는 것은 단순히 육신의 부모이기 때문이 아니라, 부모가 생명의 창조적 역할을 하였기 때문이다. 바꾸어 말하면 부모를 거역하는 것은 생명의 원천이신 창조주 하나님을 거역하는 것에 상응하기 때문이다.

그러므로 구약 성경에서는 창조주 하나님과 이스라엘의 관계를 부모와 지식의 관계로 표현하고 있는 곳이 많다: "여호와의 말씀에 이스라엘은 내 아들 내 장자라"(출 4:22). 호세아 예언자도 야웨 하나님과 이스라엘 백성의 관계를 부자관계로 표현하고 있다: "이스라엘이 어렸을 때에, 내가 사랑하여 내 아들을 애굽에서 불러내었거늘 … 내가 에브라임에게 걸음을 가르치고, 내 팔로 안을지라도"(호 11:1-3). 이러한 표현들을 통하여 볼 때, '네 부모를 공경하라' 란 계명 속에는 생명의 근원이신 창조주 하나님을 경외하라는 뜻이 내포되어 있음을 분명히 알 수 있다. 따라서 부모님을 공경하는 자에게는, 야웨 하나님을 섬기는 자에게 자손 천대에 이르는 복이 주어지듯이, 장수와 물질적 축복이 주어지는 것이다: "그리하면 너의 하나님 나 여호와가 네게 준 땅에서 네 생명이 길리라"(출 20:12; 엡 6:1-3).[11]

그런데 인류 사회를 구성하고 있는 인간관계는 부모와 자식과의 관계뿐만 아니라, 사람과 사람 사이의 관계이다. 사람과 사람 사이의 관계를 규정하고 있는 것이 바로 제6계명이다. 제5계명이 생명의 근원에 대한 계명인 것처럼, 제6계명('살인하지 말지니라') 역시 하나님께서 창조하신 '생명' 에 손상을 입히지 않도록 엄히 경계하는 생명보호에 관한 계명이다. 모든 피조물의 생명이 창조주 하나님에게로부터 나오듯이, 모든 인간 생명의 근원도 역시 창조주 하나님 자신으로부터 나온다. 따라서 피조물인 인간이 하나님께서 창조하신 다른 인간의 생명을 함부로 멸할 수 없다. 즉 인간의 생명이 존엄하다는 것은, 인간 그 자신이 존엄하다는 것이 아니라, 그 생명을 창조하신 하나님이 인간에게 생명을 주셨기 때문에, 인간이 존엄한 것이다. 따라서 타인의 생명을 빼앗는 인간은 그 자신의 생명도 존엄하지 않다고 간주하는 것이다. 하나님께서 창조하신 생명을 가볍게 여기는 사람의 생명이 어떻게 보호받을 수 있으며, 존엄하다고 할 수 있겠는가? 이러한 의미에서 하나님께서 창조하신 생명을 존중하는 것

---

11) 엡 6:1-3: "자녀들아 너희 부모를 주 안에서 순종하라. 이것이 옳으니라. 네 아버지와 어머니를 공경하라 이것이 약속 있는 첫 계명이니. 이는 네가 잘되고 땅에서 장수하리라."

은, 곧 그 생명의 창조주 하나님을 존중하는 것이다. 반면에 하나님께서 창조하신 생명을 경히 여기는 것은 생명의 창조주 하나님을 경히 여기는 것뿐만 아니라, 자기 자신의 생명도 무가치한 것으로 여기는 것이다. 다시 말해서 "사람이 다른 사람의 생명을 빼앗는 것은, 생명의 주인이신 하나님으로부터 생명을 도적질하는 것과 같다."[12] 그리고 인간은 자기 생명의 주인이 아니기 때문에, 자기 생명도 자기 마음대로 처분할 수 없다. 곧 생명의 고유한 권한은 하나님 자신에게만 있는 것이다. 그러므로 자살은 하나님께서 주신 생명을 제멋대로 내버린 죄악이다. 그러기에 타인의 생명을 빼앗는 살인은 더더욱 죄악인 것이다.

그러나 예수님은 행동으로 드러난 사람들의 '살인' 만을 살인행위로 이야기하시지 않으신다. 예수님은, 인간이 마음으로 다른 사람을 미워하고, '노' 하는 것도 살인에 해당하는 것이라고 말씀하신다:

> "옛 사람에게 말한 바 살인치 말라. 누구든지 살인하면, 심판을 받게 되리라 하였다는 것을 너희가 들었으나, 나는 너희에게 이르노니, 형제에게 노하는 자마다, 심판을 받게 되고, 형제에 대하여 라가욕설라 하는 자는 공회에 잡히고, 미련한 놈이라 하는 자는 지옥 불에 들어가게 되리라"(마 5:21-22).

이러한 예수님의 증언에 의하면, 살인은 단지 목숨을 빼앗는 겉으로 드러난 행동뿐만 아니라, 마음에서 일어나는 분노와 미움과 멸시와 저주와 욕설까지를 포함하고 있음을 알 수 있다. 왜냐하면 '살인' 은 이러한 분노와 욕설과 시기 질투하고 남을 모욕하는 마음에서부터 시작하기 때문이

12) *박준서*, 같은책, 116.

다. 욕심이 잉태한즉 죄를 낳고, 죄가 장성한즉 사망을 낳듯이, 남을 미워하고 증오하는 마음에서부터 살인이 싹트는 것이다. 그 한가지 예가 바로 가인이 자기 동생을 죽인 사건에서 명백히 드러난다. 왜냐하면 가인은 자기 동생의 제사를 하나님께서 받으시는 것을 보고, 동생에게 '분忿' 을 품어서 자기 동생을 살해하였기 때문이다(창 4:5).[13]

다시 말해서 자기 동생을 죽이고자하는 가인의 '살인 욕' 은 그의 마음 깊은 곳에 자리잡고 있는 '분노' 에서 비롯된 것이다. 이렇듯 '살인' 의 씨앗은 이미 이웃과 형제에 대한 분노하는 것 속에 심겨져 있는 것이다.

'살인행위의 뿌리가 타인에 대한 분노에 있다' 는 예수 그리스도의 말씀에 의하면, 우리는 이미 살인자이다. 왜냐하면 요한일서 3장 15절도 '그 형제를 미워하는 자마다 살인하는 자니, 살인하는 자마다 영생이 그 속에 거하지 아니하는 것을 너희가 아는 바라' 고 증언하고 있기 때문이다.[14] 비록 우리는 살인의 행위는 현실적으로 행하지는 않았으나, 우리의 마음이 형제를 '시기' 하고, 미워하며, 형제에게 '분노' 한다면, 우리는 이미 살인한 자가 된 것이다. 이러한 근거에서 성경은 가인을 악의 길에 서 있는 전형적인 사람으로 표현하고 있다(유 11). 이런 근거에서 인간은 언제든지 살인할 수 있는 '성품' 을 가지고 있다고 볼 수 있다. 바로 그렇기 때문에 하나님은 제6계명에서 '살인하지 말지니라' 고 엄하게 금하고 있는 것이다.

---

13) *Freedman, Lundbom*, Art. חרה, ThWAT Bd.III, Sp.182-188. '분' 이란, '활활타다(brennen)', '태워서 손상을입히다(versengen)', '그슬리다(rosten)' 란 의미를 가지고 있다. 그래서 예수님도 "마음에서 나오는 것은 악한 생각과 살인과 간음과 음란과 도둑질과 거짓 증언과 비방"(마 15:19)이라고 말씀하셨다.

14) 이점에 관하여: *Ellis Rivkin*, What crucified Jesus, *신혜란* 역, 『무엇이 예수를 십자가에 못 박았는가?』, 한국신학연구소 1996.

이제 사람과 사람과의 관계 규정은 끝으로 제7계명, 곧 '간음하지 말지니라' 는 계명은 남자와 여자와의 관계 규정으로 이어진다.[15] '간음' 은 우선 생명의 원리를 파괴하고, 가정을 파괴한다. '간음' 을 하면 사랑에 대한 배반감을 조성하기 때문에 상대방에 – 간음한 남자나 여자 – 대한 분노가 생기게 한다. '분노' 는 살인을 야기한다. 결국 간음으로 인하여 생명의 손상이 일어나는 것이다. 그리고 '간음' 은 남편과 아내의 관계를 단절시킨다. 인간의 감정 중에서 사랑의 배신감만큼 평생 잊혀지지 않는 감정도 없다. 즉 간음으로 인한 사랑의 배신감은 영원히 잊혀지지 않는 것이고, 그와 비슷한 상황이 전개되면 언제고 다시금 분노를 유발시킬 수 있는 것이 바로 간음으로 인한 사랑의 파괴이다. 따라서 일단 간음한 사실이 확인되면, 그 감정은 영원히 앙금처럼 가슴 속 깊은 곳에 가라앉아 있다. 따라서 간음은 진정한 사랑의 교제를 불가능하게 만든다. 더 나아가 '간음' 은 '색욕' 의 노예가 되게 만든다. 다시 말해서 '간음' 은 또 다른 '간음' 을 행하도록 충동하기 때문에, 인간을 욕정에서 벗어나지 못하게 만들어 결국 인간을 패망하게 만든다.

그런데 모든 '간음' 은 '음욕淫慾' 으로부터 출발한다. 그래서 예수님은 "나는 너희에게 이르노니, 여자를 보고 음욕을 품는 자마다, 마음에 이미 간음하였느니라"(마 5:27-28)고 말씀하고 계신 것이다. 음욕은 다른 모든 인간의 '욕심' 과는 달리 하나님께서 창조하신 인간의 생명을 해하는 '욕' 이다. 더욱이 '음욕' 은 한 개인의 '욕' 으로 끝나는 것이 아니라, 항상 상대방을 전제하기 때문에 가정과 사회를 파탄지경에 빠뜨린다. 결국 '간

15) 레위기 18장은 돌에 맞아 죽어 마땅한 문란한 성 관계, 곧 근친상간(레 18:6-18), 수음(獸淫 =동물과의 교미하는 것)(레 18:23), 동성과의 성 관계(레 18:22), 불결한 성 관계(레 18:19) 그리고 간음(姦淫)(레 18:20)으로 규정하고 있다.

음' 은 하나님의 창조의 질서, 곧 생명질서의 파괴를 가져오게 함으로써, 하나님의 창조의지를 거역할뿐만 아니라, 하나님의 '영' 이 거할 육신을 더럽히게 만드는 것이다. 그리고는 "너희는 이 모든 일로 스스로 더럽히지 말라"(레 18:24)고 경고하고 있다. 이 말씀은 성적 범죄는 타인만 더럽히는 것이 아니라, 자기 자신도 더럽히는 것임을 알 수 있다. 그래서 사도 바울은 "사람이 범하는 죄마다 몸 밖에 있거니와 음행淫行하는 자는 자기 몸에 죄를 범하느니라"(고전 6:18)고 말씀하고 있다. 이렇듯 음행이나 간음은 육체를 가진 인간의 전형적인 죄악이다(갈 5:19).[16]

그런데 마음을 순결하게 지킨다는 것은, 마음과 영혼에 일어나는 불결한 생각을 물리치는 것을 뜻한다. 우리의 마음은 갈대와 같아서 분위기에 순간적으로 자주 사로잡히게 된다. 처음에는 호기심에서 시작하였다가, 그 다음에는 마음이 호기심의 대상에로 이끌리고, 그리고 마침내는 우리의 마음이 사로잡히게 된다. 그래서 잠언은 "모든 지킬 만한 것 중에 더욱 네 마음을 지키라. 생명의 근원이 이에서 남이니라"(잠 4:23)고 선포하고 있는 것이다. 우리 주위의 수많은 상황들이 우리의 마음을 유혹하고, 호리고 있다. 이 때에 우리는 우리의 마음을 굳게 지켜야 한다. 그런데 마음을 지키기 위해서, 우리는 우리의 감각을 통제해야 한다. 우선 '안목' 의 정욕을 일으키는 것에서 눈을 돌려야 한다. 왜냐하면 보통 사람들의 마음은 '눈' 을 따라가기 때문이다(참고. 욥 31:1,7,9).[17] 또한 '귀' 는 모든 음탕한 말들을 멀리해야 한다(엡 4:29).[18] 그리고 우리는 부정한 욕망을 자

16) 갈 5:19 : "육체의 일은 분명하니, 곧 음행과 더러운 것과 호색과 …"

17) 욥 31:1 : " 내가 내 눈과 약속하였나니, 어찌 처녀에게 주목하랴?", 7절: "내 마음이 내 눈을 따랐거나", 9절: "만일 내 마음이 여인에게 유혹되어 이웃의 문을 엿보아 문에서 숨어 기다렸다면."

18) 엡 4:29 : "무릇 더러운 말은 너희 입 밖에도 내지 말고, 오직 덕을 세우는 데 소용되는 대로 선한 말을 하여 듣는 자들에게 은혜를 끼치게 하라."

극시키는 것들과 접촉하는 일을 피해야 하고, 외설적인 무리들과 어울리거나, 불결한 죄를 지를 수 있는 모든 여건과 유혹을 물리쳐야 한다. 왜냐하면 우리는 정신적으로 연약함으로 쉽게 우리를 시험하는 유혹에 넘어가기 때문이다. 따라서 자신이 유혹에 넘어갈 만한 것은 사전에 스스로 먼저 피해야 한다. 요셉도 보디발의 아내의 유혹을 받았지만, 그 유혹을 물리치고, 유혹의 현장을 떠났다(창 39:7-12).[19] 이렇게 유혹의 현장을 떠남으로써 우리는 "유혹의 욕심을 따라 썩어져 가는 구습을 따르는 옛 사람을 벗어버리고, 오직 … 심령이 새롭게 되어 하나님을 따라 의와 진리의 거룩함으로 지으심을 받은 새 사람을"(엡 4:22-24) 입어야 한다.

5. 자연(사물)에 대한 인간의 규범(8-10계명)

> "도적질하지 말지니라, 네 이웃에 대하여 거짓 증거하지 말지니라, 네 이웃의 집을 탐내지 말지니라. 네 이웃의 아내나 그 남종이나, 그 여종이나, 그의 소나, 그의 나귀나 무릇 네 이웃의 소유를 탐내지 말지니라"(출 20:15-17).

십계명이 "도적질하지 말지니라"(출 20:15)고 명령하였을 때는, 그 당시의 사회에서 도적질이 만연하였기 때문이다. 그러나 도적질은 유독 이스라엘 백성에게만 있었던 것은 아니다. 동서고금을 막론하고 어느 시대, 어느 사회에서든지 그리고 심지어 오늘날도 이러 저러한 다양한 모양의

---

19) 창 39:7-12: "그(= 보디발)의 아내가 요셉에게 눈짓하다가 동침하기를 청하니, 요셉이 거절하니, … 그 여인이 그의 옷을 잡고 이르되, 나와 동침하자. 그러자 요셉이 자기의 옷을 그 여인의 손에 버려두고, 밖으로 나가매."

도적질이 자행되고 있다. 그래서 어떤, 어느 사회에서든지 도적질은 사회적 범죄로 규정되고 있다. 현존하는 가장 오래된 법전 중의 하나인 '함무라비 법전' 주전 18세기 역시 강도를 포함한 도적질을 한 사람을 사형에 처하도록 규정하고 있을 정도로 도적질은 역사 이래로 '사회의 악'으로 지금까지 현존해 왔다.[20)]

그래서 이러한 '사회적 악'을 근절하기 위해서 이슬람교의 경전인 '코란Koran'은, '도적은 남자나 여자나 그 손을 자르라'고 엄하게 명령하고 있다. 그럼에도 불구하고 동서고금을 막론하고 '도적질'은, 십계명이 선포될 당시나 지금이나, 우리가 살아가고 있는 사회에서 근절되고 있지 않다.[21)] 그래서 이와 비례하여 성경은 '도적질하지 말라'는 계명을 여러 곳에서 기술하고 있다: "너희는 도적질하지 말며, 속이지 말며, 서로 거짓말하지 말라"(레 19:11). 더 나아가 기독교 경전인 성경은 저울추를 속이거나, 노동자의 임금을 지급하지 않는 것 등을 포함하여 각종 다양한 도적질에 대하여 언급하고, 이를 또한 엄하게 금하고 있다: "너희는 재판에든지 도량형에든지 불의를 행치 말고"(레 19:35).

그런데 도적질에도 양태가 있다. 예컨대 단순히 경제적 궁핍으로 인하여 남의 물건을 훔치거나 도적질할 수밖에 없는 실존적인 원인에 의해서 어쩔 수 없이 도적질하는 경우가 있고, 저울추를 속이거나, 재판에서 '거짓 증거'를 통하여 불의의 소득을 챙기려는 의도적인 범죄도 있다. 그래서 구약에서는 도적질도 그 죄질에 따라서 형벌이 다르게 주어진다. 예를 들면 단순한 절도에는 '배상법'이 적용된다. 그리고 '배상법'도 그 죄질

20) 박준서, 『십계명 새로보기』, 138.

21) 이스라엘 사회에 만연해 있던 절도죄에 대하여 예언자들은 한결같이 책망하고 있다: 호 4:2; 렘 7:8; 겔 22:9.

에 따라서 배상의 비율이 달랐다. 즉 소나 양과 같은 가축을 도적질하였을 경우에도, 되돌려 줄 수 있을 경우에는 갑절로 갚으면 된다.[22] 그러나 소나 양을 다른 사람에게 팔았거나 죽였다면, 소는 5배, 양은 4배로 배상해야만 했다(출 22:1).[23] 그러나 일반 절도범이 배상할 경제적 여유가 없을 때는 가혹한 '체형體刑'이나 종으로 팔려갔다. 그럼에도 불구하고 이들은 7년째안식년이 되면[24] '종'의 신분에서 해방되었다(출 21:2-6; 신 15:12-18). 그러나 어린아이의 생명을 유괴하는 것이나, 남의 아내를 도적질하는 것은 아주 엄하게 처형하였다: "사람을 후린 자 … 그를 반드시 죽일지니라"(출 21:6; 신 24:7).[25] 즉 사람을 '훔친 자'는 사형에 해당된다는 것이다. 이것은 물건과 생명의 차이를 엄격하게 구분하고 있다는 것이다. 즉 어린 아이나 남의 부인을 도적질한 것은, 곧 생명을 훔치는 것이며, 따라서 살인한 것과 마찬가지라는 것이다.

그러나 '도적질하지 말지니라'는 제8계명은 사회, 경제적 차원을 넘어서서 신학적인 의미가 있다. 즉 '불로소득不勞所得'을 성경은 금하고 있다. 즉 도적질이란, 단순히 남의 물건을 빼앗는 것만이 아니라, 일하지 않고 소득을 얻겠다는, 나태한 인간 의지의 결과라는 것이다. 이러한 일하지 않고자 하는 것은, 근본적으로 하나님의 창조의 질서를 어기는 것이라고 볼 수 있다(살후 3:10).[26] 왜냐하면 하나님도 창조의 6일 동안 일하셨기

---

22) 이러한 경우는 절도한 사람이 상대방의 소나 양을 도적질 하기는 하였지만, 소나 양의 생명을 해할 의도가 없이 단지 욕심 속에서 타인의 것을 훔친 것으로 간주하는 것 같다.

23) 소가 배상 비율이 양의 배상 비율보다 높았던 것은, '소를 잃음으로 생기는 일의 손해까지 배상해야 했기 때문'이라고 박준서 교수는 해석한다(그의, 십계명 새로 보기, 139) 다윗이, 부자가 가난한 사람의 양을 빼앗아 손님 대접하였다는 나단의 비유를 들었을 때, "그 양 새끼를 4배로 갚아 주라!"(삼하 12:6) 고 명령한 것도 출애굽기 22장의 배상법에 따른 것이라고 한다(그의, 같은책, 140).

24) 물론 안식년 제도는 이스라엘 사람들에게만 적용되었다.

25) 여기서 '후린다'는 말은 '훔친다(ganab)'는 뜻과 같은 의미로 사용되고 있다. 이 점에 대하여: *박준서*, 같은책, 141.

때문이다: "하나님이 그 창조하시며, 만드시던 모든 일을 마치시고 이 날에 안식하셨음이더라"(창 2:3). 따라서 일하지 않고 도적질을 통하여 '불로소득' 하겠다는 것은, 창조주 하나님을 비롯하여 인간이 일을 해야하는 창조의 질서를 범하는 것이다:

> "여호와 하나님이 그 사람아담을 이끌어 에덴 동산에 두사 그것을 다스리며 지키게 하셨다"(창 2:15).[27]

이 말씀은 '에덴' 동산에서도 아담은 일하고 있었다는 것을 암시해 준다.[28] 이러한 의미에서 노동일은 성스러운 것이다. 건강과 여건이 허락하는 한 열심히 일하며, 살아가는 것이 하나님의 창조의 질서이며, 인간을 향한 하나님의 뜻이다.[29] 따라서 도적질과 '불로소득'은 이러한 하나님의 창조 질서를 파괴하는 것이다.

한 걸음 더 나아가 '도적질하지 말지니라'는 제8계명은 신앙적인 의미를 또한 가지고 있다. 이러한 사실을 우리는 다음의 말라기 선지자의 증언 속에서 발견할 수 있다:

---

26) 살후 3:10: "일하기 싫어하거든 먹지도 말게 하라."

27) 여기서 '다스리다'라는 말은 히브리어로 '아바드('avad)'라는 단어인데, 그 뜻은 본래 '밭을 갈다', '땅을 경작하다(cultive, till)'라는 뜻이다. 고대사회에서 '경작한다'는 것은 곧 '일한다(Work)'를 뜻하게 된다. 따라서 에덴 동산에서 아담은 '다스리다', 곧 '일하고 있었다'라고 해석할 수 있다는 것이다. 이점에 대하여: *박준서, 같은책*, 143.

28) 창세기 3장 17-19절("내가 너더러 먹지 말라 한 나무실과를 먹었은즉, 수고하여야 그 소산을 먹으리라. 땅이 네게 가시덤불과 엉겅퀴를 낼 것이라 … 네가 얼굴에 땀을 흘려야 식물을 먹으리라") 말씀을 근거로 노동을 인간의 죄에 대한 하나님의 징벌로 해석하는 것은 오해의 여지가 있다. 에덴 동산에서의 노동과 타락 후의 노동의 차이는 일(노동)과 양식의 결합이다. 즉 타락 후 인간은 일을 해야 먹고 살 수 있고, 에덴 동산에서의 일은 양식과 상관없이 하나님께서 인간에게 주신 일에 불과하다. 왜냐하면 천사들도 일하기 때문이다.

29) 전 2:24: "사람이 먹고, 마시며 수고(일)하는 가운데서 심령으로 낙을 누리게 하는 것보다 나은 것이 없나니 내가 이것을 본즉 하나님의 손에서 나는 것이로다."

> “사람들이 어찌 하나님의 것을 도적질하겠느냐? 그러나 너희=이스라엘는 나의 것=하나님의 것을 도적질하고도 말하기를 우리가 어떻게 주=하나님의 것을 도적질하겠나이까 하는도다”(말 3:8).

여기서 ‘사람들이 하나님의 것을 도적질했다’ 고 하는 것은, 하나님께 드려야 할 온전한 십일조와 ‘헌물Offering’ 을 제대로 드리지 않았다는 것을 의미한다:

> “땅의 십분의 일 곧 땅의 곡식이나, 나무의 과실이나 그 십분의 일은 여호와의 것이니, 여호와께 성물聖物, qodesh이라”(레 27:30).

왜냐하면 세상의 모든 것이 하나님의 것이요, 땅도 하나님의 것이고(레 25:23), 산과 들의 모든 짐승도 하나님의 것이기 때문이다(시 50:10). 그러나 이스라엘 사람들은 그 중에 열의 하나를 하나님께 드리지 않았다는 것이다. 특히 경제적으로 궁핍한 자를 돕기 위한 ‘구제의 십일조성물, Kodesh’ (신 14:28-29; 26:12-15)를 하나님께 드리지 않아 과부와 고아와 나그네와 경제적으로 약자인 레위인을 돌보지 않았다는 것이다. 구제의 십일조를 통하여 가난하고 궁핍한 자를 돌보지 않았다는 것은 곧 하나님에게 하지 않았다는 것이다.

이와 상응하게 예수님께서도 최후의 심판에 관한 말씀을 하시면서 “내=예수, 혹은 이스라엘 형제 중에 지극히 작은 자 하나에게 하지 않는 것이 나에게 하지 아니한 것”(마 25:40, 45)이라고 말씀하신다. 한 마디로 말해서 하나님께 해야할 것, 곧 가난한 자를 구제해야 할 일을 하지 않은 것도, 신앙적으로 보면 도적질하는 것이라고 성경은 증언하고 있다. 그러나 이것은 신앙인만이 감수해야 할 규정이 아니라, 일반인도 동일하게 실현해야 할 윤리적 과제라고 볼 수 있다. 왜냐하면 적어도 한 공동체 안에서 함께 살아가는 사람이 의식주의 문제로 인하여 고통 당하고 있을 때, 이를 외면하는 것은 신앙을 떠나서 인간적 도리가 아니기 때문이다. 따라서 꼭 기독교인이 아니라도 가난한 자에 대한 구제를 소홀히 하는 것은 도적질하는 것이나 다름없는 일이다.

그런데 루터는, '도적질하지 말지니라' 는 계명은 '하나님을 두려워하고 사랑하여, 이웃의 금전이나, 물건을 훔치거나 그릇된 방법과 사기 수단으로 자기의 것을 만들지 말며, 이웃의 재산이나, 사업을 발전하도록 돕고 보호하라는 뜻' [30] 이라고, 보다 적극적으로 해석한다. 왜냐하면 그는 "마음에서 나오는 것은 악한 생각과 살인과 간음과 음란과 도적질과 거짓 증거와 훼방하는 것"(마 15:19)이기 때문에 "도적과 짝하는 것은 자기의 영혼을 미워하는 자"(잠 29:24)라고 규정하고 있기 때문이다. 그러므로 그는 오히려 "가난한 자를 불쌍히 여기는 것은 여호와께 꾸어 드리는 것이니, 그의 선행을 갚아 주시리라"(잠 19:17)는 말씀을 근거로, '그러므로 무엇이든지 남에게 대접을 받고자 하는 대로 너희도 남을 대접하라' 고 권하고 있다. 이러한 적극적인 권면勸勉을 통하여 루터는 '도적질하지 말지니라' 는 제8계명을 가난한 자와 궁핍한 자를 위한 복음으로 해석하고 있다.

사람들이 남의 것을 도적질하는 일을 합법화하기 위해서 종종 거짓 증언을 하거나, 거짓 증언을 만들어낸다. 그래서 제9계명은 "네 이웃에 대하여 거짓 증거하지 말지니라"(출 20:16)고 규정하고 있다. 이러한 실례를 우리는 나봇의 포도원을 거짓 증언을 통하여 빼앗은 아합 왕의 이야기 속에서 찾을 수 있다(왕상 21장). 아합 왕은 이스르엘이라는 지방의 경치 좋

---

30) *M. Luther*, A Short Explanation of Small Catechism, 지원용 역, *말틴 루터*, 『小教理問答書 해설』, 컨콜디아사 1981, 72.

고 기후 좋은 곳에 별궁을 지었다. 그런데 아합 왕의 별궁 근처에 있는 포도원에서 포도 농사를 짓는 나봇이라는 농부가 살고 있었다. 아합 왕은 자신의 별궁 앞에 채소밭을 만들기 위하여 나봇의 포도원을 구입하고자 하였다. 그러나 나봇은 – 구약 시대 이스라엘의 전통에 의하면 조상으로부터 물려받은 땅을 후손들이 대대로 지켜야 하는 것이기 때문에 – 포도원을 팔고자 하지 않았다. 이 소리를 들은 아합의 왕의 부인 이세벨은 사람을 시켜, '두 명의 거짓 증언자'를 매수하여, 나봇이 하나님과 왕을 저주하였다고 고발하도록 한다. 그리고 그 고발을 근거로 나봇을 돌로 쳐죽인다. 왜냐하면 구약시대의 율법에 의하면, 하나님을 저주하거나, 그의 이름을 망령되이 일컫는 자에 대하여 다음과 같은 규정이 있었기 때문이다:

> "하나님을 저주하는 자는 누구든지 그 벌을 면하지 못한다. 주의 이름을 모독하는 사람은 반드시 사형에 처해야 한다. 온 회중이 그를 돌로 쳐죽여야 한다. 주의 이름을 모독하는 사람은 이스라엘 사람은 말할 것도 없고, 외국 사람이라 하여도 절대로 살려 두어서는 안 된다"(레 24:15-16).

결국 이세벨의 배후 조정으로 세워진 두 명의 거짓 증언자들이 행한 거짓 증언에 의해서 나봇은 한 순간에 생명과 재산을 잃고 만다. 이러한 착취와 살인 사건에 결정적인 역할을 한 사람은 "두 명의 거짓 증언자"이다.[31] 이러한 이유에서 거짓 증언은 하나님께서 싫어하시는 일곱 가지 죄

31) 신명기 19장 15절은 다음과 같이 두 명 이상의 증언에 따라서 사건을 확정할 것을 규정하고 있다: '사람의 아무 악이든지 무릇 범한 죄는 한 증인으로만 정할 것이 아니요, 두 증인의 입으로나 세 증인의 입으로 그 사건을 확정할 것이라.' 그래서 고의로 살인을 한 사건에 대하여는 반드시 복수 증인을 요구하였다(민 35:50; 신 17:6). 이렇게 두 명 이상의 복수 증인제도를 채택하였음에도 불구하고 구약 시대의 재판에 여전히 위증이 많았다. 그래서 시편 기자는, "내 생명을 내 대적의 뜻에 맡기지 마소서, 위증자와 악을 토하는 자가 일어나서 나를 치려함이니이다"(시 27:12) 라고 기도하고 있다.

목 가운데 하나이다.[32] 그럼에도 불구하고 거짓 증언하는 자들이 사라지지 않아 '눈에는 눈, 귀에는 귀' 라는 '탈리온 법*Lex Talionis*' 이 생겨나게 되었다. '탈리온 법' 의 제정은 바로 이러한 거짓 증언 때문에 생긴 것이다. 이렇듯 제9계명은 좁은 의미에서는 거짓 증언을 금하는 율법이지만, 넓은 의미에서 보면 모든 형태의 부정적인 말을 금하는 것을 뜻한다고 한다. 따라서 "거짓말, 허위 사실을 조작, 날조하는 말, 악의로 다른 사람을 중상하고 모략하는 말들은 모두 이 계명과 관련된 것이다."[33]

그런데 "거짓증거하지 말지니라"는 말씀은, 진실을 말하여만 하고 거짓을 말하지 말라는 것이다. 그러나 이 말씀을 역설적으로 이해하면, 진실을 말해야 할 순간에 진실을 알고 있으면서도, 침묵을 지키는 것도 "거짓증거하지 말지니라"는 말씀에 저촉되는 것이다. 적극적으로 거짓말하는 것이 '작위적作爲的' 죄라면, 진실과 진리 앞에서 진리를 이야기하지 않는 침묵은 '부작위적不作爲的' 죄이다.[34] 이를 레위기 5장 1절이 증언하고 있다:

> "만일 누구든지 저주하는 소리를 듣고서도 증인이 되어, 그가 본 것이나, 알고 있는 것을 알리지 아니하면, 그는 자기의 죄를 져야 할 것이요, 그 허물이 그에게로 돌아갈 것이며"(레 5:1).[35]

따라서 진실을 알고 있는 사람으로서, 그 진실을 말해야 함에도 불구하

32) 하나님께서 금하는 죄목은 "교만한 눈, 거짓된 혀, 무죄한 자의 피를 흘리는 손, 악한 계교를 꾀하는 마음, 빨리 악으로 달려가는 발, 거짓을 말하는 망령된(= 거짓 된) 증인, 형제 사이를 이간하는 자"(잠 6:16-19)이다.

33) 박준서, 같은책, 155.

34) 박준서, 같은책, 156.

35) 이 말씀은 율법준수를 위한 고발정신으로 해석할 수도 있다.

고 침묵을 지키는 것은, 분명히 '침묵의 거짓말' 을 하는 것이다.[36] 진리를 알고도 침묵하는 것은 결코 윤리적으로 '덕' 이 있는 것이나, 정의로운 것이 결코 아니다. 오히려 '거짓증거 하지 말지니라' 는 제9계명에는 허위와 거짓, 불의와 불법 앞에서 진실을 증언해야 하는 적극적인 의미도 담겨져 있다. 왜냐하면 스데반은 적극적으로 복음의 진리를 증언하다가 순교하였기 때문입니다. 스데반이 자유민들에게 적극적으로 예수 그리스도의 부활과 성령의 역사를 증언하지 않았다면, 그는 자유민들에게 미움도 사지 않았을 것이고, 거짓증언 자들에 의해서 고발되어, 돌에 맞아 죽지 않아도 되었을 것이다(행 6:8-14).[37] 이러한 의미에서 진리에 대하여 침묵하는 것은, '침묵의 거짓말' 을 하는 것이다. 오히려 진리의 영, 곧 성령에 사로잡힌 자는 복음의 진리에 대하여 침묵할 수 없다: "오직 성령이 너희에게 임하시면, 너희가 권능을 받고 예루살렘과 온 유대와 사마리아와 땅끝까지 이르러 내 증인이 되리라"(행 1:8). 이러한 증언에 상응하게 구약의 예언자 미가야나 순교자 스데반은 성령의 인도함을 받아 진리를 증언하다가 죽은 것이다(행 7:55).[38] 반면에 악령에 사로잡힌 아합의 선지자들과 대제사장 가야바와 자유민들에게 매수된 불량한 거짓 증언자들은 거짓증언으로 하나님의 종을 죽인 것이다.

---

36) *박준서*, 같은책, 158.

37) "스데반이 은혜와 권능이 충만하여 큰 기사와 표적을 민간에 행하니, 이른 바 자유민들 즉 구레네인, 알렉산드리아인, 길리기아와 아시아에서 온 사람들이 회당에서 어떤 자들이 일어나 스데반과 더불어 논쟁할 새, 스데반이 지혜와 성령으로 말함을 그들이 능히 당하지 못하여, 사람들을 매수하여 말하게 하되, 이 사람이 모세와 하나님을 모독하는 말을 하는 것을 우리가 들었노나 하게 하고, … 거짓 증인들을 세우니 이르되, 이 사람이 이 거룩한 곳과 율법을 거슬려 말하기를 마지 아니 하는도다. '그의 말에 이 나사렛 예수가 이 곳을 헐고, 또 모세가 우리에게 전하여 준 규례를 고치겠다' 함을 우리가 들었노라"(행 6:8-14).

38) 행 7:55 : "스데반이 성령 충만하여 하늘을 우러러 주목하여 하나님의 영광과 및 예수께서 하나님 우편에 서신 것을 보고."

이제 우리는 '거짓증거'는, '사실'이 아닌 것을 '그렇다'고 말하는 것뿐만 아니라, '진리에 침묵하는 것'임을 알았다. 그래서 예수님은 "오직 너희 말은 옳다, 옳다, 아니라, 아니라 하라. 이에서 지나는 것은 악으로부터 나느니라"(마 5:37)고 말씀하셨던 것이다. 그러므로 '옳은 것'을 '옳다'고 이야기하지 않고, 침묵하는 것은 '옳은 것'을 부정하는 것이 되며, 동시에 '아니요' 할 것을 '아니요' 하지 않는 '침묵의 거짓증언'을 행하는 것이다. 사도 바울은 "그런즉 거짓을 버리고, 각각 그 이웃과 더불어 참된 것을 말하라"(엡 4:25)고 명한다. 그런데 대부분의 사람들이 자신의 이해관계 때문에 '예' 할 것을 '예' 하지 못하고, '아니요' 할 것을 '아니요' 하지 못하고 있다. 그래서 잠언 22장 1절은 "많은 재물보다 명예를 택할 것이요, 은이나 금보다 은총을 더욱 택할 것이니라"고 권하고 있다. 그리고 차라리 "가난한 자(는) 거짓 말하는 자보다 낫다"(잠 19:22b)고 강조하고 있다.

6. 안식일(주님의 날)을 거룩하게 지켜라(4계명)

"안식일을 기억하여 거룩히 지키라. 엿새 동안은 힘써 네 모든 일을 행할 것이나, 제 칠일은 너의 하나님 여호와의 안식일인 즉, 너나 네 아들이나, 네 딸이나, 네 남종이나, 네 여종이나, 네 육축이나, 네 문안에 유하는 객이라도 아무 일도 하지 말라. 이는 엿새 동안에 나 여호와가 하늘과 땅과 바다와 그 가운데 모든 것을 만들고, 제 칠일에 쉬었음이라. 그러므로 나 여호와가 안식일을 복되게 하여 그 날을 거룩하게 하였느니라"(출 20:8-11).

이와 동시에 성경은 안식일을 범하는 사람들에 대해서는, "그 날을 더럽히는 자는 모두 죽일지며, 그 날에 일하는 자는 모두 그 백성 중에서 그 생명이 끊어지리라. 엿새 동안 일할 것이나, 일곱째 날은 큰 안식일이니, 여호와께서 거룩한 것이라, 안식일에 일하는 자는 누구든지 반드시 죽일지니라"(출 31:14-15)고 엄하게 명하고 있다. 여기서 질문이 제기된다. **안식일이 어떠한 날이기에 안식일을 범하는 자들에게 대하여 이렇게 엄한 벌을 내리는가?** 그렇다면 안식일에 죽은 자처럼 아무 일도 하지 말라는 것인가?

우선 안식일은 야웨 하나님과 이스라엘 백성 사이에 맺은 계약의 영원한 표징이다. 이러한 점에서 안식일은 하나님의 날, 곧 주님의 날이다. 그래서 출애굽기는 안식일을 거룩하게 지켜야 하는 이유를 다음과 같이 설명하고 있다:

> "여호와께서 모세에게 말씀하여 이르시되, 너는 이스라엘 자손에게 말하여 이르기를 너희는 나의 안식일을 지키라. 이는 나와 너희 사이에 너희 대대의 표징이니, 나는 너희를 거룩하게 하는 여호와인 줄 너희가 알게 함이라"(출 31:12-13); "이같이 이스라엘 자손이 안식일을 지켜서 그것으로 대대로 영원한 언약을 삼을 것이니, 이는 나와 이스라엘 자손 사이에 영원한 표징이며, 나 여호와가 엿새 동안에 천지를 창조하고, 일곱째 날에 일을 마치고, 쉬었음이니라"(출 31:16-17).[39]

39) 겔 20:12 : "내가 그들을 거룩하게 하는 여호와인 줄 알게 하려고, 내 안식일을 주어 그들과 나 사이에 표징을 삼았노라." 이와 같이 하나님과 인간 사이의 계약은 계약의 표징이 있다. 노아 계약의 표징은 무지개이고(창 9:11), 아브라함 계약의 표징은 할례이고(창 17:11-12), 시내산 계약의 표징은 십계명, 더 자세히 말하면 안식일 계명이고, 새 계약의 표징은 성만찬(마 26:26-28)이라고 볼 수 있다.

이 말씀이 의미하는 바는, 안식일을 거룩하게 준수하는 것은, 여호와 하나님과 이스라엘 백성 사이에 맺은 '언약Zusage', 즉 "나는 너희 하나님이 되고, 너희는 나의 백성이 될지니라"(렘 31:31-34)는 계약을 성실히 지키겠다는 표현이다. 역으로 안식일을 범하는 것은, 하나님과 이스라엘과 맺은 계약을 이스라엘 편에서 어기겠다는 뜻을 표현하는 것이라고 이해할 수 있다. 마치 결혼한 부부가 서로 상대방만을 사랑하고 섬기기로 약속하고, 그 표징으로서 반지를 나누어가졌는데, 한 남자가 그 반지를 빼어서 버렸다면, 그 여자와 한 약속을 지키지 않겠다는 것을 의미하는 것과 같다. 그러므로 안식일의 준수 여부에 따라서 하나님과 맺은 계약에 대한 준수 의지가 표현되는 것이라고 볼 수 있다. 즉 안식일을 범하는 것은 하나님과 맺는 계약의 파기 의사를 표현하는 것이고, 안식일을 거룩하게 지키는 것은 계약을 성실히 지키겠다는 의사를 표현하는 것이 되는 것이다. 마치 결혼의 표징으로 서로 주고 받은 결혼 반지를 빼어 버림으로써 결혼 파기를 표현한 것과 같다.

동시에 안식일을 범하는 것은 창조주 하나님의 창조섭리를 거역하는 것도 된다. 왜냐하면 하나님께서 엿새 동안에 천지를 창조하고, 일곱째 날에 일을 마치고, 쉬셨기 때문이다(창 2:3; 출 20:11; 신 5:12). 그러나 이 말씀은 하나님께서 일곱째 날에 쉬셨기 때문에, 반드시 너희도 쉬어야 한다는 맹목적인 복종을 요구하는 폭군적 명령이 결코 아니다. 오히려 안식일은 피조물인 인간을 비롯한 모든 피조물을 위하여 하나님께서 제정하신 창조주 여호와 '하나님의 날'이다. 더 자세히 말하면, 하나님께서 만드신 피조물을 위하여 친히 제정하신 "하나님 여호와의 안식일"(출 20:9; 비교 31:13; 35:2-3; 레 19:3)[40]이기 때문이다. 따라서 이 날의 주인은 피조물인 인간이 아니라, 하나님 자신이다. 따라서 안식일을 범하는 것은, '하나님의 날' 을 침범하는 것이고, 피조물에 대한 하나님의 사랑의 주권을 침해하는 것이다. 그러기에 안식일을 범하는 것은 여호와 '하나님의 주권' 을 침해하는 자에 상당함으로, 죽임을 당하는 것이 마땅한 것이다. 그래서 모세는 "엿새 동안은 일하고 일곱째 날은 너희를 위한 거룩한 날이니, 여호와께 엄숙한 안식일이라 누구든지 이 날에 일하는 자는 죽일지니"(출 35:2)라고 엄하게 명령하고 있는 것이다. 그렇다면 여기서 질문이 제기된다: **어떻게 안식일이 피조물을 위한 여호와 하나님의 날인가?**

사실 창조의 안식일은 단지 쉬는 날이 아니다. 왜냐하면 창조의 안식일의 의미는 모든 수고와 땀 흘림에서 '해방되는 자유의 날' 이기 때문이다. 그래서 신명기 기자는 안식일을 거룩하게 지켜야 하는 이유를 아래와 같이 설명하고 있다:

> "너는 기억하라 네가 애굽 땅에서 종이 되었더니, 네 하나님 여호와가 강한 손과 편 팔로 거기서 너를 인도하여 내었나니, 그러므로 네 하나님 여호와가 네게 명령하신 안식일을 지키라"(신 5:12-15).

이 말씀은 "나는 너를 애굽 땅, 종 되었던 집에서 인도하여 낸 네 하나님 여호와라"(출 20:2; 신 5:6)는 십계명의 서문에 상응한다. 이러한 진술에 의하면, 안식일을 거룩하게 지켜야 하는 이유는, 그 날이 바로 우리가 애굽의 노예 생활에서 해방된 날이고, 노예의 신분에서 자유인이 된 자유의 날이기에 거룩하게 지키라는 것이다. 왜냐하면 제4계명은 누가 쉬어야 하는지를 명백히 규명하고 있기 때문입니다. 즉 안식일, 곧 "일곱째 날은 네 하나님 여호와의 안식일인즉 너나 네 아들이나, 네 딸이나, 네 남종

---

40) "나의 안식일"(출 31:13; 레 19:3; 겔 20:12; 22:26); "여호와의 안식일"(레 23:3,38; 24:8)

이나 네 여종이나 네 소나, 네 나귀나 네 모든 가축이나 네 문안에 유하는 객이라도 아무 일도 하지 못하게 하고, 네 남종이나, 네 여종에게 너 같이 안식하게 할지니라"(신 5:14; 출 20:10)[41]고 규정하고 있기 때문이다. 이 말씀은 "엿새 동안은 힘써 네 모든 일을 행하지만,"(출 20:9) 일곱째 날은 아무리 종이요, 가축이며, 객이라 할지라도 고된 노동에서 해방시켜 주는 것이, 창조주 하나님의 뜻이라는 것이다(출 23:12).[42] 왜냐하면 이스라엘 백성들도 애굽 땅에서 종살이하면서 쉬는 날도 없이 노동을 착취당하였기 때문이다. 그래서 신명기 기자는 고아와 과부 그리고 나그네를 돌보고 가난한 사람을 보호해야 하는 율법을 선포할 때, 항상 "너는 이방 나그네를 압제하지 말며, 그들을 학대하지 말라 너희도 애굽 땅에서 나그네였음이라"(출 22:21)는 말씀을 첨부하고 있다. 그래서 구약의 율법은 항상 '가난한 자'와 '나그네'와 '고아'와 '과부' 그리고 경제적, 사회적 그리고 정치적으로 나약한 사람들(피조물을 포함하여)에 대한 배려를 적극으로 권장하고있는 것이다.[43]

그러나 '안식일을 기억하여 거룩하게 지키라'는 말씀은 단순히 '신학적 인도주의'나 사회적 약자를 보호하기 위한 '약자 보호법'[44], 혹은 '사

---

41) 출 20:10 : "일곱째 날은 네 하나님 여호와의 안식일인즉, 너나 네 아들이나, 네 딸이나, 네 남종이나 네 여종이나, 네 가축이나, 네 문안에 머무는 객이라도 아무 일도 하지 말라."

42) 출 23:12 : "너는 엿새 동안에 네 일을 하고, 일곱째 날에는 쉬라. 네 소와 나귀가 쉴 것이며, 네 여종의 자식과 나그네가 숨을 돌리리라."

43) 이것을 아주 법제화한 것이 바로 안식일과 안식년 그리고 희년(禧年) 법이다: "너희가 너희 하나님 여호와께서 주시는 안식과 기업에 아직은 이르지 못하였거니와, … 너희가 요단을 건너 너희 하나님 여호와께서 너희에게 기업으로 주시는 땅에 거주하게 될 때, 또는 여호와께서 너희에게 너희 주의 모든 대적을 이기게 하시고, 너희에게 안식을 주사 너희에게 평안히 거주하게 하실 때에, … 너희와 너희의 자녀와 노비와 함께 너희 하나님 여호와 앞에서 즐거워할 것이요, 네 성중에 있는 레위인과도 그리할지니 레위인은 너희 중에 분깃이나 기업이 없음이니라"(신 12:9-10, 12).

44) *박준서*, 「십계명 새로보기」, 82, 84.

회적 공의公義' 차원을 넘어선다. 왜냐하면 가난한 사람을 학대하거나, '가난하고, 옥에 갇히고, 병들고, 억압받는 자들'을 보호하고 위로하지 않는 것은, 창조주 하나님의 뜻을 거역하는 것이 되기 때문이다(사 61:1-2).[45] 그래서 잠언서는 아예 "가난한 사람을 학대하는 자는, 그 지으신 이=하나님를 멸시하는 자요, 궁핍한 사람을 불쌍히 여기는 자는 주를 공경하는 자니라"(잠 14:31)고 선포하고 있다. 이러한 의미에서 안식일 계명은 두 가지 차원, 곧 우주적, 창조적 질서와 사회적, 정치적 약자를 위한 인도주의적 차원을 넘어서는 구원자 하나님의 뜻에 상응하는 계명이다.

만일 창조주 하나님이 '가난한 자', '과부', '고아', '나그네', '억압받는 자'의 하나님이 아니라면, 기독교의 하나님은 다른 종교의 신들과 다를 것이 하나도 없다. 그래서 예수께서도, "건강한 자에게는 의사가 쓸 데 없고, 병든 자에게라야 쓸 데 있느니라"(마 9:12)고 말씀하시고, 계속해서 "내가 긍휼을 원하고, 제사를 원하지 아니하노라 하신 뜻이 무엇인지 배우라. 나는 의인을 부르러 온 것이 아니요, 죄인을 부르러 왔노라"(마 9:13)고 말씀하신 것이다. 그러므로 안식일 계명은 단순히 일주일 중 하루, 곧 일곱째 날은 쉬어야 한다는 생태적 '주기週期'가 아니라, 가난하고 병들고, 억압받고, 몸 붙일 곳 없는 나그네를 위한 자비로우신 하나님의 긍휼을 실현하기 위한 복음인 것이다. 그래서 이와 상응하게 예수님도 공생애 동안 항상 가난한 자, 과부, 죄인, 나그네, 병든 자, 귀신들린 자의 고통, 더 나아가 죽음의 고통에서 해방시켜주시는 구원의 활동을 전개하신 것이다. 그렇다. 안식일, 이 날은 인간의 죄로 인하여 야기된 모든 고

---

45) 사 61:1-2 : "주 여호와의 영이 내게 내리셨으니, 이는 여호와께서 내게 기름을 부으사, 가난한 자에게 아름다운 소식을 전하게 하려 하심이라. 나를 보내사 마음이 상한 자를 고치며, 포로된 자에게 자유를, 갇힌 자에게 놓임을 선포하며, 여호와의 은혜의 해와 우리 하나님의 보복의 날을 선포하여 모든 슬픈 자를 위로하되"

통과 억압으로부터 인간들이 해방되는 자유의 날이다. 그렇다면 안식일에 어떻게 생활하는 것이, 안식일을 거룩하게 지키는 것인가?

안식일을 거룩하게 하려면 다른 날에 할 수 있는 모든 세상의 업무와 오락까지도 끊고, 그 날을 종일 거룩하게 쉬며, 공적으로나 사적으로 하나님께 예배를 드리는 일로 그 모든 시간을 보내야 한다. 다만 부득이한 일이나, 자비를 베푸는 일에 드려야 할 시간만큼은 예외이다(사 58:13).[46]

그러나 우리가 안식일을 거룩하게 지키는 것은, 겉으로 드러나는 인간의 선한 행위보다는 근본적으로 다른 생명체의 생명을 사랑하는 선한 마음이다. 이점을 예수님께서는 안식일에 대한 논쟁이 생겼을 때마다 다음과 같이 분명하게 증언하신다:

> "안식일에 선을 행하는 것과 악을 행하는 것, 생명을 구하는 것과 죽이는 것, 어느 것이 옳으냐 하시니"(막 3:4; 눅 6:9).

계속해서 예수님은 다른 방식으로 안식일에도 생명을 구하는 일은 중단하지 말아야 한다는 점을 강조하신다:

> "너희 중에 어떤 사람이 양 한 마리가 있어 안식일에 구덩이에 빠졌으면, 끌어내지 않겠느냐? 사람이 양보다 얼마나 더 귀하냐, 그러므로 안식일에 선을 행하는 것이(병 고치는 일이) 옳으니라"(마 12:12).[47]

---

46) 사 58:13 : "만일 안식일에 네 발을 금하여 내 성일(聖日)에 오락을 행하지 아니하고, 안식일을 일컬어 즐거운 날이라, 여호와의 성일을 존귀한 날이라 하여 이를 존귀하게 여기고, 네 길로 행하지 아니하며, 네 오락을 구하지 아니하며, 사사로운 말을 하지 아니하면"

이와 같이 안식일을 거룩하게 지키는 것이, 사람이나 동물의 생명을 구한다든지, 병자를 고치는 것과 같은 선행까지 금하라는 것이 결코 아니다. 오히려 안식일의 근본정신은 죽어 가는 생명을 구원하는 일이다. 주님의 날에 예수님께서 죽은 자 가운데서 부활하심으로 예수를 믿는 모든 사람들을 죽음 가운데서 구원하셨듯이, 영적으로 죽은 자를 살리는 예배와 생명의 말씀을 전하는 선교는 안식일주님의 날에도 쉬지 말고 행하여야 하는 것이다.[48]

결론적으로 우리가 안식일을 기억하여 하나님께 거룩하게 예배드리는 것은, 첫째는 하나님과 맺은 계약을 성실히 준수하겠다는 표징이다. 왜냐하면 안식일은 하나님과 우리, 곧 하나님의 백성 사이의 영원한 표징이기 때문이다(출 31:16-17). 그러므로 우리가 안식일을 기억하여 거룩하게 지키면, 하나님께서 우리의 하나님이 되어 주시겠다는 언약을 성실히 지켜 주실 것이고, 그렇게 되면, 우리는 어려운 삶에서 해방되는 구원을 얻을 뿐만 아니라, 영원한 하나님 나라의 자녀로서 살아갈 수 있기 때문이다. 이러한 의미에서 안식일을 기억하여 거룩하게 지키는 자에게는 하나님의 약속된 축복이 임한다. 왜냐하면 여호와 하나님께서 안식일을 복되게 하셨으며, 그 날을 거룩하게 하셨기 때문이다(출 20:11).

---

47) (괄호)의 내용은 필자가 첨부함. 눅 14:5 : "너희 중에 그 아들이나, 소가 우물에 빠졌으면, 안식일에도 곧 끌어내지 않겠느냐?"

48) 안식일 후 첫날 곧 일요일, 곧 주님의 날을 일하지 않는 공휴일이 된 것은 주후 321년 콘스탄틴 황제에 의해서이다. 콘스탄틴 대제는 '태양의 날(Day of the Sun)', 즉 일요일을 공적인 휴일로 선포하였다. 그 후 일요일은 기독교회의 주일이 되었고, 기독교인들이 주일을 휴일로 지킴으로 인하여 주일과 안식일이 자연스럽게 합쳐져 주일은 안식일화 되었다. 이점에 관하여: *박준서*, 십계명 새로보기, 97f. 이렇게 주일이 안식일화 됨으로써 '안식일의 의미'는 '주님의 날의 의미'와 합쳐져서 보다 큰 의미를 가지게 되었다. 그 의미를 한 마디로 표현한 것이 다음 제 7장의 창조의 안식일, 주님의 날, 그리고 마지막 날이다.

7. 창조의 안식일, 주님의 날, 마지막 날

십계명의 넷째 계명은 안식일에 관한 것이다. 일주일 중에 일곱째 되는 안식일은 우선 창조주 하나님 아버지께서 정하신 '창조의 안식일' 이다. 왜냐하면 창세기는 안식일의 의미를 다음과 같이 증언하고 있기 때문이다: "하나님이 그 일곱째 날을 복되게 하사, 거룩하게 하셨으니, 이는 하나님이 그 창조하시며, 만드시던 모든 일을 마치시고, 그 날에 안식하셨음이니라"(창 2:3). 그리고 안식일에 관한 십계명의 넷째 계명도, 안식일을 기억하여 거룩하게 지켜야 하는 이유로써, 엿새 동안 여호와 하나님께서 하늘과 땅과 바다와 그 가운데 모든 것을 만들고, 제 칠일에 쉬었기 때문(출 20:11; 신 5:12)이라고 증언한다. 이러한 증언에 의하면, 창조는 만물의 기원에 관한 인간의 철학적이고 형이상학적인 진술이 아니라, 아주 구체적이고, 역사적인 하나님의 행위였다는 것이다. 그런데 성경은 하나님의 창조 사역을, "천지와 만물이 다 이루어지니라"(창 2:1), 혹은 "하나님이 그가 하시던 일을 일곱째 날에 마치시니"(창 2:2)라는 말씀으로 끝맺는다. 그런데 일곱째 날에 창조가 '다 이루어지다' 혹은 하나님께서 창조 사역을 '마치시다' 는 단어는, 모든 창조가 '끝났다', '끝나다' 혹은 '완성하다' 라는 뜻이다.[49] 다시 말해서 하나님께서 목적했던 바의 모든 창조사역을 '끝냈다', 혹은 창조가 '완성되었다' 는 뜻이다.

그러나 '다 이루어지다', 혹은 '다 마치시다' 라는 말은, 결코 더 이상 아무 일도 일어나지 않는 '끝' 을 뜻하는 것이 아니라, 오히려 완성을 뜻하는 것이다. 즉 '끝, 곧 행위의 마지막이 아니라, 즉각적으로 다른 행동

49) *E. Haag*, Art, שׁבת, ThWAT, Bd.VII, Sp.1040-1046, 특히 1041.

이 뒤따르는 그래서 창조의 사역을 보다 더 효과적으로 완성한다' 는 의미를 가진 '더 이상 아무 것도 하지 않음' 을 뜻하는 것이다. 따라서 창조의 안식은 '하나님께서 이루어 놓으신 모든 창조에 그 무엇을 더한다든지, 아니면 창조물을 보다 좋게 하기 위해서 계속적인 사역하시는 일을 더 이상 아무 일도 하지 않으신다' [50]는 것을 뜻한다. 왜냐하면 하나님은, 자신이 창조하신 것들을 보시고, 이미 만족해 하셨기 때문이다: "하나님이 지으신 그 모든 것을 보시니, 보시기에 심히 좋았더라"(창 1:31). 결론적으로 제 일곱째 날, 곧 창조의 안식일의 의미는 '창조주 하나님의 창조 사역의 완성' , 혹은 '창조 사역을 다 이루신 후의 쉼' , 혹은 한 걸음 더 나아가 이 두 가지 의미의 결합으로 해석할 수 있다.

그런데 하나님의 창조 사역의 완성과 더불어 인간(아담과 이브)의 세상 통치가 시작된다는 의미에서, 창조의 안식은 동시에 인류 역사의 새로운 시작을 뜻하기도 한다.[51] 왜냐하면 출애굽기 20장 10절과 23장 12절을 고려해 볼 때, 창조 작업을 모두 수행하신 후에 하나님께서 쉬셨다는 '안식' 의 의미는 잠시 '숨을 돌리다naphasch' 라는 뜻도 가지고 있기 때문이다: "너는 엿새 동안에 네 일을 하고 일곱째 날에는 쉬라, 네 소와 나귀가 쉴 것이며, 네 여종의 자식과 나그네가 숨을 돌리리라"(출 23:21; 34:21). 그런데 여기서 '쉬는 자' 는 여호와 하나님만이 아니라, 남종과 여종을 비롯하여, 육축이고, 문안에 유留하는 객客이라도 아무 일도 하지 말고 쉬라(출 20:10)는 점에서, 창조의 안식은 창조주 하나님과 인간을 비롯한 모든 피조물이 함께 숨을 돌리는 공동의 '안식' 혹은 '향연' , 혹은 '함께 취하는 안식' 이다. 여기서 '하나님께서 당신의 종과 함께 향연을 베푸셨다'

---

50) *K. Barth*, KD III/1, 249.

51) *K. Barth*, KD III,4, 56

는 성경 증언이 뜻하는 바는, '하나님은 피조물과 함께 공존하시길 원하신다' 는 것을 의미한다. 즉 하나님께서는 이 세상을 창조하신 후에, 제 일곱째 날의 역사적 사건 속에서 모든 피조물과 함께 '상호공존Koexistenz' 하시는 분으로 자신을 계시하신 것이다.[52)]

이러한 '공존' 의 의미에서 기독교의 하나님은 '우리와 함께 계시는 하나님Immanuel', 곧 예수 그리스도로 자신을 계시하신 하나님이시다. 다시 말해서 창조주 하나님 아버지는 결코 홀로 계시는 분이 아니라, 우리 피조물과 항상 함께 계시기를 바라는 하나님이시다. 이것이 바로 기독교가 증언하는 창조주 하나님의 본질이다. 자녀들과 항상 함께 있기를 원하는 부모처럼, 창조주 하나님은 항상 당신의 피조물들과 함께 있기를 원하신다. 이것이 창조주 하나님의 뜻이다. 이러한 의미에서 창조의 안식은 창조된 인류 역사의 목적인 것이다. 즉 창조주 하나님, 인간 그리고 모든 피조물이 함께 평화의 안식을 누리는 것, 이것이 창조 역사의 목적이다. 그래서 예수께서도 마지막 기도에서 "아버지여 내게 주신 자도 나 있는 곳에 나와 함께 있어 아버지께서 창세創世 전에 나를 사랑하시므로, 내게 주신 나의 영광을 그들로 보게 하시기를 원하옵나이다"라고 기도하고 계신 것이다. 그런데 여기서 질문이 제기된다: 창조역사의 목적이 창조주 하나님과 인간과 피조물의 '상호공존Koexistenz', 곧 '함께 하는 삶Mitleben' 이라면, 타락한 인간은 어떻게 하나님과 공존하는가? 이에 대한 답변은 예수 그리스도의 강림과 부활에서 주어진다.

창조의 역사는 결코 종결된 역사가 아니다. 창조의 역사는 오히려 하나님께서 당신의 백성과 지속적인 관계를 맺기 위한 전제적 역사이다. 따

---

52) *K. Barth*, KD III/1, 244.

라서 창조 목적은 창조의 안식으로 그 목적을 성취한 것이 아니다. 창조의 목적, 곧 창조주 하나님과 인간과 피조물과 '함께 하는 삶'은 창조의 안식으로 종식된 것이 아니다. 창조의 목적, 곧 창조의 안식은 현재까지도 계속되는 역사의 방향이며, 목표이다. 왜냐하면 하나님의 역사는 인간을 비롯한 피조물과 분리된 역사가 아니라, 언제 어디서나 항상 우리 인간과 함께 하시는 '임마누엘Immanuel'의 역사이기 때문이다(창 26:24; 28:15; 31:3; 출 3:12; 마 28:20 등). 이러한 창조 역사의 목표를 실현하기 위해서 여호와 하나님은 이스라엘 백성에게 '나는 너희 하나님이 되고, 너희는 나의 백성이 될지니라'는 언약을 주신 것이다.

그러나 "하나님의 세계 내재"[53](창 2:3)인 창조의 안식은 인간의 타락으로 파괴되었다. 다시 말해서 '인간이 하나님과 같이 되고자*homo erit sicut deus*' 하는 인간의 교만으로 인하여, 인간은 '에덴' 동산에서 하나님과 함께 더 이상 함께 살지 못하고 추방당했다: "여호와 하나님이 그=아담를 내보내어 그의 근원이 된 땅을 갈게 하시니라"(창 3:23). 그 후 인간의 삶은 참된 안식이 없는 삶, 다시 말해서 하나님 없는, 곧 생명 없는 삶을 살아야 했다. 인간은 일평생 평안한 안식 없이, "흙으로 돌아갈 때까지 얼굴에 땀을 흘려야"(창 3:19) 먹을 것을 얻는 고달픈 삶을 살아야 한다. 그러나 하나님의 예정하신 뜻은, 인간의 죄악에도 불구하고 실현되고 완성되어야 하기 때문에, 창조 때 말씀으로 계셨던 하나님이 직접 육신을 입고 이 땅에 오신 것이다: "말씀이 육신이 되어 우리 가운데 거하시매, 우리가 그의 영광을 보니, 아버지의 독생자의 영광이요, 은혜와 진리가 충만하더라"(요 1:14; 빌 2:6이하). 하나님께서 육신을 입고 이 땅에 오신 것은, 창

---

53) *K. Barth*, KD III/1, 244.

조의 목적, 곧 인간과 함께 하는 삶을 위해서 오신 것이다. 바로 이러한 근거에서 이 땅에 오신 하나님의 아들 예수 그리스도의 이름이 바로 "임마누엘Immanuel, 하나님이 우리와 함께 계시다"(사 7:14; 마 1:23)인 것이다. 더 자세히 말해서 창조 역사의 제 일곱째 날을 하나님께서 창조의 안식일로 설정하여 놓으시고, 그 날에 에덴 동산에 강림하시어 인간과 모든 다른 피조물과 함께 안식의 향연을 가지셨던 것처럼, 하나님은 인간 및 피조물과 '안식의 향연' 을 가지시기 위해서 친히 이 땅에 육신을 입고 오신 것이다. 그분이 바로 십자가에 못 박혀 죽으시고, 부활하신 주 예수 그리스도이시다. 바꾸어 말하면 창조의 안식일에 하나님과 인간의 공동 안식, 혹은 공동의 향연은 영원한 아들의 낮아짐 속에서 즉 '임마누엘: 하나님이 우리와 함께 계시다' 에서 존재론적으로 성취되었다. 그리고 예수의 승천, 곧 '인자의 들리움' [54]으로 창조의 안식일에 하나님께서 가지셨던 안식의 향연에 인간이 정식으로 초대된 것이다.[55] 즉 예수 그리스도가 죽음에서 부활하심으로 인하여 모든 인간을 하나님의 나라, 곧 창조의 안식으로 인도하신 것이다. 그러므로 우리 주님께서 부활하신 주님의 날은, 창조의 목적인 제 일곱째 날의 '창조의 안식', 즉 하나님께서 그의 피조물과 결합을 위한 공동체의 날의 재건인 것이다. 왜냐하면 주님의 날, 곧 예수께서 부활하신 날은, 창조주 하나님과 인간 사이에 놓인 담을 허시고

---

54) *K. Barth*, KD IV/2, 1ff.: "Die Erhöhung des Menschensohnes"

55) 바로 이러한 의미에서 예수를 새로운 피조물로 바르트는 규정하고 있다: "다음과 같은 사실이 결코 간과되어서는 안 된다, 즉 신약성서는 예수 그리스도를 고려하여 새로운 창조에 관하여 (갈 6:15; 고후 5:17), 하나님에 의하여 창조된 새로운 인간에 관하여 (엡 4:24), 인간의 고양된 계속적인 삶에 관하여 이야기하지 않고, 오히려 인간의 '새로 태어남' (요 3:3)에 관하여, 분명히 새 하늘과 새 땅에 관하여 (계 21:1; 벧후 3:13) 언급하고 있다. 그리고 또한 다음 사실도 간과되어서도 안 된다, 즉 신약성서는 예수 그리스도 자신을 첫 번째 아담의 형상이 완성된 것이라든지, 혹은 고양된 형상으로서 찬양하지 않고, 예수 자신을 첫 번째 아담과 예리하게 대립된 ('첫 번째 사람은 땅에서 낳고, 두 번째 사람은 하늘로부터 낳다') '마지막' 아담(인간)으로 명명하고 있다."(KD IV/1, 52)

둘이 하나가 된 날이기 때문이다(엡 2:16,18).[56] 이러한 의미에서 '창조의 안식'과 '부활 주일', 곧 '주님의 날' 동일한 의미를 가지고 있다고 볼 수 있다.[57] 바로 이러한 근거에서 초대 기독교 공동체는 예수 그리스도께서 부활하신 날을 일 주일의 첫 날로 결정하고, '일요일'을 축제의 날로 시작하였다.[58]

이렇게 '창조의 안식일'과 예수 그리스도를 통한 하나님과 인간 사이의 화해의 역사가 시작되는 '부활주일'을 '유형론적typologisch'으로 연결시킬 수 있는 것은, 예수의 부활 승천으로 인하여, 회개하고 주 예수 그리스도를 믿는 사람들에게 '창조의 에덴 동산' 혹은 '낙원'으로 되돌아갈 수 있는 길이 열렸기 때문이다: "내가 진실로 네게 이르노니, 오늘 네가 나와 함께 낙원에 있으리라"(눅 24:43). 다시 말해서 예수의 부활 승천으로 말미암아 창조의 안식일에 있었던 '하나님과 함께 하는 인간의 삶' 혹은 '하나님과 인간의 하나됨'이 회복되었기 때문이다. 그러므로 그리스도인들은 매 주일 예배를 통하여 – 더 구체적으로 말하면 성만찬을 통하

---

56) 엡 2:16 : "십자가로 이 둘을 한 몸으로 하나님과 화목하게 하려 하심이라. 원수 된 것을 십자가로 소멸하시고"; 엡 2:18 : "그로 말미암아 우리 둘이 한 성령 안에서 아버지께 나아감을 얻게 하려 하심이라."

57) 그래서 '창조의 안식일'이 갖고 있는 기독론적 의미를 콜부뤼게(H. Fr. Kohlbruegge)은 다음과 같이 해설하고 있다: "제 일곱째 날에 하나님은 자신이 만드신 태양을 마음에 들어 하셨으며, 당신이 창조한 모든 것이 예수 그리스도에 의하여 온전하게 되기를 원하셨다. 즉 하나님은 자기가 창조한 것을 예수 그리스도를 통하여 재건(wiederherstellt) 하시고자 하셨다"(*H.Fr. Kohlbruegge*, 「Schriftauslegung I」. Heft 1904, S.23f., *K. Barth*, KD III/1 251에서 재인용).

58) 그래서 '주님의 날'과 '창조의 안식일'의 연관성을 바르트는 다음과 같이 설명하고 있다: "가장 오래된 기독교 공동체는 의심할 여지없이 고전 16,2; 행 20,7에 의하면, 일주일의 제 일곱째 날이 아니라, 첫 번째 날을 축제일(Feiertag)로 생각하였고, 또 그렇게 말했다. 뿐만 아니라 아주 분명하게 표현하면 Κυριακῆ ἡμέρα(主님의 날)로 (계 1,10), 한 주일을 시작하였다. 그들은 하나님의 창조에 상응하여 이러한 눈에 띄는 혁명을 시도하였던 것이다. 그들은 이러한 창조의 질서를 혁명적으로 거역하기 위한 것으로서가 아니라, 오히려 죄 짓는 것 같지만, 사실은 순종으로 이 주님의 날을 지켰다. 왜냐하면 주님이 부활하신 날은, 막 16,2; 마 28,1; 눅 24,1에 의하면, 유대교 안식일 다음 날이었으며, 주일의 첫 날이었기 때문이다. 바로 이러한 새로운 시도는 창세기 2,3 절을 정확히 이해하는 데 적용될 수 있지 않을까?"(*K. Barth*, KD III/1, 258).

여 – 하나님과 하나되는 사귐을 경험하고, 하나님과 항상 함께 동행하는 삶을 사는 것이다. 왜냐하면 하나님과 함께 하는 삶이 바로 창조의 목적이었기 때문이다. 그리고 하나님과 함께 사는 곳이, 바로 '하나님의 나라' 이다. 바로 이러한 이유로 예수 그리스도께서 "하나님의 나라가 가까이 왔으니, 회개하고 복음을 믿으라"(막 1:15)고 선포하신 것이다. 그렇다면 **인류 역사의 마지막 날은 어떠한 날인가?**

인류 역사의 마지막 날은 역시 우리가 하나님과 함께 하는 날이다. 왜냐하면 히브리서 4장 3,10,11절은 예수 그리스도께서 부활하신 '주님의 날' 을 세상 '마지막 날' 과 연결시키고 있기 때문이다. 그리고 동시에 '마지막 날"을 또다시 '창조의 안식일' 과 연결시키고 있다. 왜냐하면 역사의 '마지막 날' 은 안식일이 될 것이기 때문이다. 즉 인간의 마지막 날은 인간의 '안식의 날' 이 될 것이며, 하나님과 함께 하는 날이 될 것이기 때문이다. 이점을 히브리서는 다음과 같이 증언한다:

> "믿는 우리는 저 안식에 들어가는도다. 그가 말씀하신 바와 같으니, '내가 노하여 맹세한 바와 같이 그들이 내 안식에 들어오지 못하리라 하셨다' "(히 4:3); "이미 그 안식에 들어간 자는 하나님이 자기의 일을 쉬심과 같이, 그도 자기의 일을 쉬느니라. 그러므로 우리가 저 안식에 들어가기를 힘쓸지니 이는 누구든지 저 순종하지 아니하는 본에 빠지지 않게 하려 함이라"(히 4:10-11).

'마지막 날' 의 안식에 대한 히브리서의 이러한 증언은, '창조의 안식일' , 곧 창조역사의 제 일곱째 날의 의미에 상응한다. 더 자세히 말해서 '창조의 안식일' 이 가지고 있는 '하나님의 세계 내재' 와 '하나님과 인간의 공동체적 안식' 등의 의미는, '하나님과 인간의 하나됨' 의 의미를 가지고 있는 '주님의 날' 의 의미와 하나님과 영원한 안식의 의미를 가지고 있는 세상 '마지막 날' 의 의미와 동일하다. 즉 '창조의 안식일', '주님의 날' 그리고 이 세상 '마지막 날' 은 '안식과 하나님과 함께 하는 평안' 이라는 의미에서 서로 일치한다. 인간은 '창조의 안식일' 에 평안의 안식에로 초대되어진 것과 같이, '주님의 날' 에도 예수 그리스도의 부활로 인한 하나님과의 교제와 공동의 축제에 초대된 것이다. 그리고 또한 그리스도인은 이 세상 '마지막 날' 에 하나님과 영원한 안식에 들어가는 것이다.[59] 따라서 인간은 이 세상사는 동안 하나님과의 사귐 속에서 활동적으로 살도록 허락되어 있다. 이것이 바로 주일 예배를 통하여 성령 안에서 하나님과 갖는 교제Gemeinschaft이다.

세 날 – 창조의 안식일, 주님의 날 그리고 세상의 마지막 날 – 에 대한 지금까지의 분석을 종합하면, '창조의 안식일' 과 '주님의 날' 은 그 의미에서 있어서 '유비적' 이며 '유형론적' 으로 서로 상응한다. 역사적으로 말하면, 창조의 역사는 '창조의 안식일' 로 수렴하고, 구약의 구원 역사는 '주님의 날(부활의 날)' 로 수렴하고, 예수 그리스도 이후의 화해 역사는 성령의 능력 안에서 세상 '마지막 날' 로 수렴한다. 그러므로 세 날은 서로 '유형론적 유비typologische Analogie' 관계에 있다고 볼 수 있다. 그리고 세 날 모두 하나님과 인간이 함께 만나는 축제의 날이다. 더 자세히 말하면 하나님의 창조 사역이 가지고 있는 의도와 의미는 모든 신적 사역의 첫 번째 의미로서 세 날의 공통되는 의미이다. 그 의미는 역사 속에서 결

59) *K. Barth*, 「Die einmalige Gelegenheit」, *전경연* 역, 단 한번의 기회, in: 영혼불멸과 죽은 자의 부활, 한국신학대학 1979 (복음주의총서 5), 109. "(인간의 유일한 희망은) 바로 창조자이시요 주이신 하나님께서 끝내 지나가 버릴 인간의 인생을 지금 우리가 살고 있는 이 세상에서 이끌어 가는 저곳, 곧 피안의 세계이다."

정적으로 예수 그리스도를 통하여 계시되었다. 그리고 지금은 – '구원사적' 입장에서 볼 때 – 성령을 통하여 완성되어 가는 과정 속에 있다. 그러나 신앙적으로 보면 이미 완성되었다. 왜냐하면 성령 안에서 우리는 '주님의 날'에 예배를 통하여 '우리와 함께 하시는', 곧 '임마누엘Immanuel'의 하나님을 이미 경험하고 있기 때문이다. 이러한 의미에서 '하나님의 나라'는 이미 성령의 능력 안에서 시작된 것이다.

Ⅷ

그리스도 증인으로서의 삶

1. 그리스도인에게 위임된 삶

성경은 디모데후서 3장 15절에 있는 바와 같이, '성경은 … 구원에 이르는 지혜'를 그 내용으로 담고 있다. 그러나 그 지혜는 세상의 지혜가 아니다. 그 지혜는 말씀 그대로 '구원에 이르는 지혜'이다. 그렇다면 성경이 증언하는 지혜란 무엇인가? 그것은 바로 성경을 기록한 목적에 상응한다. 다시 말해서 예수 그리스도가 하나님의 아들이심을 믿어 영원한 생명, 곧 구원을 얻는 지혜이다. 바로 이를 위해서 성경이 기록된 것이다. 그래서 요한복음 20장 30-31절은 다음과 같이 증언하고 있다: "예수께서 제자들 앞에서 이 책에 기록되지 아니한 다른 표적도 많이 행하셨으나, 오직 이것을 기록함은 너희로 예수께서 하나님의 아들 그리스도이심을 믿게 하려 함이요, 또 너희로 믿고, 그 이름을 힘입어 생명을 얻게 하려 함이니라"(요 20:30-31). 이러한 증언이 시사하는 바는 우리 그리스도인들이 무엇을 증언해야 하는지를 명백히 제시해 주고 있다. 따라서 우리는 그리스도인으로서 예수가 하나님의 아들이며, 우리의 그리스도, 곧 메시아 되심을 증언해야 하는 사람들이다. 이를 위해서 하나님은 우리를 그리스도인으로 부르신 것이다. 이러한 근거에서 우리 그리스도인은 무엇보다도 예수가 그리스도이심을 증언해야 하는 사람이고, 예수가 하나님의 아들이심을 증언해야 하고, 예수가 증언한 하나님의 나라를 선포해야 하는 사람들이다. 왜냐하면 이를 위해서 우리는 하나님으로부터 부름을 받았고, 이를 실행하라는 명령을 예수 그리스도로부터 받았기 때문이다.

예수님께서 제자들에게 하신 명령: "그러므로 너희는 가서 모든 족속으로 제자를 삼아 … 내가 너희에게 분부한 모든 것을 가르쳐 지키게 하라"(마 28:19-20a). 이러한 예수의 명령은 제자들이 할 수도 있고, 하지 않을 수도 있는 선택이 아니라, 반드시 해야하는 의무에 속한 것이다. 이와 같은 명령은 동시에 가르쳐야 할 내용도 선택의 여지가 있는 것이 아니라, 예컨데 필수 과목이라고 할 수 있을 정도로 반드시 가르쳐야 할 내용인 것이다. 그렇다. 우리 그리스도인들이 증언해야 할 내용은 성경을 기록한 목적에 상응하게, 예수가 하나님의 아들이신 그리스도라는 것과, 예수가 선포한 하나님의 나라이다. 그래서 그러한 가르침 내지 증언을 듣는 사람들로 하여금 예수라는 이름으로 생명을 얻게 해야 하는 것이다. 이것이 그리스도인의 과제이며, 위임된 사항이다. 그렇다면 보다 더 자세하게 그리스도의 제자들인 우리에게 무엇이 위임되었는가? 우리는 무엇을 증언해야 하는가?

2. 예수 그리스도에 대한 증언자로서의 그리스도인

사도행전 1장 8절은 “오직 성령이 너희에게 임하면 너희가 능력을 받고 예루살렘과 온 유대와 사마리아 땅 끝까지 이르러 내 증인이 되리라”고 증언하고 있다. 여기서 ‘내 증인이 되리라’는 말은, ‘예수가 그리스도이시다’라는 것을 증언하게 된다는 뜻이다. 다시 말하면 예수가 하나님의 아들이라는 것을 증언하게 된다는 것이다. 그런데 이러한 증언은 성령의 역사이다. 왜냐하면 예수께서는 “내가 아버지께로서 너희에게 보낼 보혜사, 곧 아버지께로서 나오시는 진리의 성령이 오실 때에 그가 나를 증언하실 것”(요 15:26)이라고 예언하셨기 때문이다. 따라서 하나님의 영, 곧 성령을 받은 자는 예수 그리스도를 증언하는 사람이 된다는 것이다. 이와 상응하게 사도 바울도 “하나님의 영으로 말하는 자는 누구든지 예수를 저주할 자라 하지 않고, 또 성령으로 아니하고는 누구든지 예수를 주시라 할 수 없느니라”(고전 12:3)고 증언하고 있다. 그렇다면 성령받은 자는, 예수가 그리스도이심을 증언하는 자이다. 따라서 성령을 통하여 하나님의 일꾼으로 부르심을 받은 그리스도인은 ‘예수가 그리스도’이심을 증언하는 자라야 한다.

사도행전 1장 8절의 말씀은 성령 받은 자들이 마땅히 해야할 과제를 설명하고 있는 것이며, 동시에 참된 그리스도의 영을 받은 사람이라면 자연히 예수 그리스도의 증언이 된다는 것이다. 역으로 말하면 참된 영을 받은 자는 예수 그리스도를 증언하고, 거짓 영을 받는 사람은 세상의 지혜를 증언한다는 것이다. 왜냐하면 “하나님의 지혜에 있어서는 이 세상이 자기의 지혜로 하나님을 알지 못하는 고로, 하나님께서는 전도의 미련한 것으로 믿는 자들을 구원하시기를 기뻐하시기"(고전 1:21) 때문이다. 이러한 의미에서 성령받은 자들의 행할 바는 예수를 그리스도요 하나님의 아들이라고 증언해야 한다. 왜냐하면 그리스도인의 증언의 궁극적인 목표는 누구든지 예수를 그리스도로 믿고 영생을 얻게 하는 데 있기 때문이다. 그리고 이것이 바로 성경을 기록한 목적이다: "예수께서 제자들 앞에서 이 책에 기록되지 아니한 다른 표적도 많이 행하셨으나, 오직 이것을 기록함은 너희로 예수께서 하나님의 아들 그리스도이심을 믿게 하려 함이요, 또 너희로 믿고, 그 이름을 힘입어 생명을 얻게 하려 함이니라"(요 20:30-31). 그렇다면 우리가 성경에 관해 증언하는 것과 예수를 믿어 구원을 받는 일은 어떠한 관계를 가지고 있는가?

그 이유는 성경이 바로 예수 그리스도에 관하여 증언하고 있기 때문이다: "너희가 성경에서 영생을 얻는 줄 생각하고 성경을 상고하거니와 이 성경이 곧 내게 대하여 증거하는 것이로다"(요 5:39). 한 마디로 요약하면 성경의 내용을 증언하는 그리스도인은, 성경이 예수 그리스도에 관하여 증언하는 것이고, 그 성경은 예수 그리스도를 통하여 우리가 영생을 얻을 수 있다는 것을 증언하고 있는 것이다. 그런데 이러한 내용을 인식하고 가르치고 증언하는 일은 성령을 받은 자만이 할 수 있다는 것이다. 바꾸어 말하면 성경을 비신자에게 자세히 풀어 줄 때, 그들이 예수가 하나님의 아들이심을 믿게 되는 은혜를 받는 것이다. 왜냐하면 부활하신 예수 그리스도가 엠마오로 가는 두 제자들에게 구약 성경을 자세히 풀어 설명해 주실 때, 저희들은 마음이 뜨거워지는 경험을 했기 때문이다: "저희가 서로 말하되 길에서 우리에게 말씀하시고, 우리에게 성경을 풀어 주실 때에 우리 속에서 마음이 뜨겁지 아니하더냐"(눅 24:32). 이 때 예수님은 구약 성경이 바로 자신을 가리켜 기록된 것임을 분명히 말씀하신다: "너희에게 말한바 곧 모세의 율법과 선지자의 글과 시편에 나를 가리켜 기록된 모든 것이 이루어져야 하리라 한 말이 이것이라 하시고, 이에 저희 마음을 열어 성경을 깨닫게 하시고…"(눅 24:44f.); "이에 모세와 및 모든 선지자들의 글로 시작하여 모든 성경에 쓴바 자기에 관한 것을 자세히 설명하시니라"(눅 24:27).

이상 앞에서 살펴본 바와 같이 그리스도인에게는 예수가 그리스도이심을 가르치고, 증언해야 할 과제가 있다. 이 과제를 수행하기 위해서는 우선 성령을 받아야 하고, 성령받은 자는 예수가 그리스도임을 증언하고, 비신자들로 하여금 예수 그리스도의 이름을 얻어 영생을 얻게 하는 막중한 과제가 있는 것이다. 그래서 그리스도인은 말씀의 실질적인 전도자이며, 증언자이다. 그런데 이들이 먼저 받아야 할 것은 성령이다. 왜냐하면 성령이 말씀의 참된 해석자이기 때문이다: "보혜사 곧 아버지께서 내 이름으로 보내실 성령 그가 너희에게 모든 것을 가르치고 내가 너희에게 말한 모든 것을 생각나게 하시리라"(요 14:26).

3. 예수 부활의 증언자로서의 그리스도인

예수의 제자들은 부르심 받았을 당시부터 참 제자가 된 것은 아니다. 그들이 참 제자가 된 것은 예수 그리스도의 부활을 경험하고 나서부터이다. 제자들은 예수가 십자가에 못 박혀 죽자, 모두 자기의 고향으로 되돌아갔다. 그 한 예가 엠마오로 가는 제자들이다. 그리고 제자들은 처음부터 예수의 십자가를 함께 지고자 하지도 않았다. 오히려 그들은 예수님께서 예루살렘을 입성하실 때, 서로 높은 자리에 앉고자 하였다: "그 때에 세베대의 아들의 어미가 그 아들들을 데리고 예수께 와서 절하며 구하되 … 이 나의 두 아들을 주의 나라에서 하나는 주의 우편에, 하나는 주의 좌편에 앉게 명하소서"(마 20:20-21). 그러나 비록 예수님께서 제자들을 처음 부르셨을 때에, "내가 너희로 사람을 낚는 어부가 되게 하리라"(마 4:19)고 말씀하셨지만, 그들은 처음부터 사람 낚는 어부는 아니었다. 왜냐하면 '사람을 낚는 어부'란 사람을 유혹하고 호리는 사람을 뜻하는 것도 아니고, 그렇다고 해서 단순히 사람을 끌어모으는 장터의 몰이꾼을 뜻하지도 않기 때문이다. '사람 낚는 어부'란 선교적인 의미가 있다. 그렇다면 무엇을 선교하는가? 그것은 두 말할 것도 없이 - 앞에서 이미 말한 바와 같이 - 예수 그리스도의 부활을 증언하는 것이다. 그리고 실제로 예수의 제자들은 예수의 부활을 증언하는 일을 행하였다. 스데반 집사가 그러했고(행 7:55), 사도 바울이 그러했고, 엠마오로 가는 제자들이 그러했고, 마가에 다락방에 있었던 제자들이 한 일은 바로 예수의 부활을 증언한 일이다.

또한 '사람 낚는 어부'란 제자가 된다는 것을 뜻한다. 왜냐하면 예수 그리스도 자신이 이 세상에 하나님의 백성들을 악한 세력으로부터 구원하러 오셨기 때문이다. 그래서 '사람을 낚는 어부'란 사탄과 마귀의 권세에 빠져 있는 사람들을 사탄의 권세에서 사람들을, 곧 그리스도를 믿을 사람들을 끌어낸다는 것을 뜻한다. 그래서 마태복음 13장 47절 하반절에서 "천국은 마치 바다에 치고, 각종 물고기를 모는 그물과 같으니, 그물이 가득하매 물가로 끌어내고 앉아서 좋은 것은 그릇에 담고, 못된 것은 내어버리느니라. 세상 끝에도 이러하니라"(마 13:47-48). 이러한 의미에서 제자들이 '사람을 낚는 어부'가 된 것은 예수 그리스도의 부활을 경험하고 난 이후이다. 따라서 그리스도인이 해야할 일은 곧 예수 그리스도의 부활을 증언하는 일이다. 예수 그리스도의 부활을 증언함으로써 그 증언을 믿을 사람들을 끌어모으는 일이다. 예수께서 제자들을 왜 부르셨을까? 예수님께서 우리를 왜 그리스도인되게 하셨을까? 이러한 질문에 대한 답변은 예수님의 제자인 우리 그리스도인들이 무엇을 해야하는 지를 이야기 해 주는 것이다.

4. 하나님 나라의 선포자로서의 그리스도인

이제 그리스도인으로서 우리가 해야할 또 하나의 과제는 하나님 나라에 대한 증언이다. 하나님 나라는 예수가 처음부터 선포한 증언이자, 제자들의 선포해야 할 주제이고, 그리고 또한 우리가 가르치고, 선포해야 할 주제이다. 예수 그리스도가 선포한 최초의 메시지는 "때가 찼고 하나님의 나라가 가까웠으니, 회개하고 복음을 믿으라"(막 1:15)는 것이었다. 그리고 예수께서는 제자를 파송하실 때에도 "하나님 나라를 전파"(눅 9:2)하라고 명령하신다. 따라서 그리스도의 제자된 우리들도 '하나님 나라' 를 전파해야 한다. 왜냐하면 예수 그리스도를 믿어 영생을 얻는다는 것은 궁극적으로는 '하나님 나라' 의 자녀가 된다는 것을 뜻하기 때문이다. 하나님 나라는 경제적으로 혹은 사회적으로 풍족하게 먹고 평안하게 사는 나라가 아니라, 하나님과 함께 하는 나라이기 때문이다. 이러한 의미에서 기독교 신앙은 항상 종말론적인 의미를 가지고 있다. 그래서 성경은 그리스도를 믿는 사람들은 누구에게나 '하나님 나라의 자녀' 가 되는 권세를 주셨다고 증언하고 있다: "자녀이면 또한 후사, 곧 하나님의 후사요, 그리스도와 함께 한 후사니 …"(롬 8:17).

이러한 의미에서 그리스도인에게 '하나님 나라' 곧, 부활의 세계가 없다면, 기독교의 모든 복음은 도덕적이고, 종교적 교훈의 차원에서 벗어나지 못한다. 그러나 기독교의 궁극적인 가치 기준은 이 세상에 있는 것이 아니라, 하나님 나라에 있는 것이다. 이 세상에서 가장 부유하고 평안하게 살아도 [illegible] 삶은 이생뿐이지만, 그리스도인에게는 이 세상뿐만 아니라 하나님의 [illegible]에까지 계속되는 것이다. 하나님의 나라는 단순히 표상의 세계, 상상[illegible] 공상적인 세상이 아니라, 실재하는 나라이다. 그러므로 그리스도인은 '하나님 나라'를 지혜로운 처녀처럼 예비하여야 하고, 그리스도인은 비신자들에게 이 나라를 예비하는 삶, 곧 '하나님 나라'를 삶의 목표로 삼아 가도록 가르쳐야 한다. 이것이 바로 예수 그리스도의 제자가 된 명령 받은 그리스도인이 살아가야 할 삶이다.

기독교란 이런거야

2004년 5월 27일 초판 1쇄 인쇄
2004년 6월 7일 초판 1쇄 발행

지은이 | 김재진
펴낸이 | 이종원
펴낸곳 | (주)황금부엉이

주소 | 서울시 마포구 서교동 353-4 첨단빌딩 5층
전화 | 02-338-9151(편집부), 031-903-3380(마케팅부)
팩스 | 02-3142-3344(편집부), 031-901-8177(마케팅부)
출판등록 | 2002년 10월 30일 제 10-2494호

디자인 | Design Bugs
마케팅 | 김유재, 변재업
제작 | 구본철

ISBN : 89-90729-17-3
가격 : 13,000원

※ 잘못된 책은 바꾸어 드립니다.